中國中古社會史論

毛漢光 著

序

　　社會所表露的現象，林林總總，千頭萬緒，欲提綱挈領，抽絲剝繭，本已困難重重。而過去的社會現象，復由於史料缺乏，或史家記載角度不同，研究愈發艱難。後人探索既囿於材料，於是乎記載較詳部分常被細論，少見於記載者每被忽略，屢屢輕重失紋，難窺全豹。又國人記載歷史，有關政治活動者居多，而社會史要從政治史中爬梳而得，觀察一項社會發展，每因於政治史的斷代而不能通其變。在此一鱗半爪的社會史料裏，其能超越朝代更迭，點中演變關節，而為社會史探出蛛絲馬跡如前輩陳寅恪先生者，可謂鳳毛麟角。著者有鑒社會史有其獨自發展的趨向與意義，思前慮後，多年來習作試探性論文十餘篇，廣泛論及魏晉南北朝隋唐各代社會現象，以尋其脈絡，今將性質相關的論文，初步整合在〔中國中古社會史論〕的書名之下，以就教於世人。

　　本書所收社會史論文凡十二篇，分為總論與分論，總論有四篇，卽：第一篇「中古統治階層之社會基礎」、第二篇「中古統治階層之社會成分」、第三篇「中古家族之變動」、第四篇「中古士族性質之演變」。分論有八篇，卽：第五篇「三國政權的社會基礎」、第六篇「兩晉南北朝主要文官士族成分的統計分析與比較」、第七篇「中古山東大族著房之研究」、第八篇「從士族籍貫遷移看唐代士族之中央化」、第九篇「唐代大士族的進士第」、第十篇「中古大士族之個案研究──瑯琊王氏」、第十一篇「隋唐政權中的蘭陵蕭氏」、第十二篇「敦煌唐代氏族譜殘卷之商榷」。

在中國中古時期，政治社會中存在著士族的現象，史籍中屢見不鮮，前人論著中雖然使用名稱不一，但亦均肯定這個事實。著者在**總論**第二篇「中古統治階層之社會成分」一文中，統計〔後漢書〕、〔三國志〕、〔晉書〕、〔宋書〕、〔南齊書〕、〔梁書〕、〔陳書〕、〔魏書〕、〔北齊書〕、〔周書〕、〔南史〕、〔北史〕、〔隋書〕、〔舊唐書〕、〔新唐書〕、〔舊五代史〕、〔新五代史〕等十七種正史中列傳人物，將其分類分期，製成中古統治階層社會成分統計表，這個表當然無法包括所有當時代的人物，但由於出自正史中的記載，應該屬於當時的重要人物，若將其看作自然取樣，或可以代表當時重要人物的社會成分。表中各類人物在各期之升降，可與史籍記載中的事蹟相互印證，例如史書上說梁陳之際寒素頗獲重用，反映在表中梁陳時期確有寒素比例上升、士族比例下降的現象。實際上每一期皆可成為一個分析的單元，自漢末至唐末本書共分為二十七個代（Generation），代與代之間各類人物皆有種種上升或下降的變動現象；本書分論第五篇「三國政權的社會基礎」一文，卽取漢魏時期（卽本書前三期）寫成專論，作為引伸討論總論總表之一隅。分論第六篇「兩晉南北朝主要文官士族成分的統計分析與比較」一文，是特別將九品官人法時代政治統治階層中主要文官——尤其是掌握政務的三省官吏及掌握仕進的選舉官吏——挑出，統計並分析其社會成分，觀察士族與主要官吏的結合的程度。

總論第三篇「中古家族之變動」一文，是以家族為單位，觀察兩晉、南朝、北朝、隋至安史亂前、安史之亂至唐末等大段落中士族之盛衰，製作成表，亦以量化表示之。由家族內部結構之變化，可知從魏晉南北朝類似封建承襲型態，如何演變成隋唐諸房並重型態。分論第七篇「中古山東大族著房之研究」一文，是觀察隋唐士族主流——北朝山東大族——在歷史演進中分房分支之現象，並指出隋唐時郡望中之房支在政治社會中的重要性。分論第十篇「中古大士族之個案研究——瑯琊王氏」一文，係個案分析當時大族。個案分析中古大族的

中外論文與專書已有不少，此文則按本書標準展開，與總論內中古士族之變動相呼應。分論第十一篇「隋唐政權中的蘭陵蕭氏」一文，則舉例說明南朝士族如何渡入隋唐政權。分論第十二篇「敦煌唐代氏族譜殘卷之商榷」一文，是一篇小考證文章，考證唐代諸譜關係：北平藏譜可能反映唐代前期家族，倫敦藏譜可能反映唐代後期家族，兩譜之間的差異，可能表示唐代各州郡大族之興衰。

　　總論第四篇「中古士族性質之演變」一文，論述士族內部的質變，即由武質而文質、由社會性而政治性、由代表性而官僚性、由區域性而中央化、由經濟性而形而上的趨向等。分論第八篇「從士族籍貫遷移看唐代士族之中央化」一文，是論述唐代大族十姓十三家墓葬地由原籍遷至兩京附近，藉以說明其重心之移向中央，上述諸項質變可一一撰文細論，中央化乃是這類文章之一例。士族內部質變影響到其角色改變，也影響到其功能之喪失，如果有多項功能喪失，則其社會勢力也隨之衰退，此點可以解釋爲何士族在魏晉亂世時興起，卻在唐末五代亂世時沒落。

　　總論第一篇「中古統治階層之社會基礎」一文，是在本書總論第二篇、第三篇、第四篇依次完成後漸漸凝結而成，在凝結的過程中亦參照西方 Power Elite 理論，直接指出中古擁有社會勢力者乃政治統治階層之基礎，兩者高度的結合在各朝皆有史料證明，引用 Power Elite 理論的目的是希望抽出中古社會人物的共同性，作爲建立中國型 Power Elite 的一環，或許對擬構世界 Power Elite 理想型時有所互補。分論第五篇「三國政權的社會基礎」前半段是實例分析，而分論中第九篇「唐代大士族的進士第」一文，則指出雖然隋唐已創行科舉制度，但唐代大士族子弟考取進士第者仍然甚多，這也是第三世紀至第十世紀士族占高級官吏之絕對優勢的原因之一。

　　本書總論各篇雖然仍以基本資料爲行文之主體，但這四篇的設計是以社會史之架構性、原則性問題爲前題。分論各篇主要重點在於社會史中之個案分析以及延伸討論。總論與分論之間有密切的線索相

繫，個案分析及延伸性文章可繼續撰寫，以加入分論的篇幅之中，如
此或可使得總論中的架構更緊密，原則更具體；總論在分論文章的激
盪之下，可能增加新的方向，或在深度上更向前邁進，從而又引發在
分論中增加專題，這種良性循環是著作的長期目標，本書之出版只是
這種循環之初步小結。

　　社會史的範圍可以包括極廣，本書論述的重點側重於社會中的上
層階層，其原因是：其一，研究社會史最重要的是探討人與人之間的
關係，舉凡個人與個人、個人與團體、團體與團體之間的組合等皆
是，如此才能把看似一盤散沙的人羣凝結起來，社會中的上層階層是
人羣組合之一，雖不一定表示這一羣人是社會上最重要的一羣，至少
可以說是較具影響的一羣。其二，資料因素：現存的中古資料如史
籍、刻石等，對於上層階層尚保存一些記載，對於一般平民的記載則
甚少，著者任職於中央研究院歷史語言研究所，其傅斯年圖書館藏有
大量中古時期墓誌銘拓片，誌主大部分亦屬官宦人物、或官宦子弟，
若與正史配合研究，可建立若干初步架構。其三，研究中古時期社會
中上層階層的學者甚多，各有各的觀察角度，著者原本想先撰寫中古
官僚政治，幾經考慮，覺得欲研究官僚政治，先得明瞭社會背景以及
社會中人物的特質，否則便僅能知官僚的空架而無法深究其內涵，同
時研究上層階層除了其本身在社會史上有重要意義以外，由於中古時
期上層人物與官吏大幅重疊，對於觀察官僚架構中的人物活動，有莫
大幫助。這二十年來，著者絕大部分時間在思考士族政治，但同時亦
撰寫若干篇官僚制度的文章，希望能將歷史中社會、政治諸領域作某
一角度的結合，其間的關鍵人物是士族。至於社會史中關於平民部
分，著者一直非常重視，在撰寫社會史、政治史諸史之同時，一併收
集一般平民之資料，然如果沒有大量出土的新資料，這方面的資料預
計不會很多，但著者最後仍將勉力撰寫若干篇關於平民權利義務的論
文，使社會史的研究獲得較為平衡的發展。

　　本書所謂「中古」，是指東漢獻帝建安至唐昭宗天祐年間（公元

197–906），本書並不欲捲入中國社會史分期的論辯之中，其所以取這
七個世紀作為研究對象，原因有二：一、漢魏之際是一個變革期，許
多人物在這段時期升降，唐末五代又是一個變革期，既存的門第在這
時期消融，根據本書總論第二篇「中古統治階層之社會成分」的統計
表；如果將這七百年分為二十七個代，則士族自漢魏上升以來，在統
治階層皆占百分之五十以上，至後唐時才降至百分之五十以下(註)，
士族不僅在社會中是居主導地位，在政治方面亦占各期高級官吏之絕
對優勢，在這個意義之下這七個世紀屬於同一個社會架構，朝代之更
替似乎是換湯而不換藥，因此社會史的分期並不等於朝代之更替，以
同一個社會架構作為研究社會史的大段落，則有其基本上的共同性。

　　本書各篇所採用的研究方法有：量化、分析、比較、個案、推論
等，視題目性質、資料的多寡而定。

　　三十年前，著者就讀臺灣大學歷史系，聆聽勞榦師講授魏晉南北
朝史，勞師的淵博及這個朝代的多樣性，使著者迷上了中國中古史。
著者在政治大學政治研究所修習鄒文海師的西洋政治思想史，先師柏
拉圖式講授方式，引導同學們層層深思，也啟發著者對中國歷史上許
多問題的進一步探索。民國五十三年，著者進入中央研究院歷史語言
研究所，正巧許倬雲師的研究室就在隔壁，許師新出版〔先秦社會史
論〕，與著者的學術領域極為接近，著者有緣時時請益。又王伊同先
生來院訪問，王先生〔五朝門第〕一書乃中古史甚具功力之作，在茶
餘飯後，蒙王先生不吝指教，凡一年之久。不久，何炳棣先生回國開
會，當時何先生〔明清社會史論〕一書已名滿史學界，著者僅一助理研
究員而已，何先生曾主動多次特別約談、並嘉許勉勵著者在中國社會
史方面繼續努力。民國五十九年至六十一年，著者至哈佛大學研究訪
問，聽完楊聯陞先生、余英時先生講授的全年課程，並承蒙指教，總
論第四篇「中古士族性質之演變」一文便是這段時期的研究專題。本

　　註　參見拙文「五代之政治延續與政權轉移」，〔歷史語言研究所集刊〕第51本2分
　　　　(1980)，該文性質大部分屬於政治史，將來擬收集在〔中國中古政治史論〕之中。

書若干篇論文係由陳槃師、嚴耕望先生審查，兩位長輩屢屢坦誠批改，令著者受惠良多，而陶晉生學長亦曾審閱總論稿，指正多處。

　　本書各篇的資料絕大多數來自史語所傅斯年圖書館，該館中最重要資料係當年傅斯年先生所收集，以研究需要爲第一考慮，又在兵荒馬亂時遷臺，著者每每思及，若無該館豐富藏書，著者很多篇文章甚至連架構都無法樹立，即令勉強撰寫，其內容必定比現在更爲疏漏。

　　一個抗戰爆發年月出生的人，處身於政治社會動盪的大洪流之中，能有三十年安定的就學與研究時間，已是異數，又能幸運地碰到許多學養深厚的老師與前輩先生們，並獲得豐富的研究資料與平靜的環境，異數已不足以解釋，或許是上蒼的恩賜吧。

江山毛漢光　民國七十五年十二月十五日

目次

靜 觀

第一篇　中古統治階層之社會基礎

一、統治階層與社會領袖

　　影響國家政治者可以是少數人，也可以是多數人，也可以是人民全體，端視其政體的不同及人民對政治的關心程度而有差異。然而揮舞政治權力和直接行政者恒是全體人民中的少數人而已。墨斯加氏的大著〔統治階級〕（Gaetano Mosca: *The Ruling Class*）[1] 裏，曾經討論分析了各種統治型態，就其整個貢獻而言，最被人們採信的一點乃是在於他強調統治者在各種政體中只是整個人口的少數人。這是一個平淡無奇不言而喻的見解，但也是研究社會科學的最基本認識，有了這種認識才不會被某些政治哲學家帶向理想，而作罔顧現實的研究。然則吾人要問，統治階層既屬整個人口的少數人，何以能順利地統治多數人？純武力的控制只能解釋爲一時的現象，是征服者或新建立王朝者的最初憑藉，但是一個政權若永遠憑藉其赤裸裸的權力是危險的，我們雖不可武斷地說這種方式不能保持長久，至少這種統治型態不會太穩固，被統治者誠然感到不舒服，統治者何嘗能高枕無憂。俗語云：「馬上得天下，不可馬上治天下」，顯然治天下與得天下的方法不同。統治階層既不能由多數人參與，則如何能得到多數人的支

---

[1]　Gaetano Mosca: *The Ruling Class*, McGraw-Hill Book Company, 1939.

持呢？我國歷來採用的方法之一，是統治階層實施爲大多數人的福利
政策，孔子的仁政、孟子的民本思想是也。但是人民需要什麼？如何
去實行？並非容易之事，統治者認爲一種政策有利於人民，而實際上
卻常是擾民或害民，尤其在古代社會科學不發達，對於政治社會上若
干問題沒有深刻的研究，民意不能很正確地表達，在這種社會裏，卽
令有心想把事情做好的統治者，有時也無形中做些損民之事。從這方
面而言，由民間出身的人物，猜測人民的需要較爲準確，但是到了第
二代以後，子孫們「生於深宮之中，長於婦人之手」，故而我們常
常看到民間出身皇帝若干措施受到讚美，而末期皇帝不是暴君便是昏
君，盡是做些害民之事，所以所謂仁政、民本的福利政策，尙屬學者
們的理論階段。

　　另一種獲得大多數人支持的方法是引用社會領袖參與統治階層。
社會中領導階層一方面是社會力量的中堅分子，一方面能反映社會一
般需要，我國歷史上能夠安定社會及穩定政治者，大都採取或巧合了
這種辦法。社會領袖在社會中所扮演的角色，使我們想起羅素在其〔
權力論〕(Bertrand Russell: *Power-A New Social Analysis*)[2] 第三
章中所舉的例子——「卽引誘羊羣上船，必須使用強力將其領袖拉過
舷門，其餘的於是便自動的跟了上去」。當然人類比動物複雜得多，
人的思想豐富，生活多姿多彩，長於某一方面者，可能短於其他方
面，也就是說某些地方是他的強點，某些地方可能是他的弱點，我們
如果假定強點卽是力量卽是權力，則人類相互間的權力大小是如此地
複雜，以致無法像動物一般地很明顯找出自然領袖來，但是社會領袖
畢竟是有的，這需要從綜合力量的分析中獲得。綜合力量是多元的，
正如羅素在〔權力論〕中所說：從社會意義上將權力分爲若干種，卽
僧侶的權力、帝王的權力、赤裸的權力、革命的權力、經濟的權力、
輿情的權力、敎條的權力等。我們融合羅素之意，可將權力分析爲下
列幾種：㈠赤裸的權力：依羅素云，這種權力是剝去所有其他權力，

---

[2]　Bertrand Russell: *Power-A New Social Analysis*, 王鳳喈譯本。

最後所表露的力量，亦卽當人民尊敬或服從權力，而非爲其他任何理由時，其權力是赤裸裸的，如武力、如打手等。㈡傳統權力：人大多數是依習慣而生活，對於慣例常視爲當然，而不去想一下。傳統權力有習慣力量擁護它，它不須以理由肯定自己，也不須繼續證明，反對它卻需要強大的力量，從這時就可發現傳統權力的存在。一般而論。第一代開國之君或憑武力，第二代卽可能初具傳統權力。㈢知識權力與宗教權力：除了「知識卽力量」以外，知識與宗敎本身都被人們認爲有某些神秘性，一個社會裏知識及宗敎權力的大小與該社會對其敬仰程度成正比。㈣經濟權力：由於經濟權力常常衍生其他權力，或表現在其他權力上，所以許多人相信經濟權力不是原始的，而是轉成的。但也有許多人認爲經濟因素是人類文化中最重要的基因，因此經濟權力也具根本性與原始性。㈤輿情權力：憑藉宣傳力量，製造出社會上共同的欲望、目標、價值標準，而使符合者獲得公認的價值，不符合者蒙受壓抑。這些權力的組合狀況是很複雜的，而權力組合後的大小可以決定人類在社會上的階層。

　　拉斯威爾氏 (Harold D. Lasswell) 亦從事於權力的研究，他認爲社會上有許多有價值之物 (Available Values)，獲得較多者是傑出之士 (Elites)，獲得較少者便是人民大眾[3] (Masses)。「價值」是拉斯威爾所認爲產生權力的原素，他是以另一角度分析權力，然而其所指的 "Influence" 與羅素所謂 "Power" 在意義上有異曲同工之妙。而兩氏皆共認社會領袖是綜合某些優勢而產生的。

　　有關社會領袖的研究，自 Vilfredo Pareto 提出 "Elite" 觀念以來[4]，經 Gaetano Mosca 系統整理[5]，有 Thostein Veblen[6]、Joseph

　　　[3]　Harold D. Lasswell: *The Political Writing of Harold D. Lasswell*, p. 295.
　　　[4]　Vilfredo Pareto: *The Mind and Society*, Brace and Company, 1942.
　　　[5]　Gaetano Mosca: *The Ruling Class*, McGraw-Hill Book Company, 1939.
　　　[6]　Thostein Veblen: *The Theory of the Leisure Class*, Viking press paperback 1948. First published 1899.

Schumpeter[7]、Ferdinand Lundberg[8] 等著重經濟角度分析，有 Harold
D.　Lasswell[9]、Raymond Aron[10] 等著重政治角度分析，有 Stanislav
Andreski[11] 著重軍事角度分析，James Burnham [12] 著重商業經理之分
析，有 S. N. Eisenstadt[13] 著重官僚之分析，有 Karl Mannheim 對智
識方面之分析[14]，而 C. Wright Mills[15]、G. William Domhoff[16]、
及 Robert A. Dahl[17] 等氏對美國社會之研究，已綜合各種角度的
Elites 而論之。

　　以中國史爲研究 Elites 的著作，有許倬雲師〔先秦社會史論〕[18]、
Wolfram Eberhard: *Conquerors and Rulers: Social Forces in*

[7]　Joseph Schumpeter: *Imperialism-Social Classes*, World Publishing
Company 11th printing 1971. First published 1955.
[8]　Ferdinand Lundberg: *The Rich and Superrich*, Bantam Book, Inc.
4th printing 1969. First published 1968.
[9]　Harold D. Lasswell: *Politics-Who Gets, What, When, How*, World
Publishing Company 11th printing 1968. First published 1958.
Harold D. Lasswell, D. Lerner and C.E. Rothwell: *The Comparative
Study of Elites*, 1952.
[10]　Raymond Aron "Social Structure and the Ruling Class," *British
Journal of Sociology* I, 1950.
[11]　Stanislav Andreski: *Military Organization and Society*, University of
California Press 1968.
[12]　James Burnham: *The Managerial Revolution*.
[13]　S.N. Eisenstadt: *The Political Systems of Empires-The Rise and Fall
of the Historical Bureaucratic Societies*, Free Press paperback, 1969.
First published 1963.
[14]　Karl Mannheim: *Ideology and Utopia*, Harvest Book paperback. First
published 1936.
[15]　C. Wright Mills: *The Power Elite*, Oxford University Press paperback
1959. First publshed 1956.
C. Wright Mills:*White Collar*,Oxford University Press 13th printing
paperback 1964. First published 1951.
Compiled by G. William Domhoff and Hoyt B. Ballard: *C. Wright
Mills and the Power Elite*, Beacon Press 1969. First published 1968.
[16]　G. William Domhoff: *Who Rules America*? Prentice-Hall, 1967.
[17]　Robert A. Dahl: *Who Governs*? Yale University Press 11th printing
1967. First published 1961.
[18]　許倬雲 *Ancient China in Transition*, Stanford University Press, 1965.
關於這方面的論文還有：「西漢政權與社會勢力的交互作用」〔歷史語言研究所
集刊〕第35本，1964。
「三國吳地的地方勢力」〔歷史語言研究所集刊〕第37本上冊，1967。

Medieval China[19]、何炳棣〔明清社會史論〕[20]、費孝通〔中國的縉紳〕(*China's Gentry*)[21]及「農民與縉紳」(Peasantry and Gentry)[22]、張仲禮〔中國縉紳〕(*Chinese Gentry*)[23]、蕭公權〔中國鄉村〕(*Rural China*)[24] 都承認中國的縉紳在地方上是核心人物，對一般人民而言，他們是社會領袖，社會的上層人物，就是因為縉紳綜合所有權力的平均力量較高。在我國中古——本文指漢末宋前，擁有較大社會力量者亦即社會階層的上層人物是士族及地方豪族。在漢朝崇尚儒術之後，上自帝王，下至庶民，皆以學術（尤其是儒術）為高，士族擁有知識，受整個社會的敬仰。又自東漢以來，士族在政治上日占重要性[25]，累代官宦在地方上常是多世大族[26]，品德、才貌、官宦，一代代地累積著，自然產生羅素所謂的傳統權力，又不論官宦以前或官宦以後，每個大族常建立有龐大的經濟後盾，通常都以大地主的身分出現，這是支持其門望的物質基礎。從史料裏我們每常發現這些士大夫相互標榜，這種風氣自東漢末年就已流行，如「三君」「八俊」「八厨」等，好像整個社會中好人就只有他們幾個。不獨如此，他們似乎是社會上價值標準的制定者，又配合選舉制度（九品中正制度），其輿論的力量更顯得無比的巨大。當亂世之秋，大族的宗黨、部曲、門生、幕客、奴婢常常是一股武裝單位[27]，是赤裸權力的基礎。白樂日著〔中國的文明與官僚政治〕(Etienne Balazs: *Chinese Civiliza-*

19　Wolfram Eberhard 關於這方面的著作還有：*Social Mobility in Traditional China*, 1962.
20　Ho, Ping-ti: *The Ladder of Success in Imperial China-Aspects of Social Mobility*, Columbia University Press, 1962.
21　Fei, Hsian-t'ung: *China's Gentry*, University of Chicago Press, 1953.
22　Fei, Hsiao-t'ung: "Peasanty and Gentry: An Interpretation of Chinese Social Structure and its Changes", *American Journal of Sociology* LII, 1946.
23　Chang, Chung-li: *The Chinese Gentry: Studies on Their Role in Nineteenth-Century Chinese Society*, University of Washington Press 1955.
24　Hsiao, Kung-chuan: *Rural China: Imperial Control in the Nineteenth Century*, University of Washington Press, 1960.
25　參見楊聯陞「東漢的豪族」〔清華學報〕11卷4期，1936。
　　余英時「東漢政權之建立與士族大姓之關係」〔新亞學報〕1卷2期，1956。
26　參見廬聖偉「論三國時代之大族」〔新亞學報〕6卷1期，1964。
27　金發根〔永嘉亂後北方的豪族〕中國學術著作獎助委員會，1964。

tion and Bureaucracy)[28] 中亦強調中國士大夫家族所包含的力量是綜合各方面的，他說：

> （中國）士大夫（官吏）階級在數量上僅是極少數人，但是
> 由於他們有力量、影響力、地位、聲望，掌握有所有的權
> 力，擁有大量的土地，因此權力顯得無比的巨大，這個階級
> 並且有每種特權，最主要的因為他們壟斷教育而享有塑造其
> 本身成員的特權。

就社會勢力而言，團體的力量應比個人的力量為大。在我國中古時期，宗教極為盛行，但遠不如歐洲中古天主教有組織有力量；新型政黨尚沒有出現；行業公會亦沒有建立[29]；唯有以血緣為基礎的家族是當時社會力量的中堅。社會中有能力的個人雖亦有某些力量，但個人不能延續長久，他雖可作為反映社會需要的代表，如〔鹽鐵論〕中賢良方正與大司農桑弘羊的辯論，但大部分都很快失去其社會性，而成為統治者的爪牙。

士大夫家族──士族，是中國中古社會上一股最有力量的社會勢力。政治統治者為了要穩定其政權，設若無法摧毀這股勢力，以自己所建立的社會勢力代之，則必須覓取這股社會勢力的合作，獲得他們對政權的支持，也就是引用社會領袖參與統治階層，分享政治地位與政策。擁有社會勢力者一旦參與政治統治階層，既可以保持其現有的社會地位與利益，由於政治地位之獲得，還可以增強其原有的社會地位與利益，這兩者之間的合作，是民主政治以前較普遍現象，也成為古代政治社會安定的重要基石，在這種大趨向之下所形成的大框框，也可以反映在社會架構上。然而政治力與社會勢力畢竟不是一件事，兩者也並非永遠維持等距同重，當社會勢力較強大時，則視朝代之改變猶如一家物換一家物，其自身政治社會地位並不受重大的影響；如果政治力強大時，則將伸張其政治力，增加其對各階層人力物力之吸

---

[28] Etienne Balazs: *Chinese Civilization and Bureaucracy*, Yale University Press, 1964, p. 6.

[29] 參見何炳棣〔中國會館史論〕引言及第一章。臺灣學生書局，1966。

取，甚至努力塑造適合自己所需的社會基礎，以便於貫徹政令，兩者間權力的消融與伸縮，遂呈現出各種型態的政變與政潮，在大框框中也有一番熱鬧的景象。

　　有關政治力與社會勢力之間的演變關係，本篇將中古時期又分為四個階段，即漢魏西晉時期、東晉南朝時期、北朝時期、隋唐時期，逐次討論。

二、兩漢魏西晉

　　許倬雲師「西漢政權與社會勢力的交互作用」一文，對於大一統以後中央政府如何覓尋其社會基礎的嘗試，頗有啟發。該文以西漢丞相之身分為標竿，發現高祖惠帝文帝三朝丞相皆開國功臣；景帝時為功臣子弟；武帝時則功臣子弟外戚雜用；昭帝用掾史文吏為相；宣帝則文吏與經學之士參半；自宣帝末期至西漢末年，顯以儒生為主，西漢政權在覓尋其社會基礎的過程當中，並非毫無波折，自漢高至武帝，政治力的核心——皇權與社會勢力之間曾發生衝突，政治力為想獲得較多的人力物力資源，先後約束、限制、壓迫擁有社會勢力者，如六國貴族後裔、二千石子弟、商人、游俠等，所以在西漢前期，政治階層與社會階層之間的拉力是相當緊張的。雙方都覺得不舒服、不穩定。宣帝以後逐漸任用儒生為相，似乎找到了溝通雙方的媒介。可是這時的士大夫是個人參政。東漢政權之成立及其性質，都與豪族有較密切的關係，論者多矣！長期的發展的結果，至東漢末擁有社會勢力者有兩種人，其一是凝結中的士族，其二是地方豪強。這便是魏晉時期的歷史背景。

　　有關東漢末葉之羣雄紛爭以及魏蜀吳政權與社會勢力間之關係，本書第五篇「三國政權的社會基礎」曾有分析。聲勢最龐大而又安居中原之地的曹魏政權，自其開創時期至政權穩固時期，建立在兩大支柱之上。其一是潁泗集團、其二是譙沛集團。前者是士族子弟的中心，後

者是地方豪強之代表。曹操雄桀，在其有生之年頗能平衡運用這兩股
勢力，有「謀士如雲，武將如雨」之感。其後這兩股勢力在曹氏政權
之中漸漸磨擦與鬥爭，魏齊王芳嘉平元年，司馬懿在一次政變中殺曹
爽，取得實際政權。明顯表示曹氏宗親及譙沛功臣子孫之消退，以及
以河內司馬氏爲首的士大夫集團，取得絕對優勢[30]。 且不論潁泗士族
集團與譙沛地方豪族集團之間的鬥爭情況如何，曹魏政權大體上吸收
了社會上有力量者，且維持其政權之穩定性。司馬氏當政及西晉政權
之建立，士族得到充分的發展，地方豪強亦並沒有被遺棄，祇是由原
先平行的地位，變成爲士族與地方豪強間上下關係的地位。九品官人
法在制度上加強了這種關係。所以西晉政權仍以士族與地方豪強作爲
基石，士族則成爲居上位的主導者。士族居統治階層五品官以上之絕
對多數 ， 也在此時間昇起 ， 本書第九篇「唐代大士族的進士第」一
文，證明九品官人法雖然廢除，士族仍然能在新的科舉制度之中維持
其地位，顯然祇有一項因素的改變並不足以立刻改變政治社會的整盤
架構。這一種社會架構實際上延續到唐代末年，凡七百年。

三、東晉南朝

　　永嘉亂起， 中原政局不定， 許多士族大舉渡江， 司馬睿立足江
東，在南方建立王朝，是爲東晉。這個政權是以士族爲立國基石，其
中包括二大主體。其一是僑姓，另一是吳姓。僑姓與司馬睿面臨同樣
的命運，遭受同等的災難，東晉元帝之能夠即位，他們的功勞最大，
東晉政權可以說是僑姓捧出來的[31]， 所以僑姓在東晉朝廷中所占的比
重甚大。隨著中央政府之南移，這一批遠離原籍的僑姓，不論其如何
大規模地舉宗南下，他們也無法將原籍數世所累積成的經濟及社會關
係完全南移。定居在南方的僑姓，大都在中央所在地建康之附近，尤

---

[30]　參見萬繩楠「曹魏政治派別的分野及其升降」〔歷史教學〕1964-1，徐高阮「山濤
　　論」〔歷史語言研究所集刊〕第41本1分，1969。
[31]　參見拙文「五朝軍權轉移及其對政局之影響」〔清華學報〕新8卷1、2合期，
　　1970。

以三吳、丹楊、會稽之地爲多[32]。 荆州是由河南陝西河東南下士人的
另一安居地[33]， 嶺南雖有人去，並非很大的比例；對僑姓而言，原本
擁有「城市與鄉村的雙家型態」[34]， 至此一變爲純粹居住京師或京師
附近的單一型態。

　吳姓， 不論其先世在何時遷入南方， 至少在三國東晉之時， 大
家已認定他們是南方土著，通常以盛行於三國之際的「朱、張、顧、
陸」[35] 作爲代表，實際上它的含義應該更爲廣泛。三吳士族常常被人
作爲南方士族的代表，原因甚多，其中之一是孫氏政權與東晉政權立
基江東，三吳卽有三輔之說[36]，在這種局面下，三吳士族無形中成爲
中央人物，西晉滅孫氏，三吳士族所受歧視，永刻在他們內心[37]， 以
西晉政權而言，三吳祇是遠方州郡，並不能算作樞紐區，這一點當然
無法滿足三吳士族心理上的要求，所以當東晉立基建康以後，三吳士
族至少在這個角度上滿足了。

　　西晉政權有濃厚的士族色彩，東晉的客觀形勢更形成其政權「優
借士族」[38]， 兩者之間的接合， 從政治現象的發展演變到制度的建
立，九品中正制發揮重要功能，九品中正制起源於魏文帝時，一般而
論在魏末西晉之際，九品中正制還未完全失去其原意。卽中正評品以
品德爲最重要的標準，並藉此以達勸勉之效，個人的後天修爲應該是
原意的主要內容 。 這個制度在西晉開始不斷地士族化， 至東晉而大
備，於是乎不但政治力與社會勢力找到了結合的固定通道，而且密切

---

[32]　參見譚其驤「晉永嘉喪亂後之民族遷徙」〔燕京學報〕第15期，1934。

[33]　參見安田二郎「南朝の皇帝と貴族と豪族、土豪層──梁武帝の革命を手がかり
　　　に」載於〔中國中世史研究〕1970。

[34]　參見Wolfram Eberhard: *Conquerors & Rulers-Social Forces in Medieval
　　　China* 導論，1965修正版。

[35]　參見〔世說新語〕「賞譽篇」注引〔吳錄士林〕曰：「吳郡有顧陸朱張為四姓，
　　　三國之間四姓盛焉。」
　　　又見〔新唐書〕卷一百九十九「柳沖傳」。
　　　又見何啓民「中古南方門第──吳郡朱張顧陸四姓之比較研究」刊於〔政大學
　　　報〕第27期，1973。

[36]　〔宋書〕卷五十四傳末沈約論。

[37]　參見何啓民「永嘉前後吳姓與僑姓關係之轉變」〔政大學報〕第26期，1972。

[38]　參見〔顏氏家訓〕第十一「涉務篇」。

地、層次地、制度化地緊緊拉在一起，拙文「從中正評品與官職之關係論魏晉南朝之社會架構」卽顯示，在東晉南朝時期，政治階層與社會階層結合之發展，及其最後凝固的情形。在這種大框框的體制之下，東晉南朝的改朝與政潮，一如拙文「五朝軍權轉移及其對政局之影響」一文所示，表現在士族與士族之間，士族與宗室之間等權力平衡與平衡破壞之關係上，梁末地方豪強略有風采，但寒素似乎一直僅占百分之十的比重。

　　儘管僑姓與吳姓有許多不同之點，在共同的強敵壓迫威脅之下，僑姓吳姓扮演建設性的角色遠蓋過兩者間相互破壞的角色，在同一片空間上延續了五朝（東晉、宋、齊、梁、陳）。這是南方政權最重要的支柱。

四、北朝之漢姓

　　南北朝時期，北方與南方的社會架構相似，但由於各自複雜的組合與發展，故在類似之中，有不同的特色。永嘉亂後，北中國所遭遇的紊亂與破壞，非南中國可比。司馬睿在南方建立政權的前後，有許多大族南遷，當然，一個大士族的房支甚繁，與中央政府較密切的房支可能南渡，地方性較濃厚的房支仍留在原籍，其例甚多，如河東聞喜裴氏、河東解縣柳氏、京兆杜陵韋氏、太原晉陽王氏等，皆分裂爲南北二大支。在〔新唐書〕「宰相世系表」中，也可找到很多類似例子。還有一些士族甚至無人南奔。這些留在北方的士族或房支，因中原失御，屢屢易主，爲求生存，不得不保持地方力量，而表現出濃厚的地方色彩。士族及各地地方豪族在永嘉亂後到處建立塢堡[39]，是最具體的地方自衞方式。〔全晉文〕卷一百八劉琨「與丞相箋」：「（兗州）二千石及文武大姓連遣信使求刺史……」，一般認爲所謂文大姓可能指士族，武大姓大部分指地方豪族。「文」是士族的特色之一，但亦

---

[39]　金發根前引書。

非沒有以「武」爲特質的士族，如河東汾陰薛氏[40]；「武」是地方豪族的特色之一，然而事實上由於北方特殊情況，士族純以文事相尚者，甚難生存，許多士族兼有龐大的地方勢力，例如范陽涿縣盧氏[41]、清河東武城崔氏[42]、趙郡平棘李氏[43]、及「瀛冀諸劉，清河張、宋，并州王氏，濮陽侯族」[44]，在北魏後期仍保持強大的地方勢力。所以北方的士族與地方豪族重疊面較廣，尤以北魏政權仍未強化之前爲甚。

五、胡人政權與漢人社會勢力之結合

北魏入主中原是第一個在北中國成功地建立王朝的異族，一百五十餘年的統治大體上相處尙爲融洽，拓拔氏自始便採取與漢族士大夫合作態度。〔魏書〕卷二「太祖道武帝本紀」記載太祖道武帝皇始元年（稱帝後之第十一年）平并州時：

> 帝初拓中原，留心慰納，諸士大夫詣軍門者，無少長，皆引入賜見，存問周悉，人得自盡，苟有微能，咸蒙敍用。

〔魏書〕卷三十二「崔逞傳」記述太祖時：

> 司馬德宗（東晉安帝）荊州刺史司馬休之等數十人爲桓玄所逐，皆將來奔，至陳留南分爲二輩，一奔長安，一歸廣固。太祖初聞休之等降，大悅，後怪其不至，詔兗州尋訪，獲其從者，問故，皆曰：國家威聲遠被，是以休之等咸欲歸闕，及聞崔逞被殺，故奔二處。太祖深悔之，自是士人有過者，多見優容。

許多異族的統治者都瞭解與被征服者合作之重要，北魏是成功的實例。北魏的做法完全胎合於政治力與社會勢力結合的原則，這是欲與被統治者維持良好關係的辦法。北魏在「馬上定天下」之後，假藉豪

40　參見〔魏書〕卷四十二「薛辯傳」、卷六十一「薛安都傳」。
41　參見〔北齊書〕卷二十二「盧文偉傳」。
42　參見〔北齊書〕卷二十三「崔㥄傳」。
43　參見〔資治通鑑〕卷一百五十五梁中大通三年二月條。
44　〔通典〕卷三引宋孝王「關東風俗傳」。

族合作以治理天下。〔魏書〕卷一百一十三「官氏志」：太祖道武帝
天賜三年（稱帝後之第二十一年）制：

　　諸州置三刺史，刺史用品第六者，宗室一人，異姓二人……郡
　　置三太守……縣置三令長。

異姓之中有鮮卑貴族、從龍部落酋豪、與中原大姓，由當時實際任命
者看，刺史、太守、縣令往往以本地大姓為之，則此三頭馬車政策係
政治力與社會勢力合作之最佳實例。迨北魏軍事上漸次統一中國北方
之後，更廣泛地吸收各地大豪族參與統治階層。〔魏書〕卷四十八「
高允傳」：

　　魏自神䴥以後，宇內平定，誅赫連積世之僭，掃窮髮不羈之
　　寇，南摧江楚，西盪涼域，殊方之外，慕義而至，於是偃兵息
　　甲，修立文學，登延儁造，酬諮政事，夢想賢哲，思遇其人，
　　訪諸有司，以求名士，咸稱范陽盧玄等四十二人，皆冠冕之
　　冑，著閭州邦，有羽儀之用，親發明詔，以徵玄等，乃曠官以
　　待之，懸爵以縻之，其就命三十五人，自餘依例，州郡所遣
　　者，不可稱記。爾乃髦士盈朝，而濟濟之美興焉。

這三十五位徵士的族望姓氏為：

范陽	盧玄	趙郡	呂季才
范陽	祖邁	太原	張偉
范陽	祖侃	中山	劉策
渤海	高允	中山	張綱
渤海	高毗	中山	郎苗
渤海	高濟	常山	許琛
渤海	李欽	西河	宋宣
博陵	崔綽	西河	宋愔
博陵	許堪	燕郡	劉遐
博陵	崔建	河間	邢穎
廣寧	燕崇	雁門	李熙

廣寧	常陟	廣平	游雅
京兆	杜銓	長樂	潘天符
京兆	韋閬	長樂	杜熙
趙郡	李靈	上谷	張誕
趙郡	李遐	上谷	侯辯
趙郡	李詵	雁門	王道雅　閔弼

以上三十五人，從其身分而言，「皆冠冕之冑」，從其社會地位而言，「著問州邦」。如若再注意其地望，所徵人物「東至渤海，北極上谷，西盡西河，南窮中山」，從徵士地理分佈圖可見北魏不但吸收社會階層的上層人物，且注意及其地理分配[45]。

　　不僅在形式上北魏統治階層徵用中原士族，「曠官以待之，懸爵以縻之」，在實質上這批參與北魏統治階層的社會領袖們確實影響到北魏的政策與行政，有許多重要政策的擬訂似乎皆經過諮商的結果。例如當遊牧民族統治農業民族時，最易發生衝突的是生產方式過於懸殊，遊牧民族以畜牧為主，草地是畜牧的根本，其所需要的面積較大，所以當遊牧民族征服農業民族時，常常大量地圈劃良田為草場，引起統治者與被統治者嚴重的衝突。在高允與世祖的一段政策諮議中，我們發現異族統治者與被統治者協調的實例。〔魏書〕卷四十八「高允傳」云：

> 世祖引允與論刑政，言甚稱旨，因問允曰：萬機之務，何者為先？是時多禁封良田，又京師遊食者眾。允因言曰：臣少也賤，所知唯田，請言農事。古人云：方一里則為田三頃七十畝，百里則田三萬七千頃，若勤之則畝益三斗，不勤則畝損三斗，方百里損益之率為粟二百二十二萬斛，況以天下之廣乎？若公私有儲，雖遇饑年，復何憂哉？世祖善之，遂除田禁，悉以授民。

45　參見賀次君「西晉以下北方氏族地望表」〔禹貢〕3卷5期，1935。北魏一朝皆重視地理分配。

崔浩為相，大量援引中原士族，同傳云：

> 初崔浩薦冀、定、相、幽、并五州之士數十人；各起家郡守。
> 恭宗謂浩曰：先召之人，亦州郡選也，在職已久，勤勞未答，
> 今可先補前召外任郡縣，以新召者代為郎吏，又守令宰民宜使
> 更事者。浩固爭而遣之。

拓拔氏的另外一項成功的政策是把胡人的上層階級與中原士大夫結合
在一起[46]，一方面沖淡了種族的隔閡，一方面顧及社會勢力的平衡。

六、北魏政治力與社會勢力之推移

北魏採取較具有彈性的政策以統治北中國，故其政治力與社會勢
力之間，一直在微妙地變動著。

永嘉亂後至拓拔氏統一北方以前，漢人社會大致上以地方自衛體
系為主，士族一般都是郡級領袖，地方豪族則為縣級以次的領袖。胡
人則以部落為單位，以與拓拔氏之親疏和部落大小為等次。

及拓拔氏力排羣雄，最後統一中國北方，王權已超過往昔部落盟
主之時，但仍然沒有力量直接控制地方，尤其是地廣人眾的漢人社
會。自道武入居中原，乘王權高漲之勢，首先是將部落解散，改為編
戶，〔魏書〕卷一百一十三「官氏志」云：

> 四方諸部，歲時朝貢。登國初，太祖散諸部落，始同為編民。

〔北史〕卷八十「外戚·賀訥傳」亦云：

> 道武平中原，……離散諸部，分土定居，不聽遷徙，其君長大
> 人，皆同編戶。

僅有極少數部落可得例外，如〔北史〕卷九十八「高車傳」云：

> 道武時分散諸部，唯高車以類粗獷，不任使役，故得別為部
> 落。

能將有形的同盟部落打散，已顯示出拓拔氏王權已強化，但部落遺留

46　參見孫同勛〔拓拔氏的漢化〕頁51，「胡漢官吏比例統計表」，1962。

下的無形力量，不可忽視，所謂「其君長大人，皆同編戶」，恐怕是從純政治體制而言，在社會體系上其君長大人決不可能立刻降為一般編民，故有宗主督護制出現，陳寅恪先生〔隋唐制度淵源略論稿〕「禮儀篇」有云：

> 魏初宗主督護之制，蓋與道武時離散部落為編戶一事有關，實本胡部之遺蹟，不僅普通豪族之兼併已也。

宗主督護制實施於整個北方的胡漢社會中，對於胡人而言，陳寅恪先生之論甚是；對於漢人社會而論，宗主督護制是承認並鼓勵豪族兼併現象。承認漢豪族是拓拔氏的重要政策，將打散後的小部落（宗主督護）與中原地方豪族結合，使成為北魏政權的基層領袖，既脗合漢地的社會架構，同時亦是北魏前半期政治力的極限，所以宗主督護制是拓拔氏的巧妙安排，當然，其中含有濃厚的政治力與社會勢力妥協的意味，余遜在「讀魏書李沖傳論宗主制」文中云：

> 抑魏初之於鄉里豪右，不僅採羈縻之策，使其不為己害而已，甚且假以位號，牢籠之，策勵之，以收其力用。夫既撫之以恩，則自不願綜覈名實，出其苞蔭之戶，以重傷其心。宗主制者，以督護之責，委之大族豪右，而不必檢校其戶口，斯豪強之所甚願。故宗主制與羈縻政策，如輔車之相依。

北魏同盟部落在入居中原以後，放棄以部落為單位的政經大權，在宗主督護制之下，還享有何種特權（漢人豪族同）呢？據〔魏書〕卷五十三「李沖傳」云：（孝文帝時）

> 舊無三長，惟立宗主督護，所以民多隱冒，五十、三十家方為一戶。

又〔魏書〕卷一百一十「食貨志」云：

> 魏初不立三長，故民多蔭附。蔭附者，皆無官役，豪彊徵歛，倍於公賦。

從北魏前半期的稅制入手，更能看出其中癥結所在。按〔魏書〕卷一百一十「食貨志」云：

太和八年，始準古班百官之祿，以品第各有差。先是，天下戶
以九品混通，戶調帛二匹、絮二斤、絲一斤、粟二十石；又入
帛一匹二丈，委之州庫，以供調外之費。至是，戶增帛三匹，
粟二石九斗，以為官司之祿。後增調外帛滿二匹，所調各隨其
土所出。

這麼高的賦稅，非一夫一婦所構成的小戶所能負擔。又北魏屢有臨時
徵調，如〔魏書〕卷三「太宗紀」泰常三年九月詔：

諸州調民租戶五十石，積于定、相、冀三州。

同書卷七「高祖紀」上延興三年七月詔：

河南六州之民，戶收絹一匹，綿一斤，租三十石。……（十月
詔）州郡之民十丁取一，以充行，戶收租五十石以備軍糧。

祇有五十、三十家合一戶，才能繳付如此鉅大稅徵。這種方式形同包
稅制，以一個宗主的小部落或一個小村落算作一戶，政府指定每年徵收
一個整數的粟米布帛；若在特殊情況下，亦以此大戶為單位，要求支
付三十石、五十石以作急需之用。制度上並沒有規定每戶包含幾家，
有的大戶恐怕還會超過五十家。戶長當然是士族、地方豪族、散解後
的部落大人。戶長與各家的權利義務如何，亦無規定，故在政府徵收
公賦與豪強私收的私賦之間，有著鉅大的彈性，這便是豪族的實利。

士族相當於郡級豪族，其權利義務型態一如地方豪族，在程度上
可能較大型些。這一點從上段引文「太和八年，始準古班百官之祿」
語中得知，按北魏曾吸收許多郡級士族任官中央，在孝文帝太和八年
以前，官吏無俸祿，自必須有龐大的原籍基業才能供養。這也注定了
北魏士族對原籍特別重視，對地方利益非常關懷。中央化的士族亦
有，但與南朝僑姓多以俸祿為生[47]的情況，在程度上有極大差別。北
朝士族大部分皆未完全脫離其原籍基業，所以「包稅制」對他們的利
益一如地方豪族，這一點可從孝文帝廷議改革宗主制時，分析其正反

---

47 〔顏氏家訓〕第十一「涉務篇」：「江南朝士，因晉中興，南渡江，卒為羈旅，至
今八九世，未有力田，悉資俸祿而食耳」。

意見之人物背景時得知，〔魏書〕卷五十三「李沖傳」云：

> 舊無三長，惟立宗主督護，所以民多隱冒，五十、三十家方為
> 一戶，沖以三正治民，所由來遠，於是創三長之制而上之。文
> 明太后覽而稱善，引見公卿議之。中書令鄭羲、秘書令高祐等
> 曰：「沖求立三長者，乃欲混天下一法，言似可用，事實難
> 行」。……太尉元丕曰：「臣謂此法若行，於公私有益。」咸
> 稱「方今有事之月，校比民戶，新舊未分，民必勞怨。請過今
> 秋，至冬閒月，徐乃遣使，於事為宜。」沖曰：「民者冥也，
> 可使由之，不可使知之。若不因調時，百姓徒知立長校戶之
> 勤，未見均徭省賦之益，心必生怨，宜及課調之月，令知賦
> 稅之均……」。著作郎傅思益進曰：「……九品差調，為日已
> 久，一旦改法，恐成擾亂。」太后曰：「立三長則課有常準，
> 賦有恒分，苞蔭之戶可出，僥倖之人可止，何為而不可？」
> ……遂立三長，公私便之。

三長制原提議人李沖，〔魏書〕卷五十三本傳云：「隴西人，敦煌公
寶少子也。」同書卷三十九「李寶傳」：「私署涼王暠之孫也。」這
一支似乎是涼室後裔，附魏以後，漸漸步向官僚羣中，以俸祿賞賜為
重要經濟來源，本傳云：「沖為文明太后所幸，恩寵日盛，賞賜月至
數千萬，進爵隴西公，密致珍寶御物，以充其第，外人莫得而知焉。
沖家素清貧，於是始為富室。」文明太后及太尉元丕贊成立三長，他
們站在皇室立場，三長制對皇室最有利，贊成理由可以理解。反對三
長的有鄭羲、高祐、傅思益。〔魏書〕卷五十六「鄭羲傳」云：

> 滎陽開封人，魏將作大匠渾之八世孫也。曾祖豁，慕容垂太常
> 卿；父曄，不仕……遷（羲）中書侍郎。延興初，陽武人田智
> 度年十五，妖惑動眾，擾亂京索，以羲河南民望，為州郡所
> 信，遣羲乘傳慰諭，羇到宣示禍福，重加募賞，旬日之間，眾
> 皆歸散，智度奔潁川，尋見擒斬，以功賜爵平昌男，加鷹揚將
> 軍。

〔魏書〕卷五十七「高祐傳」云：

> 渤海人也……司空允從祖弟也。祖展，慕容寶黃門郎……父
> 讜，……功拜游擊將軍。……子和璧……和璧子顯……出為冀
> 州別駕，未之任，屬刺史元愉據州反，世宗遣尚書李平為都
> 督，率眾討之，平以顯彼州領袖，乃引為錄事參軍，仍領統
> 軍，軍機取捨，多與參決，擒愉之後，別黨千餘人皆將伏法，
> 顯以為擁逼之徒，前許原免，宜為表陳請，平從之。於是咸蒙
> 全濟。

可見鄭羲及高祐二家族在原籍有雄厚的地方勢力（傅思益正史無傳，
不可查）。去宗主督護，立三長，對士族及其親黨皆有很大的影響。

　　自道武帝登國起，至孝文帝太和九年，恰恰實施一百年（公元
386～485），宗主督護制在道武時開始實施幾約占北魏王朝的三分之
二時間。

　　北魏百年統治，至孝文帝時王權又獲得進一步的擴張，除遷都漢
化等政策外，實施三長制和均田制，對解散後部落、士族、地方豪族
等，進一步縮小其社會勢力和經濟特權。實施三長制，由原先五十、
三十家為一戶，變為五家立一鄰長，五鄰立一里長，五里立一黨長；
單戶則從私附地位變為編戶地位，可減免豪族從中剝削，但是三長制
和均田制實施後的士族與地方豪族，雖然受到了打擊，也祇是特權之
受限制，對其本身宗黨所產生的地方勢力，並不減色，可由下列現象
證明之。

　　其一：三長制仍以豪族為長。〔魏書〕卷一百一十「食貨志」云：

> （太和）十年，給事中李沖上言：宜準古，五家立一鄰長，五
> 鄰立一里長，五里立一黨長，長取鄉人彊謹者。

　　其二：均田制僅在公田上實施[48]，並非將全國公私土地一律均
分，所以士族及地方豪族原有私產，仍然保留。

　　其三：奴婢受田數，北齊河清三年令（北魏記載不詳，僅以此推

48　賀昌羣：〔漢唐間封建土地所有制形式研究〕上海人民出版社，1964。

測）據〔隋書〕卷二十四「食貨志」載：

> 奴婢受田者，親王止三百人，嗣王止二百人，第二品嗣王已下
> 及庶姓王止一百五十人，正三品已上及皇宗止一百人，七品已
> 上限止八十人，八品已下至庶人限止六十人。

「庶人」不知界限爲何？極可能指無品位的地方豪族。

本期自孝文帝太和九年至北魏分裂止，共五十年（公元 485～
534）。實施百官俸祿制、職官受田制、官品奴婢受田制、三長取鄉人
彊謹制、公田均田制等，其目的是想將士族、地方豪族、平民，相對
地、層次地套入其政治體系之中，增長其政治力與控制力。因其制度
本身仍然過於稀鬆，僅得到部分成功。但其精神卻被宇文氏吸收。

七、府兵制度在政治力與社會勢力間之意義

北魏於公元 534 年分爲東西二部。西魏自始至終是宇文氏實際上
掌握政權，六軍是其底班，六軍最遲在東西魏分裂時已有跡象，大統
八年（公元 542）宇文泰正式制立此一結合政、經、軍、社爲一體的
組織，即關中八柱國是也。宇文氏以關中一隅之地與東魏及南方抗
衡，除其團結胡漢以外，還能善於吸收組合社會勢力，故能發揮出巨
大力量。吸收社會勢力爲政權之一部，其他朝代亦行之，唯宇文氏不
但積極，並且使其制度化，甚至成爲社會體系。在邙山之敗（大統九
年，公元 543）以後，且已成爲基本政策。原來北方有鄉兵存在，這
都是分散的力量，以士族及地方豪族爲頭目，以私兵、部曲和一些地
方豪俠武士做骨幹的團體；或者以宗族、鄉黨再附以賓客、義從的團
體。這是社會上潛在的武裝力量。宇文氏的召募政策，當然重視團體
力量勝過個別豪俠、武士；重視大宗族勝過小宗族。例證如下：

例一，〔周書〕卷三十九「韋瑱傳」：

> 韋瑱字世珍，京兆杜陵人也，世爲三輔著姓。……大統八年，
> 齊神武侵汾絳，瑱從太祖禦之。……頃之，徵拜鴻臚卿，以望

族兼領鄉兵，加帥都督，遷大都督、通直散騎常侍、行京兆郡
事，進車騎大將軍儀同三司散騎常侍……進授侍中驃騎大將軍
開府儀同三司。

例二，〔周書〕卷三十二「柳敏傳」：

柳敏字白澤，河東解縣人，晉太常純之七世孫也；父懿，魏車
騎大將軍儀同三司汾州刺史。……（敏）累遷河東郡丞，朝議
以敏之本邑，故有此授，敏雖統御鄉里，而處物平允，甚得時
譽。及文帝剋復河東，見而器異之……遷禮部郎中，封武城縣
子，加帥都督，領本鄉兵，俄進大都督……進驃騎大將軍開府
儀同三司……除河東郡守……進位大將軍。

例三，〔周書〕卷三十七「郭彥傳」：

郭彥，太原陽曲人也，其先從宦關右，遂居馮翊。……大統十
二年，初選當州首望，統領鄉兵，除帥都督……進大都督，遷
車騎大將軍儀同三司……進驃騎大將軍開府儀同三司。

例四，〔周書〕卷二十三「蘇綽傳」附弟椿傳：

（蘇椿，武功人）關右賊亂，椿應募討之……加都督……（大
統四年）改授西夏州長史，除帥都督……十四年，置當州鄉
帥，自非鄉望，允當眾心，不得預焉，乃令驛追椿領鄉兵……
加大都督……尋授使持節車騎大將軍儀同三司……進位驃騎大
將軍開府儀同三司大都督。

例五，〔周書〕卷三十三「王悅傳」：

王悅字眾喜，京兆藍田人也，少有氣幹，為州里所稱……太祖
初定關隴，悅率募鄉里從軍，屢有戰功……侯景攻圍洛陽，太
祖赴援，悅又率鄉里千餘人從軍……（大統）十四年，授雍州
大中正，帥都督，加衛將軍右光祿大夫都督……尋拜京兆郡守
加使持節車騎大將軍儀同三司……拜使持節驃騎大將軍開府儀
同三司大都督。

例六，〔周書〕卷三十六「司馬裔傳」：

司馬裔字遵胤，河內溫人也……及魏孝武西遷，裔時在鄴，潛歸鄉里，志在立功。大統三年，大軍復弘農，乃于溫城起義……八年率其義衆入朝，太祖嘉之，特蒙賞勞。頃之，河內有四千餘家歸附，並裔之鄉舊，乃授前將軍太中大夫領河內郡守，令安集流民，十三年，……加授都督……十五年，太祖令山東立義諸將等能率衆入關者，並加重賞，裔領戶千室先至……授帥都督……加授撫軍將軍大都督……授使持節車騎大將軍儀同三司……進使持節驃騎大將軍開府儀同三司。

例七，〔周書〕卷三十六「令狐整傳」：

令狐整字延保，燉煌人也……世為西土冠冕……魏孝武西遷，河右擾亂。(元)榮仗整附扞，州境獲寧……太祖嘉其忠節，表為都督……遂立為瓜州義首，仍除持節撫軍將軍通直散騎常侍大都督。整以國難未寧，常願舉宗效力，遂率鄉親二千餘人入朝，隨軍征討……遷使持節車騎將軍儀同三司……尋除驃騎大將軍開府儀同三司……天和六年，進位大將軍。

例八，〔隋書〕卷七十四「酷吏列傳·田式傳」：

田式字顯標，馮翊下邽人也。祖安興，父長樂，仕魏俱為本郡太守。……周明帝時，年十八，授都督，領鄉兵。

按宇文氏的府兵制度體系如下：

六柱國	六軍	正九命
↓		
十二大將軍	十二軍	正九命
↓		
二十四開府將軍	二十四軍	九命
↓		
若干儀同將軍	若干團	九命
↓		
若干大都督	若干團	八命
↓		
若干帥都督	若干旅	正七命
↓		
若干都督	若干隊	七命

據上列諸例，與宇文氏府兵制度作一對照，例一「三輔著姓」京兆杜陵韋氏，例二河東解縣柳氏，例三「當州首望」太原陽曲郭氏等，皆以族望領鄉兵，拜以帥都督，進入府兵體系，循大都督、儀同將軍、開府將軍、大將軍升遷。而例四武功蘇氏、例七敦煌令狐氏、例八馮翊下邽田氏等，亦以鄉望領鄉兵拜以都督，居帥都督之下。例五京兆藍田王氏，初任帥都督，加升都督，依制度而言，恐是史書筆誤倒置。河內溫人司馬氏是晉帝室後裔，恐爲其一支。綜上而論，大體上按照族望高下、鄉兵強弱爲評定都督、帥都督官職，州郡級的士族委以高一級的帥都督，地方豪族則授以都督。此卽〔北史〕卷九「周本紀」謂：

> 帝以邙山諸將失律，上表自貶，魏帝不許，于是廣募關隴豪右以增軍旅。

是故府兵制度是將州郡士族、地方豪族、民間富室，相對地、層次地納入制度之中，使地方力量中央化。

八、隋

　　隋朝統一中國，府兵仍然是承襲北魏北周系統的國家支柱，祇是漸漸減退鄉兵色彩而增加中央化的濃度[49]。 隋政權本不應如此速亡，但其屢舉兵役、大興土木，業已超過農業社會生產力的負荷，鋌而走險者日眾，遂授予各方擁有社會勢力者良機。按陳寅恪「論隋末唐初所謂『山東豪傑』」文中看法，「當時中國武力集團最重要者，爲關隴及山東豪傑兩系統，而太宗與（徐）世勣二人卽可視爲其代表人也。世勣地位之重要實因其爲山東豪傑領袖之故，太宗爲身後之計欲平衡關隴山東兩大武力集團之力量，以鞏固其皇祚，是以委任長孫無忌及世勣輔佐柔懦之高宗，其用心可謂深遠矣！後來高宗欲立武曌爲后，當日山東出身之朝臣皆贊助其事，而關隴集團代表之長孫無忌及其附

49　谷霽光〔府兵制度考釋〕上海人民出版社，1962。

屬系統之褚遂良等則竭力諫阻，高宗當日雖欲立武氏爲后，以元舅大
臣之故有所顧慮而不敢行，惟有取決於其他別一集團之代表人卽世勣
之一言，而世勣竟以武氏爲山東人而贊成其事，（見〔册府元龜〕叁
叁陸宰輔部依違門）論史者往往以此爲世勣個人道德之污點，殊不知
其社會集團之關係有以致之也。又兩〔唐書〕以李靖李勣同傳，後世
亦以二李並稱，此就二公俱爲唐代之名將而言耳，其實靖爲韓擒虎之
甥屬於關隴府兵集團，而世勣則是山東豪傑領袖，其社會背景迥然不
同，故二人在政治上之地位亦互異，斯亦治唐史者所不可不注意及
之者也。史復言世勣家多僮僕，積粟常數千鍾，當是與翟讓張亮同從
事農業，而豪富遠過之者，卽所謂大地主之流也，此點亦殊重要。」

九、唐

李淵在隋末「自衞尉卿轉右驍衞將軍，奉詔爲太原道安撫大使，
郡文武官治能不稱職者，並委帝（李淵）黜陟選補焉。河東已來兵馬
仍令帝（李淵）徵發，討捕所部盜賊」[50]，太原是唐的發跡之地，乘
天下大亂，肅清太原附近，下西河，破宋老生精兵二萬於霍邑，圍河
東，渡河，直撲關中，溫大雅〔大唐創業起居注〕卷二謂：

> 庚申，率諸軍以次而渡。甲子舍于朝邑長春宮，三秦士庶衣冠
> 子弟郡縣長吏豪族弟兄老幼，相携來者如市。帝（李淵）皆引
> 見親勞問，仍節級授官。教曰：義旗濟河，關中響應，轅門輻
> 凑，赴者如歸，五陵豪傑，三輔冠蓋，公卿將相之緒餘，俠少
> 良家之子弟，從吾投刺，咸畏後時，扼腕連鑣，爭求立效，縻
> 之好爵，以永今朝。於是秦人大悅，更相語曰：真吾主也，來
> 何晚哉！咸願前驅，以死自效。

次年（義寧二年）春正月，同書卷三又云：

> 蜀漢及氏羌所在諸郡雄豪並守長等，奉帝書感悅，競遣子弟獻

款，絡繹而至，所司報答，日有百餘，梁益之間，宴如也。

按大唐帝室與楊隋有姻親關係[51]，同屬西魏北周核心分子，卽陳寅恪先生所謂「關中集團」是也。故當隋煬帝被弑於江都，天下紛亂，羣雄並起，李淵所領導的這股勢力，在未克屈突通之前，就渡河至關中，一方面是戰略上之成功[52]，另一方面亦由於李氏本屬關中集團，較易獲得三秦人物支持。由上文而觀之，果然順利地擁有關中。及李世民破薛舉於隴西，李淵集團已獲得故秦之地。李唐東向平定天下與嬴秦并吞六國有相似之處，而其能順利完成，與李世民能降服另一系勢力「山東豪傑」有重要的關係。然而，關中仍爲其根基，唐初仍圖以府兵制度的精神，結合地方力量，以爲其政權之基礎，〔新唐書〕卷五十「兵志」謂：「府兵之制，起自西魏後周，而備於隋，唐興因之」。除唐高祖武德六年一度停廢以外，府兵大體因隋制。同書同卷稱：「太宗貞觀十年，更號統軍爲折衝都尉，別將爲果毅都尉，諸府總曰折衝府。凡天下十道，置府六百三十四，皆有名號，而關內二百六十有一，皆以隸諸衞。」[53] 又〔唐六典〕卷二十四「諸衞」載諸衞統折衝府之驍騎。這種制度寓兵於農，使耕戰合體，而地方的軍事訓練與徵調又與中央十六衞有嚴格的關連[54]。

據谷霽光考釋，唐十道折衝府數分配爲：

	關內	河東	河南	河北	隴右	山南	劍南	准南	嶺南	江南	合計
軍府數	288	164	74	46	37	14	13	10	6	5	657
占軍府總數的百分比	43.8	25.0	11.3	7.0	5.6	2.1	2.0	1.5	0.9	0.8	100.0

51　〔新唐書〕卷一「高祖本紀」（〔舊唐書〕卷一同）：「隋文帝獨孤皇后，高祖之從母也，以故文帝與高祖相親愛」。

52　〔新唐書〕卷八十八「裴寂傳」（〔舊唐書〕卷五十七同）：「至河東，屈突通未下，而三輔豪桀多歸者，唐公欲先取京師，恐通掎其後，猶豫未決。寂說曰：今通據蒲關，未下而西，我腹背支敵，敗之符也，不若破通而後趨京師。秦王（李世民）曰：不然，兵尚權，權利於速，今乘橫度河以奪其心，且關中羣盜處處屯結，疑力相拄，易以招懷，撫而有之，衆附兵彊，何向不克……。唐公兩從之，留兵圍蒲，而遣秦王入關」。

53　有關折衝府之總數，各種記載不一。其增減可能因時而有小異。

54　陶希聖〔中國政治制度史〕第四册隋唐五代，頁246語，初版1944；臺一版1974，啓業書局。

　　唐的基業以河東、關中、隴右爲主，這個區域亦正是當年宇文氏
建立府兵時之轄區，關中本位政策之原始地。唐在這三道的軍府數爲
四百八十九個，占軍府總數的百分之七十四點四。輕重之勢，頗爲明
顯。李唐以關中河東爲基業，在形勢上與嬴秦有類似之處，但李唐對
山東之關係，遠沒有嬴秦對六國那樣惡劣。六國本有社稷，經過長期
戰爭與對抗以後，秦卒滅六國而統一天下，六國貴族與遺民一直努力
反秦。隋末山東人物與關中人物雖然不屬同一集團，但亦沒有深仇大
恨。何況唐代統一不久，　較與山東豪傑有來往的李世民取得政權[55]，
除河北地區[56]以外關中與山東人物有某些程度的調和[57]。

　　一個大帝國的創業，固先由某一地區或某一階層人作其基業；但
帝國的發展與穩定，則應超脫地域利益與階級利益，方能克其功。
故當軍事停息之際，也是統治階級努力尋覓社會基礎，穩固其政權之
時。〔貞觀政要〕中記述唐太宗融合以前敵對人物，接納雅言，以及
想以科舉盡納天下英雄於其彀中的看法與作法，正是克己私慾而爲其
政權長遠打算之計。武則天爲了把持政局建立武周，以科舉和薦辟方
式大量吸引非關中集團人物，實際上已有意無意地擴大了社會基礎，
科舉和薦辟方式所吸引的人物，理論上包括社會上各階層人物，實
際上則仍以士族爲多[58]。　故武則天當政時期，與其說其政權基礎平民
化，毋寧說地域的普遍化。武氏在實施的時候常令所謂酷吏對唐功臣
集團加以整肅，關中集團人物被貶退者很多，但並非關中集團勢力都
被鏟除[59]，　而是使其失去絕對優勢，或許是下降到其應有的比例上。

　　府兵制度到唐玄宗時漸漸鬆弛而被破壞，其原因甚多[60]，　要研究

55　參見李樹桐「初唐帝室間相互關係的演變」載於〔唐史考辨〕臺灣中華書局，1965。
56　參見谷霽光「安史亂前之河北道」〔燕京學報〕第19期，1936。
57　參見布目潮渢「唐初の貴族」載於〔隋唐史研究〕，東洋史研究叢刊之20，1968。
58　參見本書第二篇「中古統治階層社會成分」統計表。
59　參見章羣〔唐史〕㈠第四章第三節之分析。華岡，1968。
60　王壽南〔唐代藩鎮與中央關係之研究〕頁105-7，嘉新，1969，謂府兵之制破壞
　　的原因主要有三：一、均田制度之破壞。二、府兵之憚久成遠征。三、府兵在社
　　會上地位之低落。及陶希聖「中國政治制度史」謂當時客觀的環境逐漸使府兵制
　　度趨於腐敗。第一是當時的交通條件不夠，各地府兵番上宿衛飢疲於勞役而不能
　　按時；第二是普遍的府兵訓練，強壯與羸弱同流，兵多而不精；第三開元以後，
　　國家承平飢久軍事訓練廢弛。

府兵的徭役與一般人民的徭役之比較，及與府兵制有密切關係的均田制之存廢，才能得其實況，就以〔鄴侯家傳〕所敍述的府兵義務而言，在唐玄宗承平之世，恐怕不足以吸引府兵久任。再者，一個大帝國最高的政治統治者欲保持其地位，掌握京師為其重點，政變發動之時，皇宮禁城是決勝負之地，禁軍最為重要[61]。所以玄宗天寶年間以彍騎取代府兵，彍騎乃十二萬常備的宿衛精兵，其戰鬥力必較府兵為強，在純政治觀念而言，極易理解，但這項改變已飛越府兵制度連繫中央政權與地方勢力結合的原則，中央宿衛遂成為皇帝政治力的爪牙。然而大唐帝國，疆土遼闊，自西北迄東北，時有烽火，在府兵時期尚且徵用蕃兵蕃將，彍騎集聚中央，去府兵猶如東漢光武去州郡都尉，故唐室有不得已而重用蕃人之苦衷[62]，種下了日後藩鎮之亂的遠因。

　　府兵廢弛之後有彍騎、禁軍，唐皇室並非僅以此赤裸裸權力維持其政權。唐政權在其他方面的社會基礎尚稱成功。從武后玄宗以來，它的官僚體系之中實已吸收了各地域的社會人物。士族（包括魏晉舊族與唐代新族）仍然是當時社會中的優勝者[63]，雖然士族在軍事方面的參與，已日益減退；地區性的功能也漸趨疏遠，但在其他方面的功能，仍然存在。這些功能透過唐代官僚體系表現出來，兩者相得益彰，這是中央政權與社會勢力結合的另一形態。唐代統治階層仍以士族為主體，但士族的性質不斷地轉變，轉變後的優點與缺點又反映在以此為基礎的政權上。安史之亂，叛軍長驅直入，不旋踵而下兩京。肅宗在靈武興兵，也可以看出西北仍有唐室的傳統勢力。安史雖亡，自此以後，河北成為半獨立狀態，這一地區的節度使隨時向唐室加壓力，唐室大致守在自西北至東南的一條防線，東南的財力與西北的軍

61　陳寅恪〔唐代政治史述論稿〕中篇「政治革命及黨派分野」頁44。謂：「自高祖太宗至中宗玄宗，中央政治革命凡四次，俱以玄武門之得失及屯衛北門禁軍之向背為成敗之關鍵」。〔史語所專刊〕之20，1944。
62　參見王壽南前引書第七章第二節，「唐代之重用蕃將」。
63　參見第二篇「中古統治階層社會成分」統計表，唐代部分。

力維持了剩餘的一百餘年。 運河[64]、藍田武關道[65] 的暢通，成爲安危
之所繫，漕運與理財成爲中晚唐宰輔大臣之特色。均田似乎是行在北
方公田上的土地制度[66]，以均田制爲基礎的租調庸賦稅制度， 自均田
破壞、北土殘破以後，實際上在安史亂後已無法實施，在客觀的現象
改變以後，兩稅法繼之而起[67]。 在土地不平均的狀態之下，以資產爲
宗，不以丁身[68] 爲本的稅法，更能有效地抽取物力財力。又「其見任
官一品至於九品，同上上至下下戶等級之數，並寄田寄莊，及前資勳
蔭寄住家， 一切並程」[69]，〔通典〕作者杜佑評爲「蓋近如晉宋土斷
之類也」。這顯然是指「安史亂起中原士族衣冠及各地難民，羣起浮
盪，大部分到江南方面，僑居各地」[70] 而言。人口比重的趨勢，若以
淮河秦嶺爲南北界線，在隋代南北之比爲15：85，至安史亂前爲35：
65[71]。安史亂起，河北藩鎭割據，百姓南遷，會昌年間杜牧曾謂「三
吳者國用半在焉」[72]，整個南方比重可見而知。 江淮等地既是中央經
濟命脈，故中晚唐江淮藩鎭之選任，非常愼重，大都是忠心於唐室的
高級中央官派任之[73]， 唐之中晚期似乎比東晉南朝更直接地抽取百姓
的財力， 並有效地予以輸送。 唐增添其他稅項， 以減緩土地稅的壓
力 ， 並彌補北方若干地區失御的財政損失[74]， 是一種比較進步的政
策。

64　參見全漢昇〔唐宋帝國與運河〕〔史語所專刊〕，1944。

65　參見嚴耕望「唐藍田武關道驛程考」〔史語所集刊〕第39本下冊，1969。

66　賀昌羣前引書。

67　參見楊聯陞「中唐以後稅制與南朝稅制之關係」〔清華學報〕12-3, 1937。

68　參見〔新唐書〕卷五十二「食貨志」。或〔唐會要〕卷八十三「租稅」上、〔新
　　唐書〕卷一百四十五（〔舊唐書〕卷一百一十八）「楊炎傳」。

69　〔通典〕卷六「賦稅」下。

70　鞠清遠〔唐代財政史〕頁22, 1934。

71　人口統計之可信性，向為國史中最受懷疑的一部分，本數字參考 E. G. Pulley-
　　blank: *The Background of the Rebellion of An Lu-shan*, Oxford Uni-
　　versity Press, 1955, pp. 172-174.

72　杜牧〔樊川集〕14，「禮部尚書崔公行狀」。

73　參見王壽南前引書，頁276。

74　參見 D. C. Twitchett: *Financial Administration Under the T'ang Dynasty.*
　　Cambridge University Press, 1963, p. 23語，及其後各章文。
　　又鞠清遠前引書第三章至第五章文。

　　在這種情況之下，唐對江淮地區也做一些水利工程建設[75]，但吾人看不出有任何大規模有系統的建樹，充其量祇是當經濟由北向南遷轉[76] 時，扮演先驅角色，下開五代十國之吳越[77] 及宋代有系統發展水利系統之始。隴右涼州之地，晚唐一直受吐蕃的壓迫與侵犯，在張義潮最後迴光反照之後，大致已非唐的勢力範圍。南方經黃巢之動亂，已非昔比。經過人力物力之損耗，唐帝國已失其根本。唐在吸收社會領袖時，有其成功的一面，但社會領袖的性質漸漸改變，原本居於皇帝與百姓之間的地位 ， 移近政治中心的那一端 ， 本文第四篇另有分析。均田制之破壞，兩稅法之實施，都意味出土地平均精神之消失，土地兼并愈來愈烈，莊園出現後的社會問題，政治與社會領袖無法解決。晚唐南方的社會動亂，以及北方強鎮、五代十國之赤裸權力，都顯示出政權與社會基礎脫節，新王朝新政權的穩定，要尋找新的社會基礎和接合型態。

75　如〔全唐文〕卷五百六十六韓愈撰「江西觀察使韋公墓誌銘」，在南昌「灌陂塘五百九十八，得田萬二千頃。」又〔全唐文〕卷五百二十九顧況撰「湖州刺史廳壁記」謂于頔「作塘貯水，溉田三千頃」。又〔冊府元龜〕卷六百七十三「牧守部褒寵」二，孟簡為常州刺史「開漕古孟瀆，長四十一里，得沃壤四千餘頃」。又〔冊府元龜〕卷六百七十八「牧守部興利」，李吉甫於高郵築富堤為塘「溉田數千頃」。又〔唐會要〕卷八十九「疏鑿利人」條，嗣曹王皋為荆南節度使修堤得「良田五千頃，歲收一鍾」。

76　嚴耕望〔中國歷史地理〕唐代篇，〔農林〕，頁21。「就興建次第而言，北方工程幾皆天寶以前所興建，長江以北者亦前期為多，江南東道則中葉興建者為多，而江南西道則盡中葉之工程矣！」
　　及鄒逸麟「從唐代水利建設看與當時社會經濟有關的兩個問題」〔歷史教學〕1959-12，文中之水利建設。

時　期 ＼ 道	關內	河南	河東	河北	隴右	山南	淮南	江南	劍南	嶺南	合計
安 史 亂 前	11	20	16	54	1	5	4	22	27	3	163
安 史 亂 後	13	7	2	3	1	6	13	49	4	3	101

77　參見繆啟愉「吳越錢氏在太湖地區的圩田制度和水利系統」〔農史研究集刊〕第2冊，1960。

第二篇　中古統治階層之社會成分

一、分　類

　　我國中古社會具有濃厚的階級性，階級社會所呈現的現象顯著地反映在政治人物上，歷來治中古社會政治史者皆有此共同認識。中古階級社會是以家族爲座標之單位，依其家族地位聲望之高低而決定其社會階層之層次，皇室當然是全國最華貴的家族，累世有三公九卿之族，乃是僅次於皇室而高居社會階層之頂層者，官大及系長是一個家族建立其政治社會地位的有形標準，因此在社會階層高低層次面的一系列刻度上，我們可以塡入許許多多家族。垂直分類是必要的，其原因有二。其一：一項科學化的研究，若從其全面整體或外在觀察，不如先予解剖分段而從內在分析著手，然後再合而觀其全貌。分類是分析的標準與起點，可增強觀察力的明銳，使研究更加便利。其二：一個較大的家族與一個較小的家族就其性質而言，皆居於社會階層的水平面之上，但對政治社會的影響力而言，不能等量齊觀，其間自有輕重程度之分，而有分類必要。在社會階層的一系列層次面上，把它切爲一層一層是困難的，問題是在所定的標準爲何？從何處作爲分類的分野？歷來中外學者研究中國社會史者，亦作過這一方面的努力。〔新唐書〕卷一百九十九柳芳將魏晉以來的大族分爲五類，卽：山東郡姓、關中郡姓、江東僑姓、東南吳姓、代北虜姓，凡二十六族。柳芳是唐代人，以研究譜學聞於世，其所記載的大族可信性極高，被後人

視爲寶貴資料，然當時的階級社會，自大族以次於平民寒素，尚有千百
家族，此點柳芳亦極瞭解，其所舉二十餘族，乃階級社會中之頂層大
族，而所列五類亦屬地理分類，實屬同一層次；如以此頂層人物與平
民寒素相對，似爲二分法的分類，旣非當時社會實情，亦非柳芳本意。
若爲了強調某一角度或某一層次之特性，而以二分法作爲強烈對比，
猶有可說，例如前輩陳寅恪先生[1]、錢穆先生[2]強調大士族的學業品德家
學家風；宮川尚志[3]以寒門、寒人爲著眼點，以大族作爲對照；唐長
孺[4]致力於門閥形成與衰落；井上晃[5]之考定姓族；王伊同先生[6]對大
族譜諜之貢獻等。再如 Wolfram Eberhard 氏[7]列述拓拔魏一百個家
族，但似未作垂直之分類。宮崎市定[8]曾對魏晉南北朝士庶作一分界
線變遷表，以官品爲標準；全書最大的貢獻在於分析門第與官職之關
係上。另一位日本學者矢野主稅[9]亦以官職作爲族望高下的標竿。日
人越智重明[10]著力於下級官僚之研究，因此他不但重視「門地二品」
大士族，且在士族以下分類較詳，分爲甲族、次門、後門、三五門，
似乎是四分法。何啟民[11]的標準，重視門第民間的聲望，如吳郡朱氏
雖官宦不多，不減其社會地位。David Johnson[12]認爲法律上的地位、
權利、義務、戶籍等，是「士」的重要標準，這當然受日人仁井田陞[13]

---

[1] 陳寅恪〔唐代政治史述論稿〕1944，〔隋唐制度淵源略論稿〕1944。

[2] 錢穆「略論魏晉南北朝學術文化與當時門第之關係」〔新亞學報〕5卷2期，
    1963年8月。

[3] 宮川尚志「魏晉南朝の寒門寒人」，刊於〔六朝史研究〕日本學術振興會刊，1956。

[4] 唐長孺「門閥的形成及其衰落」〔魏晉南北朝史論叢〕，北平三聯書店，1955。

[5] 井上晃「後魏姓族分定考」〔史觀〕第9期，1936。

[6] 王伊同〔五朝門第〕金陵大學中國文化研究所叢刊乙種，1943。

[7] Wolfram Eberhard: *Das Toba-Reich Nordchinas*, Leiden, 1946.

[8] 宮崎市定〔九品官人法の研究〕，東洋史研究叢刊之一，1956。

[9] 矢野主稅「魏晉中正制の性格についての一考察」〔史學雜誌〕72-2，1963。

[10] 越智重明「魏晉南朝の最下級官僚層について」〔史學雜誌〕74-7，1965。「梁の
    天監の改革と次門層」〔史學研究〕97期，1966。

[11] 何啓民「中古南方門第——吳郡朱張顧陸四姓之比較研究」〔政大學報〕第27期，
    1973。

[12] David Johnson *The Medieval Oligarchy: A Study of Great Families in
    Their Social, Political & Institutional Setting*, p.49. Chapter 3. Shih
    status: Legal Aspect. 博士論文 University of California, Berkeley 1970.

[13] 仁井田陞〔中國法制史研究〕1962。
    增村宏「黃白籍の新研究」〔東洋史研究〕2-4，1937。

諸輩之影響。又如其論點不屬本期範圍之內，但事涉中國社會史分類之名著，關於漢朝者如楊聯陞先生[14] 東漢的豪族泛指外戚、宦官、清流與濁流。瞿同祖先生[15] 所謂漢代大族（powerful families）是指六國舊貴族後裔、漢朝皇室及王侯、外戚、二千石官吏、富商、游俠等；余英時先生[16] 是指南陽一帶大地主及東漢以來單士與家族結合而成的士族；許倬雲師[17] 指出春秋戰國時士與公子階層，同時在漢末三國時有地方勢力——地方豪強。凡此種種皆對本文擬定分類標準有重大影響。至於明清之際社會史方面的學者，如張仲禮[18]、何炳棣[19] 大抵以科舉名位作爲重要標準；而“Gentry”一詞常被借用，費孝通[20] 亦是此中翹楚，然費氏將“Gentry”概括自秦漢以來中國士大夫階層[21]，與白樂日（Etienne Balazs）[22] 將中國二千年來社會看作一樣，乃忽略了時代特點，不能被視爲精確的分類法。

十年以前，當著者遍閱中古各朝正史時，發現史家對於這個時期官吏出身背景之社會成分記載頗詳，遂嘗試以較精確的方法來衡度統治階層，當時所採用的方法是以〔魏書〕卷一百一十三「官氏志」中所載之標準。凡稱士族需合於二大條件，其一：累官三世以上。其二：任官需達五品以上者。這二個條件完全符合「官氏志」中所謂膏粱、華腴、甲、乙、丙、丁姓的標準。蓋因北魏統治北中國以後，採與漢人

---

14 楊聯陞「東漢的豪族」〔清華學報〕11卷4期，1936。
15 Chü, T'ung-tsu: *Han Social Structure*. Chapter Five. "Powerful Families", University of Washington Press 1972. p. 160.
16 余英時「東漢政權之建立與士族大姓之關係」〔新亞學報〕1卷2期，1956；「漢晉之際士之新自覺與新思潮」〔新亞學報〕4卷1期，1959。
17 Hsu, Cho-yun: *Ancient China in Transition-An Analysis of Social Mobility*. Stanford University Press, 1965.
　　許倬雲「三國吳地的地方勢力」〔史語所集刊〕第37本上冊，1967。
18 Chang, Chung-li: *The Chinese Gentry: Studies on Their Role in Nineteenth-Century Chinese Society*. University of Washington Press, 1955.
19 Ho, Ping-ti: *The Ladder of Success in Imperial China-Aspects of Social Mobility, 1368-1911*. Columbia University Press, 1962.
20 Fei, Hsiao-t'ung "Peasantry & Gentry: An Interpretation of Chinese Social Structure & its Changes", *American Journal of Sociology*, LII, 1946.
21 Fei, Hsiao-t'ung: *China's Gentry*; Chapter I. The Gentry & The Imperial Power" p. 17. University of Chicago Press. 1953.
22 Etienne Balazs: *Chinese Civilization & Bureaucracy*. Yale University Press, 1964.

合作之策，亦希望將其官吏酋豪套入中國社會架構中，此項法令之正
式公布，當亦參照當時社會無疑，故三世及五品兩個條件可能與當時
漢人社會相去不遠。　用此項標準試用於兩晉南北朝各代[23]，使階級社
會有著明確的百分比，而所得之大士族又與柳芳所言大體相同，證明
了此項標準與當時社會實情差距不大。然而，社會階級之分類，究非
如此簡易之法所能涵蓋，在撰寫〔兩晉南北朝士族政治之研究〕時，
發現吳郡朱氏竟然任官者甚少，　而朱氏在許多記載中似乎是吳姓「
朱、張、顧、陸」四姓之首，這是柳芳所列姓望與著者統計所得之間
的唯一例外，於是乎著者在撰寫博士論文「唐代統治階層社會變動」
時，採用三世中有二世居官五品以上的標準以外，還添加凡史書皆稱
大族者，雖任官次數甚少，亦屬士族範圍。以法律地位為標準評定士
族，是以現代標準衡量中古社會，有關「士」之特權之記載，魏晉南
北朝時史料記載不多，在這些片斷的行文中，是因為官宦的因素，抑
或是家族地位之因素，一直是糾纏不清的問題。同時也牽連到政治性
的運用與習慣法等在中古是否是法律等問題，隋唐代雖仍有濃厚士族
社會的色彩，更無法從法律標準定出士族。在魏晉南北朝時，常有大
士族稱次級大士族為寒族、寒門[24]，這是相對的稱呼，其實次級大士
族也是士族。同理，一個次級大士族亦會稱初次形成的士族（三世中
有二世居官五品以上）為寒門。而實際上若將初次形成的士族與寒素
及地方豪族、小姓等作一對照，其政治社會影響力當列士族無疑。故
本書士族之定義，包含柳芳所說的郡姓、虜姓、吳姓；亦包括正史中
所提及的大族；還包括一切三世中有二世居官五品以上的家族，其中
有唐代新族──列朝皇室亦包含在內。故本書所謂士族實比一般所謂
高門大族之門第的範圍為廣，是廣義的士族。

　　寒素類指素士、農、工、商、兵、其他半自由民，及非自由民如
奴婢、門客等。寒素類中有平行的職業分類、上下層次的非自由民，
故本身可再予細分，亦可深入研究，本文將他們歸為一類，是因為他

23　參見拙著〔兩晉南北朝士族政治之研究〕中國學術著作獎助委員會，1966．
24　同上註。

們的祖父輩皆無參與統治階層的跡象。

　　在士族與寒素之間，本文列小姓類。這類人物之存在，可見於〔華陽國志〕中各縣的大姓、豪富；永嘉亂後北方的塢堡[25]；梁末侯景之亂時的縣姓、地方酋豪、洞主[26]；隋末所謂「山東豪傑」[27]；以及唐代前後期氏族譜殘卷中千百計的郡縣大姓[28]。拙文「從中正評品與官職之關係論魏晉南朝之社會架構」更具體指出三個層次的社會架構。小姓是一個複雜的層次，它的名稱也最多，包括縣姓、地方豪族、酋豪、部落酋長、洞主、累世低品、累世校尉、或曾有一世五品以上等家族。

二、分期

　　為研究動態化的痕跡，本文分期以「代」（generation）為單位，每代通常是以二十五至三十年計，但研究中國歷史，需配合皇帝的更換與朝代的變動，因為每個皇帝的更換與朝代的變動常常引起內外大臣的更易，故略微依據朝代與建元要比硬性規定以一定的年代斷代（generation）為實際。從比較觀察的立場而言，又希望分期後的每期都大致能自成單元，或在某事上有若干特色，自東漢獻帝建安元年始至唐哀帝天祐三年止，凡得七百十一年（即公元 196～906）。其所以取這段時期作為研究範圍是因為漢末與唐亡是中古階級社會架構的起點與落點（見下文）。以下且劃分各期年代，並略述各期之特有內容。

第一期：公元196～219年，漢獻帝建安24年。凡24年。在政局方面，
　　　　自董卓被召入中原，宦官雖除而天下自此分裂。建安年間，代表
　　　　著曹操竊奪朝政，也意味著三國鼎立的開始。從社會角度看，這

25　金發根前引書。
26　拙文「五朝軍權轉移及其對政局之影響」。〔清華學報〕新8卷第1、2合期，1970。
27　陳寅恪「論隋末唐初所謂『山東豪傑』」。
28　本書第十二篇「敦煌唐代氏族譜殘卷之商榷」。

是大族出任政治角色的上坡點。

第二期：公元220～239年。曹魏文帝黃初 7 年；明帝太和 6 年、青龍
　　　 4 年、景初 3 年；共二十年。曹魏王朝正式建立，三國分治，魏
　　　 文帝及明帝時期，曹氏仍能掌握政權，司馬氏雖漸次得勢，但未
　　　 能危及朝基。黃初初年吏部尚書陳羣建議行九品官人法取士，其
　　　 結果加速門第社會的發展。

第三期：公元240～264年。曹魏齊王芳正始 9 年、嘉平 5 年；高貴鄉
　　　 公髦正元 2 年、甘露 4 年；常道鄉公奐景元 4 年、咸熙 1 年；共
　　　 25年。司馬氏積極擴張勢力，正始十年卽嘉平元年曹爽被殺是司
　　　 馬氏權力穩固的轉捩點。

第四期：公元 265～289 年。 西晉武帝泰始 10 年、咸寧 5 年、太康10
　　　 年；共計25年。本期內中國又歸統一，而社會方面是因襲的，門
　　　 第社會至此漸次發展成熟，若干大族均已顯示出其鞏固的政治社
　　　 會地位。

第五期：公元 290～316 年。西晉惠帝永熙 1 年、 元康 9 年、 永康 1
　　　 年、永寧 1 年、 太安 2 年、 永興 2 年、 光熙 1 年；懷帝永嘉 6
　　　 年；愍帝建興 4 年；共27年。中間有賈后專政、八王之亂，旋卽
　　　 引起永嘉之亂， 外族侵入， 中原失御， 這是一個極大的轉變時
　　　 期，無論在政治上、社會上、經濟上都可作爲一個單位研究。

第六期：公元 317～344 年。 東晉元帝建武 1 年、 大興 4 年、 永昌 1
　　　 年；明帝太寧 3 年；成帝咸和 9 年、咸康 8 年；康帝建元 2 年；
　　　 共28年。在王氏的扶助下，晉元帝據有南中國，在這個時期中，
　　　 瑯琊王氏及潁川庾氏等相繼把握朝政。

第七期：公元345～370年。東晉穆帝永和12年、升平 5 年；哀帝隆和
　　　 1 年、興寧 3 年；廢帝奕太和 5 年；共26年。桓溫與殷浩兩家族
　　　 執本期政治之牛耳，桓溫曾北伐至洛陽，幾乎篡代晉室。

第八期：公元371～396年。東晉簡文帝咸安 2 年；孝武帝寧康 3 年、
　　　 太元21年；共26年。桓氏仍是重要家族之一，謝氏挾其淝水戰功

極為強盛。苻堅淝水之敗使北中國再度陷入紛爭局面。

第九期：公元397～419年。東晉安帝隆安 5 年、元興 3 年、義熙14
　　　年；恭帝元熙 1 年；共23年。本期之初，桓玄擁有南朝三分之二
　　　的土地，最後實行篡代，為新興勢力劉裕所敗，又有孫恩盧循事
　　　件，皆為劉裕所破，強人劉裕終於取晉自代。

第十期：公元420～453年。宋武帝永初 3 年；少帝景平 1 年；文帝元
　　　嘉30年；共34年。宋文帝當政凡30年，是東晉南朝政治較上軌道
　　　的時期，史稱元嘉之治。同時拓拔氏亦統一北中國，史稱北魏，
　　　南北朝開始。

第十一期：公元454～478年。宋孝武帝孝建 3 年、大明 8 年；明帝彧
　　　泰始 7 年、泰豫 1 年；廢帝昱 4 年；順帝昇明 2 年；共25年。
　　　這個時期是劉宋衰弱時代，政潮、廢立屢起，強人蕭道成乘亂而
　　　起，取代劉宋。宋亡。

第十二期：公元479～501年。南齊高帝建元 4 年；武帝永明11年；明
　　　帝建武 4 年、永泰 1 年；東昏侯永元 2 年；和帝中興 1 年；共23
　　　年。整個南齊一朝合為一期。這期，武帝有永明之治，明帝以後
　　　濫殺傾軋，強人蕭衍取南齊而代之。南齊亡。

第十三期：公元502～528年。梁武帝天監18年、普通 7 年、大通 2
　　　年；共27年。南北屢有交戰，梁制定新官品十八班制，佛教大盛
　　　於南方，昭明太子文學傳世。

第十四期：公元529～556年。梁武帝中大通 6 年、大同11年、中大
　　　同 1 年、太清 3 年；簡文帝大寶 2 年；元帝承聖 3 年；敬帝紹泰
　　　1 年、太平 1 年；共28年。梁共享國凡五十五年，而梁武帝在位
　　　四十八年，故梁武帝是兩期的當政者，前期（即第十三期）雖有
　　　對外戰事，大致太平，第十四期發生侯景之亂，造成梁室傾覆，
　　　同時使得自東晉以還的南朝社會階層，有某些程度的變化。強人
　　　陳霸先平亂自立。梁亡。

第十五期：公元557～589年。陳武帝永定 3 年；文帝天嘉 6 年、天康

1 年；臨海王伯宗光大 2 年；宣帝太建 14年；後主叔寶至德 4
年、禎明 3 年；共33年。有陳一朝共合爲第十五期，這是東晉南
朝系統的最後一期，國勢及疆域已無法與東晉劉宋時相比。

依相對的時間順序及政治社會的特定事件，北朝亦可劃分爲若干
時期。

〔第八期〕：公元 386～408 年。北魏太祖道武帝登國 10年、皇始 2
年、天興 6 年、天賜 5 年；共23年。北方自永嘉之亂以後，先後
有五胡十六國；戰亂不已。道武帝時，拓拔氏已顯示出其強大力
量，且有統一中原的趨向，但畢竟是一個草創時期。

〔第九期〕：公元 409～431 年。北魏太宗明元帝永興 5 年、神瑞 2
年、泰常 8 年；世祖太武帝始光 4 年、神䴥 4 年；共23年。拓拔
氏繼續擴張，驅柔然，降丁零、高車，滅勅勒，神䴥四年又廣徵
漢大族參政，南北對峙形勢初成。

〔第十期〕：公元 432～451 年。北魏世祖太武帝延和 3 年、太延 5
年、太平眞君11年、正平 1 年；共20年。伐鄯善，通西域。李寶
來朝，降遼西，大體上統一了中原，政治上開始大量吸收漢人參
與統治，社會上承繼西晉以來的門第社會。

〔第十一期〕：公元452～476年。北魏高宗文成皇帝興安 2 年、興光
1 年、太安 5 年、和平 6 年；顯祖獻文帝天安 1 年，皇興 4 年；
高祖孝文帝延興 5 年、承明 1 年；共25年。佛教大盛，魏宋時戰
時和。

〔第十二期〕：公元477～499年。北魏高祖孝文帝太和 23 年，共 23
年。孝文當政，遷都洛陽，議定律令、班祿之制，定姓氏，大力
推行漢化政策。

〔第十三期〕：公元500～530年。北魏世宗宣武帝景明 4 年、正始 4
年、永平 4 年、延昌 4 年；肅宗孝明帝熙平 2 年、神龜 2 年、正
光 5 年、孝昌 3 年；敬宗孝莊帝永安 3 年；共31年。北魏進入衰
微時期，戰亂頻起，六鎮反叛，尤其爾朱氏之亂，朝士死亡甚多。

〔第十四期〕：公元 534～577 年。東魏孝靜帝善見天平 4 年、元象
　　1 年、興和 4 年、武定 7 年。東魏名義上仍屬於元氏，實際上高
　　歡、高洋相繼專政。北齊顯祖文宣帝高洋天保10年；肅宗孝昭帝
　　皇建 1 年；世祖武成帝大寧 1 年、河清 3 年；後主溫公緯天統 5
　　年、武平 6 年、隆化 1 年；幼主恒承光 1 年；共44年。

〔第十五期〕：公元532～580年。北魏孝武帝永熙 3 年；西魏文帝大
　　統17年；廢帝欽 2 年；恭帝 3 年。宇文泰專政西魏，實際上是北
　　周的前身。大統 9 年、宇文有邙山之敗。北周閔帝宇文覺 1 年；
　　世宗明帝武定 1 年、武成 2 年；高祖武帝保定 5 年、天和 6 年、
　　建德 6 年；宣帝宣政 1 年；靜帝大象 2 年；共49年。建德 6 年，
　　北周滅北齊，然旋爲外戚楊堅所簒。

第十六期：公元581～617年。隋文帝開皇20年、仁壽 4 年；煬帝大業
　　13年；共37年。開皇九年；隋滅陳，中國統一。大業二年，建進
　　士科。

第十七期：西元618～649年。唐高祖武德 9 年；太宗貞觀23年；共32
　　年。包括唐朝開國時期及貞觀之治。貞觀十三年頒〔氏族志〕。

第十八期：公元650～683 年。 唐高宗永徽 6 年、 顯慶 5 年、龍朔 3
　　年、麟德 2 年、乾封 2 年、總章 2 年、咸亨 4 年、上元 2 年、儀
　　鳳 3 年 、 調露 1 年、永隆 1 年、開耀 1 年、永淳 1 年 、 弘道 1
　　年，共34年。顯慶四年改訂〔 氏族志 〕爲〔 姓氏錄 〕。麟德元
　　年，高宗與武后同稱二聖；這是唐朝國力極強盛時期，末期武則
　　天已掌握了實際政權。

第十九期：公元684～709年。唐中宗哲嗣聖；睿宗旦文明；武太后光
　　宅共 1 年、垂拱 4 年、永昌 1 年；周天授 2 年、如意半年、長壽
　　1 年半、延載 1 年、證聖與天册萬歲共 1 年、萬歲登封與萬歲通
　　天共 1 年、神功 1 年、聖曆 2 年、久視 1 年、大足半年、長安 3
　　年半；唐中宗神龍 2 年、景龍 3 年；共26年。本期中武則天從幕
　　後到幕前，最後登上了皇位，中宗再登位亦列入本期，蓋其性質

係武后之延長也。

第二十期：公元710～730年。睿宗景雲2年、太極、延和與先天共1
　　年；玄宗開元1～18年；共計21年。本期係唐代另一個治世——
　　開元之治。

第二十一期：公元731～755年。唐玄宗開元19～29年、天寶14載；共
　　25年。開元24年李林甫爲相。前半期是開元之治的延續，後半期
　　天寶年間政治漸壞，安祿山之亂起。

第二十二期：公元756～779年。唐肅宗至德2載、乾元2年、上元2
　　年、寶應1年；代宗廣德2年、永泰1年、大曆14年；共24年。
　　本期安史之亂波及中國大部，戰亂不絕，本期末安史雖已消滅，
　　藩鎮割據已有雛形。

第二十三期：公元780～804年。唐德宗建中4年、興元1年、貞元20
　　年，共25年。藩鎮割劇的局面已成，德宗僅能採取安撫政策，唐
　　中央權力極爲薄弱，建中元年楊炎立兩稅法。

第二十四期：公元805～826年。唐順宗永貞1年；憲宗元和15年；穆
　　宗長慶4年；敬宗寶曆2年；共22年。憲宗時期，唐中央與藩鎮
　　展開力量的爭奪，本期是自安史亂後中央權力稍微復振的時期。
　　但唐朋黨之爭發生。

第二十五期：公元827～846年。唐文宗大和9年、開成5年；武宗會
　　昌6年；共20年。藩鎮割據復盛，朋黨之爭加劇，復有甘露之
　　變，宦官實際影響唐中央政治，會昌5年武宗打擊佛教。

第二十六期：公元847～873年。唐宣宗大中13年；懿宗咸通14年；共
　　27年。牛李朋黨繼續傾軋，藩鎮割據蔓延，宦官操縱政治。咸通
　　元年裘甫起於浙東，咸通13年歸義侯張義潮卒；甘沙等州又漸入
　　於回鶻。

第二十七期：公元874～906年。唐僖宗乾符6年、廣明1年、中和4
　　年、光啟3年、文德1年；昭宗龍紀1年、大順2年、景福2
　　年、乾寧4年、光化3年、天復3年、天祐3年；共33年。乾符

元年王仙芝、黃巢等起，光啟元年秦宗權兵燹，政治敗壞，藩
鎮、宦官、朋黨爲害。朱全忠篡唐自代。唐亡。

三、中古統治階層社會成分統計表

（公元 196～906）

期別	朝　　代	公　　元	士　族			小　姓		寒　素		合計
			No.	%		No.	%	No.	%	
1	漢	196～219	38	29.0		19	14.5	74	56.5	131
2	曹魏	220～239	60	38.7		38	24.5	57	36.8	155
3	曹魏	240～264	74	47.1		59	37.6	24	15.3	157
4	西晉	265～289	84	46.2		67	36.8	31	17.0	182
5	西晉	290～316	179	66.3		58	21.5	33	12.2	270
6	東晉	317～344	110	65.9		33	19.7	24	14.4	167
7	東晉	345～370	90	79.6		21	18.6	2	1.8	113
8	東晉	371～396	80	80.8		13	13.1	6	6.1	99
9	東晉	397～419	58	68.2		4	4.7	23	27.1	85
10	宋	420～453	153	72.0		38	18.0	21	10.0	212
11	宋	454～478	150	64.4		36	15.4	47	20.2	233
12	南齊	479～501	109	58.9		39	21.1	37	20.0	185
13	梁	502～528	85	52.8		32	19.9	44	27.3	161
14	梁	529～556	80	56.4		30	21.1	32	22.5	142
15	陳	557～589	86	56.6		39	25.6	27	17.8	152
（8）	北魏	386～408	14	31.1		20	44.5	11	24.4	45
（9）	北魏	409～431	33	36.7		37	41.1	20	22.2	90
（10）	北魏	432～451	92	63.0		40	27.4	14	9.6	146
（11）	北魏	452～476	146	73.0		26	13.0	28	14.0	200
（12）	北魏	477～499	244	77.5		40	12.7	31	9.8	315
（13）	北魏	500～530	545	79.7		73	10.7	66	9.6	684

					（魏晉舊族%→）					
(14)	東魏北齊	534~577	163	58.8		65	23.5	49	17.7	277
(15)	西魏北周	532~580	329	69.4		55	11.6	90	19.0	474
16	隋	581~617	311	67.0		73	15.7	80	17.3	464
17	唐	618~649	219	64.8	61.5	21	6.2	98	29.0	338
18	唐	650~683	189	63.2	57.9	67	22.4	43	14.4	299
19	唐	684~709	231	63.3	51.5	41	11.2	93	25.5	365
20	唐	710~730	212	67.7	58.9	25	7.9	77	24.4	314
21	唐	731~755	199	70.6	63.0	34	12.1	49	17.3	282
22	唐	756~779	204	56.2	44.1	56	15.4	103	28.4	363
23	唐	780~804	215	60.4	45.5	52	14.6	89	25.0	356
24	唐	805~826	209	63.3	41.2	56	17.0	65	19.7	330
25	唐	827~846	237	75.5	57.6	40	12.7	37	11.8	314
26	唐	847~873	196	88.7	64.2	12	5.4	13	5.9	221
27	唐	874~906	126	65.3	39.2	10	5.2	57	29.5	193

四、變動之分析

(一) 士族之變動

　　大家族的子弟累代官宦的現象，漢代已有。以大家族成為政治社會中統治階層的骨幹，似乎是魏晉以來降至隋唐期間社會型態的特點。本章以量化證明之。從第三期開始統治階層中士族所占比例已近百分之五十，第三期正值曹魏的後半期，士族成分是百分之四十七點一，比第二期士族所占成分高出百分之九弱，而第二期又比第一期士族成分高出百分之九強。這前三期士族成分的梯升，值得重視，第一期是指漢末建安年間，政治社會紛亂，羣雄並起，山林水澤中的草莽英雄有較大的機會上升，然而許多主要的人物都是漢末的刺史太守或其他官吏，因此我們亦可從第一期的統計數字上回看東漢末年的政治

社會，也就是說除去因戰亂政潮所引起的士族成分改變以外，東漢末
年士族在整個統治階層中所占比例不會過高，因此從這一段時期作爲
士族成爲統治階層架構中骨幹的起點。第一期士族占百分之二十九，
第二期占百分之三十八點七，第三期占百分之四十七點一，這是很明
顯的上坡面。從第三期至第二十七期，士族的比例雖時高時落，但一
直在百分之五十以上（北魏初期例外。後文討論），因此第三期士族
成分上升到接近百分之五十，是上坡線上的重要點，而第二期卻是研
究第三期成因的重要時期，第二期是曹魏的上半期，在這一期的初年
亦卽黃初年間魏吏部尚書制定了九品官人法，許多研究九品官人法的
學者認爲這是產生士族的最大原因，但是由於九品官人法以前士族已
經出現社會中，九品官人法產生士族之說不能解釋這種現象。然而第
二期初期採行九品官人法以後，自第三期以降士族卽占百分之五十以
上而不墜，由這點來看，九品官人法與士族盛行顯然其間有若干因果
關係，關於這一點拙著〔兩晉南北朝士族政治之研究〕中曾有兩章討
論之。不僅如此，本書第六篇「兩晉南北朝主要文官士族成分的統計
分析與比較」，統計司徒、司徒左長史、尚書令、尚書僕射與列曹、
尚書郎丞、中書監令、中書侍郎、侍中、黃門侍郎、九卿、御史中
丞、中正、刺史、太守等官職之士族成分，發現：羣相、三省官、選
舉官等之士族成分甚高，約占四分之三。所以不僅是整個官僚體系中
士族超過半數以上，而且愈是掌權的職位其士族成分愈高，更可以證
明士族之主導地位。

　　司馬氏之簒魏乃積三代之功，自第二期中司馬懿誅曹爽以後，魏
的政權實際上已落在司馬氏手中，在漸次的剪除魏室支持者與擴張自
己勢力的過程中，司馬氏之簒魏是一個政權轉移的最佳例子[29]，許多
重要的大臣並沒有因改朝換代而影響到他們的祿位，因此在統計數字
上顯示第三期與第四期的士族比例是非常接近的（第三期百分之四十
七點一，第四期百分之四十六點二）。第五期是西晉的後半期，在沒

29　參見徐高阮「山濤論」。〔歷史語言研究所集刊〕41本1分，1969。

有發生八王之亂以前，政治社會在表面上是平靜的，這有利於士族的發展，第五期士族占百分之六十六點三，這個百分比已達中古士族在統治階層中所占百分比的平均數。

第五期末期發生永嘉之亂，政治社會紛亂，應當是社會變動的活潑時期，但家族成為政治中堅分子的趨勢已成，在這段時期士族們除了扮演政治和社會領袖的角色以外，仍然保持著軍事的才華，在混亂的局面之中，擁兵自守的地方長官大部分是世家子弟，故第五期的士族比例甚高。

東晉在南半部中國立足，是靠著僑姓與吳姓的支持，東晉皇帝的權力似乎極小，其主要的功能在於平衡內部大族的勢力，及維繫強大地方力量的向心力，這種地方力量的代表厥為各州的刺史都督，縱觀整個東晉一百餘年，其刺史都督大部亦由士族子弟掌握，拙著「五朝軍權轉移及其對政局之影響」一文，曾有詳細的統計資料證明之。因此自第六期至第九期有一項極明顯的傾向，即士族所占的比例由百分之六十五點九曾升至百分之八十點八的高峯，這是士族極盛時代，許多形容階級森嚴的故事發生在這一時期。

劉裕以武力清除桓氏，他是一位極想削弱大家族力量的皇帝，首先他剝奪了士族子弟的軍權，使其皇位鞏固，皇權增加，但是在政治與社會方面，仍不得不與士族合作，所以雖然在宋以後士族掌軍權者愈來愈少，士族仍然能夠不受改朝換代的影響而居官位，第十期第十一期是劉宋時期，士族已自百分之七十二降到百分之六十四點四，南齊復降到百分之五十八點九。梁降至百分之五十二點八的低點，逐次減退充分表示出士族失去軍權以後的影響，但對於整個政治社會的架構而言仍然不變。梁末的侯景之亂使許多士族沈淪[30]， 士族的百分比為百分之五十六點四，梁陳之際是士族的低潮時期[31]。

30　參見〔顏氏家訓〕第十一「涉務篇」。
31　唐長孺「南朝寒人的興起」載〔魏晉南北朝史論叢續編〕1959，過分強調南朝（尤其梁陳）的實際政權正在轉入寒人手中，易於造成寒人占優勢的錯覺。而本文統計表所示之比例，可予人清晰的觀念。

　　依本文的時期劃分法，將北魏分爲六個時期，按其公元前後，約相當於南朝第八期至第十三期，爲分別計，以（8）（9）(10)(11)(12)(13)等符號表示之。有一個有趣的現象，卽北魏前三期〔卽第（8）、（9）、(10)期〕士族比例上升之幅度，很類似於漢魏之際（卽本文第1. 2.期）。第（8）與第（9）之間逐漸上升，每每是開國時期引用功臣子弟的普遍現象。然北魏第（9）與第(10)之間上升幅度極大（卽自百分之三十六點七升至百分之六十三），有其特殊意義，蓋因北魏自神麚以來，大量吸收中原漢士族參與統治，其胡族部落亦仿漢人習俗，變成大小不等的家族，出現在統治階層，凡此種種皆表示北中國胡漢政治社會亦已納入中國社會史的發展洪流之中。至北魏高宗文成帝及顯祖獻文帝時〔卽第(11)期〕，士族升至百分之七十三點零。而第(12)期再次升至百分之七十七點五的高峯，這正值北魏漢化最徹底時期——孝文帝親自當政時期；北魏最後一期〔卽第(13)期〕達到北朝的最高峯點，士族占百分之七十九點七。這與東晉南朝最高峯點甚爲接近。

　　北魏的河陰之役，使統治階層起了極大的變化，其影響之巨一如南朝的侯景之亂，隨卽魏分東西，戰亂連年，雖然北朝士族子弟每每允文允武，但仍壓抑不住寒素憑著軍功上升進入統治階層的機會。西魏與北周的士族成分降至百分之六十九點四，而東魏北齊更下降達百分之五十八點八。其情況與南朝類似。

　　隋文帝取代周室也是一個緩和方式轉移政權的實例，隋朝的大臣大部出自北周，及其次第亡齊亡陳以後，雖然也吸收些北齊及陳的官吏，但爲數甚低，從以上「中古統治階層社會成分統計表」所示，隋朝士族所占統治階層的百分之六十七點零，與北周的百分之六十九點四最爲接近，而與北齊的百分之五十八點八及陳朝的百分之五十六點六差距較大。陳寅恪先生指出西魏北周、隋、唐初之人物，因關中本位政策而相承襲，與本文之統計暗合。隋是大統一局面的朝代，在隋以前南北分立凡三百餘年，隋以前的統一局面是西晉，西晉末期（卽

第五期）士族成分占百分之六十六點三，與隋朝極爲接近，這是一個
很有趣的現象。

　　第十七期是唐朝開創時期，唐初的統治階層與北周楊隋有密切關
係（陳寅恪語），然以戰爭方式取代前朝者，恒給予其他階級上升之
機會，與隋朝相比，第十七期士族占百分之六十四點八，大同而小
異。代表高宗的第十八期與代表武周的第十九期，有兩股相逆的潮流
會聚在一起，一方是唐初功臣後裔的累積梯升趨向，一方是武后以科
舉及薦舉引進新貴；功臣後裔頗受武則天之壓抑，而武后所引進的新
貴之中，有一些是新士族，彼等取代了部分舊士族，如：

時　　間　　　　類別	士族總比例	舊士族比例	新士族比例
第十八期　高宗時期 （武后已開始當政）	63.2	57.9	5.3
第十九期　武周時期	63.3	51.5	11.8

由此可見第十九期士族總比例雖穩定在百分之六十三的基礎上（與前
二期接近之意），但武周時期新士族已占百分之十一點八，而魏晉舊
士族則已落入百分之五十一點五矣！第二十期與第二十一期分別代表
唐玄宗的前期與後期，士族又略微升至百分之六十七點七與百分之七
十點六。所值得注意的是舊士族增加較多，如：

第二十期	玄宗前期	67.7	58.9	8.8
第二十一期	玄宗後期	70.6	63.0	7.6

安史之亂對我國中古所帶來的震撼，可由多角度去觀察，論者多矣！
在統治階層社會變動而言，士族成分在第二十二期（安史之亂），急
速降至百分之五十六點二，這是另一個最低點，可與第十三期的梁
侯景之亂（士族降至百分之五十二點八，及北魏亡後的東魏北齊百分
之五十八點八相比，尤其值得重視的是魏晉以來舊士族落入百分之五

十，即第二十二期百分之四十四點一；第二十三期百分之四十五點
五；第二十四期百分之四十一點二。

　　另一項重要事實，即自安史亂後，藩鎮割據，全國漸漸佈滿節度
使，中央所能直接統轄地區日蹙，藩鎮大都有任命僚屬之權，於是乎
唐室除能任命中央官吏及所轄州縣官吏以外，較唐代前半期已不可同
日而語（於是乎在唐史記載中，可見士族羣大都聚集在首都與若干州
郡），這種現象的演變，及其所代表的歷史意義，在另篇「士族性質
之轉變」中討論之。故第二十五及第二十六期士族比例上升達百分之
八十八點七，是唐室蹙局情況下的中央官吏士族成分。這種集中在中
央的官僚化現象，在黃巢之亂以後，使士族遭受很大傷亡。第二十七
期士族成分降至百分之六十五點三，其中魏晉舊族僅占百分之三十九
點二，已表明出歷史演變趨向。

　　孫國棟先生「唐宋之際社會門第之消融」（〔新亞學報〕4 卷 1
期，1959, p. 19）比較唐末、五代、北宋初三階段舊士族趨於消失的
研究，爲士族走下其歷史舞臺提供證明。

（二）小姓之變動

　　小姓在統治階層中所占比例之消長，表示兩種意義，其一：小姓
是介於寒素與士族之間的階層，依本文之定義，由寒素晉升爲士族必
需經過小姓這個階段，故可從小姓比例的變化中觀察寒素的上升運動，
以及士族的下降運動。其二：小姓的另一含義包括所謂縣姓、地方酋
豪、地方豪族等，這個階層在整個中國社會史上是很重要的一環，在
士族出現以前（曹魏以前）、及士族沒落以後（唐末以後），都是很
重要的社會階層，即在中古這段時期，小姓亦與士族同時存在，祇是
在門第炫耀的時代中，史書沒有太多的記載罷了。小姓的變化亦表示
地方勢力的盛衰。

　　在第三期及第四期小姓的比例較高，依次爲百分之三十七點六、
百分之三十六點八，這是上升運動活潑時期，使次一期士族的比例依次

推進爲百分之四十六點二、百分之六十六點三。前三期的小姓如下：

時　　　　期	占該期官吏的 %	差　　　距 %
第　一　期	14.5	10.0
第　二　期	24.5	13.1
第　三　期	37.6	

表現出上坡面很急峻。小姓在第五、第六、第七期的比例依次爲百分
之二十一點五、十九點七、十八點六，仍然表示上升運動在繼續中，
但其幅度已漸小，這種上升運動使次一期士族的百分比逐漸提高，故
第八、第九期士族百分比達到一個新的高峯。

　　東晉南朝階級愈來愈嚴，士族任中上品官、小姓任低中品官的現
象，不但成爲習慣，抑且與選舉制度配合，拙文「從中正評品與官職
之關係論魏晉南朝之社會架構」曾有細論，故小姓大都在低品中品官
任職。自第八期至第十三期小姓曾占比例在百分之二十一點一與百分
之四點七之間，然而上升至士族的現象並不活潑。梁末侯景之亂，陳
霸先最後建立陳朝，其基本武力建立在許多地方酋豪及縣姓之上，拙
文「五朝軍權轉移及其對政局之影響」曾有細論。第十四、第十五期
小姓依次爲百分之二十一點一、百分之二十五點六，其中有上升運動
出現。

　　北魏在第（8）、第（9）期時小姓依次爲百分之四十四點五、
百分之四十一點一，比例甚高，將此與曹魏時期比較，這個上升運動
高潮使北魏第（10）期第（11）期士族比例急速上升至百分之六十三
及百分之七十三。自第（11）、第（12）至第（13）期，小姓比例急
速下降至百分之十三與十點七之間，比例甚低；北魏這段時期與南朝
一樣地漸趨階級社會。

　　東魏北齊小姓占百分之二十三點五，同期因爲北魏末年河陰之役
士族消滅甚多，故仍不足以補充大幅下降的士族比例。西魏北周小姓

占百分之十一點六，前與北魏末期相仿，後與隋代類似。

　　隋朝（即第十六期）士族占百分之六十七，小姓占百分之十五點七，這個比例很接近各朝的平均數，可能是因為在時間上居七百年之中間，地區上又統合宇內之故。

　　唐代第十七期時值開國之際，似乎是士族與寒素的天下，小姓僅占百分之六點二。第二代（即第十八期）小姓比例高達百分之二十二點四，顯然是從唐初第一代寒素開國功臣子弟中升上來者，第一代寒素占百分之二十九。從第十八期以迄第二十七期唐亡，小姓的比例一直很低，最高只有百分之十七，最低僅百分之五點二。然唐代階層之間流動並沒有像南朝梁代那麼僵化，科舉當然是重要因素，因此寒素小姓可藉考試而做大官，累積一二代便可成為本文定義之士族，然這條通道（channel）並非非常廣潤，拙著「唐代統治階層社會變動」所示，每一代由小姓而士族者（即唐代新族），僅增加百分之二。

（三）寒素之變動

　　士族、小姓都是在政治社會中有地位者，寒素才是平民，許多研究社會變動者的注意力集中在寒素階層，當然寒素仍過於籠統，實際上包括各地區各種不同行業的自由民、半自由民、甚至非自由民。同時寒素在統治階層所占比例的升降，亦最能反映出戰爭、政潮、政變等之社會意義，在資料充分的情況之下，應有專文討論之。本文僅就整個社會架構中比重而論之。

　　第一期漢末建安時期，這是士族仍未完全凝固而又逢天下大亂之際，寒素占百分之五十六點五；第二期即曹魏初年寒素仍然有百分之三十六點八；這中間以文士為最多，本書第五篇「三國政權的社會基礎」中已有細論，從第三期士族比例接近百分之五十，並繼續穩定成為一種社會架構以後，寒素任官機會微小。自第三至第六期，約在百分之十五上下；第七期的百分之一點八及第八期的百分之六點一，正是東晉後半段門第最森嚴的時刻，東晉與宋政權交替，復有一個很好

的機會，寒素比例竟占百分之二十七點一；梁代亦出現一次侯景之
亂，是寒素憑軍功出仕的機會，占百分之二十七點三，南朝其他各期
大率在百分之二十以下。

北魏開創期間寒素尚有百分之二十四點四、二十二點二，自此以
降，未再達百分之二十者，北中國胡姓尚武，漢士族尚文，寒素仕進
機會遜於南朝。

隋代寒素占百分之十七點三，亦近各期之平均數。

唐代寒素有三個高潮，即開國時間（第十七期）的百分之二十
九、安史之亂（即第二十二期）的百分之二十八點四、及唐末天下大
亂（即第二十七期）的百分之二十九點五；這都是用兵之際，拙文「
唐代統治階層社會變動」中曾有細論。第十九期武后當政，與第二十
期玄宗前期，亦達百分之二十五點五，與百分之二十四點四，這就與
科舉及政潮有關了。第二十三期占百分之二十五，這是安史之亂的延
長。除第二十五、二十六期以外，似乎唐代寒素任官比例較魏晉南北
朝時期略大。

著者曾對第一、二、三期作過個案研究[32]，對於唐代各期士族、
小姓、寒素亦曾有系統討論[33]；其實在上列二十七期之中的任何兩期
間的士族、小姓、寒素百分比之升降，與當時政潮政變均有密切關
連，都可作進一步逐期個案分析。

---

[32]　參見本書第五篇「三國政權的社會基礎」。
[33]　參見拙文「唐代統治階層社會變動」影印博士論文，1969。

第三篇　中古家族之變動

一

　　客觀的局勢將大族引進了統治階層，產生了一種特殊的政治現象
—— 士族政治。 有關士族如何在政治上保持其地位的 主觀及客觀因
素，拙著〔兩晉南北朝士族政治之研究〕中曾提出初步的分析，但該
書文不及隋唐， 以致不能看到全豹。 士族是中古政治社會的中堅力
量，從前篇所示，自漢末至唐末士族長期位居統治階層之絕對多數，
也就是說整個中古時期社會架構無什變化，然而這並不表示中古士族
全然沒有盛衰升降，事實上各士族盛衰升降與當時政治社會有密切關
連，同時也直接影響到當時政治社會的內容。就以家族為單位而言，
有若干大家族在政治上綿延達二十幾世，然社會畢竟是動的，有的家
族只興旺一、二代，有的七、八代；即令長達二十幾世的家族，其間
亦有盛衰起伏。問題是即令某些士族衰微，繼之而為統治階層者亦是
士族，所以中古家族的變動從大處看屬於框框內的變動，而非社會架
構的變動。

　　政權需要社會勢力為其基礎，而社會勢力是會變動的，這是變動
的內在要素，形之於外則是家族的變動。且以士族與地方豪族二大基
層敍述之。

　　㈠　士族：士族是已經被吸收成為高級統治階層的社會力量，由
於時間的推移，有的會漸漸失去其社會性、有的增減其社會力量、有

的轉移社會力量之地盤，各家族因有其特殊的主觀客觀條件，而有不
同的發展。當士族被吸收入統治階層以後，其社會基礎的變化如下：
其一：家族中某些人至中央或他州任官，其原籍仍保留族人及退休的
　　　族人，誠如 Eberhard 在其大著〔征服者與統治者〕中說[1]：

> 一個縉紳家族通常有一個鄉村家和一個城市家。鄉村家即家族
> 田產所在地，那裏居住一部分族人，管理經營其財產，如向佃
> 農收租等，鄉村家是家族經濟的支持骨幹。當其家族有足夠的
> 資金時，則聘請教師教育其子孫，使其子孫能從事官宦生涯。
> ……
> 縉紳家族中受教育的分子常常搬進城市中居住，其生活較為安
> 逸，他們有鄉村家為其經濟基礎，……
> 縉紳在城市的支族的主要活動是政治性的，其家人千方百計謀
> 求進入官僚羣中，或做中央官或做地方官，或為文官或為武
> 官。……

這種在城市與鄉村皆有基業的家族較為穩固，同書云：

> 社會的安定與權力的訣竅基於雙重意義上；如果在中央的城市
> 支族在權力爭奪時失利，則該家族鄉村部分仍能繼續生存與維
> 持，政局的轉移很少能夠同時影響到城市及鄉村兩地方的族
> 人。若當城市支族當權時，彼可保護並援助居住在鄉村的支
> 族[2]。……

依社會勢力的轉變進而會影響其政治地位的理論而言，這種大家族很
少受某一政局改變而影響其地位。

　　〔四民月令〕所述東漢博陵安平崔氏可作為這個類型的範本。又
例如〔隋書〕卷四十二「李德林傳」云：

> (李德林)博陵安平人也。祖壽，湖州戶曹從事。父敬族，歷太

---

[1]　Wolfram Eberhard: *Conquerors and Rulers-Social Forces in Medieval China*, pp. 44-45. 1965 年修訂版。

[2]　Wolfram Eberhard，前引書，p. 46.

> 學博士、鎮遠將軍。（德林）年十六遭父艱，自駕靈輿，反葬故
> 里。時正嚴冬，單衰跣足，州里人物由是敬慕之。博陵豪族有
> 崔諶者，僕射之兄，因休假還鄉，車服甚盛，將從其宅詣德林
> 赴弔，相去十餘里，從者數十騎，稍稍減留，比至德林門，纔
> 餘五騎，云：不得令孝生怪人燻灼。

中古若干通朝大族大都屬於此型，尤以北中國系統的士族爲然，如趙
郡平棘李氏、河南滎陽鄭氏、太原王氏、弘農華陰楊氏、趙郡武城崔
氏、范陽涿縣盧氏等。

其二：支葉稀疏的家族，一旦加入了統治階層，常常舉家遷入城市，
　　久而久之，與其原籍斷絕關係。這種家族漸漸喪失其原有的社會力
　　量及社會性，其子孫僅能憑藉才能干祿時主。若能延綿若干代，則
　　僅爲官僚家族而已，一旦政局轉移，其政治地位影響至鉅。最能澈
　　底表現這種類型的是東晉南朝的僑姓，所謂僑姓當然指原籍非南方
　　的士族（尤其是中原地區的士族），有的原本頗有聲勢，如瑯琊臨
　　沂王氏、潁川潁陰荀氏、陳郡陽夏袁氏；有的薄具聲名，如泰山平
　　陽羊氏、沛國龍亢桓氏、陳郡陽夏謝氏、汝南安城周氏、河南陽翟
　　褚氏、陳留尉縣阮氏等。以上所述諸士族，自隨東晉司馬睿僑遷南
　　方以後，本籍似乎無甚人物出現，他們自東晉而南朝，漸漸步向官
　　僚家族。

其三：有些家族由於其主要分子到其他州郡任官，久而久之，落籍於
　　新住處。有的或因戰亂之影響，整族遷往邊區，如兩晉南北朝時的
　　涼州與東北之地，於是乎產生遷籍及分支現象。這種現象在隋唐時
　　期亦甚普遍，大部分士族雖然遷移與分支，仍然保留其原籍之稱
　　號，稱之爲「郡望」，於是乎在唐代常常出現「郡望」與居住之「
　　籍貫」不能合一之現象[3]，在感情疏隔多世，再從兄弟當然比不上
　　親兄弟，同族的社會地位則以家譜維繫著。這是大族社會勢力之新

---

[3]　參見岑仲勉〔唐史餘瀋〕頁229，1960，「唐史中之望與貫」條，引列十條。又
　　〔十七史商榷〕、〔抱經堂集〕等書亦有類似見解。

增。有些較單薄的士族，若遷移他處，其原籍的社會領袖可能因此
空虛，於是次一級的家族可能漸漸取代之，而形成爲該地區的新社
會領袖。這是社會勢力之移植與新生。

其四：異族酋豪因政治及軍事因素遷入中國者，有的僅在中央任官，
　　　久而久之，失去其社會力量而成爲官僚的一分子；有的在某地落
　　　籍，可能形成一個新的州郡豪族，這種大族之地區性之消融，直接
　　　影響到社會勢力的變化，這種例子在北朝系統頗爲普遍，而宇文氏
　　　關中本位政策與本類型有更顯著的關係。

　　㈡　地方豪族：地方上次一級的家族，常被人忽略，這些小姓見
諸史册中的名稱如：地方酋豪、縣姓、洞主、豪強等。其社會力量容
或小於大士族，但在地方上仍擁有許多實力。一般而論，大士族對
地方豪族之顧忌遠勝過對平民之顧忌，因爲這些小姓隨時有取代大士
族的實力與資格，由於地方豪族與中央政治力的連繫遠不及大士族密
切，因此當政局安定或中央政治力強大之時，作用顯得不大。而自漢
朝以來，大士族運用中央政治力來壓抑地方豪族的例子屢見不鮮[4]，
拙文「從中正評品與官職之關係論魏晉南朝之社會架構」中所示，魏
晉南朝九品官人法之演變，中正評品、族望、與官職之間，都有層次
性的相對關係。亦卽門望高的士族，其中正評品爲「門地二品」，任官
由五、六、七品起家；低者依次遞減。地方豪族則屬「寒微士人」，
至梁代別開一格卽由流外七班入官。地方豪族由低品官入仕，其上達
頗受限制，士族與次一級的地方豪族間之衝突，構成中古統治階層之
中的主要事件。在魏晉南北朝門閥深嚴之秋，唯有政權更迭，或大變
故的出現，地方豪族的實力才顯示出來，尤其是赤裸權力，例如永嘉
之亂後，中原板盪，地方上塢堡大行其道[5]；梁末侯景之亂，陳霸先
集團是以南方小姓、酋豪、縣姓爲基礎，而平亂建元[6]；至隋末有所

4　參見許倬雲「西漢政權與社會勢力的交互作用」〔歷史語言研究所集刊〕35本，
　　1964。
5　參見金發根〔永嘉亂後北方的豪族〕第一章。中國學術著作獎助出版委員會，1964。
6　參見拙文「五朝軍權轉移及其對政局之影響」〔清華學報〕新8卷1、2期，1970。

謂「山東豪傑」者[7]，亦屬此類。 總之，在變亂之餘， 部分地方豪族
纔能上升，而達到社會勢力與其政治地位間相應關係之新平衡。唐代
科舉制度使仕進稍具彈性，致部分地方豪族得以循和平方式而上達。

　　本書第十二篇「敦煌唐代氏族譜殘卷之商榷」一文，是考證今存
藏於北平圖書館的「敦煌唐寫姓氏錄殘卷」及藏於英國倫敦大英博物
館的「新集天下姓望氏族譜」兩者的時代，初步結論是：前者反映唐
代前半期之氏族情況，而後者反映唐代後半期的氏族情況。這對於明
瞭唐代氏族一般分布情形、及唐代前後期這些氏族的改變有所幫助，
唯這兩種氏族譜殘卷祇有郡望與族名，故不能以此瞭解每族族內之詳
情；又殘卷中之氏族雖包括本書所謂之士族與若干小姓，亦無法據而
分析每族之類別與強弱。所以本篇以中古時期正史資料為主，全面觀
察家族之動態。

二

　　本節且以家族為單位，縱觀士族之發展，自東漢至唐末，凡七百
餘年。 東漢為源流，三國是中古社會架構之上坡面[8]， 依次展開分為
四大階段：(A)兩晉南朝；(B)北朝；(C)隋→安史亂前；(D)安史之亂→唐
末。士族之標準仍以三世任官達五品者[9] 為主，然中古時期達此項標
準者為數甚多，本章取其最大或系長之六十族，作成下表（表見頁57
～58）。表中各族之後的數字，表示該族五品以上之人數。在東漢、
三國、兩晉南朝、北朝各期，係取材於〔後漢書〕、〔三國志〕、
〔晉書〕、〔宋書〕、〔南齊書〕、〔梁書〕、〔陳書〕、〔魏書〕、
〔周書〕、〔北齊書〕等正史列傳上之人物。隋唐時期係混〔隋書〕、
〔新唐書〕、〔舊唐書〕及隋唐墓誌拓本而成。〔新唐書〕「宰相世

　　7　陳寅恪「論隋末唐初所謂『山東豪傑』」。
　　8　參見本書第五篇「三國政權的社會基礎」。
　　9　參見拙書〔兩晉南北朝士族政治之研究〕第一章，1966。及拙文「唐代統治階層
　　　　社會變動」1969。

系表」有更多的人物，唯該表僅記載曾任宰相的家族，且卽令有記載之家族其偏廢亦不一，故下表不以「宰相世系表」作爲基本材料，以免詳簡不同，失去比例平衡。下表採正史與隋唐墓誌拓本爲主要材料，是一種最好的自然抽樣。亦以此之故，下表所列之數字，與其看作絕對數目，不如看作一種相對的比例，對於各大族興衰起伏，庶幾乎才有正確的瞭解。除此之外，下表附帶說明如下：

(1)△符號表示某時期是大族。

(2)☆符號表示前期曾是王朝宗室。

(3)劉、蕭、高、楊、李各族之數字，未含宗室人物。

(4)……符號表示漢代已有端倪。

(5)表中數字，東漢爲二千石以上，其他各朝爲五品官以上。

(6)東漢部份僅作參考，未在本文討論範圍之內。

(7)本表上方部分，大都是某時期大族，亦卽綿延不長之家族。

(8)本表最後一欄（A＋B＋C＋D）是通朝大族之總和。

三

表中所示，自魏晉以迄唐末，延綿不絕一直維持強盛的士族，有十姓十三家，卽：京兆杜陵韋氏、河南開封鄭氏、弘農華陰楊氏、博陵安平崔氏、趙郡武城崔氏、趙郡平棘李氏、隴西狄道李氏、太原晉陽王氏、瑯琊臨沂王氏、范陽涿縣盧氏、渤海蓨縣高氏、河東聞喜裴氏、彭城劉氏等，任官五品以上者在199人以下，118人以上。另河東解縣柳氏、京兆杜陵杜氏、蘭陵蕭氏、河東汾陰薛氏、吳興武康沈氏、吳郡吳縣陸氏、陳郡陽夏袁氏等七姓亦屬通世大族，唯任官人數略遜，在74人以下，45人以上，此二十家衣冠人物，相繼不絕，凡七百年之久。其次扶風竇氏，洛陽長孫氏、洛陽于氏、洛陽源氏、渤海蓨縣封氏、高陽新城許氏、外加曾爲宗室者洛陽元氏、河內溫縣司馬氏、洛陽宇文氏、潁川陳氏等，此十家列位統治階層凡五百年之久，

再如： 沛國龍亢桓氏、 潁川潁陰荀氏、 泰山平陽羊氏、 陳郡陽夏謝
氏、吳郡吳縣張氏、吳郡吳縣顧氏、汝南安城周氏、會稽山陰孔氏、
盧江灊縣何氏、河南陽翟褚氏、陳留尉縣阮氏、濟陽考城江氏、陳郡
長平殷氏、代郡穆氏、代郡陸氏、清河繹幕房氏、上谷沮陽張氏、隴
西狄道辛氏、 北秀容縣爾朱氏、 安定鄧氏、 代郡羅氏、 清河武城張
氏、隴西獨孤氏、南陽張氏、燉煌令狐氏、樂安孫氏、幷州文水武氏
等三十家皆有三百年以上之人物。以上六十家是中古政治社會最重要
的士族。

　　兩漢雖不能稱爲士族時期，然兩漢給予以後士族早期萌芽與發展
的時空條件，許多大士族在漢代已漸露曙光。表中所示，中古最興旺
悠長的二十姓，大都可推自漢代，如韋氏、鄭氏、楊氏、崔氏（博
陵）、崔氏（趙郡）、李氏（趙郡）、王氏（太原）、王氏（瑯琊）、
盧氏、高氏、裴氏、劉氏；李氏（隴西）、柳氏似乎在漢以後發展而
成。其中韋氏、鄭氏、楊氏、崔氏（博陵）等在東漢時期尙屬較大的
士族。大部分的中古士族，在曹魏西晉時期（公元第三世紀）已漸次
凝成，與前頁統計表對照看，曹魏西晉正是士族社會架構的上坡面，
自此以迄唐末，士族居統治階層之絕對多數，歷久而不衰。東漢末期
（卽公元第二世紀）的黨錮之禍， 加速強化士族的同類感，這種內在
精神之養成與維持，陳寅恪與錢穆兩位先生皆有深論，乃是使士族能
够超越朝代更迭、政潮起伏的凝固力。這並不意味著追隨著這股精神
的家族必然延綿不絕，一個家族的長期高官厚祿，仍需具備許許多多
主觀客觀因素，這需從個案研究中發現[10]。 然而就其大趨而言，大部

10　竹田龍兒「門閥としての弘農楊についての一考察」〔史學〕31-1～4，1958。
　　守屋美都雄「六朝門閥の一研究——太原王氏系譜考」〔法制史研究〕4，1951。
　　矢野主稅「韋氏研究」長崎大學學藝部研究報告臨時增刊號，1962。
　　矢野主稅「鄭氏研究」〔社會科學論叢〕8，1958。
　　矢野主稅「裴氏研究」〔社會科學論叢〕14，1965。
　　本書第十篇「中古大士族之個案研究——瑯琊王氏」，1967。
　　Ch'en Ch'i-yün "The Rise and Decline of the Hsün Family (ca.100-
　　300 A.D.): —A Case Study of One of the Aristocratic Families in
　　the Six Dynasties." Univevity of Hongkong, 1964.

分的大士族在這段漫長的七百年之中，皆能維持其政治社會地位，已非偶然因素可以解釋。

東漢較大的士族有南陽新野鄧氏、扶風平陵竇氏、扶風茂陵馬氏、扶風茂陵耿氏、安定烏氏梁氏。鄧禹、馬援、耿弇爲開國元勳，竇融、梁統率河西之地歸漢，時皆在東漢開創之際。他們在西漢時已非泛泛之輩，梁氏在西漢以貲千萬徙茂陵[11]，耿氏在武帝時以吏二千石自鉅鹿徙焉[12]，竇融七世祖廣國乃漢孝文皇后之弟，封章武侯，融高祖父宣帝時以吏二千石自常山徙焉[13]。鄧氏、馬氏、竇氏、耿氏、梁氏在東漢復具外戚身分，與宗室關係甚爲密切。除耿弇之父況曾學老子於安丘先生，似有學以外，鄧禹是太學生，其餘未聞在經學上有特殊聲名。故他們皆屬官僚類型，可評爲政治性家族，政治性的家族隨政局的變動而盛衰，脫離不了朝代更迭與政潮起伏之影響，故在魏晉以後已非大族矣！以經業聞名的袁楊二族，袁氏自袁良袁安習孟氏易[14]，至東漢後期有四世三公，漢魏之際與曹操爭天下失敗，自此衰落。另一支陳郡陽夏袁氏，盛行於中古[15]。弘農華陰楊氏習歐陽尚書，楊震有關西孔子之稱[16]，至唐不衰。京兆杜陵韋氏[17]、河南開封鄭氏[18]、博陵安平崔氏[19]，亦屬東漢大族，由北朝而隋唐，成中古名族。太山平陽羊氏[20]、穎川穎陰荀氏[21]、沛國龍亢桓氏[22]，在東漢亦以經術傳家，享盛名於魏晉，衰於南朝。

11　〔後漢書〕卷三十四「梁統列傳」。
12　〔後漢書〕卷十九「耿弇列傳」。
13　〔後漢書〕卷二十三「竇融列傳」。
14　〔後漢書〕卷四十五「袁安列傳」。
15　趙鐵寒「記袁安碑」〔大陸雜誌〕12卷第5、6期，1956。謂汝南汝陽袁氏與陳郡陽夏袁氏，並非一支。
16　〔後漢書〕卷五十四「楊震列傳」。
17　〔漢書〕卷七十三「韋賢傳」；〔新唐書〕卷七十四上「宰相世系表」四上韋氏。
18　〔漢書〕卷五十「鄭當時傳」；〔新唐書〕卷七十五上「宰相世系表」五上鄭氏。
19　〔後漢書〕卷五十二「崔駰列傳」。
　　〔新唐書〕卷七十二下「宰相世系表」二下崔氏。
20　〔後漢書〕卷三十一「羊續列傳」。
21　〔後漢書〕卷六十二「荀淑列傳」。
22　〔後漢書〕卷三十七「桓榮列傳」
　　〔新唐書〕卷七十五上「宰相世系表」五上桓氏。

　　西晉司馬氏政權對士族政治之完成，是重要的關鍵。這又可以推溯到曹魏時期潁泗士族集團與譙沛地方豪族集團之鬥爭[23]，魏齊王芳嘉平元年司馬懿勝曹爽，穩替曹氏政權，是因為司馬氏本身是士族之一，同時又得到士族支持之故，本書第五篇「三國政權的社會基礎」曾有討論。

　　永嘉之亂，西晉中央政府破碎，司馬睿在南方建立政權，是為東晉。東晉元帝原無實力，由大士族擁戴下而偓有半壁江山[24]，士族得到充分發展[25]，當時，其政權支柱為僑姓與吳姓。僑姓依地理之遠近，又有區別，大凡距離南方較近者，較易舉宗南遷，此類如瑯邪臨沂王氏、蘭陵蕭氏、陳郡袁氏、陳郡陽夏謝氏、沛國龍亢桓氏、潁川潁陰荀氏、太山平陽羊氏、汝南安城周氏、河南陽翟褚氏、陳留尉縣阮氏、濟陽考城江氏、陳郡長平殷氏；這些士族的主要房支與南方政權密切結合，是東晉南朝政府中之重要人物。另一類距南方較遠，或房支甚多的大族，有一部分南奔，有一部分留在北方原籍，就該家族而言，形成南北二支平衡發展的現象，如京兆杜陵韋氏、太原晉陽王氏、河東聞喜裴氏、河東解縣柳氏等。自晉室南渡，建康成為首府，三吳猶如三輔，吳郡吳縣張氏、顧氏、陸氏，原本東南地望，甚少機會參與西晉中央政府[26]，如今在僑吳結合的政策之下[27]，成為中央級的士族，其他環繞此樞紐地區的大族如吳興武康沈氏、會稽山陰孔氏、廬江灊縣何氏等，亦皆藉地緣之影響力，盛行於東晉南朝朝中。東晉優渥士族，士族軍權甚盛，皇室居於平衡地位[28]，士族間多次勢力之平衡及其平衡之破壞，使若干士族敗亡與沒落，桓氏、殷氏、褚氏、周氏，以及未見於上表的次級大族如太原祁縣溫氏、潁川鄢陵庾氏、高平金鄉郗氏、義興陽羨周氏等皆因與軍權過於密切而卒

[23]　並參見萬繩楠前引文。
[24]　參見拙文「五朝軍權轉移及其對政局之影響」。清華學報新 8 卷 1、2 合期，1970。
[25]　參見拙文「從中正評品與官職之關係論魏晉南朝之社會架構」，〔歷史語言研究所集刊〕46 本 4 分，1975。
[26]　參見何啟民「永嘉前後吳姓與僑姓關係之轉變」〔政大學報〕第 26 期，1972。
[27]　參考〔晉書〕卷六十五「王導傳」。
[28]　參見拙文「五朝軍權轉移及其對政局之影響」。

致衰落。自此以後，南朝士族不喜軍旅。宋齊梁陳之軍權大都掌握在
皇帝與宗室手中[29]，大士族子弟以任文職官吏爲主，集中在王、謝、
袁、沈、張、顧、陸、孔氏之中。而其中尤以瑯琊王氏一支獨秀，本
書第十篇「中古大士族之個案研究─瑯琊王氏」有專文討論。

　　距離南方愈遠，舉宗南下愈爲困難，此理甚明，故諸如趙郡武城
崔氏、博陵安平崔氏、趙郡平棘李氏、隴西狄道李氏、范陽涿縣盧
氏、渤海蓨縣高氏、河東汾陰薛氏、京兆杜陵杜氏等，皆在原籍謀求
發展；太原晉陽王氏、京兆杜陵韋氏、河東聞喜裴氏、河東解縣柳氏
等，雖有一支南下，大部分仍居原籍。而弘農華陰楊氏、河南開封鄭
氏，則是世代長居中原的重要家族。

　　在北魏安定北中國之前，中原政局極爲紊亂。失去保護的士族
們，祇有聚塢集堡，以求自衞，拓拔氏統一北方，漸探與漢人合作之
政策，然胡漢相處，牽涉到文化之差距，其困難遠甚於僑吳姓之地域
差異。北方士族之生存與成長，包含著許許多多血淚史[30]。所以北方
士族有其堅毅的生存力，表現在盤根錯節的社會基礎之上，這項因素
是其與拓拔氏共同維繫中原政治社會安定的最大資本，在北朝較大的
士族有：京兆杜陵韋氏、河南開封鄭氏、弘農華陰陽氏、博陵安平崔
氏、趙郡武城崔氏、趙郡平棘李氏、隴西狄道李氏、太原晉陽王氏、
范陽涿縣盧氏、渤海蓨縣高氏、河東聞喜裴氏、彭城劉氏、河東解縣
柳氏、京兆杜陵杜氏、河東汾陰薛氏、河內溫縣司馬氏、渤海蓨縣封
氏、高陽新城許氏、清河繹幕房氏、上谷沮陽張氏、隴西狄道辛氏、
安定鄧氏；胡姓亦甚多，其最盛者除元氏外，有：穆氏、陸氏、長孫
氏、于氏、竇氏、源氏、爾朱氏、羅氏等。一般而論，北朝大族之數
量較多，分布地域亦較廣，西自隴西、東至渤海、北起代郡、南臨彭

29　參見拙文「五朝軍權轉移及其對政局之影響」，見注24。
30　如崔浩之死。論崔浩死因之論說甚多，如陳寅恪「崔浩與寇謙之」。王伊同「崔
　　浩國書獄釋疑」〔清華學報〕新 1 卷 2 期，1957。孫同勛「北魏時期政治的衝
　　突與崔浩之獄」。逯耀東「從北魏前期的文化與政治形態論崔浩之死」〔新亞學
　　報〕7 卷 2 期，1966，等。

城，皆平衡分布，此與拓拔氏吸收各地地方勢力之政策有關。

北朝系統最後統一中國，建立隋唐帝國，注定北方士族在統治階層占有較優勢的地位。盛行南朝的陳郡陽夏謝氏、吳郡吳縣張氏在隋唐二朝鮮有人物，更遑論沛國龍亢桓氏、潁川潁陰荀氏、太山平陽羊氏、吳郡吳縣顧氏、汝南安城周氏、會稽山陰孔氏、廬江灊縣何氏、河南陽翟褚氏、陳留尉縣阮氏、濟陽考城江氏、陳郡長平殷氏。然吳興武康沈氏、吳郡吳縣陸氏、陳郡陽夏袁氏雖趨衰微，仍有十餘人任官五品以上，保持遞減衰退速度。盛極一時的瑯琊臨沂王氏，在隋至安史亂前這二世紀之中，略可與其他北朝大士族比美，族望尚高，然至安史亂後以迄唐末，則急速下降而趨沒落，南齊與梁代的宗室蘭陵蕭氏，稍爲幸運，在隋唐頗有人物，本書第十一篇「隋唐政權中的蘭陵蕭氏」有詳細的分析。

有一項很明顯的現象，卽北朝胡姓大族，至隋唐時急速衰微，如穆氏、陸氏、爾朱氏、羅氏等，幾乎甚少官宦，長孫氏、于氏亦急速衰落，然尚保有十餘人居官五品以上，竇氏在隋唐全期頗爲幸運；源氏在唐代前半期亦甚幸運，似乎頗爲特殊，北朝的宗室元氏及宇文氏與源氏的情況很類似，他們在安史亂後已一蹶不振。北朝關東關中地區的士族在隋唐的盛況，遠非南朝士族與北朝胡姓可比。京兆杜陵韋氏、河南開封鄭氏、弘農華陰楊氏、博陵安平崔氏、趙郡武城崔氏、趙郡平棘李氏、隴西狄道李氏、太原晉陽王氏、范陽涿縣盧氏、渤海蓚縣高氏、河東聞喜裴氏、彭城劉氏、河東解縣柳氏、京兆杜陵杜氏、河東汾陰薛氏等，此十五姓是隋唐全期三百餘年的寵兒，子孫有極高的任官率。

四

以上是以每個大士族爲單位而觀其盛衰。由於許多大士族源於兩漢或魏晉，若干代以後，昭穆疏遠，分支分房的現象常常發生，例如

以王祥王覽爲其共同祖先的瑯琊臨沂王氏，至南朝初有所謂烏衣巷王氏及馬糞巷王氏之分。降至唐朝，各大士族分房分支更爲普遍。然而，士族內部官宦型態是否像周朝「宗法式」現象？抑或沒有主系旁支之分、各房支在族內所享的機會平等？或者另有方式？解決這個問題無法從有形的律令中獲得。各房支的變動原因極多，各族的情況又不盡相同，故這是一個具有高度彈性的問題，應該需要完整的資料才能圓滿地解釋，本文僅能依現今所能看到的資料爲基礎，先觀察各族內部官宦變化的通性，然後以典型的例子深入分析與討論。

　　大士族隨時會發生分房分支現象，有的房支因年久失宦，其地位亦隨之下降，故多代失宦或多世低品的支系，其政治社會上的地位與主房無法相比，〔新唐書〕卷九十五「高士廉傳」中亦謂：「每姓第其房望，雖一姓中高下懸隔。」本書第七篇「中古山東大族著房之研究」，就當時盛族五姓七望十家四十四子作詳細討論。至唐代時大士族房望高者往往不僅一個，有的有十幾個著房，從各族的例子觀察，著房不一定是各族的長房，這一點與周朝「宗法式」有別，宗法制度大宗（主支）占優勢，所謂百世不遷，小宗（旁系）則逐代下降，從南北朝以迄唐代而觀之，房支的興衰與該支子孫官宦顯赫有密切關係，而所謂官宦顯赫實由許多偶然因素造成，沒有一定的規則。因唐代大士族的著支不祇一個，故唐代大士族並非單一主系的官宦型態，各大族有許多主系並列，這些主系皆被社會政治上共認其門第地位，當然這些主系又復有盛衰之變化。從〔新唐書〕「宰相世系表」看，這些主系的盛衰跳動不定。第一時期若是甲主系興盛，至第二代可能另一主系興盛，有時亦有輪換的現象。茲舉〔新唐書〕卷七十一上「宰相世系表」裴氏爲例：其著房有五，卽西眷裴、洗馬裴、南來吳裴、中眷裴、東眷裴。實際上其後南來吳裴又分爲叔業支及令寶支；中眷裴又分爲萬虎、雙虎、三虎、苞支；東眷又分出道護支。故唐代裴氏著房共有十個主支。若以上品（一、二、三品）爲其盛衰的標記，則各主系盛衰變動如下表：（未計者表示三品以下或未仕者）。

唐代裴氏各主支盛衰表

	入唐一世	二世	三世	四世	五世	六世	七世	八世
西　　　　眷	2	1	1	0	2	0	0	0
洗　　　　馬	1	2	3	0	0	1	4	2
南來吳叔業支	0	0	1	2	1	0	0	0
南來吳令寶支	2	1	3	3	0	0	2	0
中眷萬虎支	0	0	0	0	0	1	0	0
中眷雙虎支	2	2	2	0	1	2	0	0
中眷三虎支	0	0	0	1	2	1	1	0
中　眷　苞　支	1	0	2	2	1	1	1	0
東　　　　眷	1	1	6	3	4	2	0	0
東眷道護支	1	2	2	1	1	3	1	0
合　　　　計	10	9	20	12	12	11	9	2

除第三世有二十人，第八世僅二人以外，其他各世任官三品以上在十人上下。這並非由一支構成，而是由十支合成，其型態是相關跳動的。

　　爲了進一步說明這種現象的典型狀況，且舉唐代范陽涿縣盧氏陽烏房爲例（唐代著姓房支之一），並作世系表如下：（〔新唐書〕卷七十三上「宰相世系表」三上「范陽盧氏陽烏房」）。

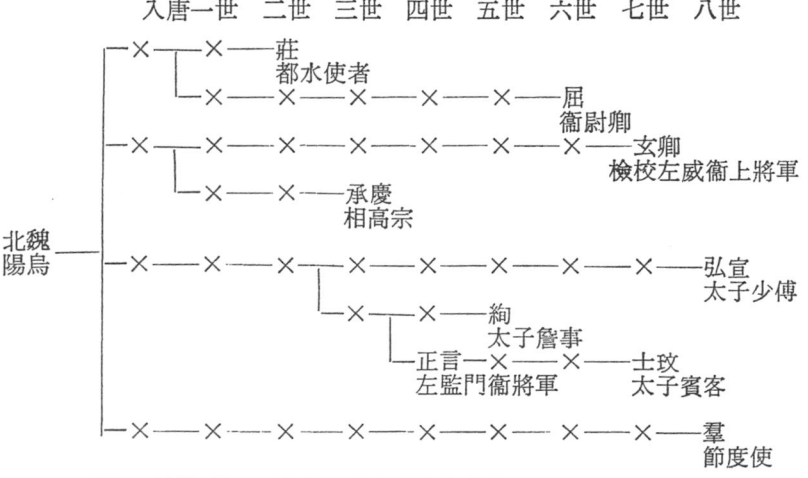

附注：符號「×」代表三品以下或未仕者。

若將該房視爲一個整體看，則其各世居官三品以上者統計爲：

范陽盧氏陽烏房	入唐一世	二世	三世	四世	五世	六世	七世	八世
三品以上人數	0	1	1	1	1	1	2	2

每世平均一人以上，以陽烏房的例子而言，雖然每代皆有一人官拜上品，但沒有二人是父子關係，而祇是從父或再從父的關係。入唐第二世盧莊，第三世的承慶是其二從姪。第四世的正言是承慶的四從姪。第五世的盧絢是正言的二從姪。第六世的屈是絢的六從姪。第七世的玄卿是屈的六從姪；另一位士玫是屈的七從姪。第八世的弘宣是士玫的五從姪，另一位羣則是士玫的六從姪。唐代並非沒有父子相襲爲上品官者，但爲例不多，至於能延襲三四世爲三品者，更屬罕見。

　　若以兩晉南北朝時朝與唐代作一比較，前者似乎有主幹房支的型態，例如兩晉南朝瑯邪臨沂王氏各房支之中最華貴的一支，其世系[31]爲：

```
導 ── 洽 ── 珣 ── 曇首 ── 僧綽 ── 儉 ── 暕 ── 訓
丞相   中書令  衛將軍  侍中    侍中    侍中 尚書左僕射 侍中
一品   三品   二品   三品    三品    三品  三品    三品
```

這種現象在唐代各著姓中從未出現過，而兩晉南北朝累世數代居官上品者比比皆是。

　　在親疏關係上再從當然不如父子叔姪，但地域也有影響，河北重視同宗，「三二十世，猶呼爲從伯從叔」[32]。親疏關係在兩晉南北朝時對任官影響較大，因爲九品中正制度士族化以後，主支子孫的起家官以及升遷機會可能較優，於是乎有類似循環現象。隋廢九品中正制度，士族由中品官起家的特權不復出現。唐除舉行科舉以外，仕出多途，大士族子弟任官由低品入仕，至於是否能升至上品，要靠其他的

31　參見本書第十篇「中古大士族之個案研究──瑯瑯王氏」。
32　〔顏氏家訓〕卷二「風操篇」第六。

因素配合。族望在唐代仕進由絕對因素變成爲相對的因素之一。士族
在政治社會中有二大支柱——官宦與婚姻。官宦特權雖然沖淡，但對
婚嫁關係仍然努力維護。唐代族譜已非吏部按譜任官之簿牒，其作用
顯然是維護階級婚姻[33]，同族同宗感仍然強烈，尤其是著姓盛支，因
爲他們不但企圖在社會上保有其高等地位，又可以社會領袖的地位與
皇室分庭抗禮，如〔新唐書〕卷一百七十二「杜兼傳」附中立傳云：

> 開成初，文宗欲以真源臨真二公主降士族，謂宰相曰：民間修
> 婚姻，不計官品，而上閥閱，我家二百年天子，顧不及崔盧
> 邪！詔宗正卿取世家子以聞！

時已唐代末葉矣！

　　維持社會地位及維繫疏遠昭穆的法寶，是各士族的譜牒，唐末亂
起，許多士族損毀家譜與喪失生命[34]同具社會意義。

33　參見本書第十二篇「敦煌唐代氏族谱殘卷之商榷」。
34　參見孫國棟「唐宋之際社會門第之消融」〔新亞學報〕4-1，1959。

第四篇　中古士族性質之演變

一

　　秦漢統一宇內，置全國於一個政權之下，築馳道，開關梁，最受惠者是商賈，他們在廣大地域上周流，交通有無，往返取利，設若從事鐵的開採（鐵是漢朝農工製造工具的主要原料），或鹽的製銷（鹽是民生必需品之一），所謂「冶鑄鬻鹽」，貨產可累積千萬[1]，〔史記〕「貨殖列傳」裏記載三十幾種商業，每種收益皆可比美食邑千戶的封君[2]。這種現象引起統治者不滿，「（漢）高祖乃令買人不得衣絲乘車，重稅租以困辱之」[3]，這都是消極的作法，並不能止住商賈的發展；武帝征伐匈奴，國家所費甚鉅，大司農桑弘羊「民（指農民）不益賦，而天下用饒」的政策之下，進一步向商賈聚斂，實施新稅[4]，徵收算緡錢[5]，又有告緡令，沒收商賈財產，商人中產以上破產者甚多[6]。漢政

1　〔漢書〕卷二十四下「食貨志」：「而富商賈……冶鑄鬻鹽，財或累萬金」。

2　〔史記〕卷一百二十九「貨殖列傳」序：「酤一歲千釀，醯醬千瓨，漿千甔，屠牛羊彘千皮，販穀糶千鍾，薪蒿千車，船長千丈，木千章，竹竿萬个，其軺車百乘，牛車千兩，木器髤者千枚，銅器千鈞，素木鐵器若巵茜千石，馬蹄躈千，牛千足，羊彘千雙，僮手指千，筋角丹沙千斤，其帛絮細布千鈞，文采千匹，榻布皮革千石，漆千斗，蘖麴鹽豉千荅，鮐觜千斤，鮿鮑千鈞，棗栗千石者三之，狐貂裘千皮，羔羊裘千石，旃席千具，佗果菜千鍾，子貸金錢千貫」。按此處千字是不定數，形容極多。

3　〔漢書〕卷二十四下「食貨志」及同書卷一下「高帝紀」八年三月令。

4　〔漢書〕卷二十四下「食貨志」：「商賈人軺車二算，船五丈以上一算。」

5　〔漢書〕卷二十四下「食貨志」：「諸賈人末作貫賣買，居邑貯積諸物，及商以取利者，雖無市籍，各以其物自占，率緡錢二千而一算；諸作有租及鑄，率緡錢四千算一。

6　〔漢書〕卷二十四下「食貨志」：「楊可告緡徧天下，中家以上，大氐皆遇告。……於是商賈中家以上大氐破。」

府最打擊商賈的辦法，乃是鹽鐵專賣，及均輸平準等法。前者遏止商
賈從生產工具及民生必需品中牟利；後者以國家的財力做生意，與商
人競爭，取代商人「通有無」的功能，平抑物價[7]。總之，以農業爲主
要生產的時代，農爲本、商爲末，政權最後抉擇重農輕商，乃極自然
之舉，故在西漢前期的重農主義[8]及武帝國有政策之下，商人雖有萬
里江山可供其周流，復有高惠呂文景長期太平盛世以供養其孳息，但
在政治力不斷的壓抑之下，商人徘徊在控制與被利用的曲折道路上[9]，
所以自昭宣以降，論者涉及經濟社會問題時，對於土地問題的疾呼，
愈來愈盛。土地問題成爲社會問題的關鍵，它不但意味著商賈、官僚
日漸流入土地兼幷的陣營，並且使以地主（地主亦兼營定量商業，如
〔四民月令〕中所載）爲主的豪族，在中國社會架構上發展出特定的
地位。

土地兼幷，起因於民可自由買賣土地[10]，一般認爲始於秦商鞅廢
井田[11]，漢前期經濟政策是抑商路線，已如上述，其賦稅政策，則利
於擁有土地者，按漢初土地稅三十而一（3.3%），比商稅少半，其原
意是減輕農民負擔，但直接受惠者是大地主，因爲地租通常什稅伍
（50%）[12]。官稅與地租之間的差額，便是地主的淨利。以人獸力爲主
的初級農業生產方式，其淨利有一定的限制，不如商賈累積之速，豪
族想獲得大量的淨利，必須：其一土地大量兼幷；其二大量役使佃農
或奴婢。兩者是中古農業經濟獲利基礎，也是豪族爭奪的焦點，如〔
漢書〕卷九十「酷吏列傳·寧成傳」：

---

7. 〔漢書〕卷二十四下「食貨志」。
8. 韓復智〔兩漢的經濟思想〕中國學術著作獎助委員會，1969。
9. 楊聯陞「傳統中國政府對城市商人之統制」〔清華學報〕新八卷第一、二期合刊，
   1970。
10. 土地可自由買賣，問題頗不簡單。按陳槃師「漫談地券」，刊於〔大陸雜誌〕第二
    卷第六期，戰國時中原國家似已有地券。
11. 〔漢書〕卷二十四上「食貨志」：「（秦）用商鞅之法，改帝王之制，除井田，民
    得賣買，富者田連仟伯，貧者亡立錐之地」。據秦統一中國，毀各國史籍，六國經
    濟發展，未必遲於秦，可參見前註。
12. 〔漢書〕卷二十四上「食貨志」：「漢氏減輕田租，三十而稅一，常有更賦，罷癃
    咸出，而豪民侵陵，分田劫假，厥名三十，實什稅五也。」

（寧成）乃貰貸陂田千餘頃，假貧民，役使數千家，……致產
數千萬。

〔漢書〕卷五十九「張湯傳」附安世傳：

（張安世）家童七百人，皆有手技作事，內治產業，累積纖
微，是以能殖其貨。

又如西漢末期南陽樊氏，〔後漢書〕卷三十二「樊宏列傳」：

其營理產業，物無所棄，課役童隸，各得其宜，故能上下戮
力，財利歲倍。至乃開廣田土三百餘頃。其所起盧舍，皆有重
堂高閣，陂渠灌注，又池魚牧畜，有求必給，嘗欲作器物，先
種梓漆，時人嗤之，然積以歲月，皆得其用，向之笑者，咸求
假焉。

　　在中古自然經濟優勢狀態下，豪族在經濟上以自給自足為目標，
這就需要將土地與人力作有組織的安排，一方面使田地佃農奴婢得到
充分的利用，一方面可因此獲得各類物品，從田地上的種植，到食物
加工、民生手工藝品、衣著、生產工具、藥品、武器、屋舍等，有時
也作些有限度的物品交易，務使家族本身成為一個完整的生產和消費
體系，所謂「閉門成市」的境界。上述南陽樊氏，「營理產業，物無
所棄，課役童隸，各得其宜」，是指田地與奴婢的利用；而「起盧舍，
皆有重堂高閣，陂渠灌注，又池魚牧畜」，則為了「有求必給」的目
標，樊氏的記載，雖能見其規模，然語焉未詳。東漢中期崔寔著〔四民
月令〕，則有較詳細記載可視為研究豪族內在經濟體系與性質的重要資
料[13]，該文陳述崔氏家族全年按月經營生產項目，其農業生產品類極
多，有「瓜、瓠、葵、蘘、韭、芥、大小蔥、蒜、苜蓿、雜蒜、蓼、
春麥、蜿豆、冬藍、采求、大豆、胡豆、胡蒜、稙禾、苴蔴、薑、黍
穄、粳稻、禾、黍、小豆、蕪菁、芥、葶藶、冬葵，莨菪子、小蒜、
乾葵、穬麥、牧宿、胡蔥、豆藿」，樹木有「竹、漆、桐、梓、松、
柏」，果樹有「杏、桃、棗」；農產品加工有「釀春酒、醬醬、肉醬、

13　參考邱漢生「從四民月令看東漢大地主的田莊」，〔歷史教學〕1959-11。

清醬、銅魚醬、藏瓜、炒豆、碎豆作末、作麵」又有繕治犁鋤、合耦
田器；及張弛角弓弩、竹木弓弩、正縛鎧弦、繕五兵等；又合諸膏、
小草續命丸、法藥。生產者當然是崔家的佃農、奴僕，豪族對人力物
力的運用，有其經營程序及組織系統，如正月，農事未起，命女紅趣
織布。二月，蠶事未起，命縫人浣冬衣，徹複爲袷，其有贏帛，遂爲
秋製。六月，命女紅織縑縛，可燒灰染青紺雜色。七月，浣故製新，
作袷薄以備始寒。八月，趣練縑帛，染綵色，擘綿治絮，製新浣故。
十月，析麻，趣績布縷，作白履、不借。崔氏起於西漢昭帝時，屢有
官宦，至東漢中期崔寔時，已有二百多年歷史，經過長期的發展，其
經濟自給自足的體系已較完整，其他豪族容或在規模上有大小之別，
其類型甚爲相似。

　　豪族在初期發展及其後的擴張中，對土地兼幷的方式極多，且大
部分是長期地、漸進地進行著，正史對於這方面的變動，殊少專卷記
載，及至侵犯統治者的利益、或大量危害平民生計時，才有人提出呼
籲，所以這方面的具體資料甚難找尋，我們暫以爬梳所得，歸納出下
列幾種擴張土地方式。

　　其一，戰國末期開放土地自由買賣，當是土地私有制的重要關
鍵，儘管在中古時有許多人提出防止兼幷的言論，然土地自由買賣，
兼幷現象亦必相應而生。擁有少量土地的自耕農，在正常的年頭，其
辛勤收穫扣除生活及賦稅以外淨剩餘極低，若遇天災人禍，不得不向
豪族舉債，甚或賣出自己田地，正如鼂錯所說：「水旱之災，急政暴
賦，賦斂不時。……於是有賣田宅，鬻子孫以償責者。」[14]

　　其二，是「豪民侵陵，分田刦假」[15]。 分田刦假的意義是政府計
口假與貧民的口分田， 實際上都被豪強刦奪去了[16]，〔漢書〕卷七十
二「貢禹傳」：

　　……貧民雖賜之田，猶賤賣以賈。

14　〔漢書〕卷二十四上「食貨志」，文帝時鼂錯之言。
15　〔漢書〕卷二十四上「食貨志」，王莽時令。
16　賀昌羣前引書頁30，曾有關述。

實際上漢政府對商賈購買土地有形式上的限制，農民失去的土地大部分皆落入地方豪族之手。

其三，是遷徙或開闢新的肥沃之區，獲得比以前更大更好的土地。〔華陽國志〕卷三「蜀志」總敍條：

> 然秦惠文始皇克定六國，輒徙其豪俠於蜀，資我豐土，家有鹽銅之利，戶專山川之材，居給人足，以富相尚，故工商致結駟連騎，豪族服王侯美衣……若卓王孫家僮千數，程鄭亦八百人，而郤公從禽，巷無行人，簫鼓歌吹，擊鍾肆懸，富侔公室，豪過田文，漢家食貨，以爲稱首。蓋亦地沃土豐，奢侈不期而至也。

一般而論，豪族遷徙或開闢新的區域，以邊地爲多，但當中原一帶田地，因特殊原因而有某程度荒蕪時，通常政府皆將其列爲公田，當此時也，亦是豪族發展良機。〔後漢書〕載仲長統有見於豪族自取荒地可耕者，曾作下列呼籲，〔後漢書〕卷四十九本傳「損益篇」：

> 今者土廣民稀，中地未墾，雖然猶當限以大家，勿令過制。其地有草者盡曰官田，力堪農事，乃聽受之，若聽其自取，後必爲姦也。

在豪族的形成過程之中，由於中古去上古未遠，宗法制度的影響很深。豪族建立一個以血緣爲基礎的單位，是很自然的發展。據芮逸夫先生[17]及許師倬雲[18]對漢代家庭的研究，認爲主幹家族（Stem family）盛行於漢世，以「同居共財」的標準論，主幹家庭只容約一個已婚兒子與父母同居，其餘已婚及成年的兒子分出居住。對於一般平民而言[19]，此論甚是，然從資料所示，漢朝豪族頗有直系家庭（Lineal family）的實例，直系家庭包括同父的已婚諸子。漢代是否以尊長在世爲已婚諸子同居共財的要件，則無明確的證據。總之，像

17　參見芮逸夫「遞嬗的中國家族結構」，刊於〔臺大考古人類學刊〕17-18合刊，1961。
18　參見許倬雲「漢代家庭的大小」，刊於〔清華學報〕〔慶祝李濟先生七十歲論文集〕下冊，1967。
19　同註18，頁799，所舉四個例子，可作爲大族代表。

魏晉以後那樣的大家族，似乎在漢代正在發展中。直系家庭是豪族倫
理體系的基本單位[20]，以此爲核心，對於宗族親戚作層次的連繫。如
崔寔〔四民月令〕中記載（石漢聲校注本）：

> 正月之旦，是謂正日，躬率妻孥，絜禮祖禰。……及祀日，進
> 酒降神，畢，乃家室尊卑，無小無大，以次列坐於先祖之前，
> 子婦曾孫，各上椒酒于其家長，稱觴舉壽，欣欣如也（二月、
> 六月、十一月亦有祀祖）。

從核心家庭的祭祖及和睦作起點，推衍到「九族」的連繫，同書云：

> 三月…冬穀或盡，椹麥未熟，乃順陽布德，振贍匱乏，務施九
> 族，自親者始。
> 九月…存問九族，孤寡老病，不能自存者，分厚徹重，以救其
> 寒。

又推及同宗，同書云：

> 十月…五穀既登，家儲蓄積，乃順時令，敕喪紀，同宗有貧窶
> 久喪不堪葬者，則糾合宗人，共興舉之，以親疏貧富爲差，正
> 心平斂，毋或踰越，務先自竭，以率不隨。

再推及宗族、婚姻、賓旅、君師等，同書：

> 十二月…請召宗、親、婚姻、賓旅，講好和禮，以篤恩紀。
> 冬十一月…冬至之日…進酒肴，及修刺謁賀君師者老如正月。

這種由直系家庭推及九族、同宗、宗族、婚姻、賓旅、君師、耆老的
方式，正是承繼周朝宗法制度，以及儒家親疏有等思想的具體實踐。

　　豪族如果僅以血緣爲其範圍，在人數及財富上都有很大的限制。
豪族在擴張其社會影響力的過程中，有兩件事實應予重視，其一是婚
姻，其二是部曲奴婢，婚姻是一種平行的社會連繫，豪族因婚嫁關
係，使兩者之間拉得親近，社會上同等財富的豪族相互通婚的現象，
非常自然和普徧。這種橫面牽連常常構成很大的勢力網。當然以婚姻
爲連繫力量並不能保證兩族間必然會採取同一態度，在以男性爲中心

---

[20]　同註18。

的社會裏，婚姻關係的結果通常較同宗同族爲鬆懈。但是當他們之間有共同利害時，由於婚姻關係的存在，可以使豪族間迅速地結合起來，而構成一個共同的對外勢力。劉秀起兵，母黨樊氏、妻黨陰氏、姊夫鄧氏等，皆舉族響應[21]，〔漢書〕卷九十九下「王莽傳」下載地皇四年王莽詔有云：「劉伯升（縯，秀之兄）與其族人婚姻黨與妄流言惑眾，悖畔天命。」

　　部曲奴婢是一種上下關係的社會連繫。奴婢姑且不論，因自古被視爲私產，是主人直接控制的人。部曲也者，楊中一認爲在漢末三國時期，已從士卒隊伍的意義轉化爲私兵的身分[22]，金發根先生認爲在東漢初年就有轉變私兵的跡象，並舉銅馬等各領部曲，及李寶被殺後其弟收寶之部曲報仇爲例[23]，金說甚是。賓客、門生亦流行於兩漢，其地位亦漸漸下降[24]。部曲、賓客、門生等身分之低落趨向，與豪族勢力上升恰好成反比例地演進，漸漸地演變成在政府與人民之間，多出一層社會階層——豪族。我們知道農業社會裏，大部分都是安分守己的農民，其中常常分化出一小部分人，或因家中人多地少，或因生性不喜務農，或因其他原由，這一小部分人與城市裏分化出的游手好閒之徒常常殊途同歸，成爲社會中的寄生者，此輩很容易被豪富吸收，成爲部曲、賓客等，原本僅僅個別的游離體，如今結合在一個一個豪族的家門中，成爲豪族的爪牙。此外，替豪族耕地的佃農，在法律上是自由民，理論上與豪族的關係是納田租，然而中古力役地租的型態並未完全脫去[25]，佃農除交納田租以外，每常爲豪族作些力役雜事，這些人實際上受豪族人身與經濟雙重約束，當政治社會有變亂時，他們也很自然地亦屬豪強勢力中的一分子。

　　豪族所擁有的勢力，與皇帝所掌握的政治力，常常徘徊在衝突與

21　參見〔後漢書〕卷三十二「陰識列傳」、卷十五「鄧晨列傳」、卷三十二「樊宏列傳」等。

22　參見楊中一「部曲沿革略考」〔食貨〕半月刊 1 卷 3 期，1935。

23　參見金發根前引書，25頁。

24　同前註，第二章第二節「東漢門生故吏部曲賓客地位的改變」，頁16-26。

25　參見〔四民月令〕。

妥協之間。例如〔漢書〕卷九十「酷吏傳」記載：

> 濟南瞷氏宗人三百餘家豪猾，二千石莫能制，於是景帝拜（
> 郅）都爲濟南守，至則誅瞷氏首惡，餘皆股栗。
>
> （周陽）由居二千石中最爲暴酷驕恣……所居郡必夷其豪。
>
> （義縱）爲長陵及長安令，直法行治，不避貴戚。……遷爲河
> 內都尉，至則族滅其豪穰氏之屬。

又如〔後漢紀〕卷四建武四年條記載：

> 鬲縣五姓反，逐其守長。諸將曰：「朝擊鬲，暮可拔也。」（
> 吳）漢怒曰「敢至鬲下者斬，使鬲反者守長罪也。」移檄告郡
> 牧守長，欲斬之。諸將皆竊言「不擊五姓，反欲斬守長乎？」
> 漢乃使人謂五姓曰「守長無狀，復取五姓財物，與寇掠無異，
> 今已收繫斬之矣！」五姓大喜，相率而降。（按〔後漢書〕卷
> 十八「吳漢列傳」注曰：「五姓蓋當土強宗豪右也。」）

綜合以上所述，初期地方豪族有以下幾個特點。其一、經濟性：其社會地位的建立，起初在於獲得比一般人較多的財富，而從土地上獲利是最普遍的現象。除此以外，還有若干人從工商業中獲得財富，在人數上沒有大地主多，但有時也顯得很活躍。地方豪族是當時社會上財富競爭的勝利者，他們所重視的是如何保持現有的財富，並企望進一步如何擴張其財富，政治、文化等活動是達成這項目標的手段，經濟是最原始目的，如東漢光武帝劉秀起兵時，姻親樊宏從征，樊氏其他親友認爲家財已足，不必作如此冒險，是很明顯的心理寫照。其二、區域社會性：以土地爲根本的豪族，勢將局限於一定的區域之中，因各地物產環境不同，而又具有不同的地方性色彩。豪族以宗親血緣爲連繫力，表明其社會性的特質。其三：武質團體：在平時是自衞團體。在亂時是戰鬥單位，如東漢開國時大族參與光武集團[26]；曹操南征北伐，亦以地方豪族爲從征骨幹[27]。

26　參見余英時「東漢政權之建立與士族大姓之關係」〔新亞學報〕1 卷 2 期，1956。
27　參見本書第五篇「三國政權的社會基礎」。

二

　　兩漢士族凝成，乃由於社會勢力之存在，掌握政治權力的皇帝爲增強其社會基礎計，自西漢昭宣以降，採取吸收社會勢力參與政權的辦法[28]而啟其端。以農業生產爲主的社會中，擁有土地者常常又是擁有社會勢力者，故地方豪族成爲被吸收的對象。一端是代表政治力的皇帝；一端是代表社會勢力的地方豪族；二者間的結合需要透過某些媒介，而這種媒介的存在，又必須在政治社會領域中完成重要的功能，才能長久。官僚與士大夫是居於這二極之間的媒介人物，在兩漢三百年來大致安定的政治社會中，他們一直扮演著中間角色的功能，長期間的發展，使這些中間人構成一個特殊的團體與社會階層，地方豪族之士大夫化，以及士大夫之家族化，走向了中古士族之道路。

　　地方豪族之士族化，可由下列例子中看出。

〔漢書〕卷七十八「蕭望之傳」：

　　家世以田爲業，至望之好學，治齊詩，事同縣后倉且十年，以令詣太常受業……（後爲丞相）。

〔漢書〕卷七十一「平當傳」：

　　祖父以訾百萬，自下邑徙平陵。當少爲大行治禮丞，功次補大鴻臚文學，察廉爲順陽長，栒邑令，以明經爲博士。

〔漢書〕卷七十七「鄭崇傳」：

　　本高密大族，……祖父以訾徙平陵。父賓，明法令，爲御史。……崇少爲郡文學史，至丞相大車屬。

〔華陽國志〕卷四「南中志」牂柯郡條：

　　公孫述據三蜀（牂柯郡），大姓龍、傅、尹、董氏……明章之世，毋歛人尹珍字道真，以生遐裔未漸庠序，乃遠從汝南許叔重受五經，又師事應世叔學圖緯，通三材，還以教授，於是南

28　參見許倬雲「西漢政權與社會勢力的交互作用」。〔史語所集刊〕第35本，1964。

> 域始有學焉。珍以經術選用,歷尚書丞郎、荆州刺史,而世叔
> 爲司隸校尉,師生並顯。

〔漢書〕卷八十一「張禹傳」:

> 河内軹人也,至禹父徙家蓮勺。……(卜者)謂禹父:是兒多
> 知,可令學經。及禹壯,至長安學,從沛郡施讎受易,瑯琊王
> 陽、膠東庸生問論語,旣皆明習,有徒衆,舉爲郡文學。……
> 代王商爲丞相,……家以田爲業 , 及富貴 , 多買田 , 至四百
> 頃,皆涇渭漑灌,極膏腴上賈(師古曰:賈讀曰價)。

兩漢士大夫階層之養成是經過長時期的,而扮演改變性質的養成所,
首推太學與公私立敎授。太學創設於武帝,原提案人是董仲舒,〔漢
書〕卷五十六「董仲舒傳」云:

> (董仲舒對策曰)養士 …… 莫大乎太學 , 太學者賢士之所關
> 也,敎化之本原也。……臣願陛下興太學,置明師,以養天下
> 之士,數考問以盡其材,則英俊宜可得矣!……(武帝)立學
> 校之官……皆自仲舒發之。

按初置五經博士,博士弟子在武帝元朔五年僅五十人而已,此後發展
神速,〔漢書〕卷八十八「儒林傳」:

> 昭帝時舉賢良文學,增博士弟子員滿百人。宣帝末增倍之。元
> 帝好儒,能通一經者皆復。數年以用度不足,更爲設員千人。
> 郡國置五經百石卒史。成帝末或言孔子布衣養徒三千人,今天
> 子太學弟子少於是,增弟子員三千人。歲餘復如故。

又〔前漢紀〕卷三十載,平帝元始四年,王莽「爲學者築舍萬區」云
云。太學生每代以等比級數增加,至少在推進經學方面,有巨大的社
會功能。學成士大夫並非最終目標,通經能被任用爲官吏,這是很誘
惑人的,元帝以後「通一經皆復」,所謂利祿所在,趨之若鶩,故〔
漢書〕卷七十三「韋賢傳」記載,當時鄒魯所流行的諺語「遺子黃金
滿籝,不如一經」。郡國有學官,始於文翁(〔漢書〕卷八十九),元
帝更令郡國置五經百石卒史。私學亦頗有人,如云敞、疏廣、朱博、

翟方進、珪孟；後漢有王良、劉昆、夏恭、劉茂、索盧放、伏湛、承宮；分見於本傳或儒林、文苑、獨行列傳。接受教育成爲時尚，文化的培養又成爲各種人物結合融化的大熔爐。博士弟子的社會成分大都已不可考，然而一般平民（大部份是農民）的子弟無錢無閒於獲得教育（極少數例外），能够獲得受教育機會的必定家頗富於財，前文所舉便是明證。地方豪族子弟走進士大夫階層是一波波的改造與推進。地居中原一帶的豪族，比較容易獲得公私教育機會，而邊區地帶則較困難。所以並非所有的地方豪族都在變，他們因時、因地、因人的差異，而有種種程度之別，機緣最好的地方豪族，不但接受教育，並且躋身爲官僚階層，如潁泗、山陽之地，於是乎身兼官吏、士大夫、地方豪族的身分。亦有僅遊學京師，一直以官吏候選人的身份存在於京師與地方之間。然而，大部分的豪族，在兩漢三百年來，或多或少都感受到儒家的影響，這種影響使得原本武質的地方豪族，兼備了文儒的性質。

地方豪族的轉變除了因利祿的誘力以外，政治的壓力也產生推動作用，尤其是當強而有力皇帝主政時，更加明顯，從刺史所賦予的權責觀察，自武帝元封五年初分十三州刺史，在西漢一朝皆主地方政府監察之任，〔漢書〕卷十九上「百官公卿表」上注引〔漢官典職儀〕：

> 以六條問事，非條所問即不省。一條、強宗豪右田宅踰制，以強凌弱，以衆暴寡。二條、二千石不奉詔書遵承典制，倍公向私，旁詔守利，侵漁百姓，聚斂爲姦。三條、二千石不恤疑獄，風厲殺人，怒則任刑，喜則淫賞，煩擾刻暴，剝截黎元，爲百姓所疾，山崩石裂，祅祥訛言。四條、二千石選署不平，苟阿所愛，蔽賢寵頑。五條、二千石子弟恃怙榮勢，請託所監。六條、二千石違公下比，阿附豪強，通行貨賂，割損正令。

其中第一條與第六條是針對著地方豪族，由刺史促令郡太守負責。兩漢「酷吏傳」中人物，是負責推行中央政令，記載著許多鎮壓地方豪

族的事蹟。而「循吏傳」中人物，其主要功績則在於推廣教化。漢政府軟硬兼施的兩面手法，加速了改變地方豪族的作用。這並非意味著所有豪族都因而改變其性質，一方面是漢政府沒有如此巨大的行政能力。二方面是地方豪族遍佈全國各個角落。能够獲得士族化的地方豪族，則由經濟性的特質進而兼具學業文化的特質。而那些邊陲地區的地方豪族，則仍然保持其土皇帝的嘴臉[29]，介於此兩端者，便有種種不同程度的排列。

三

地方豪族另一項性質上的重大改變，厥為由區域性進入中央性。地方豪族演變成士族，需要包涵學業品德，有的甚至兼具官吏資格；這並非每一地方豪族都能有的機會，所以除部分脫穎而出外，大部分豪族仍然停留在各地方，繼續成為地方領袖，〔華陽國志〕是現存記載較詳的古地方志，對於巴、漢中、蜀、南中諸郡的地方豪族均有提及，如該書卷一「巴志‧巴郡臨江縣」：「枳東四百里，接朐忍。有鹽官在監塗二溪，一郡所仰，其豪門亦家有鹽井，又嚴、甘、文、楊、杜為大姓。」又同書卷三「蜀志‧蜀郡成都縣」：「大姓有柳、杜、張、趙、郭、楊氏；豪富先有程鄭、郤公，後有郭子平；奢豪楊伯侯兄弟。」又同書同卷廣都縣：「郡西三十里，元朔二年置，有鹽井漁田之饒，大豪馮氏有魚池鹽井。」這些「大姓」、「豪門」、「豪富」、「奢豪」、「大豪」等名詞亦反映出社會性、經濟性、武質特點，這都是縣級地方豪強，從魏晉南北朝史書觀察，絕大部分都未進入士族，他們是社區領袖。另一方面，至東漢末葉士族之凝成，孕育出另一種社會領袖。黨錮成為重要的轉捩點，由於這個事件加速了士大夫間的交流，交接之風，無代無之，其對於政治社會產生影響，則應視其參與人物的社會勢力強弱而定，而交接頻率增加，則又可以加

---

[29]　參見〔三國志〕卷五十二「吳書‧步騭傳」。

速和擴大其對社會的影響力。東漢末葉交接之風甚熾，正如徐幹〔中論〕卷下「譴交篇」所說：

> 桓靈之世，其甚者也。自公卿大夫州牧郡守，王事不恤，賓客為務，冠蓋填門，儒服塞道。饑不眼餐，倦不獲已，殷殷沄沄，俾夜作晝。下及小司，列城墨綬，莫不相商以得人，自矜以下士，星言夙駕，送往迎來，亭傳常滿，吏卒傳問，炬火夜行，闇寺不閉。

專制政體時代，交接被統治者視為壞事，因為交接在傳播工具不發達的社會裏，是主要的人際溝通方式，也就是朋黨形成的先決條件，其功能甚為巨大。黨錮事件以前，京師太學成為士大夫交接中心，其人物實包羅全國各主要州郡，據金發根先生「東漢黨錮人物的分析」一文臚列的黨人籍貫所示[30]，其地理分配非常廣泛，如下：

司隸：河南郡三人，河內郡一人，弘農郡三人，京兆五人，扶風一人。

豫州：潁川郡二十一人，汝南郡十七人，梁國一人，沛國五人，陳國三人，魯國四人。

冀州：魏郡二人，中山郡二人，河間郡三人，清河郡一人，渤海郡五人。

兗州：陳留郡十五人，東郡二人，東平郡二人，任城郡一人，泰山郡一人，山陽郡二十八人。

徐州：東海郡一人，瑯琊郡一人，彭城郡一人，下邳郡一人。

青州：平原郡二人，北海郡一人，東萊郡一人。

荊州：南陽郡六人，南郡二人，江夏郡二人，桂陽郡一人。

揚州：廬江郡二人，會稽郡二人，吳郡一人，豫章郡一人。

益州：漢中郡二人，巴郡一人，蜀郡二人，犍為郡一人。

涼州：安定郡一人，敦煌郡二人。

并州：上黨郡一人，太原郡八人。

30　金發根「東漢黨錮人物的分析」〔歷史語言研究所集刊〕第34本下冊，1963。

幽州：漁陽郡一人。

交州：無。

另八人未詳。

以上分析，黨錮士大夫以豫州的潁川、汝南，及兗州的山陽最多，但全國除交州以外，皆有人物。故此次運動（太學生對抗宦官）是平面極廣的運動。〔世說新語〕雖是二百年後劉宋時臨川王劉義慶所作，實記載黨錮後常被士族所傳聞的逸聞佚事，從〔世說新語〕中所得二十三條人物間交接事例來看[31]，士大夫似已超越區域的界線。這些例子大部分列入上卷「德行篇」，所謂德行實際上很難提出具體的表現，士大夫間除了相互捧場外，最值得重視的是對於交接本身亦大讚特讚，如「陳太丘（寔）詣荀朗陵（淑），貧儉無僕役，乃使元方（紀、寔長子）將車，季方持杖從後，長文（羣）尚小，載著車中。既至，荀使叔慈應門，慈明行酒，餘六龍下食，文若亦小坐箸膝前，于時太史奏眞人東行。（檀道鸞〔續晉陽秋〕曰陳仲弓從諸子姪造荀父子，于時德星聚，太史奏五百里內賢人聚）」[32]。士大夫超越區域界線，而構成一體的現象，亦可由張儉逃亡事件中發現，〔後漢書〕卷六十七「張儉傳」：

> 趙王張耳之後也，父成，江夏太守。……結仇（侯覽等），鄉人朱並素性佞邪，為儉所棄，並懷怨恚，送上書告儉與同郡二十四人為黨，於是刊章討捕，儉得亡命，困迫遁走，望門投止，莫不重其名行，破家相容。後流轉東萊，止李篤家，外黃令毛欽操兵到門，篤引欽謂曰：張儉知名天下，而亡非其罪，縱儉可得，寧忍執之乎？……欽歎息而去，篤因緣送儉出塞（〔集解〕惠棟曰袁紀篤導儉經北海戲子然家，遂入漁陽出塞）以故得免，其所經歷伏重誅者以十數，宗親並皆殄滅，郡縣為之殘破。

這些士大夫似已成為全國性大社會領袖，其後袁紹去董卓東奔，亦甚

31　參見〔世說新語〕上卷各篇。

32　參見〔世說新語〕上卷「德行篇」。

類似。黨錮事件，促使士大夫結合在一起，最後超越了地域性，而成爲大社會領袖，又可從他們之間互捧的讚語中看出區域性已經昇華了，如下[33]：

天下忠誠竇游平（武）　　　　天下德弘劉仲承（淑）

天下義府陳仲舉（蕃）

以上三君。

天下模楷李元禮（膺）　　　　天下英秀王叔茂（暢）

天下良輔杜周甫（密）　　　　天下冰凌朱季陵（㝢）

天下忠貞魏少英（朗）　　　　天下好交荀伯倏（翌）

天下稽古劉伯祖（祐）　　　　天下才英趙仲經（典）

以上八俊。

天下和雍郭林宗（泰）　　　　天下慕恃夏子治（馥）

天下英藩尹伯元（勳）　　　　天下清苦羊嗣祖（陟）

天下瑶金劉叔林（儒）　　　　天下雅志蔡孟喜（衍）

天下臥虎巴恭祖（肅）　　　　天下通儒宗孝初（慈）

以上八顧。

海內貴珍陳子鱗（翔）　　　　海內忠烈張元節（儉）

海內謇諤范孟博（滂）　　　　海內通士檀文有（敷）

海內才珍孔世元（昱）　　　　海內彬彬范仲眞（康）

海內珍好岑公孝（晊）　　　　海內所稱劉景升（表）

以上八及。

海內賢智王伯義（商）　　　　海內修整蕃嘉景（響）

海內貞良秦平王（周）　　　　海內珍奇胡毋季皮（班）

海內光光劉子相（翊）　　　　海內依怙王文祖（考）

海內嚴恪張孟卓（邈）　　　　海內清明度博平（尙）

以上八廚。

所謂「天下」、「海內」也者，其內心已認爲全國爲一大社會的意

33　陶濬〔羣輔錄〕〔漢魏叢書〕第三十六册。

識甚明。不獨此也，從史書中發現他們所注意的事情，亦以學業品
德[34]及全國性利益為多，例如〔世說新語〕卷上「德行篇」首段「陳
仲舉（蕃）言為士則，行為世範，登車攬轡，有澄清天下之志」。以
天下為己任的思想，本是儒家修、齊、治、平的一貫理論，並非漢末
士大夫唯一特色，然而漢末士大夫在程度上的強調，足以看出部分地
方豪族在其凝結成士族的過程中，從區域性的小社會眼界擴大到全國
性的大社會領域。

四

　　綜前所述，經兩漢三百年漸次演變，暨政治力與社會勢力相互融
合，產生一類新的社會階層——士族；這個社會階層在東漢末年黨錮
之禍以後，由於同舟共濟，密集交往的結果，越形凝固，一連串外在
改變，最後又引起性質的改變，對於這時期士族性質的演變方向而
言，是：由武質團體而兼及文章世家、由地方性人物而中央性人物、
由社會體而兼具政治性、由經濟性而形而上的趨向。

　　近人陳寅恪先生與錢穆先生對士族內在精神都曾有精闢的看法，
似亦注意到士族初凝成階段的特性所在，錢穆先生在「略論魏晉南北
朝學術文化與當時門第之關係」(〔新亞學報〕5卷2期頁54) 中說：

> 今再匯納上面各項敘述而重加以一番綜合的說明，則可謂當時
> 門第傳統共同理想所希望於門第中人，上自賢父兄，下至佳子
> 弟，不外兩大要目：一則希望其能具孝友之內行，一則希望其
> 能有經籍文史學業之修養，此兩種希望，並合成為當時共同之
> 家教。其前一項之表現，則成為家風，後一項之表現，則成為
> 家學。

略言之，士族之家風與家學成為其主要特性矣！陳寅恪先生〔唐代政
治史述論稿〕中篇「政治革命與黨派分野」頁54亦云：

---

[34] 參見〔世說新語〕及〔後漢書〕、〔三國志〕、〔晉書〕，尤其列傳之贊語。

> 夫士族之特點既在其門風之優美，不同於凡庶，而優美之門
> 風，實基於學業之因襲，故士族家世相傳之學業乃與當時之政
> 治社會有極重要之影響……。

學業之中，更以經學爲重，錢穆先生在該文中曾分析當時士大夫所
作的典籍，云「若以著作數量作爲當時對經學中某一部分重視與否之
衡量標準，則此時代之經學最重〔禮〕，次〔春秋〕，〔易〕居第三
位」（同書頁27）。禮的實踐，在個人與家族方面，表現於孝行的重
視，成爲團結家族的法寶。在另一方面，「然其與政治之關鎖仍循其
東漢以來通經義勵名行以致從政之一貫軌轍」（陳寅恪文）。一言
以蔽之，經學是溝通個人、家族、國家的方法，經可以指示人在三者
之間如何扮演角色。經大部分是儒家所定出的法則，禮是儒家理想的
實行方式，我人雖不可說儒家的精義盡在於此，至少當時人對於禮的
實踐非常賣力，尤其在孝行方面，表面上近乎澈底。總之士族以經作
爲內涵要件，成爲其主要的特質。無怪乎錢穆先生云「門第卽來自士
族，血緣本於儒家，苟儒家精神一旦消失，則門第亦將不復存在」（
同上書頁38），錢氏之言，已指出初期士族性質之主流。

　　士族中央化過程——從地方而中央，在漢末已表現得很明朗，但
最重要的還是思想上從區域性進入全國性，這是地方豪族蛻變成士族
的關鍵，也是中古士族的特性之一。中央化可以獲得更多的機會在中
央或州郡任官，但並非指全部可以任官，許多人物享譽於朝野，而並
不兼具官吏身分。有一點特別強調的是：士族子弟在這時期雖然出任
官吏，並沒有脫離其社會性，這與純官僚有極大的差別。自永嘉亂
後，士族分散各地，有的甚至到邊陲地帶，如河西、遼東、嶺南等
地。要之，這一類人在精神上已經結成一體，含有同類感，成爲一個
特殊社會層，他們在思想與言行方面，與其說與同地區地方人士相
同，毋寧說與他郡士族較近[35]。這羣人所具有超地區的想法與行爲法
則，實是中央化過程以後無法再抹去的士族特色之一。

---

[35]　參見本書第五篇「三國政權的社會基礎」末段。

　　僑姓南遷以後，遠離原籍，雖累世堅持原籍地望，可是實際上已
是可望而不可及，遍立僑州僑郡形式上滿足了他們心理要求，從社會
意義而言，他們居住南方，與南方政權之間發生特定的社會連繫，長
期失去原籍的社會基礎，在南方一直無法像吳姓一般地盤根錯節，於
是乎他們愈來愈依賴中央政府，也就是說，原本兼具社會及政治性的
僑姓人物，漸漸走向單一的政治方向，步入官僚，依賴中央，在南朝
時更加明顯，〔顏氏家訓〕第十一「涉務篇」：

　　江南朝士，因晉中興，南渡江，卒為羈旅，至今八九世，未有

　　力田，悉資俸祿而食耳，假令有者，皆信僮僕為之，未嘗目觀

　　起一墢土，耘一株苗，不知幾月當下，幾月當收……。

這與〔四民月令〕中所記述有很大差異，有的僑姓在南方亦建有大莊
園，然這與原籍性質上不同，在南方所建立的莊園似乎專供揮霍享樂
之用[36]，僑姓大都居住在京師附近。

　　僑姓與三吳會稽文質士族之間[37]，縱有差異之地，就其大處衡
量，仍屬大同小異。緣因三吳會稽文質士族原本亦是崇尚經學的世
家，如陸氏、虞氏、姚氏，其與中原一帶世家大族所崇尚的經學，原
出一轍，所以當僑、吳姓文質士族接觸之時，吾人看不出在思想學術
上有多大的衝突，在初期相處階段地域觀念的差異遠勝過文化上的小
別。這一點從王導對地域界線所採取的政策可以發現[38]，地域差異的
互容與文化因素的共同感，是東晉立國的重要凝固力；在另外角度，
僑姓與三吳會稽文質士族在性質轉變上，亦有若干共同的傾向，此點
後文再予細論之。

　　上文曾述，南方人物有其複雜性，除了三吳會稽文質士族以外，
武大姓是另一類重要人物，他們的性質與三吳人物有異，東晉南朝政
權對他們的重視程度，不亞於三吳會稽文質士族，拙著「兩晉南北

────────────

36　如〔宋書〕卷六十七「謝靈運傳」所述的田園。
37　參見何啟民「永嘉前後吳姓與僑姓關係之轉變」〔政大學報〕第26期，1972。
33　〔晉書〕卷六十五「王導傳」。

朝士族政治之研究」統計吳興武康沈氏在東晉南朝僅次於瑯邪臨沂王
氏、陳郡陽夏謝氏，而居官人數共達四十五人。按沈氏可作爲南方武
大姓的代表人物，且以其爲例，觀察武姓大性質之演變。

　　據〔新唐書〕卷七十四上「宰相世系表」四上云：吳興武康沈氏
係後漢光祿勳沈戎之後。戎子酆，零陵太守。酆子景，河間相。〔姓
纂〕卷七：景子產。產子規。以上皆無事蹟可查，入晉以來，以沈充
首見於列傳，〔晉書〕卷九十八「王敦列傳」附「沈充傳」云：「少好
兵書，頗以雄豪聞於鄉里，（王）敦引爲參軍。」爲部將吳儒所殺。
〔晉書〕卷八十九「忠義傳」云「（充子勁），竟殺儒人」，亦以義
勇聞，後爲慕容氏所害。〔宋書〕卷六十三「沈演之傳」：「高祖充，
晉車騎將軍吳國內史（按〔晉書〕卷九十八「王敦列傳」附「沈充
傳」注引〔晉陽秋〕曰：敦克京邑，以充爲車騎將軍吳國內史）。曾祖
勁，冠軍陳祐長史，戍金墉城，爲鮮卑慕容恪所陷，不屈節見殺，追
贈東陽太守。祖赤黔，廷尉卿。父叔任，……以平蜀全涪之功，封寧
新縣男食邑四百四十戶，出爲建威將軍益州刺史……家世爲將，而演
之折節好學，讀〔老子〕日百遍，以義理業尙知名……。（子）勃好
爲文章，善彈琴，能圍棊，而輕薄逐利，歷尙書殿中郎，太宗泰始中
爲太子右衞率，加給事中，時欲北討，使勃還鄉里募人，多受貨賄，
上怒下詔曰，沈勃琴書藝業口有美稱，而輕躁耽酒，幼多罪愆，比奢
淫過度，妓女數十，聲酣放縱，無復劑限，自恃吳興土豪，比門義
故，脅說士庶，告索無已，又輒聽募將，委役還私，託注病叛，遂有
數百，周旋門生，競受財貨，少者至萬，多者千金，考計臟物二百餘
萬，便宜明罰敕法，以正典刑。……復爲司徒左長史，爲廢帝所誅。」
沈懷文從父兄曇慶，〔宋書〕卷五十四載：「（宋）大明元年督徐兗
二州及梁郡諸軍事輔國將軍徐州刺史……本州大中正，三年遷祠部尙
書。……世以長者稱之。」〔宋書〕卷八十二「沈懷文傳」謂「懷文
少好玄理，善爲文章，嘗爲楚昭王二妃詩，見稱於世。……何尙之設
祖道，文義之士畢集，爲連句詩，懷文所作尤美，辭高一座。……遷

尚書吏部郎……侍中……撰〔南越志〕及〔懷文文集〕並傳於世」。

　　另一房「沈慶之」，〔宋書〕卷七十七本傳載：「少有志力，孫恩之亂也，遣人寇武康，慶之未冠隨鄉族擊之，由是以勇聞、」其後轉戰各地，官拜太尉，賜死。子文叔。文叔子昭明，亦自殺。慶之第三子文耀，文耀子五兵尚書毅，毅子梁左民尚書僧昊，僧昊子梁東陽太守巡。似以文質傳家矣！尤其巡子君理，據〔陳書〕卷二十三載：「（君理）美風儀，博涉經史，有識鑒。……（太建五年官至）尚書右僕射領吏部侍中，君理第六弟君高，（於太建）八年詔授持節都督交廣等十八州諸軍事寧遠將軍平越中郎將廣州刺史，嶺南俚獠世相攻伐，君高本文吏，無武幹，推心撫御，甚得民和。」其他諸房支在梁陳以降，亦多文士。如〔陳書〕卷十八「沈眾傳」云：「好學頗有文詞」。〔陳書〕卷十九「沈炯傳」云：「少有雋才，……荆州陷，爲西魏所虜……魏人愛其文才而留之。」〔陳書〕卷三十三「儒林傳」所載，沈峻及其子文阿。沈休稚及其子山卿，其孫洙，皆通五經章句文史之士。

　　〔宋書〕卷一百沈約「自序」中的這一房，自名將沈林子以前，其功業大都是武職，自此以後，文事日盛。

　　從吳與沈氏主要人物事蹟觀察，這個家族的特質，已逐漸地從武而文，如義興陽羨周氏，曾顯赫一時，這類武大姓若不及時改變爲文質士族，很容易與其他政治勢力相衝突，而導至覆滅。

　　在東晉南朝時期，就士族整體而言，也有偃武就文的傾向。漢末曹魏西晉之際，士族雖以經學家風爲其內涵，爲官爲宦，甚多文武兼備，如漢末大族袁氏，有袁紹、袁術。瑯邪諸葛氏之誕、亮、瑾，分仕魏、蜀、吳，皆曾掌大軍。河內司馬氏之懿、昭、師，曾轉戰各地，掌兵權，最後卒以此篡魏。潁川鍾會以平蜀聞於世。泰山羊祜鎮守南界，有名於魏吳之間。瑯邪王敦在永嘉亂時爲揚州刺史左將軍都督征討諸軍事假節，成爲東晉立國的主要軍力，又如汝南周馥、周訪，范陽祖逖，高平郄鑒等。著者曾依吳廷燮〔歷代方鎮年表〕，統計都督及刺史任期，觀察宗室士族、小姓、寒素等社會階級在東晉、

宋、齊、梁、陳軍權之消長[39]。

　　在東晉的四個階段中，士族掌兵權的比例約在百分之七十至百分之九十四之間，宋齊降爲三分之一；梁又降至四分之一；陳代則落入六分之一，顯示出士族急速退出軍事舞臺。如果以「族」爲單位，從士族子弟曾否出現於某時期，觀察其退出與加入軍事舞臺的比例，亦可發現變動頻率甚大，而主要的趨向是士族退出者多，加入者少。加入者比例逐漸減少，正表示該文所示三十四大士族漸漸退出軍事舞臺之痕跡。

期　　　間[40]	士族總數變遷	退出士族		加入士族		變遷頻率
		N	%	N	%	%
1～2	15～19	2	9.5	6	28.5	38
2～3	19～12	9	42	2	10	52
3～4	12～17	1	6	6	33	39
4～5	17～17	8	29	8	29	58
5～6	17～16	7	30	6	26	56
6～7	16～12	7	36	3	16	52
7～8	12～12	3	20	3	20	40
8～9	12～6	6	50	0	0	50
9～10	6～2	4	67	0	0	67

　　士族逐漸退出軍事舞臺的原因甚多，以東晉南朝而論，南方空間結構與朝廷中士族的地位，一直處於權力競爭與均衡維持的局面之下，每一次均衡之破壞，皆引起若干參與的大士族消亡，所以大士族父兄皆喜子弟尙文，如〔晉書〕卷六十五「王導傳」載：

　　六子悅、恬……。……（悅）弱冠有高名……少侍講東宮。……

　　（恬）少好武，不爲公門所重，導見悅輒喜，見恬便有怒色。

39　參見拙文「五朝軍權轉移及其對政局之影響」。〔清華學報〕新8卷第1、2合　　期，1970。

40　此處分期係按拙文「五朝軍權轉移及其對政局之影響」文中所定標準。

〔顏氏家訓〕卷五關有誡兵專章，陳述顏氏祖先崇武者「皆罹禍敗」，「此皆陷身滅族之本也，誡之哉！誡之哉！」，所以南朝至梁世，士大夫皆不尚武，如〔顏氏家訓〕「涉務篇」第十一中所形容：

> 梁世士大夫，皆尚褒衣博帶，大冠高履，出則車輿，入則扶侍，郊郭之內，無乘馬者。周弘正為宣城王所愛，給一果下馬，常服御之，舉朝以為放達，至乃尚書郎乘馬，則糾劾之。及侯景之亂，膚脆骨柔，不堪行步，體羸氣弱，不耐寒暑，坐死倉猝者，往往而然。建康令王復，性既儒雅，未嘗乘騎，見馬嘶歕陸梁，莫不震懾，乃謂人曰：正是虎，何故名為馬乎。其風俗至此。

五

北方漢姓士族，其性質上是郡級地方豪族，自拓拔魏吸收他們加入政權以後，他們從社會領袖跨越政治領袖，然而這並非立即放棄其原有的社會勢力，有見於永嘉亂後北方長期紊亂，祇有聚宗自衛才能渡過災難，士族對其原籍一直引為重要的根基；北魏吸收他們加入政權，亦因為要借重於他們的地方聲望。這種覺悟也促使他們重視同宗[41]。胡漢之間的關係，雖然經雙方努力改善，不能不承認其間甚為微妙，拓拔氏一方面希望借重他們社會地位以穩定社會，一方面雅不欲他們地方勢力過於強大，成為尾大不掉的局面。如〔世說新語〕卷中「雅量篇」引〔祖約別傳〕：

> 約字士少，范陽道人，累遷平西將軍，豫州刺史，鎮壽陽，與蘇峻反，峻敗，約投石勒。約本幽州冠族，賓客填門，勒登高望見車騎，大驚。又使占奪鄉里先人田地，地主多恨，勒惡之，遂誅約。

事雖發生在石勒時，而北魏有崔浩之禍，其理甚近。

41　〔顏氏家訓〕卷二「風操篇」導論。

如以中原漢姓士族而言，北魏時顯已大量兼具政治領袖的身分，並沒有完全走入官僚體系。與南方相比較，北朝士族似乎大部分都是「城市鄉村之雙家型態」[42]。

孝文始有百官俸祿，對於士族中央化有促進作用，有些士族、或有些士族中的某些房支，已有官僚化的傾向，然此時北魏已過一百年，所剩僅五十年。再者地方聲望之消失，要經過數代時間；房支之間的疏遠，亦需多世之後。所以吾人祇能說，在北魏後半期，漢士族中央化已有開始的痕跡，本書第八篇「從士族籍貫遷移看唐代士族之中央化」曾作分析，大部分漢士族兼具中央與地方勢力。

北魏政權之中，胡姓士族由社會性轉變為政治性，由地方性轉變為中央化的趨向，比漢士族更為明顯。緣因北魏胡姓的三十六國，九十九姓，原為朔土舊部落大人，是遊牧民族的部落單位，充分含有地方性與社會性。待拓拔氏建立政權，這一批部落成為環繞於元氏的政治性人物。初都代郡時他們稱為代人，孝文南遷洛陽，大部分隨至洛陽，又稱洛陽人，隨著北魏政權領袖的強化，社會領袖由部落酋豪變成宗主督護，再由宗主督護而演變為三長。對胡姓部落而言，表示其社會勢力之日漸減弱，而與編戶無異，另一方面，孝文厲行漢化以後，百官有祿，將部落大人後裔[43]定出姓族，而成為官吏候選人。就社會意義而言，胡姓與漢姓不同，胡姓由代而洛，數世依附中央，部落解散，已無基本社會勢力，當此時也，他們走進了政治圈即意味著變成官僚體系的一部分，也就是本文所謂中央化了。

然而，部分胡姓仍有居住在北方沿邊者，遷都洛陽以後，與中央愈來愈隔絕。如〔北齊書〕卷二十三「魏蘭根傳」：

> 尚書令李崇為本郡都督，率眾討茹茹，以蘭根為長史，因說崇曰：緣邊諸鎮，控攝長遠，昔時初置，地廣人稀，或徵發中原強宗子弟，或國之肺腑，寄以爪牙。中年以來，有司乖實，號

42　Wolfram Eberhard: *Conquerors & Rulers* 導論，1965年修正版。
43　〔魏書〕卷一百十三「官氏志」載。

　　曰府戶，役同廝養，官婚班齒，致失清流，而本宗舊類，各各

　　榮顯，顧瞻彼此，理當憤怨……。

這些緣邊的地方勢力，斷絕了中央化，與洛陽政治中心相隔，最後導

致「六鎮之叛」。魏分東西。西魏宇文氏當政，由弱勢變爲優勢，正如

上篇所示，因爲宇文氏的府兵制度能結合地方勢力。並使地方勢力中

央化，宇文氏「關中本位政策」包羅了胡漢兩族，其社會勢力政治化，

地方勢力中央化更爲普及。這時期崛起的胡漢士族，成爲西魏、北周、

楊隋、及初唐統治階層的主體[44]。 其性質之演變，在隋唐部分論之。

　　　士族文武性質之轉變，北朝胡姓比較明顯。拓拔魏及其隨同入主

中原之部落，善弓馬騎射，原以武勇而有天下，然而，治理國家時，

文治勝於武功。此所以拓拔氏自始吸引漢族士人參與統治。同時在另

一方面，胡姓亦開始學文，這是漢化的重要部分，至孝文帝時，由於

孝文積極推展，以及北魏積百年來風氣已成，所以州郡鄉里都瀰漫著

一片學術氣氛，趙翼〔廿二史劄記〕卷十五「北朝經學」條，北方經

學比南方尤盛云，當指孝文以後，在這種潮流之中，使許多胡姓亦傾

向於學術，其中變遷，並非一朝一夕可成，要之，有關一個家族性質

的轉變，要以代（ generation ）爲單位來觀察，因爲在中古時期，一

般社會的變動速率並不很大，要接受一種較爲生疏而又涉及性質改變

時，似乎要透過孩童時期的教育，所以轉變是緩慢的。從北魏胡姓士

族而論，他們雖然吸收漢文化，而日趨於文質，由於種族關係，他們

並沒有立刻拋棄其武質，因爲軍權乃是胡人政權的基石。就北魏政權

核心家族而論，其文質傾向的速率，並不一定快於他族，其一是因爲

北魏需要他們掌兵權；其二是他們既是政權的核心，地位獲得較易，

並不太渴望於在文學方面入仕 。 許多年青的子弟繼任父兄的爵位兵

權，作爲北魏政權第一級爪牙，東征北伐，或戍守重要地區。例如：

于氏。〔魏書〕卷三十一「于栗磾傳」：

44　陳寅恪所創名詞，參見〔隋唐制度淵源略論稿〕1944，〔唐代政治史述論稿〕。
　　1944。

代人也，能左右馳射，武藝過人。……襲慕容寶……趙魏平
定，太祖置酒高會謂栗磾曰：卿即吾之黥彭。……轉虎牢鎮大
將加督河內軍，尋遷使持節都督兗相二州諸軍事鎮南將軍枋頭
都將。……子洛拔，襲爵，……出為使持節散騎常侍寧東將軍
和龍鎮都大將營州刺史。……（子孫以軍功居高位者甚多，詳
見本傳）

長孫氏。〔魏書〕卷二十五「長孫嵩傳」：（大意如下）太祖時來
歸，以為南部大人，累有戰功。太宗時都督山東諸軍事，劉裕北伐，
嵩與其對抗於關中，世祖時為左輔，爵北平王，遷太尉，加柱國大將
軍。其子頹，善騎射，襲爵，加侍中征南大將軍。頹子敦，敦子道，
皆襲爵而為將軍。嵩從子道生，亦贈太尉。世祖時重要人物，曾從征
蠕蠕，並與宋將螯戰於南方，子抗早卒。抗子觀，觀子冀歸，幼承家
業，高祖以後皆是掌兵權人物。冀歸，魏太傅錄尚書事上黨王。子紹
遠，紹遠弟澄，兼具文武，紹遠「雅好墳籍，聰慧過人」（〔西魏
書〕卷十五），然這已是北魏末期，西魏初期了。

有的胡姓由武而文的轉變較快，尤其在北魏後期。如：

陸氏。〔魏書〕卷四十「陸俟傳」略云：世領部落，曾祖幹、祖引、
父突，皆有戰功。俟長子馛是幹吏。馛子琇，「雅好讀書」琇弟凱，
好學，年十五為「中書學生」，以功臣子孫曾任文官。子暐與恭之，
並有時譽，有文章。馛弟麗，高宗時領太子太傅，好學愛士，常以講
習為業，其所待者皆篤行之流，士多稱之，至孝過禮……自麗以降，
如子叡，叡子希道。陸氏兼具文武。尤以文才聞。

穆氏。在北魏政權中地位甚為重要。〔魏書〕卷二十七「穆崇傳」
云：「其先世效節於神元桓穆之時」，元穆二族交往甚密，穆氏尚公
主者最多，如次[45]：

45　參見拙著「兩晉南北朝士族政治之研究」1966。

穆	盧	司馬	李	陸	崔	鄭	裴	杜	共　計
11	3	3	2	2	1	1	1	1	25

且以〔魏書〕卷二十七「穆崇傳」中的世系表爲例，以觀察該家族文武性質之動態：

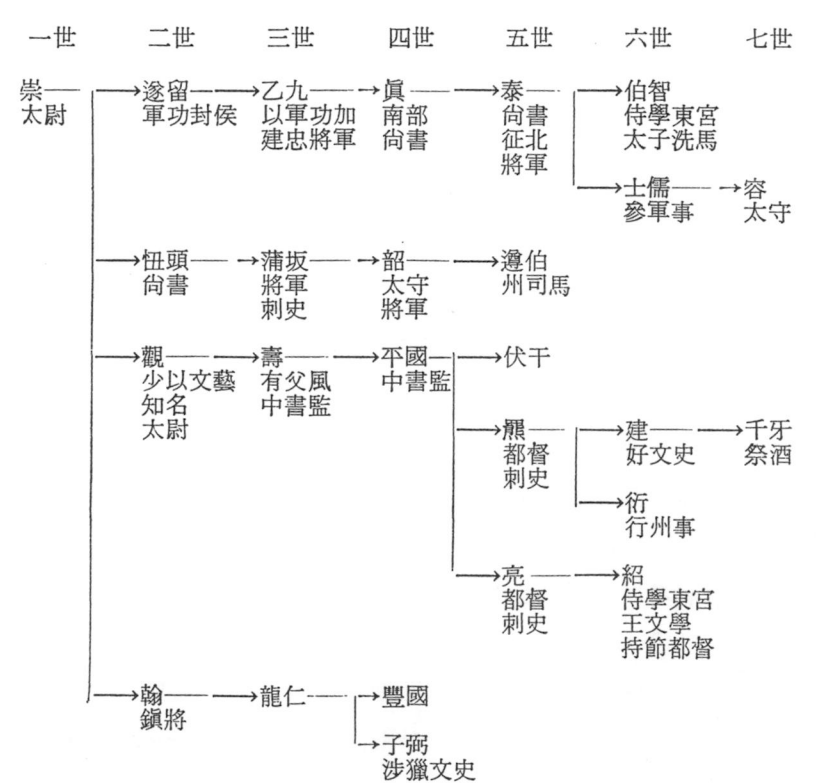

```
    一世        二世        三世        四世        五世        六世        七世

崇——    ——遂留——    ——乙九——    ——眞——    ——泰——    ——伯智
太尉        軍功封侯    以軍功加    南部      尚書      侍學東宮
                      建忠將軍    尚書      征北      太子洗馬
                                          將軍
                                                    ——士儒——    ——容
                                                      參軍事      太守

        ——扭頭——    ——蒲坂——    ——韶——    ——邊伯
          尚書        將軍      太守      州司馬
                      刺史      將軍

        ——觀——    ——壽——    ——平國—    ——伏干
          少以文藝    有父風    中書監
          知名        中書監
          太尉                          ——羆——    ——建——    ——千牙
                                          都督      好文史    祭酒
                                          刺史
                                                    ——衍
                                                      行州事

                                        ——亮——    ——紹
                                          都督      侍學東宮
                                          刺史      王文學
                                                    持節都督

        ——翰——    ——龍仁——    ——豐國
          鎭將

                                ——子弼
                                  涉獵文史
```

穆氏與元氏的密切關係，是其走向官僚體系主因，在各族之中，穆氏在高級官吏者甚多。又自崇以降，穆氏大都漸漸兼具文武官職，愈到後世，家族中善於文史者愈多。

　　元氏。北魏皇室急速趨向於文學，又表現於武將的銳減，孫同勛著〔拓拔氏的漢化〕頁74統計元氏歷代悍將人數及所佔全體宗室百分比表：

帝　號	太　祖	太　宗	世　祖	高　宗	顯　祖	高　祖	高祖後
武將%	54%	51.5%	61.5%	47.2%	38.7%	26.7%	38.0%

六

　　關中、山東、南方，由於地區環境不同，政治社會情勢不同，所以士大夫階層的組合與發展也不盡相同。在南北朝末期，有一位顏之推氏在其〔顏氏家訓〕中對南北士大夫的差異點，偶有陳述。顏之推係琅邪臨沂人，九世祖含，從晉元帝東渡，官至侍中右光祿大夫西平侯。父勰，梁湘東王繹鎮西府諮議參軍。之推初仕梁朝鎮西府墨曹參軍，經侯景之亂，又爲後梁散騎侍郎奏舍人事。後梁爲北周軍所破，入周；偷奔北齊，爲奉朝請，官至黃門侍郎。齊亡，又入周，大象末爲御史上士，隋開皇中爲太子學士。（詳見〔北齊書〕卷四十五「顏之推傳」）。以其家世與經歷，他所作的比較應屬可信。茲摘錄於次：

〔顏氏家訓〕第四「後娶篇」：

　　江左不諱庶孽，喪室之後，多以妾媵終家事，疥癬蚊虻，或未能免，限以大分，故稀鬩鬨之恥。河北鄙於側出，不預人流；是以必須重娶，至於三四。母年有少於子者，後母之弟與前婦之兄，衣服飲食，爰及婚宦，至於士庶貴賤之隔，俗以爲常。身沒之後，辭訟盈公門，謗辱彰道路，子誣母爲妾，弟黜兄爲傭，播揚先人之辭跡，暴露祖考之長短，以求直己者，往往而有。

同書第五「治家篇」：

　　今北土風俗，率能躬儉節用，以贍衣食，江南奢侈，多不逮焉。

同書第五「治家篇」：

　　江東婦女，略無交遊，其婚姻之家，或十數年間未相識者，
　　惟以信命贈遺，致殷勤焉。鄴下風俗，專以婦持門戶。爭訟曲
　　直，造請逢迎，車乘填街衢，綺羅盈府寺，代子求官，為夫
　　訴屈，此乃恒代之遺風乎？〔注：言孝文未遷都以前胡人舊俗
　　也〕。

同書第五「治家篇」：

　　南間貧素，皆事外飾。車乘衣服，必貴整齊；家人妻子，不免
　　饑寒。河北人事多由內政。綺羅金翠，不可廢闕，贏馬頓奴，
　　僅充而已，倡和之禮，或爾汝之。

同書第六「風操篇」：

　　江南人，事不獲已，須言閥閱，必以文翰，罕有面論者。北人
　　無何，便爾話說，及相訪問。

同書第六「風操篇」：

　　凡宗親世數，有從祖，有從父，有族祖。江南風俗，自茲已
　　往，高秩者通呼為尊；同昭穆者，雖百世猶稱兄弟；若對他人
　　稱之，皆云族人。河北士人，雖三二十世，猶呼為從伯從叔。

顏之推以南方與北方士人作比較。實則尚可細分，如南方有僑姓、吳
姓，在東晉時頗有分野，南朝以降，其性質上大致趨一，北朝始則有
胡漢士族之分，自魏分東西以後，亦另成一系，而表現出獨特性質。
故唐朝人論士族異同時，對北周在宇文氏「關中本位政策」之人物，
視為另一單元，有四分之說，〔新唐書〕卷一百九十九「儒學傳」中
「柳沖傳」云：

　　山東之人質，故尚婚婭，其信可與也。江左之人文，故尚人
　　物，其智可與也。關中之人雄，故尚冠冕，其達可與也。代北
　　之人武，故尚貴戚，其泰可與也。及其弊則：尚婚婭者先外族
　　後本宗。尚人物者進庶孽、退嫡長。尚冠冕者略伉儷、慕榮
　　華。尚貴戚者徇勢利、亡禮教。

「質」者，樸實也。由此發展，則重視婚婭，如上文引〔顏氏家訓〕

「後娶篇」、「治家篇」、「風操篇」所示，重視正側。推而廣之，則對於同姓同宗的同類感較深，所謂「雖三二十世，猶呼為從伯從叔」者也。〔南史〕卷二十五「王懿傳」：

> 北土重同姓，謂之骨肉，有遠來相投者，莫不竭力營贍。王懿聞王愉在江南貴盛，是太原人，乃遠來歸愉。愉接遇甚薄，固辭去。

江左之人文，「文」者，華飾也。如〔顏氏家訓〕云，其風俗重視「外飾」對人物標準則首重文采，如〔梁書〕卷三十三「王筠傳」云：

> 史傳稱安平崔氏及汝南應氏，並累世有文才，所以范蔚宗云崔氏世擅雕龍。然不過父子兩三世耳。非有七葉之中，名德重光，爵位相繼，人人有集，如吾門世者也。沈少傅約語人云：吾少好百家之言，身為四代之史，自開闢以來，未有爵位蟬聯，文才相繼，如王氏（瑯琊臨沂）之盛者也。

關中之人雄，「雄」者勇壯也，關中自宇文氏結合胡漢士族以來，另發展出一種特性，〔周書〕卷十六末：

> 初魏孝莊帝以爾朱榮有翊戴之功，拜榮柱國大將軍，位在丞相上，榮敗後，此官遂廢。大統三年，魏文帝復以太祖建中興之業，始命為之，其後功參佐命，望實俱重者，亦居此職。自大統十六年以前任者凡有八人，太祖位總百揆督中外軍，魏廣陵王欣，元氏懿戚，從容禁闥而已，此外六人，各督二大將軍，分掌禁旅，當爪牙禦侮之寄，當時榮盛莫與為比，故今之稱門閥者，咸推八柱國家云。

故關中集團門閥地位之高低，以政治地位高下為依歸，其人以冠冕為重，下列例子，亦可見其一般。

〔舊唐書〕卷六十一「竇威傳」：

> 扶風平陵人也，太穆皇后從父也。父熾，隋太傅。威家世勳貴，諸昆弟並尚武藝，而威耽玩文史，介然自守，諸兄咍之，謂為書癡。隋內史令李德林舉秀異，射策甲科，拜秘書郎，秩

滿當遷而固守不調。在秘書十餘歲，其學業益廣，時諸兄並以
軍功致仕通顯，交結豪貴，賓客盈門，而威職掌閒散，諸兄更
謂威曰：昔孔丘積學成聖，猶狼狽當時，栖遲若此，汝效此
道，復欲何求，名位不達，固其宜矣！

代北之人，原指拓拔魏初入中原時的胡姓，經北魏一百五十年後，大
部分同化，一如漢姓；另一部分隨宇文氏入關中，尚保留胡風，降至
隋唐，代北之人已無獨特的團體。柳沖所指，當爲北魏時的情況。「
雄」與「武」；「冠冕」與「貴戚」；其性質甚近，殊難嚴格分野。

　　綜上所述，是關中、山東、南方三大區域因形勢不同而發展出不
同性質，實則士族乃綜合性的社會領袖，其性質是多方面的，魏晉南
北朝隋唐士族皆重視婚嫁、人物才華、冠冕、貴戚，緣因各地區獨特
的客觀因素，遂使對某一項或數項比較重視，循此發展，遂成風氣。
隋唐統一全國，定於一，各區域人物匯聚一堂，於是自永嘉亂後各自
發展的特質，有了比較的機會，同時也呈現出各區域人物間之競爭，
此事另文論之。

　　從社會科學的角度而觀之，以上各地區人物之差異，乃是事物之
表象。各地區士族本身性質之轉變，是由於其由地方性而中央化，由
社會性而政治性，由武而文的變化。一切流風習俗是士族性質變遷後
的外在表現，例如在總論第三篇所述，僑姓南渡，與吳姓在南方建立
東晉，至隋統一全國，一直離本籍而僑居江南。本身已失去社會基
業，從此成爲依附中央政權的官僚人物。以功能主義而言，他們所能
貢獻出的力量，是以文才干祿。其尚文之風亦宜矣！官僚型的人物，
首重政治階層中的關係。而北方胡人當政，漢士族之被重視，爰因其
有充分的地方勢力，助統治者安定社會，故北方的特殊環境，養成士
族地方與中央，社會與政治兼顧的性質，故其對於同族關係深厚，表
現在累世同堂[46]；而婚嫁又是連繫其他士族的最佳方法[47]，故重視婚

---

[46] 如〔舊唐書〕卷一百八十八孝友「張公藝傳」：鄆州壽張人，……九代同居。
　　同書同卷「劉君良傳」：瀛州饒陽人也，累代長居，兄弟雖至四從，皆如同氣
　　……。又「宋興貴傳」：雍州萬年人，累世同居……。
[47] 逯耀東「拓拔氏與中原士族的婚姻關係」〔新亞學報〕7卷1期，1965。

嫁。關中自宇文泰當政以後，以府兵制度結合胡漢社會上的勢力，大族高位，小族低位，納入政治體系中，其以冠冕相尙，亦符合其社會地位，表現出特有性質。

如陳寅恪先生所言，李唐初建國時的統治集團，乃是西魏北周楊隋以來的人物，其性質當與關中士族相同，此點可由李唐皇室對「禮儀」標準，遠不如士族重視[48]看出。唐太宗令修〔氏族志〕，高士廉輩初定稿列崔幹爲第一，不合太宗意，太宗的士族排列標準爲：（〔舊唐書〕卷六十五「高士廉傳」）

> 太宗曰：我與山東崔、盧、李、鄭，舊旣無嫌，爲其世代衰微，全無冠蓋，猶自云士大夫，婚姻之間，則多邀錢幣。才識凡下，而偃仰自高，販鬻松檟，依託富貴，我不解人間何爲重之。祗緣齊家，惟據河北，梁陳僻在江南，當時雖有人物，偏僻小國，不足可貴，至今猶以崔盧王謝爲重。我平定四海，天下一家，凡在朝士，皆功效顯著，或忠孝可稱，或學藝通博，所以擢用。見居三品以上，欲共衰代舊門爲親，縱多輸錢帛，猶被偃仰。我今特定族姓者，欲崇重今朝冠冕，何因崔幹猶爲第一等，昔漢高祖止是山東一匹夫，以其平定天下，主尊臣貴。卿等讀書見其行迹，至今以爲美談，心懷敬重，卿等不貴我官爵耶！不須論數世以前，止取今日官爵高下作等級。遂以崔幹爲第三等。

〔通鑑〕卷一百九十五，貞觀十二年：

> 上曰：……乃更命刋定，專以今朝品秩爲高下，於是以皇族爲首，外戚次之，降崔民幹爲第三。

關於這一點本書第七篇「中古山東大族著房之研究」曾有詳論。而唐太宗「欲崇重今朝冠冕」「止取今日官爵高下作等級」「專以今朝品秩爲高下」等思想，乃是承襲關中集團對士族的一貫看法。然而山東士族仍有雄厚的勢力，論者認爲武曌時期，代表關中集團爲核心的勢

48　陳寅恪指出此點，「統治階級之氏族及其升降」載於〔唐代政治史述論編〕上篇。

力衰退，山東士族優勢之建立。但是，由於政治制度社會環境不斷地在變，武周以後參加統治階層的新士族，有另外一種性質，而舊士族不論其來自關中、山東、南方，面臨著這種變化，有一部分亦在轉變，有一部分不變，故在中唐晚唐之時，士族性質之轉移，又有一番新的內容。

七

隋朝廢除九品官人法，去州郡大小中正官，至少在形式上已打破按門第高下臚列官吏候選人的選舉法，寒素入仕的可能性增加。然而，若將唐代官吏依其社會成分分類統計[49]，其結果如下：

士　族		小　姓		寒　素		合　計
(N)	(%)	(N)	(%)	(N)	(%)	
2233	66.2	414	12.3	724	21.5	3,371

士族仍然占官吏三分之二弱。唐代與魏晉南北朝之間的差別之一，是唐代已有若干比例的寒素入仕，入仕的寒素之中，亦有能升至士族者，所以唐代的社會變動 (social mobility)，除了個人的上升變動之外，還包含著家族的升降，有的魏晉舊族萎縮或退出政治統治階層，有的寒素由小姓而士族。所以在唐代士族官吏百分之六十六點二的比例中，有一部分是唐代新進的士族，稱之為唐代新士族。

　　按拙文「唐代統治階層社會變動」之分類，唐代新族者，係指新進士族、新進士族之後裔、蕃族等。換言之，士族階級中除去魏晉南北朝以來的舊族以外，蓋稱唐代新族，下列統計表係示舊士族與新士族在各期中占官吏之百分比：

49　參見拙文「唐代統治階層社會變動」1969。

唐代舊士族與新士族比較表

期	皇　　　　帝	A（舊族）	B（新族）	A＋B（唐士族）
Ⅰ	高　祖、太　宗	61.5	3.3	64.8
Ⅱ	高　　　　宗	57.9	4.8	62.7
Ⅲ	武　　　　周	51.5	11.8	63.3
Ⅳ	玄　　　　宗	58.9	8.6	67.5
Ⅴ	玄　　　　宗	63.0	7.6	70.6
Ⅵ	蕭　宗、代　宗	44.1	12.1	56.2
Ⅶ	德　　　　宗	45.5	14.9	60.4
Ⅷ	順、憲、穆、敬	41.2	22.1	63.3
Ⅸ	文　宗、武　宗	57.6	17.9	75.5
Ⅹ	宣　宗、懿　宗	64.2	24.5	88.7
Ⅺ	僖　宗、昭　宗	39.3	26.0	65.3
	唐　代　總　比　例	53.15	13.96	67.11

　　舊士族強調家風家學，錢穆先生及陳寅恪先生皆有論及[50]，引為士族之重要特質，然而隋唐以科舉取士，崇尚詩詞，尤以進士科為甚，此涉及中古時期士大夫階級賢能標準之爭與黨派之爭，拙文「唐代統治階層社會變動」中已有論及，將有另文細論[51]，經學派與詩詞派之爭，影響所及，不僅表面上人物升降，亦且意味著士族性質的改變。在舊士族中本有一些人喜詞藻，故有一些舊族跟隨時代的變遷，加以對詩詞歌賦的喜好，賢能觀念亦有所轉變。隋唐新興士族以及許多魏晉舊族已轉變成詩詞派者，其內在性質已與魏晉以來所謂舊族家風家學者，已有重大不同。

50　參見本篇前段。
51　參見拙文「中國中古賢能觀念之研究——任官標準之商榷」〔歷史語言研究所集刊〕第48本第3分，1977。

八

　　實施府兵制度的關中集團，原本卽結合政治力與社會勢力，用意是使地方力量走向中央化，隋唐承襲傳統，中央化更形明顯，中軍統率十二軍、十二衞，這是中央集權的具體表現，然而，自隋統一中國以後，對全國（關中、山東、南方）人物最具影響的政策，厥爲廢九品中正，將官吏任用權（包括州郡長吏）皆集中在吏部，〔隋書〕卷二十八「百官志」下：

> （開皇）三年四月……舊周、齊州郡縣職，自州都郡縣正已
> 下，皆州郡將縣令至而調用，理時事；至是，不知時事，直謂
> 之鄉官，別置品官，皆吏部除授，每歲考殿最。

〔通典〕卷十四「選舉」二「歷代制」中云：

> 隋文帝……自是海內一命以上之官，州郡無復辟署矣！

這項措施是剝削士族霸占州郡「上綱」[52]任官特權，使大小官品皆由中央政府吏部主之。造成士族子弟集中中央政府所在地，營鑽求官。
〔通典〕卷十七「選舉」五「雜論議」中亦云：

> 隋氏罷中正，選舉不本鄉曲，故里閭無豪族，井邑無衣冠，人
> 不上著，萃處京畿。

士族中央化趨勢，在南北朝末期已經開始，至隋愈爲明顯。中央研究院傅斯年圖書館有唐代墓誌銘搨本七千餘張，顯示大部分的士族子弟死後埋葬在長安與洛陽附近。本書第八篇「從士族籍貫遷移看唐代士族之中央化」已作詳細討論。〔白居易集〕卷七十「唐故虢州刺史贈禮部尙書崔公墓誌銘並序」云：

> 自天寶以還，山東士人皆改葬兩京，利於便近，唯吾一族至今
> 不遷，我歿宜歸全于滏陽先塋。

士族多世居住兩京，加以分房分支，漸與原籍隔離，遂失去其地方

---

[52]　參見嚴耕望〔中國地方行政制度史〕上編三卷中，頁397。〔史語所專刊〕之45, 1952。

性，譜牒成爲聯繫重要之物，而爲官吏而官吏是士族子弟追求的目標。是故唐代士族除居住於兩京以外，則有隨任官地而居者，造成「郡望」與「居住地」分離現象，郡望成爲銜頭，錢大昕〔十駕齋養新錄〕卷十二「郡望」條：

> 自魏晉以門第取士，單寒之家，屏棄不齒，而士大夫始以郡望
> 自給，唐宋重進士科，士皆投牒就試，無流品之分，而唐世猶
> 尚氏族，奉勅第其甲乙，勒爲成書，五季之亂，譜牒散失，至
> 宋而私譜盛行，朝廷不復過而問焉。士旣貴顯，多寄居它鄉，
> 不知有郡望者蓋五六百年矣！

從社會史的觀點而言，至此士族已脫離地方而趨中央，由社會勢力而變成爲官僚體系之一員了。擁有社會勢力者較不易受政權變動的影響，官僚人物常隨朝代興衰而沈浮。此所以同樣經歷亂世，在五胡亂華之時士族穩立不移；在五代十國之時，士族逐漸退出歷史舞臺。

——總論四篇原刊於〔中央研究院歷史語言研究所集刊〕第四十七本第三分

第五篇　三國政權的社會基礎

一、前言

　　黨錮事件，士大夫受制於內廷；黃巾亂起，亦未能推翻漢室；事雖失敗，皆表露出政治社會已至不得不變的程度。曾幾何時，袁紹盡殺宦官，董卓入京，結束了多年來糾纏不清的統治階層間權力鬥爭，也瓦解了中央統御地方的體系。自此以降，軍人、官吏、士大夫、平民等，都捲入了一個新的時代。從社會史觀點而言，這是一段社會發展過程中的過渡時期，由兩漢俯視，政治社會問題叢生，漢法已不足救其弊，何去何從，沒有先例可循，居於這段時期的人們（尤其是士大夫），皆感到非常迷惘，由兩晉南北朝上溯，這段時期乃是孕育士族社會的淵源。中央控制力的瓦解，羣雄並起，戰亂連年，中國曾有五大勢力集團，卽董卓、袁紹、曹操、孫氏、劉備是也。各集團如何擴大其社會基礎，增強其競爭實力，是成敗的契機。最後曹魏、孫吳、劉蜀三個政權鼎足而立，分析其統治階層之社會成分，觀察各類人物如何建立其新的組合，是進一步研究社會變動的基礎。本文所謂社會勢力，是指力量源於社會上何類人物；所謂社會成分，是指身分背景屬於社會上何類人物。前者勢力大小不能以數量度之，靜態的多數不一定比動態的少數能在一定的時空內產生較大的力量，故以分析法為主，後者社會成分的研究，係當政權業已建立之際，需要有龐大的官吏羣為其推行政令，這一套架構中的每個官吏，都足以影響政權

的性質，量化官吏社會成分，可以獲得較清晰的輪廓，透過三個政權時間空間的綜合比較，追索社會變動的脈絡，這是本文研究的主要目的。

二、漢末羣雄之社會勢力

（一）董卓集團之社會勢力

董卓是瓦解漢中央政權的關鍵人物，也是其後若干英雄的原型[1]，有關董卓的記載，參見〔後漢書〕卷七十二「董卓列傳」（〔三國志〕卷六〔魏書〕第六略同）：

> 董卓字仲穎，隴西臨洮人也。性麤猛有謀，少（好俠）嘗遊羌中，盡與豪帥相結，後歸耕於野，諸豪帥有來從之者，卓為殺耕牛與共宴樂，豪帥感其意，歸，相斂得雜畜千餘頭以遺之，由是以健俠知名，為州兵馬掾，常徼守塞下。卓膂力過人，雙帶兩鞬左右馳射，為羌胡所畏。桓帝末，以六郡良家子為羽林郎，從中郎將張奐為軍司馬，共擊漢陽叛羌，破之，拜郎中，賜縑九千匹，卓曰：為者則己，有者則士。乃悉分與吏兵，無所留。稍遷西域戊己校尉，坐事免，後為幷州刺史、河東太

1　出自董卓麾下的羣雄如表所示，皆成為董卓作風的化身。

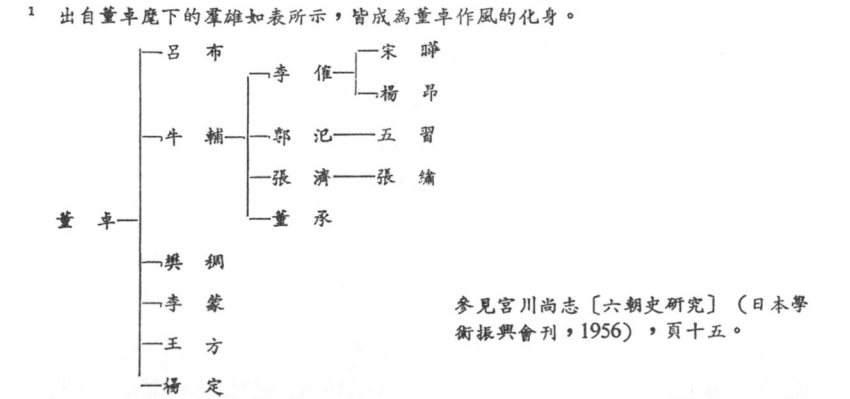

參見宮川尚志〔六朝史研究〕（日本學術振興會刊，1956），頁十五。

守。中平元年，拜東中郎將、持節代盧植擊張角於下曲陽，軍
敗抵罪……（隨張溫擊邊章韓遂，隨皇甫嵩擊王國）……徵卓為
少府，不肯就……朝廷不能制，頗以為慮。及靈帝寢疾，璽書
拜卓為幷州牧……於是駐兵河東，以觀時變。及帝崩，大將軍
何進、司隸校尉袁紹謀誅閹官，而太后不許，乃私呼卓將兵入
朝，以脅太后，卓得召即時就道……少帝在北芒，因往奉迎
帝。

董卓是隴西人，涼州一帶在後漢時期以勁旅聞名[2]，董卓顯然是後漢
末葉涼州軍的首領，深得其部屬的擁戴，〔三國志〕卷四十六〔吳書〕
第一「孫破虜（堅）傳」中有記載：

中平三年遣司空張溫行車騎將軍西討（邊）章等……溫以詔書
召卓，卓良久乃詣溫，溫責讓卓，卓應對不順，堅時在坐，前
耳語謂溫曰：卓不怖罪而鴟張大語，宜以召不時至，陳軍法斬
之。溫曰：卓素著威名於隴蜀之間，今日殺之，西行無依……

其勢力以涼州軍旅為骨幹。董卓死後其部將李傕、郭汜、樊稠、張濟
等，橫行於洛陽長安一帶，與董卓扮演同一類型的角色。這個集團在
涼州一帶有其社會基礎，及駐軍兩京，猶如無根之花，憑其赤裸武
力，威震域內，十足軍閥典型。至廢弘農王而立獻帝時，與袁紹等鬧
翻，自此更與中原人士勢成水火。實際上董卓在初入京時，亦頗想拉
攏中原士大夫，〔後漢書〕卷七十二「董卓列傳」（〔三國志〕卷六
〔魏書〕第六、卷三十八〔蜀書〕第八「許靖傳」等略同）：

（初），卓素聞天下同疾閹官誅殺忠良，及其在事，雖行無道，
而猶忍性矯情，擢用羣士，乃任吏部尚書漢陽周珌、侍中汝南
伍瓊、尚書鄭公業、長史何顒等，以處士荀爽為司空，其染黨
錮者陳紀韓融之徒，皆為列卿，幽滯之士多所顯拔，以尚書韓
馥為冀州刺史、侍中劉岱為兗州刺史、陳留孔伷為豫州刺史、

2　〔後漢書〕卷七十「鄭太列傳」：「（鄭太曰）：關西諸郡頗習兵事，自項以來，
　數與羌戰，婦女猶戴戟操矛，挾弓負矢，況其壯勇之士，以當妄戰之人乎？」。

潁川張咨為南陽太守，卓所親愛並不處顯職，但將校而已。初
平元年，馥等到官與袁紹之徒十餘人各興義兵，同盟討卓，而
伍瓊周珌陰為內主。（〔魏書〕云：以為惡瓊等通情賣己，皆斬
之。）

同卷董卓斬珌瓊時曾云：

卓初入朝，二子勸用善士，故相從，而諸君到官，舉兵相圖，
此二君賣卓，卓何用相負，遂斬瓊珌……卓既殺瓊珌，旋亦悔
之。

〔後漢書〕卷七十四上「袁紹列傳」（〔三國志〕卷六〔魏書〕第六
「袁紹傳」略同）記載董袁二人決裂的經過：

卓議欲廢立(立陳留王)……紹曰：今上富於春秋，未有不善宣
於天下，若公違禮任情，廢嫡立庶，恐眾議未安。卓按劍叱紹
曰：豎子敢然，天下之事，豈不在我，我欲為之，誰敢不從。
紹詭對曰：此國之大事，請出與太傅（是時紹叔父隗為太傅）
議之。卓復言劉氏種不足復遺。紹勃然曰：天下健者，豈惟董
公。橫刀長揖徑出，懸節於上東門而奔冀州，董卓購募求紹，
時侍中周珌、城門校尉伍瓊為卓所信待，瓊等陰為紹說卓曰：
夫廢立大事，非常人所及，袁紹不達大體，恐懼出奔，非有它
志，今急購之，勢必為變，袁氏樹恩四世，門生故吏徧於天
下，若收豪傑以聚徒眾，英雄因之而起，則山東非公之有也。
不如赦之，拜一郡守，紹喜於免罪，必無患矣。卓以為然，乃
遣授紹渤海太守，封邟鄉侯。……初平元年，紹遂以渤海起
兵，與從弟後將軍術、冀州牧韓馥、豫州刺史孔伷、兗州刺史
劉岱、陳留太守張邈、廣陵太守張超、河內太守王匡、山陽太
守袁遺、東郡太守橋瑁、濟北相鮑信等同時俱起，眾各數萬，
以討卓為名……卓聞紹起山東，乃誅紹叔父隗及宗族在京師
者，盡滅之……是時豪傑既多附紹，且感其家禍，人思為報，
州郡蜂起，莫不以袁氏為名。

上段伍瓊云「袁氏樹恩四世，門生故吏徧於天下，若收豪傑以聚徒眾，英雄因之而起，則山東非公之有也」；與前段引「孫堅傳」中張溫不殺董卓時語「卓素著威名於隴蜀之間，今日殺之，西行無依」，充分對稱出　董卓集團與袁紹集團　社會勢力之所在。董卓勢力出於涼州，由於拉攏中原士大夫失敗，遂至決裂，於是表露出其本質，一付軍閥作風，對中原百姓毫無愛惜之心，〔三國志〕卷六〔魏書〕第六「董卓列傳」云：

> （卓）嘗遣軍到陽城，時適二月社，民各在其社下，悉就斷其男子頭，駕其車牛，載其婦女財物，以所斷頭繫車轅軸，連軫而還洛，云攻賊大獲，稱萬歲，入開陽城門，焚燒其頭，以婦女與甲兵為婢妾，至於姦亂宮人、公主，其凶逆如此。

其結果使中原殘破，兩都遭刼，亦因此之故，董卓在中原完全沒有建立社會基礎，一直保留著其涼州軍閥特性，使自己在中原陷於孤立狀態，其內心是空虛的，他怕中原人採取報復，在長安附近築郿塢，可見其當時處境，同上卷云：

> 卓以山東豪傑並起，恐懼不寧，初平元年二月，乃從天子都長安，焚燒洛陽宮室，悉發掘陵墓取寶物，卓至西京為太師，號曰尚父……卓（以）弟旻為左將軍，封鄠侯，兄子璜為侍中、中軍校尉典兵，宗族內外，並列朝廷……築郿塢，高與長安城埒，積穀為三十年儲，云：事成雄據天下，不成，守此足以畢老。

董卓外受中原人士的壓力，自洛陽而長安；內遭王允等計謀政變，結束其生命。其部屬李傕、郭汜等，亦是與卓同一類型的軍閥集團，在中原無社會基礎，但掌握兵權，在亂世中扮演破壞的角色。

（二）袁紹集團之社會勢力

袁紹集團擁有的社會勢力，可與董卓作強烈對比。袁紹是東漢典型的名士，祖先顯赫，氣質高貴，〔三國志〕卷六〔魏書〕第六「袁

紹列傳」（〔後漢書〕卷七十四上略同）：

> 高祖父安，爲漢司徒。自安以下，四世居三公位，由是勢傾天
> 下；紹有姿貌威容，能折節下士，士多附之。

當董卓私議廢立，與袁紹鬧翻以後，紹糾合關東人士討董，被推爲盟
主，正如其謀士從事沮授說（同上卷）：

> 將軍弱冠登朝，則播名海內；值廢立之際，則忠義奮發；單騎
> 出奔，則董卓懷怖；濟河而北，則勃海稽首，振一郡之卒，撮
> 冀州之衆，威震河朔，名重天下。

及卓誅紹宗族及太傅隗等，當時豪傑多附紹，皆思爲之報，州郡蜂起，
莫不假其名，如豫州刺史孔伷、兗州刺史劉岱、陳留太守張邈、廣陵
太守張超、河內太守王匡、山陽太守袁遺、東郡太守橋瑁、濟北相鮑
信等，類皆官僚及士大夫階級，又如〔三國志〕卷十四〔魏書〕第十四「
郭嘉傳」注引〔傅子〕曰；轉引郭嘉向曹操分析敵我優劣之對答文：

> 紹外寬內忌，用人而疑之，所任唯親戚子弟……紹因累世之資
> ，高議揖讓，以收名譽，士之好言飾外者多歸之。

〔後漢書〕卷七十四上「袁紹傳」中亦云：

> （袁）紹有姿貌威容，愛士養名，旣累世臺司，賓客所歸，加傾
> 心折節，莫不爭赴其庭，士無貴賤，與之抗禮。

時中原士大夫，以汝潁爲盛，由黨錮人物[3]及〔世說新語〕中所載人
物看，該地區人士獲得全國性聲譽者，爲數最多，故爲爭奪天下的野
心家吸收士大夫的重要地區，曹操曾云「汝潁多奇士」，袁紹旣本身
蘊含士大夫氣質與身分，當亦傾力招納汝潁人物，〔三國志〕卷二十
三〔魏書〕第二十三「和洽傳」云：

> 袁紹在冀州，遣迎汝南士大夫，洽獨以冀州土平民彊，英桀所
> 利，四戰之地，本初（紹字）乘資，雖能彊大，然雄豪方起，
> 全未可必也。

3　金發根「東漢黨錮人物的分析」文中指出，以汝南、潁州、山陽三郡人物最多。刊
　　於〔歷史語言研究所集刊〕第34本下冊，1963。

郭嘉、荀彧、董昭等名士，皆曾任袁紹謀士；荀彧後雖入曹操陣營，家族仍有許多留在河北。然袁紹優渥士大夫，獲得士大夫與官僚的讚譽，似未能進一步擴大其社會基礎；在聲勢上高人一等，但在戰陣方面並不突出，此士大夫階級之弱點，亦因此袁紹未能翦滅董卓於先，而又敗於曹操於後。

（三）曹操集團初期之社會勢力

　　曹操之父嵩，嵩之養父是漢桓帝宦官曹騰，宦官在東漢末葉與士大夫對立甚劇，曹操既涉及宦官家庭，故其身世極不足道，初年曾想躋身於名士，〔三國志〕卷一〔魏書〕第一「武帝紀」建安十五年注引〔魏武故事〕載：

　　公十二月己亥令曰：孤始舉孝廉，年少。自以本非巖穴知名之
　　士，恐為海內人之所見凡愚，欲為一郡守，好作政教以建立名
　　譽，使世士明知之，故在濟南始除殘去穢，平心選舉，違迕諸
　　常侍，以為彊豪所忿，恐致家禍，故以病還。

只落得許劭「君清平之姦賊，亂世之英雄」評語（〔後漢書〕卷六十八「許劭列傳」）。然操父嵩既官拜太尉，當非貧寒之輩，從史籍中看曹氏家族，可列為地方豪族無疑。例如〔三國志〕卷九〔魏書〕第九「曹仁傳」裴注引〔英雄記〕曰：

　　（曹）純字子和，年十四而喪父，與同產兄仁別居，承父業，
　　富於財，僮僕人客以百數。

最近大陸上發掘出曹操宗族墓更可證明這點（田昌五「讀曹操宗族墓磚刻辭」，〔文物〕1978）。當曹操「至陳留，散家財，合義兵，將以誅卓」（〔魏書〕「武帝紀」）之時，曹氏家族紛紛參加，同上卷「曹仁傳」云：

　　曹仁字子孝，太祖從弟也，少好弓馬弋獵，後豪傑並起，仁亦
　　陰結少年，得千餘人。周旋淮、泗之間，遂從太祖為別部司馬。

同上卷「曹真傳」亦云：

　　曹真字子丹，太祖族子也。太祖起兵，真父邵募徒眾，為州郡

所殺。

袁紹與董卓破裂東歸時，關東士大夫及州郡皆同情袁紹，並歡迎之。可與曹操、董卓破裂東歸時之情況，成強烈對比，〔三國志〕卷一〔魏書〕第一「武帝紀」：

> 太祖乃變易姓名，間行東歸，出關過中牟，為亭長所疑，執詣縣，邑中或竊識之，為請得解。

其風聲鶴唳之情景，更可由下列一則故事襯託出來，同上卷引〔魏書〕曰：

> 太祖以卓終必覆敗，遂不就拜（驍騎校尉），逃歸鄉里，從數騎，過故人成皋呂伯奢，伯奢不在，其子與賓客共劫太祖，取馬及物，太祖手刃擊殺數人。

但同卷引〔世語〕曰：

> 太祖過伯奢，伯奢出行，五子皆在，備賓主禮，太祖自以背卓命，疑其圖己，手劍夜殺八人而去。

同卷引〔孫盛雜記〕更曰：

> 太祖聞其食器聲，以為圖己，遂夜殺之，既而悽愴曰：寧我負人，毋人負我！遂行。

由此觀之，至少說明曹操在州郡官吏及士大夫心中的地位，不可與袁紹相比，故其初期擁護者並非官僚士大夫。然前曹操初期勢力的基礎為何？自其屢踣屢起的記載中發現除曹氏宗族以外，他每於敗退勢蹙之時，深得若干地方豪族的擁戴。例如當曹操回陳留，散家財，合義兵，討董卓時，〔三國志〕卷一〔魏書〕第一「武帝紀」注引〔世語〕文曰：

> 陳留孝廉衛茲以家財資太祖，使起兵，眾有五千人。

是時中平六年，是曹操初次起兵的重要力量。及操與卓將徐榮戰，不利，士卒死傷甚多，衛茲戰死滎陽，操為流矢所中，僅以身免，以兵少至揚州募兵，族人曹洪用力最大〔三國志〕卷九〔魏書〕第九「曹洪傳」云：

（操）為卓將徐榮所敗……還奔譙，揚州刺史陳溫素與（曹）
洪善，洪將家兵千餘人，就溫募兵，得廬江上甲二千人，東到
丹楊，復得數千人，與太祖會龍亢。

獻帝初平年間，是操與羣雄鏖戰最緊張的時刻，復有李乾李典來歸，
〔三國志〕卷十八〔魏書〕第十八「李典傳」云：

（李）典從父乾，有雄氣，合賓客數千家在乘氏，初平中以眾
隨太祖。……

〔三國志〕卷十六〔魏書〕第十六「任峻傳」亦云：

……會太祖起關東，入中牟界，眾不知所從，峻獨與同郡張奮
議，舉郡以歸太祖。峻又別收宗族及賓客家兵數百人，願從太
祖。太祖大悅，表峻為騎都尉，妻以從妹，甚見親信。

〔三國志〕卷十八〔魏書〕第十八「許褚傳」云：

許褚字仲康，譙國譙人也……漢末聚少年及宗族數千家，共堅
壁以禦寇……太祖徇淮汝，褚以眾歸太祖，太祖見而壯之曰：
此吾樊噲也。即日拜都尉，引入宿衛，諸從褚俠客皆以為虎
士。從征張繡，先登，斬首萬計，遷校尉，從討袁紹於官渡。

建安初來歸者如〔三國志〕卷十八〔魏書〕第十八「李通傳」云：

（通）以俠聞於江、汝之間……（併周直）眾二千餘家……建安
初，通舉眾詣太祖於許，拜通振威中郎將，屯汝南西界，太祖
討張繡，劉表遣兵以助繡，太祖軍不利，通將兵夜詣太祖，太
祖得以復戰，通為先登，大破繡軍，拜裨將軍，封建功侯，分汝
南二縣，以通為陽安都尉……太祖與袁紹相拒於官渡，紹遣使拜
通征南將軍，劉表亦陰招之，通皆拒焉。通親戚部曲流涕曰：
今孤危獨守，以失大援，亡可立而待也，不如亟從紹。通按劍
以叱之曰：曹公明哲，必定天下，紹雖彊盛，而任使無方，終
為之虜耳，吾以死不貳。即斬紹使，送印綬詣太祖。又擊郡賊
瞿恭、江宮、沈成等，皆破殘其眾，送其首，遂定淮汝之地，
改封都亭侯，拜汝南太守……病薨……文帝踐阼，……詔曰：

昔袁紹之難，自許蔡以南，人懷異心，通秉義不顧，使攜貳率
服，朕甚嘉之……。

官渡戰時，除上述之例外，李典率宗族加入，「李典傳」云：

時太祖與袁紹相拒官渡，典率宗族及部曲輸穀帛供軍。

故每當曹操危急之時，常有地方豪族舉宗來奔，增強其勢力，曹操初
期勢力亦以此輩為主[4]。 隨著勢力的擴張， 曹操不但在軍隊方面收編
降兵，同時也成功跳出單一武裝集團的小圈圈，吸收當時社會中的另
一類重要人物──士大夫階級。 荀彧是關鍵性的人物， 當其去袁就
曹，操大悅曰：「吾之子房也。」曹操之所以如此重視，除了荀彧本
身才華以外， 最重要的是打開與士大夫階級結合之通道[5]， 荀彧是汝
穎士大夫的重要領袖，德高望重，〔三國志〕卷十〔魏書〕第十「荀
彧傳」末注引〔荀彧別傳〕曰：

彧德行周備，非正道不用心，名重天下，莫不以為儀表，海內
英儁咸宗焉。司馬宣王（懿）常稱書傳遠事，吾自耳目所從聞
見，逮百數十年間，賢才未有及荀令君也。

同上卷本傳云：

太祖以彧為知人，諸所進達皆稱職。

4　撿五井直弘「曹操政權の性格について」引川勝義雄「曹操軍團の構成について」
　　中，川勝義雄謂曹操軍團的構成有：(1)招募及徵發亡戶。(2)自願投靠的武力集團。
　　(3)改編投降軍團。川勝義雄原文刊於〔京大人文科學研究所創立二十五週年紀念論
　　文集〕1954。
　　濱口重國〔秦漢隋唐史の研究〕東京大學，1966，頁326-335謂曹操軍團的構成有：
　　(1)招撫流賊如初平二年的黑山賊；初平三年的青州黃巾等。(2)徵編亡戶。(3)改編降
　　兵，如建安四年破張繡；官渡戰後得袁氏眾等。(4)各地來投靠的私兵（宗族、親
　　黨、私客、流民）等。
　　依本文所舉例子，曹操初期尤其是初平二年破青州黃巾以前，實得力於地方豪族之
　　來歸。
5　陳啓雲 Ch'en Ch'i-yün "The Rise & Decline of the Hsün Family-A
　　Case Study of One of the Aristocratic Families in the Six Dynasties"
　　刊於 International Conference on Asian History, University of Hong
　　Kong, 1964. 所宣讀的論文中曾對荀氏作詳細研究，特別討論到荀彧與曹操間的
　　關係。文中謂汝穎士大夫自從遭受黨錮打擊以後，走向二條路。其一是教授門
　　徒，如李膺有門徒千餘人；其一是與地方長官暗通款曲，互增聲勢，如杜密。
　　作者按荀彧與曹操結合，並推薦許多士大夫加入許昌政權，乃是士大夫達成進入
　　中央級官吏的初步。是合則兩利的結合情況。

同卷末注引〔荀彧別傳〕舉出許多荀彧推薦的人物如下：

> 前後所舉者，命世大才，邦邑則荀攸、鍾繇、陳羣，海內則司
> 馬宣王，及引致當世知名郗慮、華歆、王朗、荀悅、杜襲、辛
> 毗、趙儼之儔，終為卿相以十數人。取士不以一揆，戲志才、
> 郭嘉等有負俗之譏，杜畿簡傲少文，皆以智策舉之，終各顯
> 名。荀攸後為魏尚書令，亦推賢進士。太祖曰：二荀令之論
> 人，久而益信，吾沒世不忘。

士大夫階級加入曹操集團，擴大了其社會基礎，自此以後，以地方豪
族為主的軍人與以士大夫為主體的文士，成為曹魏政權的兩大支柱[6]，
同時也潛伏了曹魏中期兩大派別傾軋的因素。然在曹操有生之年，力
能駕御地方豪族與士大夫，這兩類人物是中古社會勢力的主派，曹氏
能較有彈性地擴張其社會基礎，是其自羣雄中脫穎而出的重要原因之
一。

(四) 孫氏集團初期之社會勢力

孫氏本身的出身，〔三國志〕卷四十六〔吳書〕第一「孫破虜討逆
傳」云：「孫堅，……蓋孫武之後也」，同卷中鄭蘇年認為這是疑詞，
裴注〔吳志〕曰：「堅世仕吳，家於富春。」故富春孫氏在吳地州郡
為吏，已有若干世，至孫堅亦為縣吏，以勇氣聞，同卷中記載稱：

> 少為縣吏，年十七，與父共載船至錢唐，會海賊胡玉等從匏里
> 上掠取賈人財物，方於岸上分之，行旅皆住船不敢進。堅謂父
> 曰：此賊可擊，請討之。父曰：非爾所圖也。堅行操刀上岸，
> 以手東西指麾，若分部人兵以羅遮賊狀，賊望見以為官兵捕
> 之，即委財物散走。堅追斬得一級以還，父大驚。由是顯聞，
> 府召署假尉。會稽妖賊許昌起於句章，自稱陽明皇帝，與其子
> 韶扇動諸縣，眾以萬數，堅以郡司馬募召精勇得千餘人，與州
> 郡合討破之。

6　萬繩楠「曹魏政治派別的分野及其升降」〔歷史教學〕1964-1。

裴注引〔江表傳〕又稱：

> 堅歷佐三縣，所在有稱，吏民親附，鄉里知舊好事少年往來者
> 常數百人，堅接撫待養，有若子弟焉。

孫氏既世代仕吳地亦有一個龐大的宗族，〔三國志〕卷五十一〔吳書〕
第六「孫靜傳」云：

> 孫靜字幼臺，堅季弟也。堅始舉事，靜糾合鄉曲及宗室五六百
> 人以為保障，眾咸附焉。

川勝義雄認富春是漢民族向南發展與山越交界處，故人民剽悍[7]，孫
堅復得「淮泗勁旅」，這些都是孫氏初期力量的主力，同上卷云：

> 漢遣車騎將軍皇甫嵩、中郎將朱儁，將兵討擊之（黃巾），儁
> 表請堅為佐軍司馬，鄉里少年隨在下邳者，皆願從堅，又募諸
> 商旅及淮泗精兵合千許人，與儁并力奮擊，所向無前。

當時東方諸侯聯兵討董卓，卓獨畏堅，同卷裴注引〔山陽公載記〕
曰：

> 卓謂長史劉艾曰：關東軍敗數矣，皆畏孤，無能為也。惟孫堅
> 小戇，頗能用人，當語諸將，使知忌之。

孫堅是一個標準軍人，召募鄉里少年及淮泗精兵為其爪牙，轉戰中
原，與漢末士大夫原無來往，甚至地方豪族亦甚少附隨。堅早卒，子
策繼父業，〔三國志〕卷四十六〔吳書〕第一「孫破虜討逆傳」裴注
引〔吳歷〕曰：

> 初，策在江都，時張紘有母喪，策數詣紘，咨以世務曰：……
> 先君與袁氏共破董卓，功業未遂，卒為黃祖所害。策雖暗稚，
> 竊有微志，欲從袁（術）揚州求先君餘兵，就舅氏於丹楊，收
> 合流散，東據吳會，報讎雪恥，為朝廷外藩，君以為何如。

〔三國志〕卷五十三〔吳書〕第八「張紘傳」云：

> 張紘字子綱，廣陵人，游學京都，還本郡舉茂才，公府辟皆不

7　川勝義雄「貴族制社會と孫吳政權下の江南」〔中國中世史研究〕六，頁148-149.
　　1970。

就，避難江東，孫策創業，遂委質焉，表爲正議校尉。

又同書卷五十二「張昭傳」云：

> 張昭字子布，彭城人也。少好學，善隸書，從白侯子安受〔左
> 氏春秋〕，博覽衆書，與瑯琊趙昱、東海王朗，俱發名友善，
> 弱冠察孝廉，不就。與朗共論舊君諱事，州里才士陳琳等皆稱
> 善之……漢末大亂，徐方士民多避難揚土，昭皆南渡江，孫策
> 創業，命昭爲長史撫軍中郎將，升堂拜母，如比肩之舊，文武
> 之事，一以委昭。

這是孫策初度與士大夫接近，同書卷五十三「張紘傳」引〔吳書〕
曰：「紘與張昭並與參謀，常令一人居守，一人從征討。」而孫策得
周瑜之助，使得孫氏與士大夫間關係邁進一大步。按廬江周氏是東
漢時期的大士族之一，〔三國志〕卷五十四〔吳書〕第九「周瑜傳」
云：

> 從祖父景，景子忠，皆爲漢太尉……從父尚爲丹楊太守。

故〔吳書〕第一「孫破虜討逆傳」云：「與周瑜相友，收合士大夫，
江淮閒人咸向之。」孫策雖有文武全才的大士族子弟周瑜爲其征戰，
復有張昭、張紘、秦松、陳端等文士爲其計謀，仍未能脫離其武人氣
質，是故當孫策臨終呼弟權佩以印綬時曰：「舉江東之眾，決機於兩
陣之閒，與天下爭衡，卿不如我。舉賢任能，各盡其心，以保江東，
我不如卿。」（〔吳書〕第一「孫破虜討逆傳」）孫氏自孫堅至孫
策，由孫策至孫權，其人物組合的趨向，充分表露出孫氏初期社會勢
力擴張的痕跡。

（五）劉備集團初期之社會勢力

　　據〔三國志·蜀書〕記載，劉備集團初期主要人物的出身皆極微
下。〔蜀書〕第二「先主傳」雖謂劉備是「漢景帝子中山靖王勝之後
也」，至備時已成爲「少孤，與母販履織席爲業」，得二商人之助，略

有徒眾[8]。 關羽張飛的記載見〔蜀書〕第六「關羽傳」云:「亡命奔
涿郡,先主於鄉里合徒眾,而羽與張飛爲之禦侮」。他們是由若干武
夫所結合的一股小勢力,先後依公孫瓚、陶謙、袁紹、曹操,在羣雄
夾縫中生活,如皮球一般被人踢來踢去,雖有英雄之名,實無長策久
安之計。在移入荆州以前,追隨劉備的地方豪族可能祇有麋竺,兩者
結爲姻親,〔三國志〕卷三十八〔蜀書〕第八「麋竺傳」云:

> 麋竺字子仲,東海朐人也。祖世賞殖,僮客萬人,賞產鉅億。
> 後徐州牧陶謙辟爲別駕從事。 謙卒, 竺奉謙遺命迎先主於下
> 沛。 建安元年,呂布乘先主之出拒袁術, 襲下邳, 虜先主妻
> 子。 先主轉軍廣陵海西, 竺於是進妹於先主爲夫人, 奴客二
> 千,金銀賞幣以助軍資,于時困匱,賴此復振。

至於士大夫來歸者則未見,〔後漢書〕卷七十「孔融列傳」中有一段
記載:

> (北海相孔融) 爲賊管亥所圍, 融逼急乃遣東萊太史慈求救於
> 平原相劉備,備驚曰:孔北海乃復知天下有劉備邪!即遣兵三
> 千救之,賊乃散走。

故劉備對文士之需要,如倒懸之急,屈意求賢,三顧茅廬,迎出諸葛
亮爲其謀士。 及退入荆州, 荆州本是劉表地盤,表是東漢末年「八
及」之一,士大夫領袖,許多士大夫避亂南下依附,人才盛極一時,
有所謂荆州學派[9]。 劉表卒後, 繼起無人。 劉備在荆州乘機吸收人
才,先後荆州豪傑[10]、及荆楚羣士[11]加入其陣營甚多, 例如龐統、蔣
琬、董允、楊儀、費禕、劉敏、向朗、伊籍、馬良等,大部分成爲其

---

8 〔三國志〕卷三十二〔蜀書〕第二「先主傳」云:「好交結豪俠,年少爭附之。中
   山大商張世平、蘇雙等賞累千金,販馬周旋於涿郡,見而異之,乃多與之金財,先
   主由是得用合徒眾。」
9 參見牟潤孫〔論魏晉以來之崇尚談辯及其影響〕第五節「荆州學派」 p. 18,1966
   香港中文大學及湯用彤〔魏晉玄學論稿〕p. 86,1957。
10 劉表生前已有豪傑來附劉備,〔蜀書〕第二「先主傳」云:「屯新野,荆州豪傑歸
   先主者日益多」。
11 劉表卒後羣士歸劉備者甚眾,〔蜀書〕第九「劉巴傳」云:「表卒,曹公征荆州,
   先主奔江南,荆楚羣士從之如雲。」

後蜀漢政權的重要分子。自荊州入蜀，有以部曲相隨者，如魏延；有
劉表部屬率眾來歸者，如霍峻。自從劉備開始吸收士大夫加入陣營，
引起與原本武人集團格格不入的現象，例如〔三國志〕卷三十五〔蜀
書〕第五「諸葛亮傳」云：

> 於是（劉備）與亮情好日密，關羽張飛等不悅，先主解之曰：
> 孤之有孔明，猶魚之有水也。願諸君勿復言。羽飛乃止。

又同書第九「劉巴傳」裴注引〔零陵先賢傳〕云：

> 張飛嘗就巴宿，巴不與語，飛遂忿志。諸葛亮謂巴曰：張飛雖
> 實武人，敬慕足下。主公方今收合文武，以定大事，足下雖天
> 素高亮，宜少降意也。巴曰：大丈夫處世，當交四海英雄，如
> 何與兵子共語乎？

按劉巴是漢末名士，與吳之張昭、魏之陳羣善。由此觀之，亦可見劉
備集團初期的本質，及其擴大社會勢力的努力。

三、三國統治階層之社會成分

　　從一股勢力的發展過程觀察，其初期僅屬單純的性質，亦卽由某
一類人為其組成分子的主幹。然而，隨著勢力範圍的擴張，它必須廣
泛地吸收社會上各類人參與，尤其是社會上主要的人羣；反言之，亦
唯有兼容並納，方能成其大。如果不能成功地吸收社會上主要的人羣
參與，不但難以擴大，並且會漸漸地萎縮。魏、蜀、吳初期的發展，
暗合了上述的原則。曹操立足中原，孫氏在長江中下游發展，劉備棲
身於漢中四川；鼎足之勢已成，三者展開更複雜的競爭。承襲上章社
會勢力的分析，本章進一步討論政權成立以後統治階層組合的研究。

（一）曹魏統治階層之社會成分

　　魏居中原地帶，官吏與人民皆屬本土，故其重點在於如何緣引本
土力量的支持。前言曹操初期勢力頗得地方豪族（尤其是譙沛地區）

的支持，與士大夫階級並無太多交往，自得荀彧以後，經彧之引薦，
許多士族子弟和士大夫參加操之陣營，然終曹操一生，與士大夫格格
不入，禰衡受辱，楊修、孔融被殺，荀彧自殺，論者或認爲曹操有意
壓制士大夫，使其在曹氏政權中不致於過度發展，或認爲乃曹操的作
風和理想與士大夫迥異的結果。自操卒後，這種情勢改變，操之二子
丕、植與士大夫交往頗深。曹丕當政，旋卽採納吏部尙書陳羣建議，制
九品官人之法。羣祖父寔，父紀，叔父諶，皆漢末名士，故羣屬士族
子弟。觀乎九品中正之標準「其有言行修著，則升進之……倘或道義
虧闕，則降下之。」其所持品德優先的價值觀念，與漢末士大夫完全
一致，卽中正官之設，亦係漢末品藻人物風氣的制度化而已[12]。 若以
九品中正之標準與魏武三令比較，可以發現二代間的變化如何巨大。
這個差異充分表示出 曹魏政權吸收 人物的新方針 。 緣因漢末天下大
亂，士人四方流竄，失其原籍者甚多，爲承繼兩漢鄉舉里選之遺意，
用原籍在中央任官的人士，任本州郡大小中正官，用以評定本州郡人
物[13]， 這完全是爲士大夫着想的選舉制度，一般農工商庶民，甚至地
方豪族 ， 不會有中央官注意他們 。 故九品官人法初意或非爲士族而
設[14]， 然其標準與方式皆適合於漢末漸次發展成熟的士族，曹丕採納
陳羣的建議，表示出曹魏政權組成分子將趨向於士族子弟。姑將曹氏
政權分爲三期（代），以分析其社會成分的變動。

第一期：漢獻帝建安元年至二十四年，曹操雖未篡位，然爲實際政治
　　　　的推行者，自〔三國志‧魏書〕中獲得建安年人物一百三十一
　　　　人，名屬漢室，實則魏臣。曹氏政權有實無名。

第二期：魏文帝、明帝，共有二十年。曹氏政權有名有實。

第三期：魏齊王芳至魏亡，共有二十六年。曹眞被殺後，司馬氏相繼
　　　　主政，改朝換代僅是時間問題。曹氏政權有名無實。

12　唐長孺「九品中正制度試釋」。
13　拙著〔兩晉南北朝士族政治之研究〕p. 100，1966。
14　同註13，第四章。

社會階層的劃分，有士族、小姓、平民三大級。（詳見本書第二篇）

士族階級的定義：⑴州郡級著姓；⑵父、祖、曾祖輩三世之中有二世任刺史太守或二千石官者。

小姓階級的定義：⑴縣級大姓及地方豪族；⑵父祖輩曾任州郡掾屬或千石以下官吏者；⑶父祖輩之一曾任刺史太守或二千石官者。

平民階級的定義：父祖皆未曾任大小官吏者。

三國時期門第社會正在形成中，本文結論另有詳論，以上社會階級之劃分係按當時社會現象而定。士族與小姓之間，小姓與平民之間，已漸次階級化，但沒有像兩晉南北期時期那樣僵化。

曹魏統治階級社會成分統計表

	士　族		小　姓		平　民		合計
	數量	百分比	數量	百分比	數量	百分比	數量
Ⅰ　曹操當政 196～219 A. D	38	29.0	19	14.5	74	56.5	131
Ⅱ　文帝明帝 220～239 A. D	60	38.7	38	24.5	57	36.8	155
Ⅲ　齊王以降 240～265 A. D	74	47.1	59	37.6	24	15.3	157

第一期曹操當政時期，其人物大都是初期依附曹操者。平民官吏的比例占百分之五十六點五。共計平民官吏七十四人：文士出身者三十五人，占平民官吏的百分之四十七點三；吏出身者十五人，占平民官吏的百分之二十點三；兵出身者二人；俠盜出身者三人；未詳者十九人。文士幾占平民官吏的半數。在文士之中，雖有魏武三令公然宣稱不拘污行，或不仁不孝，唯才是舉[15]，實際上僅見〔魏書〕卷十「荀彧傳」注引〔荀彧別傳〕云：「戲志才、郭嘉等有負俗之譏，（彧）……皆以智策舉之，終各顯名。」反之，在三十五個平民官吏的文士

15　〔三國志〕卷一〔魏書〕第一「武帝紀」載建安十五年春；建安十九年十二月乙未；建安二十二年八月令。

之中，有許多人與黨錮人物有關係[16]，曹操也用名士[17]，卽以上列戲志才、郭嘉而論；戲志才無列傳；郭嘉有傳，但沒有具體污行記載，兩人皆潁川人，亦皆荀彧推薦，恐亦非十惡不赦之徒。具有濃厚刑名主義的曹操，在思想與價值標準上與士大夫有極大的差異，在實際用人方面，卻很重視這股漢末的士大夫勢力。

　　第一期士族官吏占百分之二十九，很多出自汝潁一帶[18]，與黨錮人物更有關連。小姓官吏占百分之十四點五，其中包括初期隨曹操起兵的地方豪族，及父祖輩有一任官的官家子弟。士族加小姓合計占百分之四十三點五，以人數而論，似乎不及平民官吏多，後者占百分之五十六點五。但士族與小姓大都有部曲或宗族團體，每一個官吏代表著一個單位力量，在初期打天下階段，比單士的力量重要，此在上章已有分析，在政權剛建立，士族小姓尚未完全步入官僚化之前，士族小姓的部曲宗族力量仍需以實質的分析才能獲得正確的認識。政權穩固、官僚體系成立、士族小姓官僚化之後，分類計算官僚架構之中社會成分的比例，漸漸有重要的意義。

　　士族官吏第一期至第二期，復自第二期至第三期，每期以大約百分之十的比例增加；小姓官吏自第一期至第二期，復自第二期至第三期，每期亦大約以百分之十的比例增加；平民官吏自第一期至第二期，復自第二期至第三期，每期以大約百分之二十的比例減少。這是一項很有趣的增減級數。這種趨向每常是新王朝成立後的普遍現象。但曹魏政權中發生兩件大事，影響統治階層人物轉移，使統治階層變

16　與黨錮人物直接間接有關係的文士出身平民官吏者，如國淵（卷十一）、管寧（卷十一）、邴原（卷十一）、華歆（卷十三）、王修（卷十一）、阮瑀（卷二十一）路粹（卷二十一）、劉粹（卷二十一）、嚴幹（卷二十三）、楊俊（卷二十三）、衛覬（卷二十一）、孫資（卷十四）；又所謂「名士」，也是漢末士大夫所慣用的名稱。見註⑳。

17　參見〔三國志〕卷十四〔魏書〕第十四「劉曄傳」注引〔傅子〕：「太祖徵曄及蔣濟、胡質等五人，皆揚州名士。」同書卷二十三「常林傳」：「（幷州）刺史采習屬州界名士林及楊俊、王凌、王象、荀緯，太祖皆以為縣長」。

18　如潁川荀氏的荀彧荀攸、潁川陳氏的陳羣、潁川杜氏的杜襲、汝南應氏的應瑒、山陽王氏的王粲、潁川鍾氏的鍾繇，其他如河內司馬氏、魯國孔氏的孔融、弘農楊氏的楊修、陳郡袁氏的袁渙、太山鮑氏的鮑勛鮑勛、南陽韓氏的韓暨、京兆李氏的李延、京兆杜氏的杜畿、扶風蘇氏的蘇則、河東裴氏的裴潛、河東賈氏的賈逵、太原郭氏的郭淮等。

動，有別於純粹功臣子孫充塞官吏，而進入另一條軌道，此所以上述級數增減的現象，包含有新的意義。第一件大事發生於第二期的魏文帝時代，吏部尚書陳羣創九品官人法，現在已無法從殘缺的史書中獲知其初期實施的成效與反映，然而顯然地，九品官人法已打破功臣子孫嗣官襲位的方式，而為一羣較為擴大的圈內人所代替。漢末士大夫（尤其與黨錮有關的士大夫）成為統治階層的候選人羣，這並非立刻排除現任官吏，事實上現任官吏祇要接受士大夫的價值標準，下一代極易滲入此大熔爐之中。（下一章另文討論）第二件大事發生在第三期齊王芳嘉平元年，司馬懿在一次政變中殺曹爽，取得實際政權。明顯表示曹氏宗親及譙沛功臣子孫之消退，及以河內司馬氏為首的士大夫集團取得絕對優勢。第三期士族官吏占百分之四十七點一，幾近半數，自此以後，以迄唐末，士族在統治階層中恒在半數以上[19]。如果我們以此將漢末至唐末這七百年視為社會史上的一個架構，則曹魏期間的演變，正是這個架構形成的上坡面[20]。

（二）孫吳政權之社會成分

三國之際，東吳領域內有三類人，孫氏政權之安定，有賴於如何安置這三類人，第一類是漢末以前中原人士南遷而居江東者；孫氏本身亦屬此類，上章已有論及。大臣如吳郡顧氏（〔吳書〕第七）、吳郡朱氏（〔吳書〕第十一、十二）、吳郡張氏（〔吳書〕第十二）、吳郡陸氏（〔吳書〕第十二、第十三）吳郡全氏（〔吳書〕第十五）、

---

19 參見拙書「兩晉南北朝士族政治之研究」1966，「唐代統治階層社會變動」1969及孫國棟「唐宋之際社會門第之消融」（〔新亞學報〕4卷1期，1959）。

20 宇都宮清吉「評岡崎博士著〔南北朝における社會經濟〕」（〔東洋史研究〕1—3；1935）文中認為士族始於西漢。川勝義雄「シナ中世貴族政治の成立について」（〔史林〕33—4；1950）認為始於東漢末葉清流士大夫集團。五井直弘「曹操政權の性格について」（〔歷史學研究〕195, 1956）認為兩晉南北朝士族依其血緣僅可溯及曹魏時期。作者按：若以社會架構而論，士族延續不斷地占統治階層之多數，始於曹魏，參見註19引書。所以曹魏時期是門第社會架構的上坡面。中古型門第社會雖然甚為閉塞，家族間盛衰亦屢有變易，這種現象屬於架構內個別家族的變動，與整個社會架構變動性質不同，本文認為中古型門第社會始於曹魏，結論雖與五井直弘氏相同，但並非按其血緣推論獲得的結果，實是與門第社會架構上坡面切合。士族可源於西漢，雖然當時並未發展成士族社會。又矢野主稅對於這個社會架構之成立亦有詳細論說，參見氏著〔門閥社會成立史〕1976。

會稽賀氏（〔吳書〕第十五）會稽鍾離氏（〔吳書〕第十五）、會稽
虞氏（〔吳書〕第十二）等。孫氏政權，尤其自孫權當政以後，與這
些大士族關係極爲密切，彼此間屢有婚嫁，孫權的宰輔亦大部分出於
這一類人物[21]，江東大族以吳郡朱張顧陸爲最重要[22]。孫氏與四大姓
一直維持著良好的關係，基本上他們是屬於同一類人，雖然在孫氏未
當權以前，朱張顧陸的江東的地位，遠在富春孫氏之上，依孫氏建國
過程的史實觀察，他們的合作遠勝過矛盾[23]。例如〔三國志〕卷五十
二〔吳書〕第七「顧雍傳」：

> 孫權領會稽太守，不之郡，以（顧）雍爲丞，行太守事，討除
> 寇賊，郡界寧靜，吏民歸服。

又〔三國志〕卷五十六〔吳書〕第十一「朱桓傳」：

> 朱桓字休穆，吳郡吳人也。孫權爲將軍，桓給事幕府，除餘姚
> 長。往遇疫癘，穀食荒貴，桓分部良吏，隱親醫藥殘粥相繼，
> 士民咸戴之。遷盪寇校尉，授兵二千人，使部伍吳會二郡，鳩
> 合遺散，期年之間，得萬餘人。

第二類是漢末天下大亂時南遷者，寄身吳會，這一類人與孫氏頗爲合
作，也很受重用，例如張昭[24]、步騭[25]、張紘[26]、嚴畯[27]、程秉[28]、薛

---

21 顧雍於黃武四年代孫邵爲丞相，至赤烏六年卒，爲相共十九年；陸遜於赤烏七年繼
顧雍爲相，赤烏九年才由步騭代陸遜爲相，已是孫權的末期。
孫氏與吳四姓婚娶關係參見何啓民「中古南方門第——吳郡朱張顧陸四姓之比較研
究」〔政大學報〕第27期，1973。

22 參考前註何啓民文，尤對朱氏有獨到的看法。

23 宮川尚志〔六朝史研究〕、「政治社會篇」1956 p.243。及岡崎文夫〔魏晉南北朝通
史〕1932謂孫權移都秣陵，是吳姓的壓力所致，無強有力的證據，恐係猜測之言。

24 〔三國志〕卷五十二〔吳書〕第七「張昭傳」：「張昭字子布，彭城人也。……漢末
大亂，徐方士民多避難揚土，昭皆南渡江。孫策創業，命昭爲長史、撫軍中郎將，
升堂拜母，如比肩之舊，文武之事，一以委昭。……策臨亡以弟權託昭，昭率群僚
立而輔之」。

25 〔吳書〕第七「步騭傳」：步騭字子山，臨淮淮陰人也。世亂避難江東，單身窮
困，與廣陵衛旌同年相善，俱以種瓜自給，晝勤四體，夜誦經傳。……孫權爲討虜
將軍，召騭爲主記……赤烏九年，代陸遜爲丞相。」

26 〔吳書〕第八「張紘傳」：「張紘字子綱，廣陵人，游學京師，還本郡舉茂才，公
府辟皆不就，避難江東。孫策創業遂委質焉。」

27 〔吳書〕第八「嚴畯傳」：「嚴畯字曼才，彭城人也，少耽學善〔詩〕〔書〕三〔
禮〕，又好〔說文〕，避亂江東，與諸葛瑾步騭齊名友善，性質直純厚，其於人物
忠告善道，志存補益。張昭進之於孫權……（後）爲尚書令。」

28 〔吳書〕第八「程秉傳」：「程秉字德樞，汝南南頓人也。逮事鄭玄，後避亂交州，
與劉熙考論大義，遂博通五經。士燮命爲長史，權聞其名儒，以禮徵秉，旣到拜太
子太傅。」

綜[29]、魯肅[30]、呂蒙[31]、呂岱[32]、是儀[33]、胡綜[34]、諸葛瑾[35]、滕胤[36]、濮
陽興[37]等。

以上兩類人有的在孫策時已加入孫氏集團，然大部分都是孫權當
政以後引進並獲重用，故孫權當政以後的人物結合有一番新的氣象，使
孫堅孫策的武人集團性質有重大的改變。當然，孫氏政權並無大政潮發
生，其政權性質的改變是透過大量緣引第一類漢末以前已來江東的大
族，及第二類漢末天下大亂時南遷的宗族團體和個人，早年隨孫堅征伐
的武人如韓當[38]、程普[39]、黃蓋[40]，和追隨孫策開拓江南的蔣欽[41]、周

29　〔吳書〕第八「薛綜傳」：「薛綜字敬文，沛郡竹邑人也。少依族人，避地交州，
從劉熙學。士燮既附，孫權召綜為五官中郎將……赤烏三年徙選曹尚書。」

30　〔吳書〕第九「魯肅傳」：「魯肅字子敬，臨淮東城人也。……家富於財，性好施
與，爾時天下已亂，肅不治家事，大散財貨，摽賣田地，以賑窮弊，結士為務，甚
得鄉邑歡心。周瑜為居巢長，將數千人故過候肅，並求資糧，肅家有兩囷米，各三
千斛，肅乃指一囷與周瑜，瑜益知其奇也。遂相親結，定僑札之分……乃攜老弱將
輕俠少年百餘人，南到居巢就瑜。瑜之東渡，因與同行。」

31　〔吳書〕第九「呂蒙傳」：「呂蒙字子明，汝南富陂人也。少南渡依姐夫鄧當，當
為孫策將（隨孫策）」後定荊州，「以蒙為南郡太守封孱陵侯」。

32　〔吳書〕第十五「呂岱傳」：「呂岱字定公，廣陵海陵人也。為郡縣吏，避亂南
渡，孫權統事，岱詣幕府，出守吳丞……（後為）大司馬」。

33　〔吳書〕第十七「是儀傳」：「是儀字子羽，北海營陵人也……避亂江東……孫權
承攝大業，優文徵儀，到見親任，專典機密……後拜尚書僕射」。

34　〔吳書〕第十七「胡綜傳」：「胡綜字偉則，汝南固始人也。少孤，母將避難江
東。孫策領會稽太守，綜年十四為門下循行，留吳與孫權共讀書。」

35　〔吳書〕第七「諸葛瑾傳」：「諸葛瑾字子瑜，琅邪陽都人也。漢末避亂江東，值
孫策卒，孫權姐婿曲阿弘咨見而異之，薦之於權，與魯肅等並見賓待……（後為）
大將軍、左都護、領豫州牧。」

36　〔吳書〕第十九「滕胤傳」：「滕胤字承嗣，北海劇人也。伯父耽，父冑，與劉繇
州里通家，以世擾亂，渡江依繇。孫權為車騎將軍，拜耽右司馬……弱冠尚公主，
年三十起家為丹楊太守，徙吳郡會稽。」

37　〔吳書〕第十九「濮陽興傳」：「濮陽興字子元，陳留人也。父逸，漢末避亂江
東，官至長沙太守。……興（後至）太常衛將軍、平軍國事。」

38　〔吳書〕第十「韓當傳」：「韓當字義公，遼西令支人也。以便弓馬有膂力幸於孫
堅，從征伐周旋，數犯危難，陷敵擒虜為別部司馬。及孫策東渡，從討三郡……山
越畏服。……黃武二年，封石城侯，遷昭武將軍，領冠軍太守，後又加都督……病
卒，子綜襲侯領兵。」

39　〔吳書〕第十「程普傳」：「程普字德謀，右北平土垠人也。初為州郡吏，有容貌計
略，善於應對。從孫堅征伐，討黃巾……破董卓……復隨孫策……與張昭等共輔孫
權……與周瑜為左右督，破曹公於烏林。……卒，追論普功，封子咨為亭侯。」

40　〔吳書〕第十「黃蓋傳」：「黃蓋字公覆，零陵泉陵人也。初為郡吏，察孝廉，辟
公府。孫堅舉義兵，蓋從之。堅南破山賊，北走董卓，拜蓋別部司馬。堅薨，蓋隨
策及權……追論其功，賜子柄爵關內侯」。

41　〔吳書〕第十「蔣欽傳」：「蔣欽字公奕，九江壽春人也。孫策之襲袁術，欽隨從
給事，及策東渡，拜別部司馬……權討關羽，欽督水軍入沔，遷，道病卒……子壹
封宣城侯。……卒，壹無子，弟休領兵。」

泰[42]、陳武[43]、淩操[44]等，仍然在孫權時代繼續獲得重用，尤以軍功聞名。然而，孫氏實施世兵制，這批功臣後裔漸次走向士族化。第三類是南方土著——山越，山越到底是另一種種族，抑或其中大部分是漢人，是許多學者仍在爭論的謎。無論如何，他們並沒有像第一類第二類人那樣地參入孫氏政權，孫氏政權與他們處於對立狀態，從〔吳書〕列傳中發現許多人因平定山越民帥而封侯賜爵[45]。

〔三國志·吳書〕中所尋得的官吏，按其社會成分統計於下：

孫吳統治階級社會成分統計表

	士　　族		小　　姓		平　　民		合計
	數量	百分比	數量	百分比	數量	百分比	數量
Ⅰ前期（開國至赤烏八年陸遜丞相卒 220～245A.D）	31	38.3	19	23.4	31	38.3	81
Ⅱ後期（孫權赤烏九年至吳亡 246～280A.D）	58	54.2	31	29.0	18	16.8	107

孫氏政權前期之中，士族加小姓占百分之六十一點七，平民官占百分之三十八點三，表示出當其開國之始，政權更有濃厚的貴族色彩，正如上文分析，孫氏立基南方，極力拉攏江東大族參加政權，早年功臣如廬江大士族周瑜、臨淮地方富豪魯肅、吳郡四大姓朱張顧陸、會稽經學世家虞氏、謝氏等，尤以顧雍爲相十九年及陸遜繼之爲最明顯，卽如北來避亂的人士之中，亦有大族子弟，如瑯邪諸葛氏。

平民官吏比例雖低，但並未排斥於統治階級之外，在前期三十一

42　〔吳書〕第十「周泰傳」：「周泰字幼平，九江下蔡人也。與蔣欽隨孫策爲左右，服事恭敬，數戰有功……膚瘡纈，拜平虜將軍……封陵陽侯，黃武中卒，子邵以騎都尉領兵……黃龍二年卒，弟承領兵襲侯」。

43　〔吳書〕第十「陳武傳」：「陳武字子烈，廬江松滋人。孫策在壽春，武往俯謁，時年十八，長七尺七寸，因從渡江征討，有功，拜別部司馬。策破劉勳，多得廬江人，幷其精銳，乃以武爲督，所向無前。及權統事，轉督五校。」

44　〔吳書〕第十「淩統傳」：「淩統字公績，吳郡餘杭人也。父操，輕俠有膽氣，孫策初興，每從征伐……及權統軍，從討江夏……中流矢死。統年十五，左右多稱述者，權亦以操死國事，拜統別部司馬，行破賊都尉，使攝父兵」。

45　參見高亞偉「孫吳開闢瓬越考」刊於〔大陸雜誌〕7卷7、8期，1953。

位平民官吏之中，文士占十一人，大都是上文所引自中原南奔者。其
中步隲在赤烏九年繼陸遜爲丞相。前期以吏出身者有六人；兵出身者
七人；農出身者一人；道出身者二人；未詳者四人，加文士十一人，
共計平民官吏三十一人。機會雖不多，並未完全閉塞。

　　後期士族官吏的比例一躍而達百分之五十四點二；小姓官吏略升
爲百分之二十九；平民官吏落至百分之十六點八。表示出其士族化之
繼續。孫吳似乎也有九品中正制度，〔三國志〕卷六十一〔吳書〕第
十六「潘濬傳」末注引〔襄陽記〕曰：

> 襄陽習溫爲荆州大公平，大公平，今之州都（潘眉曰：爲作大公
> 平，今之州都中正，周壽昌曰：晉承其制，遂有大中正之設），
> （潘）祕過辭於溫，問曰：先君昔日君侯當爲州里議主，今果
> 如其言，不審州里誰當復相代者。溫曰：無過於君也。後祕爲
> 尚書僕射，代溫爲公平，甚得州里之譽。

可能在末期部分地區實施，詳細辦法已無記載可考。然從列傳的記
載中發現，子孫襲爵領父兵者，又有奉邑制[46]，孫氏政權封建意味最
濃。這種發展，自有其特殊因素，孫氏初期立基江東，惟有五郡[47]。
經孫權銳意經營，本文上述漢末以前定居江東的吳郡會稽大姓，以及
漢末時南奔的中原人士，大都納入其政權，而南方土著山越，地方
民帥等，一直與孫氏處於對立狀態。濱口重國氏謂，孫氏有奉邑制、
世兵制等，因孫氏除了北有強敵曹操、西有強敵劉蜀以外，境內山越
不寧。孫氏無法負擔龐大的軍事費用，故有類似封建制的辦法出現，
使大族能自行供養世兵部曲[48]。另一方面，江南下層階級中農民在財
富上分化出上下層次來[49]，演變成與上層社會同一方向的平行發展，

---

[46]　參見川勝義雄〔中國中世史研究〕書中「貴族制度と孫吳政權下江南」文1970。濱
　　　口重國〔秦漢隋唐史の研究〕第十一章「吳蜀の兵制と兵戶制」1966。
[47]　同註46引濱口重國書。
[48]　〔吳書〕第一「吳主傳」建安五年：「是時惟有會稽吳郡丹楊豫章廬陵，然深險之
　　　地，猶未盡從，而天下英豪布在州郡，賓旅寄寓之士，以安危去就爲意，未有君臣
　　　之固……分部諸將，鎮撫山越，討不從命」。
[49]　唐長孺「孫吳統治期間農民封建化的迅速發展」〔三至六世紀江南大土地所有制的
　　　發展〕，1957。

門第社會是一套極其層次化的社會，江東的發展已刻劃出概略的模型，這便是東晉朝門第社會的溫床。

（三）劉蜀政權之社會成分

自漢室失去統御的力量，州牧擁兵自立，各自為政，劉焉劉璋雄據四川，亦一方之霸，然以四川人而言，劉焉劉璋是外來的統治者，不幸兩者關係並不融洽，劉焉曾「託他事殺州中豪強王咸、李權等十餘人以立威刑」[50] 於是乎蜀郡人[51]「犍為太守任岐及賈龍由此反攻焉，焉擊殺岐龍」[52]，劉焉之克岐、龍，得力於東州兵[53]，東州兵者，是「南陽三輔人流入益州數萬家，收以為兵，名曰東州兵」[54] 東州兵與劉焉都是外來者，又助焉平定蜀人，故受優容，至劉璋時尤甚，可能侵犯到四川大族的利益，遂引起一次重大的衝突，〔蜀書〕第一「劉二牧傳」裴注引〔英雄記〕云：

> 璋性寬柔無威略，東州人侵暴舊民，璋不能禁，政令多闕。益州頗怨，趙韙素得人心，璋委任之，韙因民怨，謀叛，乃厚賂荊州請和（劉表），陰結州中大姓，與俱起兵，還擊璋，蜀郡廣漢犍為皆應韙，璋馳入成都城守，東州人畏威（韙），咸同心並力助璋，皆殊死戰，遂破反者，進攻韙於江州，韙將龐樂李異反殺韙軍，斬韙。

按官職與事蹟對照，〔蜀書〕〔英雄記〕中趙韙可能卽〔華陽國志〕中的安漢趙穎[55]。 安漢縣有大姓陳范閻趙[56]， 故趙韙本人亦是大姓，

50　〔蜀書〕第一「劉二牧傳」語。
51　〔蜀書〕第一「劉二牧傳」注引〔英雄記〕云：「（任）岐、（賈）龍等皆蜀郡人」
52　同註50。
53　〔蜀書〕第一「劉二牧傳」注引〔華陽國志〕云：「漢獻帝初平二年，犍為太守任岐與賈龍惡焉之陰圖己計也，舉兵攻焉，燒城郭邑下邑眾之，東州人多為致力，遂克岐、龍。」
54　〔蜀書〕第一「劉二牧傳」裴注引〔英雄記〕語。
55　〔華陽國志〕卷一「巴志」：「（漢）獻帝興平元年，征東中郎將安漢趙穎建議分巴為二郡，穎欲得巴舊名……」。
　　〔蜀書〕第一「劉二牧傳」末「以韙為征東中郎將」，同卷「劉璋傳」首注引「趙一清曰：〔續郡國志〕巴郡注引譙周〔巴記〕曰：初平六年，趙韙分巴為二郡，欲得巴舊名……」事蹟與官職皆同，故趙韙可能是安漢趙穎。時間差異見上條注引全祖望考證。
56　〔華陽國志〕卷一「巴志」巴西郡安漢縣條「號出人士，大姓陳范閻趙」。

又「陰結州中大姓，與俱起兵」，外來者劉璋及東州兵背水一戰，才
戰勝四川大姓，是時建安六年。這次事件，使劉璋與四川大姓之間關
係破裂。劉備應邀入川是建安十六年，十七年璋備不和，十九年璋
降。似乎並不見四川大姓助璋的記載。

　　以四川人而言，劉備也是外來的統治者，狩野直禎氏計算〔蜀
書〕自「諸葛亮傳」至「楊戲傳」凡得五十六列傳，其籍貫分配為：
荊州二十二人，益州十八人、司隸五人、徐幽涼豫各二人、冀青兗各
一人[57]。劉備遭遇到與劉焉劉璋同樣的難題，諸葛亮處理這個難題的
方式為：中央級官吏如錄尙書事、平尙書事、尙書令、尙書僕射等以
非益州人為主體；丞相府的主簿、參軍等，非益州人與益州縣大姓參
半；地方級官吏如治中從事、別駕從事、議曹從事、督軍從事、部郡
從事等，用益州縣大姓[58]。在諸葛亮的嚴刑、公平的治理之下[59]，似乎
還沒有發生衝突現象。然劉備政權這種用人方式，將使人才枯竭，尤
其是中央官吏和武將，且將〔蜀書〕的人物，按其社會成分統計於下：

劉蜀政權統治階級社會成分統計表

	士　族		小　姓		平　民		合計
	數量	百分比	數量	百分比	數量	百分比	數量
I　前期（黃皓當政以前 220～245A.D）	14	19.7	10	14.1	47	66.2	71
II　後期（黃皓當政至蜀亡 246～263A.D）	19	40.4	21	44.7	7	14.9	47

57　參見狩野直禎「蜀漢政權の構成」，〔史林〕42卷4期，1959。

58　同註57。

59　〔蜀書〕第五「諸葛亮傳」裴注引〔蜀記〕云：「亮刑法峻急，刻剝百姓，自君子
　　小人，咸懷怨歎，法正諫曰：昔高祖入關，約法三章，秦民知德，今君假借威力，
　　跨據一州，初有其國，未垂惠撫，且客主之義，宜相降下，願緩刑弛禁，以慰其
　　望。亮答曰：君知其一，未知其二，秦以無道，政苛民怨，匹夫大呼，天下土崩，
　　高祖因之，可以弘濟；劉璋闇弱，自焉以來，有累世之恩，文法羈縻，互相承奉，
　　德政不舉，威刑不肅，蜀土人士，專權自恣，君臣之道漸以陵替，寵之以位，位極
　　則賤，順之以恩，恩竭則慢，所以致弊，實由於此，吾今威之以法，法行則知恩，
　　限之以爵，爵加則知榮，榮恩並濟，上下有節，為治之要於斯而著」。

前期平民官吏占百分之六十六，幾近三分之二，士族與小姓官吏比例甚低。正如上章分析，劉備雖託漢裔之名，實則甚少大士族、官僚、地方豪族歸附。平民官吏的出身又可統計於下：

	文　士	吏	兵	未　詳	共　計
數　　　量	20	5	5	17	47
百　分　比	42.6	10.6	10.6	36.2	100.0

單身之士，大都是在荊州時所得，隨劉備入川。

第二期卽黃皓當政至蜀亡，〔蜀書〕上共得四十七個官吏，其中十一人由第一期任官而延續至第二期者，平民占七人，嗣侯襲官者有十六人，另有十人亦可能以父爲官，其他三人未詳。嗣侯襲官及以父爲官的現象是劉備政權後期的普遍現象，意味著已經參加政權者其子孫有高度的保障，使統治階層局限於一個小圈圈內。人才的枯竭自諸葛亮時已經發現[60]，至後期更加嚴重。

（四）三國統治階層社會成分之比較

曹魏	士族	小姓	平民	孫吳	士族	小姓	平民	劉蜀	士族	小姓	平民
I	29.0	14.5	56.5	I	38.3	23.4	38.3	I	19,7	14.1	66.2
II	38.7	24.5	36.8	II	54.2	29.0	16.8	II	40.4	44.7	14.9
III	47.1	37.6	15.3								

60　〔蜀書〕第五「諸葛亮傳」裴注引〔漢晉春秋〕（卽「後出師表」）曰：「自臣到漢中，中間蒸年耳，然喪趙雲陽羣馬玉閻芝丁立白壽劉郃鄧銅等，及曲長屯將七十餘人，突將無前，賨、叟、青羌散騎、武騎一千餘人，此皆數十年之內所糾合四方之精銳，非一州之所有，若復數年，則損三分之二也，當何以圖敵，此臣之未解五也」。

　　比較魏、吳、蜀三國政權的社會成分；發現孫吳第一期與曹魏第二期、孫吳第二期與曹魏第三期的比例極相似。這表示孫吳政權從其立國之始，已是高度貴族化。而曹魏與孫吳政權不但同樣走向一條歷史軌道，且屬同一速率。劉蜀第一期與曹魏第一期較類似，說明兩個政權初期性質相似，祇是前者型小，後者型大，前者有一州，後者居於中原。劉蜀第二期已發展成高度的士族化，如前文所述，其政權基礎已囿於既定的統治階層，強烈排斥新血輪加入。曹魏亦朝向士族化推進，九品官人法演變的結果，日趨士族化，亦屬於一種圈圈內選擇的選舉制度，但曹魏有其時間空間二方面的優越條件，所謂空間優越條件，指曹魏境內是當時中國最開發的地區，文化水準高，士子眾多，九品中正制之初意，亦在於收納因戰亂而散失的人才，士子眾多則表示圈圈內候選人多，維持著圈內競爭與流動的型態，此所以九品中正制不等於世襲制度也。所謂時間優越條件，指曹魏有較充裕的時間，由功臣世襲型態轉移到九品中正的新制度上。所以曹魏無人才枯竭現象。自漢朝選舉制度弊端叢生、以及漢末政局紊亂以來，魏文帝時吏部尚書陳羣所創的九品官人法，是無法之中的辦法，在魏、蜀、吳三個政權比較之下，曹魏的制度似乎略勝一籌。

四、結論──三國時期之社會變動

(一) 士

　　余英時先生在「漢晉之際士之新自覺與新思潮」文中指出，「東漢中葉以前，士大夫之成長過程較為和平，故與其他社會階層之殊異，至少就其主觀自覺言，雖存在而尚不甚顯著。中葉以後，士大夫集團與外戚宦官之勢力日處於激烈爭鬪之中，士之羣體自覺意識，遂亦隨之而日趨明確」[61]。按士與社會上其他人物較之，原本有其獨立

---

[61]　參見余英時「漢晉之際士之新自覺與新思潮」，刊於〔新亞學報〕第4卷第1期，頁26，1959。

特行的外在表現與內在觀念，經與宦官外戚衝突激發之共同利害，很自然地形成自我團體，黨錮事件士受害最烈，也是士互相奧援，急速交流的高潮。兩漢已發展出若干士族，論者多矣！然尚未有如兩晉南北朝般的門第社會。公私立教育盛行，社會上亦有許許多多單士，「黨錮列傳」中有許多人是未曾任官的「處士」，跟隨這次運動的主要後援隊——太學生，僅是官吏候選人，亦屬「處士」。這些人物之中，有許多人是平民出身，至少在東漢末葉士族與單士的界線分別不大。也就是說當時職業間的階級意識較濃，同職業中地位高下的意識較淡[62]。捲入黨錮事件的士，紛返故里，他們有的是社會領袖，有社會勢力。黨錮也者，禁錮終身不得爲仕之意，在學而優則仕的時代，是嚴重的處罰。漢政府既已無門而入，他們等待其他機會。三國之際，天下大亂，羣雄並起，各方爭相吸收社會勢力，以爲爭天下的資本；士遂流入各勢力集團之中，從下列統計中，可發現在魏蜀吳初期政權中，單士在平民出身的官吏中所占比例甚高。

	文　士		未　詳		其　他		平民官吏
	數量	百分比	數量	百分比	數量	百分比	總　數
曹魏初期	35	47.3	19	25.7	20	27.0	74
孫吳初期	11	35.5	4	12.9	16	51.6	31
劉蜀初期	20	42.6	10	21.2	17	36.2	47

黨錮事件促進士的自我團體凝結力甚大，他們散居各方，仍維持往來，如受孫氏重用的張昭「與琅邪趙昱、東海王朗俱發名友善……昭每得北方士大夫書疏…」[63]，張紘「建安四年，策遣紘奉章至許宮，留爲侍御史，少府孔融等皆與親善」[64]，「紘至，與在朝公卿及知舊

62　例如時黃憲世貧窶，父爲牛醫，潁川荀淑、同郡陳蕃、周擧皆對黃憲甚尊敬，語見〔後漢書〕卷五十三「黃憲列傳」。

63　〔吳書〕第七「張昭傳」文。

64　〔吳書〕第八「張紘傳」文。

述策材略」[65]，吳國會稽餘姚虞翻與孔融書信往返，討論經學[66]。劉
蜀尹默與荆州士大夫交往頗深[67]，另一位劉巴「交四海英雄」拒「與
兵子（張飛）共語」[68]，劉巴所謂四海英雄是指張昭、陳羣等。蜀政
權中許靖亦未脫離與中原士大夫交往[69]。空間與時間都能維持久遠，
有賴於內在因素，〔世說新語〕中記載的漢晉間士大夫逸聞軼事，充
分表露出他們蘊含著一股精神體，亦即如陳寅恪錢穆先生所強調的學
術品德[70]。

　　單士之成爲士族、士族之繼續發展，其主流仍應從曹魏政權中探
索，五井直弘氏從中古士族血緣來觀察，後漢與曹魏之間有斷層現
象，而兩晉以降的士族大都源於曹操「辟召」的人物[71]；此事實應從
另一角度解釋這批人物，兩晉南北朝士族從學術文化背景看，其脈
絡應上溯黨錮人物，當時他們多數是在野身分。曹操勢力初期以譙沛
地方豪族爲主體，得荀彧以後，經彧之推薦遂有大量士大夫加入。對
曹操而言，是政權基礎的擴大，對士大夫而言，隨著許昌政權的穩
定，原本在漢朝未能求得的名位，終於實現，也就是說他們由在野步
入從政，由社會領袖的身分兼具政治領袖的身分，是單士的上升，亦
是士族的繼續發展。嘉平年間司馬懿勝曹爽的政潮，代表著傳統王朝
功臣嗣襲方式的挫折，具有學術文化精神體的士大夫，進一步發展，
單士成爲官僚，再成爲士族。往昔他們的自我意識，今日又可在排外
的作法上表現出來，九品中正制是也。

（二）地方豪族

　　曹操集團初期勢力之形成，深得地方豪族之助，並成爲曹魏政權

65　同註64聚注引〔吳書〕日文。
66　〔吳書〕第十二「虞翻傳」。
67　〔蜀書〕第十二「尹默傳」。
68　〔蜀書〕第九「劉巴傳」注引〔零陵先賢傳〕。
69　〔蜀書〕第八「許靖傳」。
70　參見陳寅恪〔隋唐制度淵源略論稿〕1944、〔唐代政治史述論稿〕1944。錢穆〔略
　　論魏晉南北朝學術文化與當時門第之關係〕（〔新亞學報〕5卷2期1963）。
71　五井直弘「曹操政權の性格について」。〔歷史學研究〕195,1956。

中的重要支柱，前文已有論及。漢末天下大亂，中原或四戰之地受禍
最烈，單士較易於四散避難[72]，地方豪族大都以田地產爲基業，遷徙
困難，然兵燹可怕，安危可慮，如潁川荀氏在本文分類雖列爲士族，
其遷移宗族的記載，可作地方豪族的寫照，〔魏書〕第十「荀彧傳」
曰：

> （彧）謂父老曰：潁川，四戰之地也，天下有變，常爲兵衝……
> 獨將宗族至冀州，（從韓馥。留者後多爲董卓將李傕所殺略
> 焉）。

〔蜀書〕第八「麋竺傳」亦云：

> 麋竺字子仲，東海朐人也，祖世貨殖，僮客萬人，貲產鉅億。
> （裴注引〔搜神記〕曰：竺歎曰：「人生財運有限，不得盈溢，
> 懼爲身之患害。」時三國交鋒，軍用萬倍，乃輸其寶物車服以
> 助先主（劉備），黃金一億斤，錦繡氈罽積如丘壠，駿馬萬疋
> ……。）

劉備勢力極蹙，願依附的地方豪族遠不如曹操之多，此在上章已有細
論。然淮、泗之地，地近江東，南方沃野萬里，少戰爭，南下依孫氏
者眾多。魯肅的想法可代表其心聲，〔吳書〕第九「魯肅傳」注引〔
吳書〕云：

> （肅曰）中國失綱，寇賊橫暴，淮、泗閒非遺種之地，吾聞江
> 東沃野萬里，民富兵強，可以避害……（相率）渡江往見（孫）
> 策。

歷代新王朝之建立，若經戰爭而有天下者，常有這一類的地方豪族依
附，成爲後來的開國功臣，封侯賜爵，傳綿若干世。以地方豪族而
論，這是家族地位之上升，一躍而成爲士族。這類人雖升爲士族，但
與經術傳家而來的士族稍有差別，兩者仍有衝突，曹魏政權中譙沛集
團與潁汝集團間的政爭，即其例也；當然，譙沛集團之失勢，並非表
示這一類的士族完全被排除於統治階級之外，事實上有一部分仍在兩

---

[72]　參見龐聖偉〔論三國時代之大族〕第五章。〔新亞學報〕6卷1期，1964。

晉南北朝扮演次級士族的角色，如曹氏、夏侯氏。然而，繼續能夠留在統治階級中的士族（由地方豪族晉升的士族），必須隨著這個時代的潮流——士族化、官僚化，失去其原來的性格。

（三）其他

以吏身分上升者，魏初期得十五人，占平民官吏百分之二十點三；吳得六人，占平民官吏百分之十九點三；蜀得五人，占平民官吏百分之十點七。儒吏之辭，屢見於漢代的言論中，本文不作討論。然自儒家興起，吏的機會日減。以兵的身分上升者，魏初期得二人，占平民官吏百分之二點七；吳得七人，占平民官吏百分之二十二點六；蜀得五人，占平民官吏百分之十點七。其他俠盜共得二人，道得二人，農得一人。凡此皆開國之際上升者。

綜上所述，在三國時期單士與地方豪族的動態，可由下圖示之：

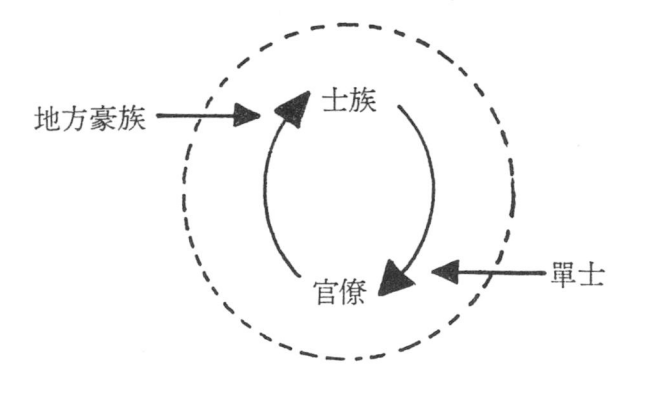

士族與官僚互轉，融合成中古的統治階層，這個核心的外殼（虛線），越變越硬，三國以後的單士與地方豪族漸漸無法打入，門第社會於焉成立，而三國時期是中古七百年門第社會的上坡面。

——本篇原刊於〔中央研究院歷史語言研究所集刊〕第四十六本第一分

第六篇 兩晉南北朝主要文官士族成分的統計分析與比較

一、前言

〔晉書〕卷九十二「文苑傳」中「王沈傳」說：

> （王沈）少有俊才，出於寒素，不能隨俗沈浮，爲時豪所抑，仕郡文學掾，鬱鬱不得志，乃作「釋時論」。其辭曰：……百辟君子，奕世相生，公門有公，卿門有卿。指禿腐骨，不簡蛍儜。多士豐於貴族，爵命不出閨庭。四門穆穆，綺襦是盈。仍叔之子，皆爲老成。賤有常辱，貴有常榮。肉食繼踵於華屋，疏飯襲跡於耨耕。

王沈或許因爲在當時極不得意，說出上面的話，但也不是無病呻吟，無的放矢。因爲士族[1] 的醞釀，到東漢時開始轉盛。 建安年間，曹操爲了平定中原，立法用人，或有不利於士族子弟處。這種現象，隨魏文帝曹丕登基而轉變，他採取吏部尚書陳羣的建議，訂立以九品中正爲用人取士的制度。九品中正的精神，是想恢復古代鄉舉里選的遺意，

---

[1] 兩晉南北朝正史，以及後來學者對該期間累世官宦家族之稱呼，共得二十八種。曰高門；曰門戶；曰門地；曰門第；曰門望；曰膏腴；曰膏粱；曰甲族；曰華僑；曰貴遊；曰勢族；曰勢家；曰貴勢；曰世家；曰世胄；曰門胄；曰金張世族；曰世族；曰著姓；曰右姓；曰門閥；曰閥閱；曰名族；曰高族；曰高門大族；曰士流；曰士族。上列二十八種稱呼，所指意義小異而大同，由於各人對同一事實所着重之點不同，遂有名詞上的差異。且觀乎〔新唐書〕卷一百九十九「柳沖傳」：「魏氏立九品，置中正，尊世胄，卑寒士，權歸右姓已，其州大中正、主簿，郡中正、功曹，皆取著姓士族爲之，以定門胄……。郡姓者以中國士人差第閥閱爲之……」。短短數言之中，接連應用「世胄」、「右姓」、「著姓」、「士族」、「門胄」、「閥閱」等六名詞，所指事物則一。本文爲便利起見，權且以「士族」一詞作爲代表。

所以朝廷任命官吏，特別重視鄉評[2]。因此，九品中正起初並不是為士族而設立，然而這個制度漸漸士族化[3]，成為士族把持政治地位的有力工具，加上高門大族在經濟上的特權，教育重心聚集於家族，以及門第婚姻和社會觀念等因素，推波助瀾，越變越烈。從西晉東晉的優借士族[4]，相沿到宋、南齊、梁、陳而無法更改。拓拔元氏入主中國北方，為了政權能夠保持長久計，學習中國的文物，模仿中國的社會制度，尤其自孝文帝遷都洛陽以後，幾乎完全接受中原漢族的門第觀念，所以在變胡姓為漢姓之後，門第階級順理成章地漸漸替代了種族階級，於是乎評定四海士族[5]，作為銓量選舉百官的準則。在事實上，不論南朝或北朝，士族子弟是當時官吏的主要候選人。在私天下時代，父祖不問自己子孫賢能與否，用盡一切方法與手段，想使後代高位厚祿，長保富貴，乃是人情之常。所以「公門有公，卿門有卿」的現象，可以說歷代皆有，所不同的只是程度差別而已。但是，正如索魯金氏(Pitirim A. Sorokin) 在他的〔社會和文化變動論〕書中所說[6]：

世界上幾乎可以說沒有一個社會，其階級變動完全閉塞。

百分之百的階級社會，既不存在。因此，士族在當時究占若干比例，便值得研究了。本文的主旨，想用清晰的數字與比例，表明士族在兩晉南北朝時各種主要官吏所占的成分，藉此分析與比較當時政治社會的現象。在行文之前，先簡述士族標準的劃分及取材的方法。

（一）士族、小姓、寒素標準的劃分

兩晉南北朝的士族，門第有高低大小之分。南朝以王謝為首，北朝以崔盧為大。各姓的政治社會地位，隨族望的不同而有差異，這點在兩晉南北朝史書裏，隨處可見。族望高低的差別，全是相對的觀

2 〔廿二史劄記〕卷八「九品中正」條。
3 參見宮崎市定著〔九品官人法の研究〕頁168，1956，「九品官人法の貴族化」條。
4 〔顏氏家訓〕卷四〔涉務篇〕第十一。
5 〔魏書〕卷六十三「宋弁傳」。
6 Pitirim A. Sorokin: *Social and Cultural Mobility* p.161. 1927, Paperback 1964。

念。如有一士族，比上不足，比下有餘；這個士族對於較高士族而言，
將被稱爲寒族。然而對於較低的士族而言，儼然又以膏粱自居了。例
如北朝崔氏有兩大支。一個是淸河崔氏；一個是博陵崔氏。前者門望
比後者爲高，後者每受前者輕視。〔北齊書〕卷二十三「崔悛傳」說：

> 悛每以籍地自矜。謂盧元明曰：「天下盛門，唯我與爾，博
> 崔、趙李，何事者哉？」崔暹（博陵崔氏）聞而銜之。

甚至有人將博陵崔氏視爲寒族。〔魏書〕卷二十一上「高陽王雍傳」說：

> （高陽王雍）元妃盧氏薨後，更納博陵崔顯妹，甚有色寵，欲以
> 爲妃。世宗初以（博陵）崔氏，世號東崔，地寒望劣，難之，
> 久乃聽許。

其實博陵安平的崔氏，也是北方大族。〔北齊書〕卷三十「崔暹傳」
中說：

> （崔暹）博陵安平人，漢尚書寔之後也，世爲北州著姓。

博陵崔氏與淸河崔氏比較之下，被稱爲東崔，被視爲「地寒望劣」，
這並非博陵崔氏眞正屬於寒劣之族，而是與淸河崔氏相形之下不如罷
了，這都是在相對的情況下所產生的高族與寒族的稱呼。所以在研究
士族時，需要排除這種高低大小之分，而建立一個較爲客觀的具體標
準。士族的主要內容，實指累世官宦、門閥顯耀及經學傳家等諸方面
而言，而尤其以在官宦上顯達爲士族主要的高低標準。所以「世二千
石」、「累世公卿」等名詞，常見於史冊，而父祖高官崇職，亦被子
孫們視爲家族門第高低的象徵。然而累世幾代，居官幾品以上，方
爲士族的最低標準呢？這是亟需先予解決的問題。誠如瑯邪臨沂王
氏，「七葉之中，名德重光，爵位相繼」（〔梁書〕卷三十三「王筠
傳」），及弘農楊氏「自震至彪，四世太尉，……爲東京名族」（〔
後漢書〕卷五十四「楊震列傳」附彪傳）。若以這兩族的累官世數及
居官品位作爲士族的最低標準，則兩晉南北朝幾百年間沒有幾個士族
了。所以過嚴或過寬的標準，都將不合於當時社會的實情。本文暫定
兩個辨別士族的標準，作爲研究的基礎。即三代之中有二代居官五品

以上，同時合於這兩個條件者，視為士族。理由申述於下：

　(1)以三代作標準的理由有二：

　其一、依據〔新唐書〕卷一百九十九「柳沖傳」說：

　　郡姓者，以中國士人差第閥閱為之制。凡三世有三公者曰膏
　　粱；有令、僕者曰華腴；尚書、領、護而上者為甲姓；九卿若
　　方伯者為乙姓；散騎常侍、太中大夫者為丙姓；吏部正員郎為
　　丁姓；凡得入者，謂之四姓。

又〔魏書〕卷一百十三「官氏志」中說：

　　原出朔土，舊為部落大人，而自皇始已來，有三世官在給事已
　　上，及州刺史、鎮大將，及品登王公者為姓；若本非大人，而
　　皇始已來，職官三世尚書已上，及品登王公，而中間不降官
　　緒，亦為姓；諸部落大人之後，而皇始已來，官不及前列，而
　　有三世為中散、監已上，外為太守、子都，品登子男者為族；
　　若本非大人，而皇始以來，三世有令已上，外為副將、子都、
　　太守，品登侯已上者，亦為族。

由上列的例子，知當時制定門第，以三代任官作為標準。而且元魏分
訂族姓，含有門第的意思，亦以三代官宦為依據。

　　南朝官方從未制定門第，但有見於「柳沖傳」中北朝所行的辦
法，必定與當時社會上所共認的事實相類似，方可行得通，這極易推
想得到。然而北朝「中國士人」，其閥閱與南朝都濫觴於西晉，所以
南朝社會對士族的共認標準，當與北朝相去不遠。唯元魏之膏粱、華
腴、甲乙丙丁四姓實乃士族之佼佼者，而本文以三代之中有二代居官
五品以上者稱為士族。故本文士族定義實較中古時期門第定義略寬。

　　其二、資料不足的理由。兩晉南北朝各正史記載人物出身時，大
率只錄父祖名號與官職，或及曾祖，述及高祖之例甚少。有的可以繼
續考證索尋，有的已無從查得。如若局限四代或五代方可稱為士族，
則這些因沒有記載曾祖、高祖以上的人物，都將被排除於士族定義以
外，顯然不甚合理。所以取三代作標準，也因資料的限制所致。

(2)居官五品以上的理由有三：

其一、五品以上的品級，已將主要的官吏包羅殆盡。依據〔通典〕「職官表」中所列，晉、宋、南齊、梁、陳、北魏、東魏、西魏、北齊、北周各朝的官職品位，雖然不盡相同，屢有升降，但大體上下列幾種主要官吏的品位，各朝都列在五品或五品以上：（梁行十八班制，班大為大；周行九命制，命大為大；但都是九品制的變化）

司徒府自司徒左長史以上。

尚書省自吏部郎以上。

中書省自中書侍郎以上。

門下省自給事黃門侍郎以上。

太子府屬官自太子中庶子以上。

散官自散騎侍郎以上。

地方官自太守以上。

其二、北魏差第閥閱，分膏粱、華腴、甲、乙、丙、丁四姓。如以五品為士族的標準，可以包括四姓。見下列北魏四姓表：

姓　第	三世有官	後令品	姓　第	三世有官	後令品
膏粱	三　　　公	正一品	乙姓	九　　卿 方　　伯	正三品 正三品
華腴	尚　書　令 尚書僕射	正二品 從二品	丙姓	散騎常侍 太中大夫	從三品 從三品
甲姓	尚　　　書 領軍、護軍	正三品 正三品	丁姓	吏部郎中 正　員　郎	正四品上 正五品上

附註：一、本表根據〔新唐書〕卷一百九十九「柳沖傳」。
　　　二、本表之品位依據〔魏書〕卷一百十三「官氏志」太和後令之品位。

唯本書士族包括所有三世之中二世居官五品以上，較丁姓之正員郎定義尚寬。

其三、資料之理由。兩晉南北朝各朝史書的列傳，皆取官大者記

載之。大約五品以下的官吏而有記載者甚少。五品作爲標準，可包羅絕大部分列傳所載的官吏。是資料限制以五品作標準也。

與「士族」相對的名詞爲「寒素」，寒素的定義，當時人言之甚詳。〔晉書〕卷四十六「李重傳」中荀組嘗曰：「寒素者，當謂門寒身素，無世祚之資。」至於介于「士族」與「寒素」之間，卽稍有門資，父祖之一任官、而又未達士族標準者，特以「小姓」稱之，以與前兩者區別。

爲使士族、小姓、寒素三者間界限更爲清晰，又有下列幾點補充：

　　一、所謂父祖，係包括從父、從祖。

　　二、從其他證據中確知其爲士族，但其父祖已不可考者，仍歸類
　　　　於士族。

　　三、父祖皆爲六品或七品者，列爲小姓。

　　四、父祖有一代五品以上者，列爲小姓。

　　五、超過三代以上遠祖爲士族，但該族已趨衰微，間仕間歇者，
　　　　列爲小姓。

以三代之中有二代居官五品以上之條件作爲士族的標準，本文從〔晉書〕、〔宋書〕、〔南齊書〕、〔梁書〕、〔陳書〕、〔魏書〕、〔西魏書〕、〔北齊書〕、〔周書〕中收羅可以尋覓得到的官吏。得各朝代官吏人數如下：

晉	836人		
宋	423人	北魏	1434人
南齊	197人	東魏北齊	289人
梁	308人	西魏	178人
陳	153人	北周	319人
總計	4137人（其中有仕二朝者）		

判斷以上四千一百三十七人次之中，何人屬於士族類？何人屬於小姓類？何人屬於寒素類？再將各個官吏所歷任的主要官職，悉數列出。茲舉例說明各類的判斷，及官職的登載。

例一：〔晉書〕卷七十七「諸葛恢傳」：

諸葛恢字道明，琅邪陽都人也。祖誕，魏司空（一品官）為文帝所誅。父覬，奔吳為大司馬（吳國無中正制，但大司馬相當九品中之一品官）。

又據吳士鑑及劉承幹〔晉書斠注〕引〔御覽〕卷四百七十〔晉中興書〕曰：司空誕名蓋海內，為天下盛族。是可判斷諸葛恢屬於士族類。

諸葛恢的歷官如下：試守即丘長、轉臨沂令（七品）、安東主簿（七品）、再遷江寧令（七品）、鎮東參軍（七品）、鎮東從事中郎（六品）、尚書郎（六品）、會稽太守（五品）、秩中二千石（四品）、中書令（三品）、丹楊尹（三品）、侍中（三品）、後將軍會稽內史（三品）、左民尚書（三品）、武陵王師（三品）、吏部尚書（三品）、尚書右僕射加散騎常侍銀青光祿大夫領選本州大中正（三品）、尚書令（三品）。

例二：〔晉書〕卷六十六「陶侃傳」：

陶侃字士行，本鄱陽人也，吳平，徙家廬江之尋陽。父丹，吳揚武將軍。……伏波將軍孫秀以亡國支庶，府望不顯，……，以侃為寒官……。

按侃既不及士族標準，然亦非寒素，應列為小姓類。

陶侃的歷官如下：領樅陽令（七、八品）、廬江郡主簿（七品）、除郎中（七品）、舍人（七品）、武岡令（七品）、郡小中正、南蠻長史（六品）、江夏太守加鷹揚將軍（五品）、參東海王軍事（五品）、加揚武將軍（四品）、龍驤將軍武昌太守（三品）、使持節寧遠將軍南蠻校尉荊州刺史（三品）、平南將軍加都督交州軍事領江州刺史（二品）、征西大將軍開府儀同三司（一品）、侍中太尉（一品）。

例三：〔晉書〕卷四十四「石鑒傳」：

石鑒字林伯，樂陵厭次人也，出自寒素。

　　石鑒的歷官如下：魏時歷尚書郎侍御史（六品）、尚書左丞（
　　五品）、御史中丞（四品）、幷州刺史假節護匈奴中郎將（四
　　品）、司隸校尉（三品）、尚書（三品）、鎮南將軍豫州刺史
　　（三品）、光祿勳（三品）、特進（二品）、右光祿大夫開府
　　領司徒（一品）、司空（一品）。

　　當我們要研究某一項官職中士族占若干成分？小姓占若干成分？
寒素占若干比例？僅須將所有歷任該項官職的官吏找出統計之。依據
這種統計的結果作爲基礎，然後觀察當時政治社會的現象。

　　但是，兩晉南北朝時期的官職名目非常多，如每一個都加以討
論，必然會非常瑣碎。若能將主要的官吏加以研究，也足够觀察當時
的社會了。依照兩晉南北朝的政治制度，茲選出十六種主要官職，作
爲本文研究士族成分的抽樣。即：司徒府的司徒及司徒左長史；尚書
省的尚書令、尚書僕射列曹、吏部尚書、尚書郎丞、尚書吏部郎；中
書省的中書監令、中書侍郎；門下省的侍中、給事黃門侍郎；諸卿的
九卿、御史中丞；地方官的刺史、太守；以及主持選舉推薦的中正。
這十六種官職包括了決策官、執行官、監察官、選舉官及地方官，代
表了政府中的主要機能。茲先分別討論，最後綜合比較。有一點需申
明於前的，即司徒、尚書令、中書監令、侍中、中正官，因爲有特別
的意義，所以分類列舉人名。其他官職，不一一列舉官吏人名，一方
面是因爲這些官吏的個人重要性並不太大，一方面是因爲人數過多，
如刺史、太守等，皆有千名以上，此非篇幅所能容納得下。所以只有
統計數字。

二、統計分析

（一）司徒

〔文獻通考〕卷四十八「職官」司徒條稱：

秦置丞相，省司徒。漢初因之，哀帝元壽二年罷丞相，置大司
徒。後漢大司徒主徒衆，教以禮義，凡國有大疑大事，與太尉
同（議）。建武二十七年去大為司徒公，建安末為相國，魏黃
初元年改為司徒。晉司徒與丞相通職，更置迭廢，未嘗並立。
永嘉元年，始兩置焉。宋制司徒金章紫綬……亦與丞相並置。
齊司徒之府，領天下州郡名數戶口簿籍。梁罷丞相置司徒。歷
代皆有，至後周以司徒為地官，謂之大司徒卿。

司徒的權限，也有很大的變化，在西漢時總理萬機，東漢時則「教以
禮義，凡國有大疑大事，與太尉同（議）」。到「晉武帝即位，八坐
並置，蓋皆臺司之職，然特假以名號，不必盡知國政」[7]。「宋制司徒
……掌治民事……凡四方功課，歲盡則奏其殿最而行賞罰，亦與丞相
並置。齊司徒之府，領天下州郡名數、戶口簿籍……。後周……大司
徒卿掌邦教，職如〔周禮〕」[8]。 除此以外，司徒至少對選舉事務，
有相當的權力。例如司徒對中正官有任命之權。〔晉書〕卷六十「李
含傳」中稱：

司徒選含領始平中正。

又〔魏書〕卷四十五「裴駿傳」附裴詢傳中稱：

時本邑中正缺，司徒召詢為之，詢族叔昞自陳情願此官，詢遂
讓焉。

又〔晉書〕卷四十五「劉毅傳」中稱：

司徒舉毅為青州大中正，尚書以毅懸車致仕，不宜勞以碎務。
……於是青州自二品已上，光祿勳石鑒等共奏曰：……前被司
徒符，當參舉州大中正，僉以光祿大夫毅純孝至素，著在鄉
閭，……。

司徒對於中正所評定的品級，有審核之權。〔廿二史劄記〕卷八「九
品中正」條中稱：

7　〔歷代官職表〕卷二「內閣」上。
8　〔通典〕卷二十「職官」二司徒條。

魏文帝初定九品中正之法，郡邑設小中正，州設大中正。由小
中正品第人才，以上大中正，大中正核實，以上司徒，司徒再
核，然後付尚書選用。

因此，司徒在各朝名稱雖屢次變更，但均有存在；職權雖不如往昔（
指西漢的丞相），然在列公之中，仍較具有權力與代表性。今將各朝
的司徒分列於下：

西晉：

何曾：「父變，魏太僕、陽武亭侯。……（曾）咸熙初，拜司徒，
　　　……。武帝襲王位，以曾爲晉丞相。……（晉武帝）踐阼，
　　　拜太尉……。泰始初詔曰：……以曾爲太保，侍中如故。
　　　久之以本官領司徒。」（〔晉書〕卷三十三本傳）。「（
　　　變）曾祖父熙，漢安帝時官至車騎將軍。」裴注引〔魏書〕
　　　曰：「變從父衡爲尚書。」（〔三國志‧魏書〕卷十二「何
　　　變傳」）。士族。

石苞：「（苞）縣召爲吏，給農司馬。……（謁者郭）玄信謂二人
　　　（苞與鄧艾）曰：子後並當至卿相。苞曰：御隸也，何卿
　　　相乎？……（晉武帝）以苞爲司徒。」（〔晉書〕卷三十
　　　三本傳）。寒素。

荀顗：「魏太尉彧之第六子也（按荀氏爲魏晉間大士族）。……（
　　　晉）武帝踐阼，……其以顗爲司徒。」（〔晉書〕卷三十
　　　九本傳）。士族。

魏舒：「少孤，爲外家寗氏所養。……及山濤薨（晉武帝時），以
　　　舒領司徒，有頃卽眞。」（〔晉書〕卷四十一本傳）。寒素。

李憙：「父佺，漢大鴻臚。……魏帝告禪于晉。憙以本官（司隸
　　　校尉）行司徒事。」（〔晉書〕卷四十一本傳）。小姓。

王渾：「父昶，魏司空。……（按渾爲太原晉陽王氏，爲魏晉時
　　　大士族）。太熙初，（渾）遷司徒。」（〔晉書〕卷四十
　　　二本傳）。士族。

山濤：「父曜，宛句令。濤早孤，居貧，……（永寧）後拜司
　　　徒。」（〔晉書〕卷四十三本傳）。寒素。

王戎：「琅邪臨沂人也。祖雄，幽州刺史。父渾，涼州刺史、貞
　　　陵亭侯。……（戎）拜司徒。」（〔晉書〕卷四十三本傳）。
　　　〔晉書斠注〕引〔書鈔〕卷五十二〔類聚〕卷四十七王隱
　　　〔晉書〕曰：「代王渾（太原晉陽王氏）為司徒。」士族。

王衍：「（王戎從弟）衍……。成都王穎以衍為中軍師，累遷尚書
　　　僕射領吏部，後拜尚書令、司空、司徒。」（〔晉書〕卷
　　　四十三「王戎傳」附王衍傳）。士族。

李胤：「祖敏，漢河內太守，去官還鄉里，遼東太守公孫度欲強
　　　用之，敏乘輕舟浮滄海，莫知所終。胤父信追求積年，（
　　　不仕）。……（晉武帝時）詔以胤為司徒。」（〔晉書〕
　　　卷四十四本傳）。〔晉書斠注〕引〔御覽〕卷二百八荀勖
　　　答詔曰：「咸寧四年，司徒何曾遷太宰，詔問勖司徒……
　　　誰可也，勖表（李胤）。……在位五年。」小姓。

石鑒：「出自寒素。（晉武帝時）稍加特進，遷右光祿大夫、開
　　　府，領司徒。」（〔晉書〕卷四十四本傳）。〔晉書斠注〕
　　　引〔讀史舉正〕曰：「案本紀自平吳後至太康末，李胤、
　　　山濤、魏舒、王渾，相繼為司徒，不見有鑒。紀又云以右
　　　光祿大夫石鑒為司空，然則鑒無領司徒事。」鑒傳云太康
　　　末拜司空，是否兩職均拜過，今已不可考。寒素。

溫羨：「祖恢，魏揚州刺史。父恭，濟南太守，……懷帝即位，
　　　遷左光祿大夫、開府，領司徒……。在位未幾，病卒。」
　　　（〔晉書〕卷四十四本傳）。士族。

傅祗：「父叚，魏太常。（從祖父燮，漢漢陽太守。）……時太
　　　傅東海王越輔政，……（祗）遷司徒。……及洛陽陷沒，
　　　遂共建行臺，推祗為盟主，以司徒、持節、大都督諸軍事
　　　傳檄四方……。」（〔晉書〕卷四十七「傅玄傳」附傅祗

傳）。士族。

何劭：何曾之子。「永康初，遷司徒。」（〔晉書〕卷三十三「何曾傳」附何劭傳）。士族。

東晉：

荀組：穎川荀氏。「及西都不守，組乃遣使移檄天下共勸進。（晉元）帝欲以組爲司徒，以問太常賀循，循曰：組舊望清重，忠勤顯著，遷訓五品，實允眾望。於是拜組爲司徒。」（〔晉書〕卷三十九「荀勖傳」附子荀組傳）。士族。

王導：琅邪臨沂王氏。「及明帝即位，導受遺詔輔政，解揚州，遷司徒。」（〔晉書〕卷六十五本傳）。士族。

王謐：導之孫。「（桓）玄以爲中書令、領軍將軍、吏部尚書，遷中書監，加散騎常侍，領司徒。」（〔晉書〕卷六十五「王導傳」附謐傳）。士族。

蔡謨：「世爲著姓。曾祖睦，魏尚書。祖德，樂平太守。……康帝即位，徵拜（謨）左光祿大夫、開府儀同三司，領司徒。」（〔晉書〕卷七十七本傳）。士族。

宋：

徐羨之：「東海郯人也。祖寧，尚書吏部郎、江州刺史，未拜，卒。父祚之，上虞令。……太祖即阼，進羨之司徒。」（〔宋書〕卷四十三本傳）。小姓。

王弘：琅邪臨沂王氏。「（徐）羨之等誅，徵弘爲侍中、司徒、揚州刺史，錄尚書。」（〔宋書〕卷四十二本傳）。士族。

袁粲：陳郡陽夏袁氏。「順帝即位，遷中書監，司徒、侍中如故。」（〔宋書〕卷八十九本傳）。士族。

南齊：

褚淵：「河南陽翟人也。祖秀之，宋太常。父湛之，驃騎將軍，尚宋武帝女始安哀公主。……建元元年，（淵）進位司徒，侍中、中書監如故。」（〔南齊書〕卷二十三本傳）。士族。

梁：

謝朏：「陳郡陽夏人。祖弘微，宋太常卿。 父莊，右光祿大夫。
　　　　……高祖踐阼……改授中書監、司徒、衛將軍，並固讓不
　　　　受，遣謁者敦授，乃拜受焉。」（〔梁書〕卷十五本傳）。士
　　　　族。

王僧辯：「右衛將軍神念之子也。（太原祁人）世祖即帝位， 以
　　　　僧辯功，進授鎮衛將軍、司徒。」 （〔梁書〕卷四十五本
　　　　傳）。小姓。

陳霸先：「漢太丘長陳寔之後也。 世居潁川。寔玄孫準， 晉太
　　　　尉。……（懷安令）詠生安成太守猛，猛生太常卿道巨，
　　　　道巨生皇考文讚。……（紹泰二年）七月景子，詔授高祖
　　　　中書監、司徒、揚州刺史，……。」（〔陳書〕卷一「高
　　　　祖本紀」上）。士族。

陳：陳無異姓司徒者。

北魏：

長孫嵩：「 代人也，太祖賜名焉。 父仁，昭成時為南部大人。
　　　　……（嵩）歷侍中、司徒、相州刺史，封南平公。」 （〔
　　　　魏書〕卷二十五本傳）。按長孫氏是七族之一。

長孫冀歸：「莊帝初，……遷司徒公，加侍中。」（〔魏書 〕卷
　　　　二十五「長孫道生傳」附長孫冀歸傳）。

長孫翰：「世祖征赫連昌，道生與司徒長孫翰，宗正娥青為前驅，
　　　　遂平其國。」（〔魏書〕卷二十五「長孫道生傳」）。

古弼：「世祖崩，吳王立， 以弼為司徒。」（〔魏書〕卷二十八
　　　　本傳）。寒素。

劉尼：「本姓獨孤氏。……高宗末，遷司徒。」（〔 魏書 〕卷三
　　　　十本傳）。按獨孤氏改姓劉，為諸部大人之一。

陳建：「 代人也。祖渾，太祖末為右衛將軍。父陽，尚書。（高
　　　　祖時）……（建）遷司徒。」（〔魏書〕卷三十四本傳）。

士族。

崔浩：「清河人也，白馬公玄伯之長子。」（〔魏書〕卷三十五
　　　本傳）。

　　　「（世祖太平眞君）五年，……司徒、東郡公崔浩……輔太
　　　子以決庶政。」（〔魏書〕卷四下「世祖紀」下）。士族。

陸麗：「代人也。……世領部落。（高宗時）麗尋遷侍中、撫軍
　　　大將軍、司徒公。」（〔魏書〕卷四十「陸俟傳」附陸麗
　　　傳）。爲諸部大人之一。

尉元：「代人也，世爲豪宗。（太和）十三年進位司徒。」（〔
　　　魏書〕卷五十本傳）。部落大人。

楊椿：弘農華陰人。「建義元年，遷司徒公。」（〔魏書〕卷五
　　　十八「楊播傳」附弟楊椿傳）。士族。

崔光：「東清河鄃人也。祖曠……，仕劉義隆爲樂陵太守。父靈
　　　延，劉駿龍驤將軍、長廣太守……。（正光二年）夏四
　　　月，以光爲司徒。」（〔魏書〕卷六十七本傳）。士族。

蕭贊：祖蕭鸞，父寶卷。「建義初，……轉司徒，遷太尉，尙
　　　（莊）帝姊壽陽長公主。」（〔魏書〕卷五十九「蕭寶夤
　　　傳」附姪蕭贊傳）。士族。

尒朱彥伯：「榮從弟也，祖侯眞，高祖時幷安二州刺史、始昌
　　　侯。父買珍，世宗時武衞將軍，出爲華州刺史。……（
　　　廢帝時）又遷司徒。」（〔魏書〕卷七十五本傳）。士
　　　族。

馮誕：父熙，侍中、太師。祖朗，秦雍二州刺史。「（高祖太和）
　　　十六年，以誕爲司徒。」（〔魏書〕卷八十三上「外戚
　　　傳」上「馮熙傳」）。士族。

高肇：渤海蓨人。「父颺，字法脩。高祖初，……拜厲威將軍、
　　　河間子。……（肇）延昌初，遷司徒。」（〔魏書〕卷八
　　　十三下「外戚傳」下「高肇傳」）。小姓。

胡國珍：「安定臨涇人也 。 祖略，姚興渤海公姚遠平北府諮議參
　　　　軍。父淵，赫連屈丐給事黃門侍郎。……熙平初……遷司
　　　　徒公，侍中如故。」（同上「胡國珍傳」）。士族。

李延寔：「隴西人 。 尙書僕射沖之長子。……（沖乃敦煌公寶之
　　　　子。）（莊帝時）尋轉司徒公。」（同上「李延寔傳」）。
　　　　士族。

賀拔允：「賀拔允，字可泥，神武尖山人也 。 祖爾頭，父度拔，
　　　　俱見魏史。……魏中興初，轉司徒，領尙書令。」（〔北
　　　　齊書〕卷十九本傳）。「祖爾逗，……顯祖賜爵龍城男，
　　　　爲本鎭軍主。父度拔，襲爵。」（〔魏書〕卷八十「賀拔
　　　　勝傳」）。士族。

東魏北齊：

　　尉粲：父景，隨神武起兵，歷位太保太傅。「（粲）位司徒、太
　　　　傅。」（〔北齊書〕卷十五「尉景傳」附尉粲傳）。小姓。

　　婁昭：「祖父提，雄傑有識度，……魏太武時 ， 以功封眞定侯。
　　　　父內干，有武力未仕而卒。……（昭，神武時）遷司徒。」
　　　　（〔北齊書〕卷十五本傳）。士族。

　　婁叡：「（婁）昭兄子叡，……大寧元年，進位司空。平高歸彥
　　　　於冀州，還拜司徒。」（〔北齊書〕卷十五「婁昭傳」附婁
　　　　叡傳）。士族。

　　韓軌：「（神武帝時）歷位中書令、司徒。」（〔北齊書〕卷十五
　　　　本傳）。寒素。

　　潘樂：「廣寧石門人也 ， 本廣宗大族。…… 父永有技藝 ， 襲爵
　　　　廣宗男。……齊受禪，樂進璽綬，進封河東郡王，遷司
　　　　徒。」（〔北齊書〕卷十五本傳）。士族。

　　斛律光：斛律金之子。「（河淸三年）三月，（光）遷司徒。」
　　　　「斛律金，字阿六敦 ， 朔州勅勒部人也。……祖幡地斤，
　　　　殿中尙書。父大那瓖，光祿大夫、第一領民酋長。……（

顯祖時）進位右丞相，食齊州幹，遷左丞相。」（〔北齊

書〕卷十七「斛律金傳」）。士族。

孫騰：「祖通，仕沮渠氏爲中書舍人……。(高祖)天平初，……

又除司徒。」（〔北齊書〕卷十八本傳）。小姓。

高隆之：「本姓徐氏，云出自高平金鄉。父幹，魏白水郡守，爲

姑婿高氏所養，因從其姓。……高祖命爲從弟，仍云渤海

蓚人。(東魏孝靜帝時)，進位司徒公。」（〔北齊書〕卷

十八本傳）。士族。

高昂：「昂字敖曹，乾第三弟。……天平初，除侍中、司空公。

昂以兄乾薨於此位，固辭不拜，轉司徒公。」(〔北齊書〕

卷二十一「高乾傳」附高昂傳)。

昂父翼，字次同，「祐（魏宋王傅、光祿大夫）從父弟次

同，永安末撫軍將軍、定州刺史。」（〔魏書〕卷五十七

「高祐傳」）。士族。

趙彥深：「高祖父難爲清河太守。……父奉伯，仕魏位中書舍人

行洛陽令。……（武平）四年徵爲司空，轉司徒。」（〔

北齊書〕卷三十八本傳）。小姓。

西魏：

李弼：「祖貴醜，平州刺史。父永，太中大夫……。（廢帝時）

六官建，拜太傅、大司徒。」（〔周書〕卷十五本傳）。

士族。

王盟：「祖珍，魏黃門侍郎，……。父羆，伏波將軍，……（大

統）三年，徵拜司空，尋轉司徒。」（〔周書〕卷二十本

傳）。士族。

万俟洛干：「大統元年命爲司空，七月遷司徒。」（〔西魏書〕

卷二十三）

父普，「其先匈奴之別種也。……高祖躬自迎接，累遷太

尉。」（〔北齊書〕卷二十七本傳)。小姓。

將以上所舉各朝司徒分類統計於下：

	士　族	小　姓	寒　素	合　計
西晉	8	2	4	14
東晉	4	0	0	4
宋	2	1	0	3
南齊	1	0	0	1
梁	2	1	0	3
陳	0	0	0	0
北魏	16	1	1	18
東魏北齊	6	3	1	10
西魏	2	1	0	3
合計	41	9	6	56
百分比	73.2%	16.1%	10.7%	100%

附記：本統計表不包括宗室任司徒的人數。

　　依表中所示，寒素在西晉時有四位官拜司徒，北魏有一位，東魏北齊有一位；東晉、宋、南齊、梁、陳、北魏等朝沒有寒素任司徒者，而這幾朝小姓任司徒者亦極少。以全期而論，在異姓五十六個司徒之中，士族占四分之三，寒素占十分之一強，小姓占六分之一弱。這至少可代表列公的士族成分。

（二）司徒左長史

　　司徒府中最主要的屬官是司徒左長史，乃是因為司徒左長史的職權是協助司徒主持選舉事務，這是司徒權職萎縮後所餘剩的重要權力。司徒左長史可參與選事，見〔文獻通考〕卷四十八「總序」三公三師以下官屬條稱：

（魏）泰初三年，……司徒加置司徒左長史，長差次九品，銓
衡人倫。

又〔通典〕卷十四「選舉」二「歷代制」中稱：

晉依魏氏九品之制，內官吏部尚書、司徒左長史，外官州有大
中正，郡國有小中正，皆掌選舉。

從有關列傳的行文中，也可發現司徒左長史參與選事。如〔晉書〕卷
七十八「孔愉傳」中說：

初愉為司徒（左）長史，以平南將軍溫嶠母亡，遭亂不葬，乃
不過其品。

又〔晉書〕卷四十六「李重傳」中也說：

時燕國中正劉沈舉霍原為寒素，司徒府不從，沈又抗詣中書奏
原，而中書復下司徒參論，司徒左長史荀組以為：寒素者，當
謂門寒身素，無世祚之資。

且將司徒左長史依類統計於下：

	士　族	小　姓	寒　素	合　計
晉	20	2	2	24
宋	14	0	0	14
南齊	10	1	0	11
梁	10	1	1	12
陳	7	0	0	7
北魏	8	5	0	13
東魏北齊	4	1	1	6
西魏	3	0	0	3
合計	76	10	4	90
百分比	84.5%	11.1%	4.4%	100%

　　寒素能擔任司徒左長史者，寥若晨星，宋、南齊、陳、北魏、西魏等朝則不見有寒素。即以小姓而論，亦只占全期的九分之一而已。九十個司徒左長史之中，士族有七十六個之多。

（三）尚書令

　　尚書的權職，從東漢起便蒸蒸日上。〔通典〕卷二十二「職官」四「尚書令」條中說：

> 後漢眾務悉歸尚書，三公但受成事而已。尚書令主贊奏事，總領紀綱，無所不統。

魏晉重中書，所以尚書權稍減，但這是一種比較的說法。尚書雖沒有東漢時權重，在兩晉南北朝時仍極華貴。如〔宋書〕卷六「孝武帝紀」中說：

> 尚書百官之元本，庶績之樞機。

又〔南齊書〕卷三「武帝紀」也說：

> 尚書中是職務根本，悉委王晏、徐孝嗣。

又〔陳書〕卷二十七「江總傳」中說：

> 昔晉武帝策荀公（勗）曾曰：周之冢宰，今之尚書令也。

無論是決策或執行，尚書省仍有很大的權力。尚書令在中央官吏之中，其地位仍然是主要的。今將各朝尚書令列舉於下：

晉：（士族）裴秀、王沈、王浚、荀勖、荀藩、王戎、王衍、華廙、和郁、王導、刁協、桓謙、王述、王彪之、陸玩、陸納、何充、諸葛恢、謝石、顧和。

　　　（小姓）衛瓘、賈充、高光、李胤、樂廣、郗鑒、卞壼。

　　　（寒素）楊珧。

宋：（士族）王僧虔、王敬弘、何尚之、袁粲、柳元景、褚淵、傅亮。

　　　（小姓）徐羨之。

南齊：（士族）王儉、柳世隆、王晏、徐孝嗣。

梁：（士族）沈約、謝朓、王亮、王瑩、袁昂、謝舉、何敬容。

　　（小姓）王僧辯。

陳：（士族）江總。

北魏：（士族）穆亮、穆紹、叔孫鄰、長孫稚、尉元、于洛拔、于忠、陸叡、陸雋、源思禮、楊津、蕭寶夤、王肅、尒朱榮、尒朱仲遠、尒朱度律、尒朱天光、尒朱世隆、賀拔允、王叡、嵇根。

　　（小姓）劉潔、韓茂、高肇。

　　（寒素）李崇、古弼。

東魏北齊：（士族）斛斯孝卿、高隆之、胡長仁。

　　（小姓）司馬子如、楊愔、徐子才、高阿那肱、綦連猛、孫騰。

　　（寒素）唐邕、趙彥深、皮景和、和士開。

西魏：（士族）斛斯椿、長孫子彥、獨孤信。

將上列所舉尚書令分類統計於下：

	士　族	小　姓	寒　素	合　計
晉	20	7	1	28
宋	7	1	0	8
南齊	4	0	0	4
梁	7	1	0	8
陳	1	0	0	1
北魏	21	3	2	26
東魏北齊	3	6	4	13
西魏	3	0	0	3
合計	66	18	7	91
百分比	72.5%	19.8%	7.7%	100%

宋、南齊、梁、陳南朝四代及西魏皆無寒素居尚書令。晉有一名

寒素，北魏有二名，東魏北齊稍多。以小姓而言，南朝亦寥寥無幾。
以全期而論，士族占十分之七，小姓占五分之一，寒素則僅百分之
七。尚書令的士族成分，無論以各朝看，或以全期看，與司徒的士族
成分頗有相似之處。

（四）尚書僕射與列曹

　　所謂尚書僕射，乃是指尚書僕射、尚書左僕射、尚書右僕射。如
〔通典〕卷二十二「職官」四「僕射」條中所說：

> 經魏晉至於江左，省置無恆，置二則為左右僕射，或不兩置，
> 但曰尚書僕射。……後魏二僕射，左居上，右居下，北齊僕射
> 職為執法，置二，則為左右僕射。

而列曹尚書，即〔通典〕同卷「歷代尚書」條所說：

> 晉初有吏部、三公、客曹、駕部、屯田、度支六曹。太康有吏
> 部、殿中、五兵、田曹、度支、左民為六曹尚書。及渡江有吏
> 部、祠部、五兵、左民、度支五尚書。宋有吏部、祠部、度
> 支、左民、都官、五兵六尚書。齊梁與宋同，亦別有起部，
> 而不常置也。陳與梁同。後魏初有殿中、樂部、駕部、南部、
> 北部五尚書，其後亦有吏部、兵部、都官、度支、七兵、祠
> 部、民曹等尚書。又有金部、庫部、虞曹、儀曹、右民、宰
> 官、都牧、牧曹、右曹、太倉、太官、祈曹、神都儀同曹等尚
> 書。北齊有吏部、殿中、祠部、五兵、都官、度支六尚書。後
> 周無尚書。

尚書僕射，「本副尚書令」[9]，「位副朝端」[10]。各部尚書至魏晉南北
朝時也已蠶食九卿的職權，而成為中央的主要執行官。其士族成分分
類統計於下：

9　〔通典〕卷二十二「僕射」條。
10　〔宋書〕卷四十二「王弘傳」中云。

	士族	小姓	寒素	合計
晉	86	26	10	122
宋	66	9	2	77
南齊	28	8	3	39
梁	37	8	8	53
陳	24	2	2	28
北魏	105	53	21	179
東魏北齊	23	12	8	43
西魏	23	5	7	35
合計	392	123	61	576
百分比	68%	21.4%	10.6%	100%

晉及南朝比北朝的士族成分稍高。以全期而言，士族占三分之二強，小姓占五分之一強，寒素占十分之一強。

各曹尚書中，吏部的地位較高[11]，有時任尚書僕射以後再遷吏部尚書，因爲吏部尚書主管選舉用人的緣故。〔陳書〕卷二十六「徐陵傳」中說：

自古吏部尚書者，品藻人倫，簡其才能，尋其門胄，逐其大小，量其官爵。

有時吏部尚書在尚書省中，表現出獨立的權職，對於選事僅與錄尚書事（錄吏部者）商議。如〔宋書〕卷八十五「謝莊傳」中說：

（宋孝武詔曰）……吏部尚書由來與錄共選，良以一人之識，不辦洽通，兼與奪威權，不宜專一故也。

又〔宋書〕卷五十七「蔡廓傳」中說：

（蔡廓）徵為吏部尚書，廓因北地傅隆問亮：「選事若悉以見

---

11 〔通典〕卷二十二「職官」四「歷代尚書」條：「歷代吏部尚書及侍郎品秩悉高於諸曹。」

付，不論；不然，不能拜也。」亮以語錄尚書徐羨之，羨之
曰：「黃門郎以下，悉以委蔡，吾徒不復厝懷；自此以上，
故宜共參同異。」廓曰：「我不能為徐干木署紙尾也。」遂不
拜。干木，羨之小字也。選案黃紙，錄尚書與吏部尚書連名，
故廓云「署紙尾」也。

又如〔魏書〕卷十九中「任城王雲傳」附元順傳說：

(元順)後除吏部尚書兼右僕射……時三公曹令史朱暉素事錄尚
書高陽王雍，雍欲以為廷尉評，頻請託順，順不為用，雍遂下
命用之，順投之於地。雍聞之大怒，……曰：「身為丞相、錄
尚書，如何不得用一人為官？。」順曰：「……未聞有別旨令
殿下參選事。」

吏部尚書因為特別的重要性，故單獨提出研究之。統計如下：

	士　族	小　姓	寒　素	合　計
晉	23	10	3	36
宋	33	1	0	34
南齊	13	1	1	15
梁	18	2	3	23
陳	9	2	2	13
北魏	22	10	8	40
東魏北齊	10	0	1	11
西魏北周	5	0	2	7
合計	133	26	20	179
百分比	74.3%	14.5%	11.2%	100%

在各項權力之中，用人權是主要權力之一。無論是君主、士族、
或其他人物，都希望獲得或控制此項權力。吏部尚書既主管選舉事用

人事務，當然是各方爭取的焦點。從上面吏部尚書士族成分統計表中，我們且研究選舉任用權歸屬的動向。劉宋三十四個吏部尚書之中，寒素獨缺，小姓僅一，士族有三十三人。士族的比例甚高，這不僅不利於小姓與寒素，且構成對君主的威脅，所以宋帝分吏部尚書為二，以輕其任。如〔宋書〕卷八十四「孔覬傳」中稱：

> 世祖不欲威權在下，其後分吏部尚書，置二人，以輕其任。

又〔宋書〕卷八十五「謝莊傳」中說：

> 上（孝武帝）時親覽朝政，常慮權移臣下，以吏部尚書，選舉
> 所由，欲輕其勢力……於是置吏部尚書二人。

而北魏君主爭取吏部尚書的方法另外有二。其一為任命宗室居此職，所以該朝宗室任吏部尚書者有八人之多。其二為任命宦官或近倖之人居此職。北魏八個寒素吏部尚書之中，趙黑、王遇、苻承祖、王質四位係宦官。董紹乃兼吏部尚書；甄深為吏部尚書，未幾又除。古弼及皮豹子皆北魏建國初期世祖時的吏部尚書。四位宦官出身者，都是以恩倖而居位，他們除協助君主以外，已無為子孫而徇私選舉的可能。除此之外，兩晉南北朝又常有錄尚書事，若分錄吏部事，則亦寓有分權之意。總之，選舉任用權在兩晉南北朝時期，似乎是君主與士族之間的爭衡，寒素與小姓很少能夠參與。

（五）尚書郎丞

在尚書省中，直接執行各種職務的有尚書丞及尚書郎，尚書丞分左右，尚書郎的數目各朝不一，據〔通典〕卷二十二「職官」四「歷代郎官」條說：

> 晉尚書郎選極清美，號為大臣之副，武帝時有三十四曹，後又
> 置運曹為三十五曹，置郎中二十三人，更相統攝，或為三十六
> 曹，……東晉有十五曹。自過江之後，官資小減……。宋高祖
> 時有十九曹……。後魏三十六曹。至西魏十二年改為十二部。
> 北齊有二十八曹，其吏部三公各二人，餘並一人，凡三十郎

中。

在兩晉南北朝正史裏，共找出五七八人，分類統計於下：

	士　族	小　姓	寒　素	合　計
晉	69	27	14	110
宋	57	11	4	72
南齊	21	17	10	48
梁	50	20	14	84
陳	20	8	2	30
北魏	134	36	5	175
東魏北齊	31	7	2	40
西魏北周	12	4	3	19
合計	394	130	54	578
百分比	68.2%	22.5%	9.3%	100%

　　尚書郎丞士族、小姓、寒素三者間的比例，與尚書僕射列曹的比例相似。士族占三分之二強，小姓占十分之二強，寒素占十分之一弱。同樣地原因，在各曹尚書郎中，以尚書吏部郎較華貴。〔唐六典〕卷二「吏部郎中」條中稱：

　　其吏部郎歷代品秩皆高於諸曹郎。魏晉宋齊，吏部郎品第五，諸曹郎第六。梁吏部郎品第四、班第十一，諸曹郎班第十（梁班大者為大）。陳因梁。後魏北齊吏部郎品正第四上，諸曹郎品正第六上。

所以士族子弟聚集在尚書吏部郎。今自尚書郎中抽出吏部郎研究之，可知其比例。

	士　族	小　姓	寒　素	合　計
晉	31	11	3	45
宋	34	1	0	35
南齊	12	3	1	16
梁	22	4	3	29
陳	4	2	0	6
北魏	23	4	2	29
東魏北齊	11	3	1	15
西魏北周	7	2	4	13
合計	144	30	14	188
百分比	76.5%	16.0%	7.5%	100%

　　吏部郎的士族成分占四分之三強，顯然較尚書郎丞的三分之二的
比例爲大。〔晉書〕卷七十五「王湛傳」中也說：

　　（王）國寶少無士操，不修廉隅，婦父謝安惡其傾側，每抑而
　　不用。除尚書郎，國寶以中興膏腴之族，惟作吏部，不爲餘曹
　　郎，甚怨望，固辭不拜。

（六）中書監令

　　兩晉南北朝另一個權力機構，爲中書省。其長官中書監、令，有
時權重如宰相。〔通典〕卷二十二「職官」四「尚書省」條中說：

　　魏置中書省，有監、令，遂掌機衡之任，而尚書之權漸減矣！
同書卷二十一「職官」三「中書省」條中說：

　　魏晉以來，中書監令掌贊詔命，記會時事，典作文書，以其地
　　在樞近，多承寵任，是以人固其位，謂之鳳凰池焉。
今尋出各朝中書監、令，分類列舉於下：

晉：（士族）裴楷、荀勖、荀組、王戎、王衍、盧志、盧諶、華廙、
和嶠、傅祗、潘尼、王導、王洽、王珉、王謐、桓胤、王坦之、
王國寶、王綏、何充、諸葛恢、謝安、謝混、王獻之、袁湛、王
恭、王敦、溫嶠、庾亮、庾冰、何劭、和郁。

（小姓）張華、庾純、繆播、卞粹。

（寒素）虞松、孫秀、陳準、李暅[12]。

宋：（士族）王弘、傅亮、謝晦、褚湛之、王球、殷景仁、何尚之、
徐湛之、王僧達、謝莊、袁粲、褚淵、袁湛、王僧虔。

（小姓）蕭思話。

南齊：（士族）褚淵、王儉、王延之、張緒、王亮、王志。

（小姓）江祏。

梁：（士族）沈約、謝朏、王志、蔡撙、袁昂、王僧辯、王勸、謝
覽。

（小姓）殷不害。

陳：（士族）王勸、沈眾、謝哲、謝嘏、張種、王固、孔奐、王瑒、
徐陵、蔡徵、沈君理。

北魏：（士族）穆壽、穆平國、穆羆、穆紹、李敷、王瓊、李神儁、
陸子彰、高允、李沖、高閭、游肇、劉芳、崔光、裴延儁、尒朱
菩提、山偉、胡國珍、胡祥、胡僧洗、李彧、魏蘭根、盧魯元、
李崇、裴粲、劉仁之、源子恭、羊深。

（小姓）劉昶、李平、袁翻、馮熙、仇洛齊、高猛。

（寒素）屈遵、鄭儼、胡延之。

東魏北齊：（士族）段孝言、李元忠、杜弼、崔劼、何胤、邢劭、元
暉業、李騊駼、元文遙、魏收。

（小姓）李元康、王琳、趙彥深、陽休之。

---

12 李暅，「愍帝紀」作李昕、「王浚傳」及〔通鑑〕卷八十七作李炬，參見〔晉書〕
卷六十「校勘記」（八）。

　　（寒素）韓軌、白建、張景仁。

西魏：（士族）蘇亮、薛寘、盧柔。

　　（寒素）周惠達、乙弗繪。

將上列所舉中書監令分類統計於下：

	士　族	小　姓	寒　素	合　計
晉	32	4	4	40
宋	14	1	0	15
南齊	6	1	0	7
梁	8	1	0	9
陳	11	0	0	11
北魏	28	6	3	37
東魏北齊	10	4	3	17
西魏	3	0	2	5
合計	112	17	12	141
百分比	79.4%	12.1%	8.5%	100%

　　有一個很明顯的現象，卽宋、南齊、梁、陳四朝不見寒素任中書監令者，就以小姓而論，除晉有四位小姓中書監令以外，宋、南齊、梁三朝每朝只有一名，陳無，似乎北朝的中書監令士族成分略低。以全期而論，士族占五分之四，寒素十二分之一。

（七）中書侍郎

　　中書省中的主要屬官是中書侍郎。除協助監令以外，其任務爲入直從駕。〔通典〕卷二十一「中書令」條中說：

　　　晉置四員，及江左初，右改爲通事郎，尋復爲中書侍郎，其職副掌王言，更入直省五日，從駕則正直從，次直守。……齊梁

省四人……。後魏北齊置四員。

從各正史中尋找出中書侍郎二百八十八人，分類統計於下：

	士　族	小　姓	寒　素	合　計
晉	33	22	6	61
宋	28	8	2	38
南齊	23	7	2	32
梁	35	6	6	47
陳	11	1	3	15
北魏	55	20	3	78
東魏北齊	10	2	1	13
西魏	4	0	0	4
合計	199	66	23	288
百分比	69%	23%	8%	100%

（八）侍中

　　繼中書省而起的重要中央機構是門下省，其長官稱為侍中。〔唐六典〕卷八「侍中」條：

　　初秦漢置侍中曹，無臺省之名，自晉始有門下省。

又〔文獻通考〕卷五十「門下省」條說：

　　東晉以來，天子以侍中常在左右，多與之議政事，不專任中書，於是又有門下，而中書權始分矣！降至南北朝，大體皆循此制。

侍中的名額，各朝都有定數。〔通典〕卷二十一「侍中」條謂：

　　魏晉以來，置四人，別加官者則非數……。及江左，興寧四年，桓溫奏省二人，後復舊……。後魏置六人，加官在其數……。

北齊侍中亦六人。

由於晉南朝的侍中有本官與加官之別，數目不定，人數稍多，今已無法分開，故一併計入，因就其對中央政治的影響力而言，加官與本官無甚區別。茲依各朝分類於下：

晉：（士族）王祥、何曾、何劭、何遵、何綏、陳騫、陳輿、裴頠、裴楷、裴憲、衛瓘、荀勖、荀藩、荀邃、荀闓、荀組、荀奕、馮紞、王戎、王渾、王濟、華嶠、華廙、華混、丁潭、李式、傅祗、阮孚、庾珉、江彪、索綝、周覬、周馥、王謐、王薈、紀瞻、周閔、甘卓、庾純、庾冰、桓沖、桓謙、桓石生、王國寶、王坦之、王浚、荀崧、王胡之、王彪之、王彬、顧榮、顧眾、顧和、虞潭、虞嘯父、陸曄、陸玩、陸始、蔡廓、蔡謨、諸葛恢、孔安國、孔愉、孔汪、孔坦、孔琳之、謝安、謝琰、謝邈、王禎之、王操之、袁猷、庾楷、顏含、羊玄之、褚秀之、褚裒、褚翜、王敦、劉弘、孔季恭、王敬弘、盧欽、和嶠、潘尼、戴邈、王導、王珣、王珉、王朗、王練、王雅、王少卿、王羲之、張茂、劉沈、王爽、劉粹。

（小姓）石崇、賈充、賈模、賈謐、賈混、山濤、山簡、樂廣、鄭球、李胤、向雄、庾峻、繆播、陶侃、溫嶠、劉隗、劉劭、熊遠、高崧、庾羲、嵇紹、鄧攸、鄭鮮之、江逌、張華、任愷、王恂、楊濟、劉暾、武茂、劉毅、周浚、郗鑒、卞粹、張闓、辛勉、郄湛、伏系之。

（寒素）石苞、楊駿、劉寔、侯史光、鍾雅、祖台之、車胤、麴允、臧熹、馮懷、程威、魏舒、劉智、孔恂、吳奮、甄德、第五猗、宋敞、荀晞、程延、韓伯、卞軏、爰瑜、秦準、檀道濟。

宋：（士族）王弘、王孺、王練、謝晦、張悅、褚淡之、褚湛之、張永、陸仲元、庾炳之、謝方明、江夷、孔季恭、孔士山、孔靈符、謝弘微、王球、殷冲、張暢、范泰、范晏、王韶之、王華、王曇首、殷景仁、殷恒、沈演之、何尚之、何偃、何悠之、徐湛

之、江湛、張茂度、王僧綽、顏竣、柳元景、顏師伯、沈文秀、沈慶之、沈文叔、蕭惠開、蕭惠基、蕭斌、劉湛、劉延孫、顧琛、沈懷文、周淳、袁顗、謝莊、王蘊、劉勔、袁粲、袁湛、王悅、阮萬齡、褚淵、柳世隆、何戢、阮韜、王僧虔、張緒、王奐、王准之、王敬弘、王景文、謝靈運。

(小姓) 蔡興宗、蕭思話。

(寒素) 程道惠、何勗。

南齊：(士族) 褚淵、褚賁、褚澄、王瞻、王儉、江謐、柳世隆、王琨、褚炫、王廣之、王倫之、蕭穎冑、王僧虔、沈沖、虞悰、王晏、江斆、何昌寓、謝瀹、王思遠、沈昭略、柳忱、王秀之、王慈、袁彖、王績、謝朓、王瑩、張充、張岱、沈文季、蔡撙、崔慧景。

(小姓) 張敬兒、李安民、江祏、江祀、徐孝嗣、夏侯亶。

(寒素) 王敬則、陳顯達、夏侯詳。

梁：(士族) 蕭穎達、柳憕、王亮、王瑩、王峻、王訓、王份、柳惲、江蒨、徐勉、蕭琛、裴之高、袁昂、謝舉、元法僧、元景隆、元樹、元願達、羊侃、王褒、王承、褚翔、蕭介、劉孝先、王僧辯、王勘、王瑒、謝朓、王瞻、王暕、王泰、周捨、徐勉、殷鈞、張纘、張綰、蕭子顯、蕭子雲、何敬容、元景仲、到漑、劉孺、王顗、王沖、王通、王茂、柳慶遠。

(寒素) 曹景宗、夏侯詳、范雲、徐世譜、蕭緬、胡僧祐、陰子春。

陳：(士族) 吳明徹、袁樞、袁泌、謝嘏、謝儼、王固、王寬、孔奐、王瑜、陸繕、孫瑒、徐陵、江總、張種、侯安都、侯瑱、王通、王勘、到仲舉、王瑒、毛喜、樊毅。

(小姓) 淳于量、章昭達。

(寒素) 黃法𣰰、杜稜、胡穎、徐度、沈恪、蕭濟。

北魏：（士族）長孫嵩 、 長孫抗 、 長孫頹、 長孫道生、 長孫冀歸、
　　穆壽、 穆平國、穆乙九、 穆眞、穆忸頭、 穆建、穆羆、 穆紹、
　　穆亮、穆吐、奚拔、安原、李韶、陸麗、李訴、蕭正表、尒朱世
　　承、尒朱度律、胡祥、胡僧洗、高隆之、賀拔允、尉眷、樓毅、
　　劉尼、于洛拔、于忠、崔光、高各拔、馮誕、盧魯元、陳建、司
　　馬楚之、司馬金龍、司馬天助、刁雍、李寶、李神儁、陸定國、
　　陸子彰、陸叡、陸雋、源懷、源子恭、羅結、羅斤、乙瓌、乙乾
　　歸、荷頹、 費穆、裴詢、 尉元、尉羽、 楊椿、楊昱、 楊津、劉
　　昶、蕭寶夤、張彝、崔亮、李平、李沖、尒朱菩提、尒朱兆、尒
　　朱彥伯、尒朱仲遠、尒朱世隆、尒朱天光、楊侃、盧同、叱列延
　　慶、斛斯椿、樊子鵠、賀拔勝、賀拔岳、李琰之、馮脩、高猛、
　　于子暉、胡國珍、李彧、李延寔、邢子才、游肇。
　　（小姓）韓茂 、 竇泰、谷纂 、 皮喜、 孔昭、郭祚、 李崇、賈思
　　同、甄琛、李神、朱瑞、辛雄、杜鳳皇、馮熙、李惠、高顯。
　　（寒素）周絃 、 古弼、張黎、奚眷、屈垣、屈道賜、和其奴、皮
　　豹子、閭毗、陸定、侯剛、王叡、王顯、宇文泰
東魏、北齊：（士族）司馬子如、高乾、封隆之、馮之琮、李祖勳、段
　　深、段孝言、斛律孝卿、劉世清、叱列長叉、高昂、裴英起、崔
　　懷、元坦、魏收、元文遙、崔季舒、元景安、陽休之、胡長粲。
　　（小姓）竇泰 、 韓鳳、孫騰、任延敬、趙起、高德政、王琳、徐
　　子才、楊愔、祖珽。
　　（寒素）張亮 、 唐邕、白建、和士開、王峻、燕子獻、趙思賢、
　　張景仁、張雕。
西魏：（士族）劉亮 、 楊忠、王盟、王懋、蔡祐、申徽、柳敏、厙狄
　　峙、韓褒、盧光、斛斯椿、長孫子彥、樊子鵠、萬寶、寇洛、若
　　干惠、宇文導、徐招、蘇亮、高愼、柳仲禮。
　　（小姓）梁禦、賀蘭祥、梁臺、史寧、高琳、王康。
　　（寒素）王羆 、 赫連達、李穆、耿豪、王德、王思政、乙弗繪、

郭崇。

將上列所舉侍中分類統計於下：

	士　　族	小　　姓	寒　　素	合　　計
晉	98	38	25	161
宋	67	2	2	71
南齊	33	6	3	42
梁	47	0	7	54
陳	22	2	6	30
北魏	89	16	14	119
東魏北齊	20	10	9	39
西魏	21	6	8	35
合計	397	80	74	551
百分比	72.1%	14.5%	13.4%	100%

　　晉與北魏士族任侍中者較多。全期士族占十分之七，寒素僅十分
之一強。

（九）黃門侍郎

　　門下省的主要屬官是黃門侍郎，職掌與侍中同，地位僅次於侍
中，號稱小門下。如〔通典〕卷二十一「職官」三「侍中」條中謂：

　　　魏晉以來，給事黃門侍郎竝為侍衛之官，員四人。宋……多以
　　　中書侍郎為之。齊亦管知詔令，呼為小門下。梁增品第，與侍
　　　中同掌侍從，儐相威儀，盡規獻納，糾正違闕，監合嘗御藥，
　　　封璽書。陳制亦然。後魏亦有。北齊置六人，所掌與侍中同。
　　黃門侍郎的出身，可見下列統計表：

	士　族	小　姓	寒　素	合　計
晉	50	20	4	74
宋	54	5	2	61
南齊	22	10	12	44
梁	35	9	6	50
陳	16	3	2	21
北魏	58	19	8	85
東魏北齊	20	6	3	29
西	19	1	5	25
合計	274	73	42	389
百分比	70.4%	18.8%	10.8%	100%

（十）九卿

　　本節從各朝正史中所收集的四百六十三個卿，即〔通典〕卷二十五「職官」七「諸卿」條所述：

　　漢以太常、光祿勳、衛尉、太僕、廷尉、大鴻臚、宗正、大司農、少府謂之九寺……。晉以太常等九卿（即漢九卿）兼將作大匠、太后三卿、大長秋皆為列卿……。宋齊及梁初皆因舊制。梁武帝天監七年，以太常卿加置宗正卿，以大司農為司農卿，三卿是為春卿；加置太府卿，以少府為少府卿，加置太僕卿，三卿是為夏卿；以衛尉為衛尉卿，廷尉為廷尉卿，將作大匠為大匠卿，三卿是為秋卿；以光祿勳為光祿卿，大鴻臚為鴻臚卿，都水使者為大舟卿，三卿是為冬卿；凡十二卿……。後魏又以太常、光祿勳、衛尉謂之三卿；太僕、廷尉、大鴻臚、宗正、大司農、少府為六卿，各有少卿。北齊以太常、光祿、衛尉、宗正、太僕、大理、鴻臚、司農、太府是為九寺。

將上述諸卿都歸在一類,統計如下:

	士　族	小　姓	寒　素	合　計
晉	68	35	15	118
宋	22	3	5	30
南齊	9	2	5	16
梁	18	15	8	41
陳	18	6	4	28
北魏	106	29	37	172
東魏北齊	21	12	6	39
西魏	14	4	1	19
合計	276	106	81	463
百分比	59.6%	22.9%	17.5%	100%

(十一) 御史中丞

監察羣司百官的責任,在兩晉南北朝時期,大都由御史中丞來負擔。正如〔通典〕卷二十四「職官」六「中丞」條稱:

晉亦因漢,以中丞為臺主,與司隸分督百僚,自皇太子以下,無所不糾,初不得糾尚書,後亦糾之。……(宋)孝武帝孝建二年,制中丞與尚書令分道,雖丞郎下朝相值,亦得斷之,餘內外眾官,皆受停駐。齊中丞職無不察,專道而行,驅輻禁呵,加以聲色,武將相逢,輒致侵犯,若有鹵簿,至相毆擊。梁國初建,又置御史大夫。天監元年,復曰中丞,中丞一人掌督司百僚,皇太子其在宮門行馬,內違法者,皆糾彈之,雖在行馬外,而監司不糾,亦得奏之,專道而行……。陳因梁制……。後魏為御史中尉,督司百僚,其出入千步清道,與皇太

子分路，王公百辟，咸使遯避，其餘百僚下馬弛車止路傍，其
違緩者以棒棒之……。自東魏徙鄴，無復此制。北齊武成以其
子瑯琊王儼兼為御史中丞，欲雄寵之，復興舊制，儼出北宮，
凡京畿之步騎領軍之官屬，中丞之威儀，司徒之鹵簿，莫不畢
備。

在一百五十三個實例之中，其分類比例如下：

	士　族	小　姓	寒　素	合　計
晉	21	15	6	42
宋	21	3	0	24
南齊	10	4	2	16
梁	16	10	3	29
陳	8	1	1	10
北魏	9	4	7	20
東魏北齊	5	4	2	11
西魏	1	0	0	1
合計	91	41	21	153
百分比	59.5%	26.8%	13.7%	100%

　　南朝的宋、齊、梁、陳的御史中丞，寒素的比例較低，約占十分
之一而已。晉及北朝寒素較多。以全期而論，士族略低於十分之六，
與上節諸卿的百分比相似。

（十二）中正

　　依選舉的程序而言，要經過推薦與任用兩階段。兩漢時公府辟掾
屬，州郡選曹僚，都是由自己薦舉而後自己試用，魏晉南北朝行九品
中正制度，推薦與任用各有主管。如馬端臨〔文獻通考〕卷二十八「

舉士」條中說：

> 按魏晉以來，雖立九品中正之法，然仕進之門則與兩漢一而
> 已。或公府辟召，或郡國薦舉，或由曹掾積累而升，或由世胄
> 承襲而用，大率不外此三四塗轍。然諸賢之說，多欲廢九品罷
> 中正，何也。蓋鄉舉里選者，採毀譽於眾多之論，而九品中正
> 者，寄雌黃於一人之口。且兩漢如公府辟掾屬，州郡選曹僚，
> 皆自薦舉而自試用之，……至中正之法行，則評論者自是一
> 人，擢用者自是一人。

推薦人物的職責，文官委諸中正，武官委諸護軍。〔通典〕卷十四「
選舉」二「歷代制」中說：

> 魏延康元年，（吏部）尚書陳羣以為天朝選用，不盡人才，乃
> 立九品官人之法。州郡皆置中正，以定其選，擇州郡之賢有識
> 鑒者為之，區別人物，第其高下。又制郡國口十萬以上，歲察
> 一人，其有秀異，不拘戶口。其武官之選，俾護軍主之。

〔文獻通考〕卷二十八「舉士」條亦說：

> 州郡縣俱置大小中正，各取本處人在諸府公卿及臺省郎吏有德
> 充才盛者為之，區別所管人物，定為九等。其有言行修著，則
> 升進之，或以五升四，以六升五。倘若道義虧缺，則降下之，
> 或自五退六，自六退七矣。

在「臺閣選舉，塗塞耳目，九品訪人，唯問中正」[13] 的制度之下，中
正的地位，顯然地非常重要。人都有某些感情偏好，絕對的公平，仍
屬理想，如果「九品所取大概多以世家為主」為因，則「其起自單族
匹士而顯貴者蓋所罕見」[14] 為果，當是順理成章的邏輯推論。且將正
史中尋找得到三百二十七名中正依其士族成分分類於下：

晉：（士族）華恒、劉毅、傅咸、庾珉、華譚、刁協、王述、王嶠、
　　　范汪、張闓、顧眾、陸曄、陸玩、陸納、何充、諸葛恢、丁譚、

13　〔晉書〕卷四十八「段灼傳」中語。
14　〔文獻通考〕卷三十四「任子」條中語。

徐廣、江逌、顏含、徐邈、何澄、王蘊、袁湛、褚秀之、江夷、
王准之、王濟、傅祗、王坦之、劉頌。

（小姓）胡毋輔之、陳壽、李重、陶侃。

（寒素）魏舒、劉沉、伏滔、何攀、孔毓、夏侯駿、張輔、李
含、王式、樂謨、韓伯、盛彥。

宋：（士族）張茂度、張永、庾炳之、孔季恭、沈曇慶、徐廣、孔琳
之、蔡興宗、王球、王韶之、荀伯子、沈演之、裴松之、劉湛、
江湛、柳元景、劉延孫、顧琛、顧覬之、鄧琬、袁顗、孔覬、王
鎮之、崔祖思、王敬弘、張緒、謝莊、沈文秀。

（小姓）蕭思話。

（寒素）檀道濟、檀韶。

南齊：（士族）王儉、劉懷珍、垣榮祖、王琨、王延之、張緒、虞玩
之、庾杲之、虞悰、陸澄、王晏、江斅、徐孝嗣、蔡約、袁彖、
孔稚珪、王奐、臧未甄、顧憲之、謝瀹、柳世隆。

（小姓）周奉叔、胡諧之、丘靈鞠、劉懷慰。

（寒素）呂安國。

梁：（士族）柳慶遠、鄭紹叔、沈約、王份、周捨、傅昭、蕭琛、陸
杲、陸倕、陸襄、袁昂、江革、蕭子雲、何敬容、何修之、丘
遲、沈眾、江蒨。

（小姓）范岫、劉之遴、夏侯亶、庾黔婁、庾於陵、庾肩吾。

（寒素）樂藹、明山賓、范雲。

陳：（士族）王通、袁敬、袁泌、虞荔、謝哲、謝嘏、張種、王固、
孔奐、陸繕、周弘正、徐陵、江總、陸瓊。

（小姓）司馬嵩、沈洙。

（寒素）宗元饒。

北魏：（士族）崔鍾、張倫、崔僧淵、長孫嵩、穆亮、穆紹、于忠、
于昕、崔隆宗、封回、封軌、王憲、張靈符、谷纂、李先、賈
秀、李憲、李鷟、李秀林、李景義、李暾、司馬纂、刁整、王慧

龍、王瓊、李韶、李彥、李虔、陸琇、源思禮、源子雍、源纂、房堅、房景先、宇文福、費穆、韋儁、韋崇、裴宣、裴昞、柳崇、柳慶和、柳楷、柳永、柳範、許琰、許璣、盧淵、盧道裕、盧道虔、盧道約、盧昶、盧元明、盧洪、李瑾、李憑、李宣茂、崔合、慕容契、游肇、劉芳、劉懌、劉騰、劉筠、鄭道昭、鄭敬叔、崔挺、崔孝芬、崔勉、楊暐、楊儉、楊寬、薛承華、畢祖朽、畢義暢、李諧、崔亮、崔光、崔勵、崔鴻、崔長文、崔休、裴延儁、裴良、裴植、裴粲、裴炯、房詮、房超、介朱世隆、盧同、辛珍之、綦洪寔、祖瑩、袁聿脩、竇瑗、崔浩、王肅、王衍、宋弁、張彝、邢巒、邢晏、李元忠、高肇、封津、郭祚。

（小姓）畢聞慰、李平、李崇、袁翻、李神、夏侯夫、賈思同、路景略、朱元旭、宋翻、辛雄、辛纂、樊子鵠、張偉、溫子昇、裴佗、劉靈助、王仲興、茹皓、侯詳、平季、朱瑞、賈顯度、高顯、趙邕、房亮。

（寒素）甄琛、陽尼、李叔虎、寇猛、侯剛、孫惠蔚、趙怡。

東魏北齊：（士族）段深、劉元孫、高季式、高永樂、魏明朗、崔悛、崔瞻、陽休之、袁聿修、李稚廉、羊烈、源彪、暴顯、陸卬、崔劼、魏收。

（小姓）劉貴、張遵業、趙彥深、唐邕、許惇。

（寒素）王峻、王松年、馬敬德。

西魏：（士族）閻慶、辛威、崔猷、蘇亮、李昶、泉元禮、泉仲遵、樊子鵠。

（小姓）梁臺、權景宣、韓雄、柳僧習。

（寒素）張軌、陳欣、冀儁。

將下列所舉中正作表統計於下：

	士　　族	小　　姓	寒　　素	合　　計
晉	31　　66.0	4　　8.5	12　　25.5	47
宋	28　　90.3	1　　3.3	2　　6.4	31
南齊	21　　80.8	4　　15.4	1　　3.8	26
梁	18　　66.7	6　　22.2	3　　11.1	27
陳	14　　82.0	2　　12.0	1　　6.0	17
北魏	107　　76.4	26　　18.6	7　　5	140
東魏北齊	16　　66.7	5　　20.8	3　　12.5	24
西魏	8　　53.3	4　　26.7	3　　20.0	15
合　　計	243　　74.3	52　　15.9	32　　9.8	327

上列表中，已將各朝各類的百分比算出，宋朝士族占的比例最高，達百分之九十強。陳、南齊次之，亦在百分之八十以上。北魏占四分之三。東魏北齊梁晉及西魏又次之，弱於三分之二。以全期而論，中正官士族占四分之三；小姓占二十分之三；寒素占十分之一。正如本節初所云，文官的推薦官是中正。如果我們認爲推薦官對用人有影響的話，士族占中正官的四分之三這件事實，就值得注意了。

（十三）刺史

嚴耕望先生在其〔中國地方行政制度史〕上編（三）卷中「魏晉南北朝地方行政制度」上册的第一章中指出：

> 魏晉南朝之地方行政，通常認爲是州、郡、縣三級制。實則州之上尚有更大之行政區域曰都督區，州刺史之上尚有更具權力之統制機構曰都督府。

又在同書引言中說：

> 就地方行政制度言，此一時代旣非典型時代，而爲秦漢型演化

為隋唐型之過渡時代，故其特徵在變遷、在演化，常見其紛亂
而複雜。北魏以異族入主，立政作制，時參胡俗，更增加制度
之複雜性。

制度在過渡時期的特點是權職不定，尤其是都督與刺史的關係。都督
因軍事需要而設立，蠶食刺史的職權，正如同刺史由監察官變成地方
行政官一樣，有地方行政官的雛型，但軍事意義似乎還大於行政意
義，「都督其時雖有其制，但尚未能完全視為地方官」（上書引言）。
且根據嚴先生書中尋錄的各區都督，似乎王室子弟占了絕大部分，所
以對於都督的分類，缺而勿論。又縣令長從正史中所得無幾。故地方
官的士族成分，且以刺史及太守為代表。今從正史中得刺史一千二百
九十七人，分類於下：

	士　　族		小　　姓		寒　　素		合　　計
西晉	23	46.0	16	32.0	11	22.0	50
東晉	116	62.0	37	19.8	34	18.2	187
宋	70	61.4	22	19.3	22	19.3	114
南齊	23	47.9	12	25.0	13	27.1	48
梁	32	39.0	19	23.2	31	37.8	82
陳	19	39.6	10	20.8	19	39.6	48
北魏	332	62.2	119	22.3	83	15.5	534
東魏北齊	73	52.9	34	24.6	31	22.5	138
西魏北周	55	57.3	23	24	18	18.7	96
合　計	743	57.3	292	22.5	262	20.2	1,297

　　上列表中所示，東晉及宋的刺史士族所占比例最大，自南齊始漸
漸下降，至梁陳達到最低點。最值得注意的事實，乃是梁陳二朝的刺
史，士族與寒素的比例相等，士族、小姓、寒素三者間的比例為40：

20：40，士族成分之低，爲各種主要官吏之最。北朝則以北魏爲最高，略與東晉及宋相等；東魏北齊及西魏北周次之。但北朝自北魏以後各朝刺史雖亞於北魏，其差異並不及南朝下降之驟。茲對各朝刺史的變化略予討論之。

西晉初年，「內官重，外官輕」[15]，所以人皆喜歡任朝官，不喜歡地方官。〔晉書〕卷四十「賈充傳」中謂賈充曾想盡千方百計以擺脫持節都督刺史，如下：

> （侍中任）愷因進說請（賈）充鎮關中，……（詔）以充爲使持節都督秦涼二州諸軍事侍中車騎將軍如故、假羽葆鼓吹給第一駟馬。朝之賢良欲進忠規獻替者，皆幸充此舉，望隆惟新之化。充旣外出，自以爲失職，深銜任愷，計無所從，將之鎮，百僚餞于夕陽亭，苟勗私焉，充以憂告，勗曰：公國之宰輔，而爲一夫所制，不亦鄙乎？然是行也，辭之實難，獨有結婚太子，不頓駕而自留矣！充曰：然，孰可寄懷？對曰：勗請言之。俄而侍宴，論太子婚姻事，勗因言充女才質令淑，宜配儲宮，而楊皇后及苟顗亦並稱之，帝納其言。會京師大雪，平地二尺，軍不得發，旣而皇儲當婚，遂不西行，詔充居本職。

再者，刺史的品位不高，司隸校尉只第三品，刺史有的四品有的五品，僅及朝官的黃門中書侍郎等官而已。

永嘉之亂時，京師連年交戰，懷愍二帝被虜，朝中公卿大臣常慮危殆。當中央控制力微衰的時候，擁有地方實力的長官，日見重要，當時北方豪族甚多築塢堡以自保，何況刺史爲地方最高長官，自然爲士族們所謀求的對象，〔晉書〕卷四十三「王戎傳」附王衍傳說得好：

> （司徒王）衍雖居宰輔之重，不以經國爲念，而思自全之計。說東海王越曰：中國已亂，當賴方伯，宜得文武兼資以任之。乃以弟澄爲荊州，族弟敦爲靑州。因謂澄、敦曰：荊州有江漢之固，靑州有負海之險，卿二人在外，而吾留此，足以爲三窟矣！

15　〔晉書〕卷四十六「李重傳」語。

　　而東晉元帝係由一百八十個地方官勸進[16]，表面上則爲對地方官（尤其刺史）優容，實際上則東晉甚難控制地方官，尤其荊州及揚州的刺史，且已對中央政府構成威脅與危機。這當然是該二州與其他州極不均衡所致。以揚州而論，東晉定都建康，揚州無異於漢之司隸，而三吳（丹陽、會稽、吳郡）則爲建康的藏府。如〔晉書〕卷七十七「諸葛恢傳」中說：

　　（元帝）調（諸葛恢）爲會稽太守，臨行，帝爲置酒，謂曰：
　　今之會稽，昔之關中，足食足兵，在於良守，以君有莅任之
　　方，是以相屈。

而荊州戶口百萬，荊州刺史又常兼督梁益寧交廣五州軍事，地居西陲，與揚州同爲東晉南朝的重鎮。江州居荊揚之間，亦甚重要。這幾州過於強大，有「藩伯強盛，宰相權弱」[17]之感。所以自東晉以來，士族常居刺史，尤以荊揚江爲最。如：

　　王敦既進位丞相、都督中外諸軍事、錄尚書事，又領江州牧。
　　（〔晉書〕卷六「元帝紀」永昌元年及卷九十八「王敦傳」）。
　　敦並以乃兄含爲荊州刺史，屯武昌。（同上書）。
　　桓溫既位大司馬、都督中外諸軍事、錄尚書事，而又以荊州刺
　　史，遙領揚州牧，鎮姑孰。（〔晉書〕卷九十八「桓溫傳」）
　　庾亮爲征西將軍、都督江荊豫益梁雍六州諸軍事，領江荊豫三
　　州刺史，鎮武昌。（〔晉書〕卷七十三「庾亮傳」）
　　謝安以中書監、驃騎將軍、錄尚書事，領揚州刺史。（〔晉
　　書〕卷七十九「謝安傳」）
　　庾冰以中書監、揚州刺史、都督揚豫兗三州諸軍事、征虜將
　　軍、假節。既又進車騎將軍、都督江荊寧益梁交廣七州豫州之
　　四郡諸軍事，領江州刺史、假節，鎮武昌。（〔晉書〕卷七十
　　三「庾亮傳」附庾冰傳）

　16　〔晉書〕卷六「元帝紀」建武元年。
　17　〔晉書〕卷八十四「王恭傳」中語。

> 桓玄以後將軍、都督荊江司雍秦梁寧益八州諸軍事荊州刺史，
>
> 假節，鎮江陵。既又進位都督中外諸軍事、假黃鉞、錄尚書
>
> 事、揚州牧，領徐州刺史，鎮姑孰。（〔晉書〕卷九十九「桓
>
> 玄傳」）

以上僅列舉幾個大士族任荊揚江刺史，而又對中央政治具有相當影響者。說明士族在東晉時對刺史的興趣，較在西晉時濃厚些。

　　東晉士族既聚集中央官吏，復控制地方行政，對皇室自有不良的影響，所以自宋高祖始，採取一項政策，即重要州刺史以宗室子弟任之，如〔宋書〕卷六十六「何尚之傳」末史臣曰：

> 晉世幼主在位，政歸輔臣，荊揚司牧，實同二陝。宋室受命，
>
> 權不能移，二州之重，咸歸密戚。

而自宋朝以來，士族子弟漸漸不作實際事務，專尚清職，刺史一則需主持地方行政，再則當時刺史大都帶兵，漸非士族所喜，這種風氣，至梁時達到頂點。「梁世士大夫皆尚褒衣博帶，大冠高履，出則車輿，入則扶侍」[18]。而梁陳之際，南方戰事頻起，軍人任刺史者日多，士族似乎已漸漸不能控制地方了。梁陳刺史的出身，士族與寒素相等，正是這件事實之數字表示。

　　北朝北魏刺史的士族成分，與東晉及宋相似，這是因為鮮卑族的「世為部落大人」輩，常常任地方長官。但自爾朱氏亂起，魏分東西，雙方屢有戰爭，授予寒素武人興起的機會，州牧之任，寒素逐增，所以東魏北齊與西魏北周刺史的士族比例下降。正如〔北齊書〕卷四十三「羊烈傳」中說：

> 近日刺史，皆是疆場之上，彼此而得。

然而北朝的鮮卑士族，雖然亦漸趨文事[19]，畢竟未若南朝士大夫聞馬鳴而認為虎嘯者，此所以北朝的刺史士族比例稍高於南朝的原因所在。

18　〔顏氏家訓〕卷四「涉務篇」第十一中語。

19　參見孫同勛〔拓拔氏的漢化〕頁74「北魏歷代將將人數及所佔全體宗室百分比表」，1962。

（十四）太守

在一千五百四十九個太守中，其出身分類於下：

	士　族		小　姓		寒　素		合　計
晉	252	62.4	81	20.0	71	17.6	404
宋	170	66.4	46	18.0	40	15.6	256
南齊	64	52.9	28	23.1	29	24.0	121
梁	80	54.4	29	19.7	38	25.9	147
陳	25	43.9	10	17.5	22	38.6	57
北魏	317	67.1	104	22	51	10.9	472
東魏北齊	38	70.4	7	13.0	9	16.6	54
西魏北周	21	55.3	5	13.1	12	31.6	38
合　計	967	62.4	310	20	272	17.6	1,549

太守出身的各朝變遷曲線，與刺史頗有相似之處，在此不再重複。

三、綜合比較

以上各種主要官吏，著重於分朝比較，今將兩晉南北朝視為一個整體，將各種主要官吏綜合比較之，茲作總表如下：

	士　族		小　姓		寒　素		合　計
司徒	41	73.2	9	16.1	6	10.7	56
司徒左長史	76	84.5	10	11.1	4	4.4	90
尚書令	66	72.5	18	19.8	7	7.7	91

尚書僕射列曹	392	68.0	123	21.4	61	10.6	576
吏部尚書	133	74.3	26	14.5	20	11.2	179
尚書郎丞	394	68.2	130	22.5	54	9.3	578
尚書吏部郎	144	76.5	30	16.0	14	7.5	188
中書監令	112	79.4	17	12.1	12	8.5	141
中書侍郎	199	69.0	66	23.0	23	8.0	288
侍中	397	72.1	80	14.5	74	13.4	551
(給事)黃門侍郎	274	70.4	73	18.8	42	10.8	389
九卿	276	59.6	106	22.9	81	17.5	463
御史中丞(尉)	91	59.5	41	26.8	21	13.7	153
刺史（尹）	743	57.3	292	22.5	262	20.2	1297
太守（內史、相）	967	62.4	310	20	272	17.6	1549
中正	243	74.3	52	15.9	32	9.8	327

比較表中各種官吏士族、小姓、寒素的百分比，得下列幾點看法：

(1)羣相的士族成分高。

何謂羣相？要先解釋這個問題，必須先將兩晉南北朝時期的制度略予陳述。西漢的相權屬於丞相一人，丞相僅在皇帝之下，總理萬機。自東漢以後，相權開始演變；尚書省的尚書令，中書省的中書監令，門下省的侍中，相繼而起，相權歸屬一人的現象，不復存在。如〔文獻通考〕卷四十九「宰相條」陳述其演變的痕跡說：

> 按自後漢時，雖置三公，而事歸臺閣，尚書始為機衡之任。然當時尚書不過預聞國政，未嘗盡奪三公之權也。至魏晉以來，中書尚書之官，始真為宰相，而三公遂為具員。其故何也？蓋漢之典事尚書中書者，號為天子之私人，及叔季之世，則姦雄之謀簒奪者，亦以其私人居是官，而所謂三公者，古有其官，雖鼎命將遷之時，大權一出於私門，然三公未容遽廢也，故必擇其老病不任事，依違不侵權者居之。東漢之末，曹公為丞

相，而三公則楊彪趙溫，尚書令中書監則二荀華歆劉放孫資之
徒也。魏之末，司馬師昭為丞相，而三公則王祥鄭冲，尚書令
中書監則賈充荀勗鍾會之徒也。蓋是時凡任中書者，皆運籌帷
幄，佐命移祚之人，凡任三公者皆備員高位，畏權遠勢之人，
而三公之失權任，中書之秉機要，自此判矣，

又同書卷五十「門下省」條亦說：

謹按西漢以丞相總百官，而九卿分治天下事。光武中興，身親
庶務，事歸臺閣，尚書始重，而西漢公卿稍以失職矣！及魏武
佐漢，初建魏國，置祕書令，典尚書奏事。文帝受禪，改祕書
為中書，有令有監，而亦不廢尚書。然中書親近，而尚書疏外
矣。東晉以來，天子以侍中常在左右，多與之議政事，不專任
中書。於是又有門下，而中書權始分矣！降至南北朝，大體皆
循此制。

從西漢的單一丞相至唐朝的三省分權，魏晉南北朝的中央政制，呈現
出過渡時期的特色。嚴格地說，在制度上權職沒有固定，司徒、尚書
令、中書監令、侍中權限的大小，完全視皇帝對他個人的信任程度而
定。司徒權限雖被三省所侵，但司徒地位崇高，在名義上是宰相，王
導任司徒十餘年，從任何觀點而論，不能認為司徒權限已被剝奪無
遺。而尚書令、中書監令、侍中的權限也並非某一官職與起代替前一
官職的現象。制度在變遷時，人的影響力變大，這幾種官吏都是當時
中央的首要人物，對中央政治都有巨大的影響，稱其為羣相，是基於
當時事實，並非基於當時制度。晉朝張華曾說：「威柄不一，而可
以安乎？」（〔晉書〕卷三十六本傳）。宋王華亦說：「宰相頓有數
人，天下何由得治？」（〔宋書〕卷六十三本傳）。正可以說明當時
的羣相現象。這些羣相的士族成分如下：司徒 73.2％；尚書令72.5
％；中書監令 79.4％；侍中 72.1％；而寒素僅在 7.7％至 13.4％
之間。易言之，兩晉南北朝中央政治決策的首腦人物，士族占四分之
三以上，而寒素在十分之一以下。（此項比例，已排除宗室的名額）

與其他官吏比較，士族顯然比例較高。

（2）三省長官的士族成分，較其主要屬官爲高。

依上列表中顯示，得：

尚書令的士族成分，較尚書僕射列曹與尚書郎丞高 4.5％。

中書監令的士族成分，較中書侍郎高10.4％。

侍中的士族成分，較給事黃門侍郎高 1.7％。

（3）三省與司徒府的士族成分，顯然較九卿爲高。

三省與司徒府中士族成分最高的是司徒左長史，比九卿的比例高出 24.9 ％；三省與司徒府中士族成分最低的是尚書郎丞，亦比九卿高出 8.6 ％。士族不喜九卿之位的原因，是司徒府與三省地居樞機，且有實權。而九卿已成爲制度上的盲腸。〔太平御覽〕卷二百三「職官部」一總敍中說：

古以九卿綜事，不專尚書，……今事歸內臺，則九卿爲虛設之位。

（4）三省與司徒府的士族成分，比御史中丞爲高。

御史中丞掌糾察大權，但不爲士族所喜，士族成分之低，一如九卿。〔通典〕卷二十四「御史中丞」條中也說：

江左中丞，雖亦一時髦彥，然膏粱名士猶不樂。

杜佑又引實例說：

宋顏延之爲御史中丞，何尚之與延之書曰：絳驃清路，白簡深劾，取之仲容，或有虧耶。王球甚矜曹地，遇從弟僧朗除御史中丞，球謂曰：汝爲此官，不復成膏粱矣！齊王僧虔遷御史中丞，甲族由來多不居憲職，王氏分枝居烏衣者爲官微減，僧虔爲此官，乃曰：此是烏衣諸郎坐處，我亦可試爲耳。

此語與上列表中所顯示的比例相符合。

（5）中央官士族成分高於地方官。

刺史的士族成分，比所有上列主要中央官爲低。太守除稍高於九卿與御史中丞以外，亦較其他中央官爲低。若將表中所有中央官與地

方官士族所占比例的平均數作一比較，則中央官與地方官士族成分之
比爲68%比60%。

(6)選舉官的士族成分較高。

按主持選舉的官吏，可以分爲二類，一類是推薦官，卽大小中
正。一類是任用官，卽司徒、司徒左長史、尙書令、吏部尙書、尙書
吏部郎、錄尙書事（錄尙書事因不知是否錄吏部事，故從缺不計）。
從推薦到任用其所經過的官吏程序如下圖：

　　　　訪問──→郡邑小中正──→州大中正──→司徒（司徒左長史）
　　　　──→尙書令──→吏部尙書──→尙書吏部郎──→各機關。

而其中負責推薦的中正，士族占74.3%；小姓占15.9%；寒素占
9.8%。任用官之中，士族比例最高者爲司徒左長史84.5%，最低者
爲尙書令，亦有72.5%。所有任用官的士族成分平均數爲76.2%；小
姓占 15.5%；寒素占 8.3%。推薦者與任用者的士族比例極爲相似。
且士族均占四分之三以上，而寒素均在7.5%以下。

從選舉程序及選舉官士族成分推測當時選舉可能產生的現象，或
可瞭解士族把持政治地位的一因。

(7)表中所列的主要官吏，從其士族所占比例高低排列如下：

第　一：司徒左長史。　　　第　二：中書監令。

第　三：尙書吏部郎。　　　第　四：中正。

第　五：吏部尙書。　　　　第　六：司徒。

第　七：尙書令。　　　　　第　八：侍中。

第　九：黃門侍郎。　　　　第　十：中書侍郎。

第十一：尙書郎丞。　　　　第十二：尙書僕射列曹。

第十三：太守。　　　　　　第十四：九卿。

第十五：御史中丞。　　　　第十六：刺史。

在「官以人淸」的風氣之下，士族所喜愛的官職，頓成爲淸要
官，其地位因此提高。中書監令、司徒等固不論矣；卽以司徒左長史
與尙書吏部郎而言，因被士族所喜，在當時引爲第一等的淸要官，有

時且可以超遷[20]。 兩者之間，由吏部郎遷爲司徒左長史的情況較多。似乎司徒左長史較吏部郎更淸些。此正脗合司徒左長史士族成分的統計。

(8)以上各種 官吏士族 比例孰多孰少的論述 ， 僅爲一種比較的說法。一般而論，各種主要官吏士族均占絕對多數。士族、小姓、寒素三者的比例，最高爲 85：11：4；最低爲 57：23：20；主要官吏的平均比較約爲70：20：10。

簡而言之，在兩晉南北朝期間，主要官吏的出身比例如下：

士族：小姓：寒素＝7：2：1

──本篇原刊於〔中央研究院歷史語言研究所集刊〕第三十六本下册

20　參見宮崎市定〔九品官人法の研究〕頁208，1956。

第七篇　中古山東大族著房之研究

—— 唐代禁婚家與姓族譜

一、前言 —— 五姓四十四子禁婚家之意義

　　中古士族崛起於兩漢，至魏晉時期取得政治社會的主導地位，自公元二世紀末至九世紀末歷魏晉南北朝隋唐諸朝為其興盛時期，凡七百年。以個別家族而論，如以魏晉時期出現的士族而論，至唐初亦有四百年，延綿不斷達十餘世之久，其子孫眾多，枝椏茂盛，已非魏晉時期單純的直系家庭。唐代所謂姓氏郡望，已是大圈圈的界限，在政治社會上具有實質意義的是郡望之內的房支，由於正史列傳大都僅載錄郡望，致使研究房支極為困難，本文嘗試從禁婚家與姓族譜角度入手，探尋中古時期山東大族之著房著支。

　　〔文苑英華〕卷九百「唐贈太子少師崔公神道碑」（〔全唐文〕卷三百一十八同）[1]：

……神龍（705-7）中申明舊詔，著之甲令：以五姓婚媾，冠冕天下，物惡大盛，禁相為姻。隴西李寶之六子、太原王瓊之四子、滎陽鄭溫之三子、范陽盧子遷之四子、盧輔之六子、公（清河崔景晊）之八代祖元孫之二子、博陵崔懿之八子、趙郡李楷之四子，士望四十四人之後，同降明詔，斯可謂美宗族人物而表冠冕矣！……惟肅宗亦以趙國錫崔公（圓），今上（代宗）

以少師贈先公（景旺）……又轉尚書右僕射。四年（大曆四年，769）某月日龜筮叶吉奉少師滎陽夫人（鄭氏）之喪，合祔於東京河南邙山之某原，禮也。世傳清白，子孝臣忠，山東士大夫以五姓婚姻為第一，朝廷衣冠以尚書端揆為貴仕，惟公兼之。……

碑文撰者是李華，立碑時間是代宗大曆四年（公元769年）[2]。按禁婚之事由於李義府為子求婚不得而奏請，時在高宗顯慶四年，記載此事史書多起[3]，茲引數則：〔新唐書〕卷九十五「高儉傳」載：

詔後魏隴西李寶、太原王瓊、滎陽鄭溫、范陽盧子遷、盧渾、盧輔、清河崔宗伯、崔元孫、前燕博陵崔懿、晉趙郡李楷，凡七姓十家，不得自為昏。

〔資治通鑑〕卷二百「唐紀」十六顯慶四年（公元659年）冬十月壬戌，詔：

後魏隴西李寶、太原王瓊、滎陽鄭溫、范陽盧子遷、盧渾、盧輔、清河崔宗伯、崔元孫、前燕博陵崔懿、晉趙郡李楷等子孫，不得自為婚姻。

〔太平廣記〕卷一百八十四「氏族」七姓條引〔國史纂異〕：

高宗朝以太原王、范陽盧、滎陽鄭、清河博陵二崔、趙郡隴西二李等七姓，其族望，恥與諸姓為婚，乃禁其自相姻娶。於是不敢復行婚禮，密裝飾其女以送夫家。

崔公神道碑與〔新唐書〕〔資治通鑑〕〔太平廣記〕等書之間的異同，將於其後行文之中說明，此處指出崔公神道碑中之獨特資料——四十四子。上述資料有五姓、七姓[4]、十家[5]、四十四子，實際上就是姓、

2　碑文中「四年」未冠建元年號，查〔舊唐書〕卷十一「代宗本紀」：「永泰二年（即大曆元年，公元766年）六月戊戌，以淮南節度使崔圓檢校尚書右僕射。……大曆三年（公元768年）六月戊戌趙國公崔圓卒。」。

3　其他記載如〔唐會要〕卷八十三「嫁娶」、〔玉海〕卷五十「唐姓氏錄」，唯〔唐會要〕誤盧子遷為盧子選，〔玉海〕誤盧子遷為盧子儀、誤盧渾為盧渾。

4　上述〔新唐書〕〔資治通鑑〕〔太平廣記〕等書中提及李、王、鄭、盧、崔等五姓，李姓有二望、崔姓亦有二望，故就郡望而言則稱「七望」，就姓氏而言則稱「七姓」。

5　「崔公神道碑」不載盧渾、崔宗伯二家。

望、房、支。雖然每個大士族的發展並不盡相同，但中國中古時期族大而逐漸分支的現象，似乎是共同的趨勢。支、房、望、姓一方面是表示血緣由親而疏的層次，另一方面也是榮辱關係由近而遠的層次，此在淵遠流長，並枝椏繁茂的大族更為明顯，例如：當我們讀〔魏書〕卷三十五「崔浩傳」：「眞君十一年六月誅浩，清河崔氏無遠近，范陽盧氏、太原郭氏、河東柳氏，皆浩之姻親，盡夷其族」時，不可解釋為清河崔氏整族覆滅，而實際上是崔浩近支受到影響[6]。正史列傳記載人物家世時，敍述其姓與望，以及父、祖或曾祖之名字官職，並不記載房支，如果該族已經分房分支，則知道房支比知道姓望更能標出該人物在政治社會中之地位，幸而〔新唐書〕「宰相世系表」有重要大族若干著房著支的世系，有部分正史列傳人物可藉此串連，但既稱「宰相世系表」，難免有政治立場的成分，崔公神道碑中四十四子禁婚家乃社會上著房著支的代表，這兩種資料是本文建立架構的主要資料。

　　唐代不行九品官人法，官方修撰姓族譜這類的書籍，其主要目的已非直接為了「選舉」，修譜可能有社會意義及政治目的，以社會意義而言，修譜「使識嫁娶之序，務合禮典」[7]，以政治目的而言，藉此提高唐君臣的地位，此皆關連大族著房。〔貞觀氏族志〕是唐代首部婚娶譜牒，影響到唐代其他姓族譜的修撰，另一方面它又是唐之前士大夫婚姻圈的法制化。由於唐初人物以北朝人物後裔為主幹，所以分析唐之前人物時，必須細論北魏、東魏北齊、西魏北周、隋諸朝的各族著房，本文五姓四十四子禁婚家便是發展中各名族著房的代表，這是本文第二章之研究內容。自從〔貞觀氏族志〕開始，有唐一代曾多次修撰姓族譜，大部頭的譜牒大都是官方頒修，代表官方立場的皇帝、外戚、權臣，其主張修譜標準屢屢不同於民間士大夫，一連串的爭執與妥協，不但可以作為研究政治與社會之間的關係，且可以從中探討著房著支的實態，這是本文第三章之研究內容。〔新唐書〕「宰相世

　　6　有關清河崔氏見後文分析。

　　7　出於〔貞觀政要〕卷七「論禮樂」。

系表」中大士族大都有「定著房」的記載，以此與五姓四十四子作一比較，可使禁婚家有了具體的世系，也使得「世系表」理出著房著支層面，凡泛稱郡望或冒稱郡望者將極易與著房著支分別，這是本文第四章之研究內容。

本文以五姓四十四子禁婚家爲骨幹，輔以唐代姓族譜之資料（「宰相世系表」亦屬姓族譜之一種）；研究的時間範圍以唐代爲主，但因爲要明瞭若干著房著支之早期發展，討論時常常上溯北魏，所以實際論述時代上起公元五世紀中葉、下迄九世紀中葉，共計四百年。

二、論〔貞觀氏族志〕修撰前之大族著房

在中古時期，崔盧李三大族之中的若干著房常因時因地而各有領先，本節以此三姓的著房作爲討論的焦點。而在中古史書記載之中，以〔貞觀氏族志〕初奏稿評定崔幹爲第一這件事最爲具體，茲由此而論及〔氏族志〕修撰前之大族著房。

（一）氏族志與崔幹之地位

〔資治通鑑〕卷一百九十五「唐紀」十一，太宗貞觀十二年春正月：

> 吏部尚書高士廉、黃門侍郎韋挺、禮部侍郎令狐德棻、中書侍郎岑文本撰〔氏族志〕成，上之。先是，山東人士崔、盧、李、鄭諸族，好自矜地望，雖累葉陵夷，苟他族欲與爲昏姻，必多責財幣，或捨其鄉里而妄稱名族，或兄弟齊列而更以妻族相陵。上惡之。命士廉等徧責天下譜諜，質諸史籍，考其真偽，辯其昭穆，第其甲乙，襃進忠賢，貶退姦逆，分爲九等。士廉等以黃門侍郎崔民幹爲第一。上曰：「漢高祖與蕭、曹、樊、灌皆起閭閻布衣，卿輩至今推仰，以爲英賢，豈在世祿乎！高氏偏據山東，梁、陳偏在江南，雖有人物，蓋何足言！況其子孫才行衰薄，官爵陵替，而猶印然以門地自負，販鬻松檟，依託富

貴，棄廉忘恥，不知世人何爲貴之！今三品以上，或以德行，
或以勳勞，或以文學，致位貴顯。彼衰世舊門，誠何足慕！
而求與爲昏，雖多輸金帛，猶爲彼所偃蹇，我不知其解何也！
今欲釐正訛謬，捨名取實，而卿曹猶以崔民幹爲第一，是輕我
官爵而徇流俗之情也。」乃更命刊定，專以今朝品秩爲高下，
於是以皇族爲首，外戚次之，降崔民幹爲第三。凡二百九十三
姓，千六百五十一家，頒於天下。

上述這一件事在〔貞觀政要〕卷七、〔舊唐書〕卷六十五「高士廉傳」、
〔新唐書〕卷九十五「高儉傳」、〔唐會要〕卷三十六「氏族」條、〔玉
海〕卷五十「唐氏族志」條、〔册府元龜〕卷五百六十「譜牒」條等
書皆有記載，但各書文字繁簡不盡相同、遣辭表意亦有差異，本文將
在適當的地方中加以推敲，此處值得注意的是「以黃門侍郎崔民幹爲
第一」一句，按崔民幹其他版本作崔幹，係因避唐太宗之諱，不予贅
述；但崔民幹之官銜黃門侍郎僅〔通鑑〕有此記載，其他版本皆失記
載。在〔氏族志〕的編纂過程中，初稿將崔民幹列爲族望第一，定稿
時將崔民幹降爲第三，這是〔氏族志〕標準爭執唯一實例，由這件例
子可以推測〔氏族志〕評定族望標準之改變，以及崔民幹家族的地
位。因此，崔民幹既是關鍵性的人物，應當確實肯定其人，方可進一
步推論或研究其有關問題。按唐人同名同姓者甚多，此在〔新唐書〕
「宰相世系表」中屢見不鮮，故要肯定一個人物時，除了姓名相同以
外，至少需有另一項因素相同，譬如；父祖或子孫姓名、字號、官職
等。〔通鑑〕記載「黃門侍郎崔民幹」，在史料甄別時具有重要性。

　　查崔民幹（或崔幹）在〔新·舊唐書〕無傳，兩〔唐書〕其他崔
氏列傳亦沒有提及崔民幹者，又〔隋書〕、〔周書〕、〔北齊書〕、
〔魏書〕、〔北史〕等亦無其人。唯〔新唐書〕卷七十二下「宰相世
系」二下博陵崔氏有「幹字道貞，黃門侍郎、博陵元公」者，應與上
述〔通鑑〕所載「黃門侍郎崔民幹」同一人。崔幹之譜系如下：

表　一

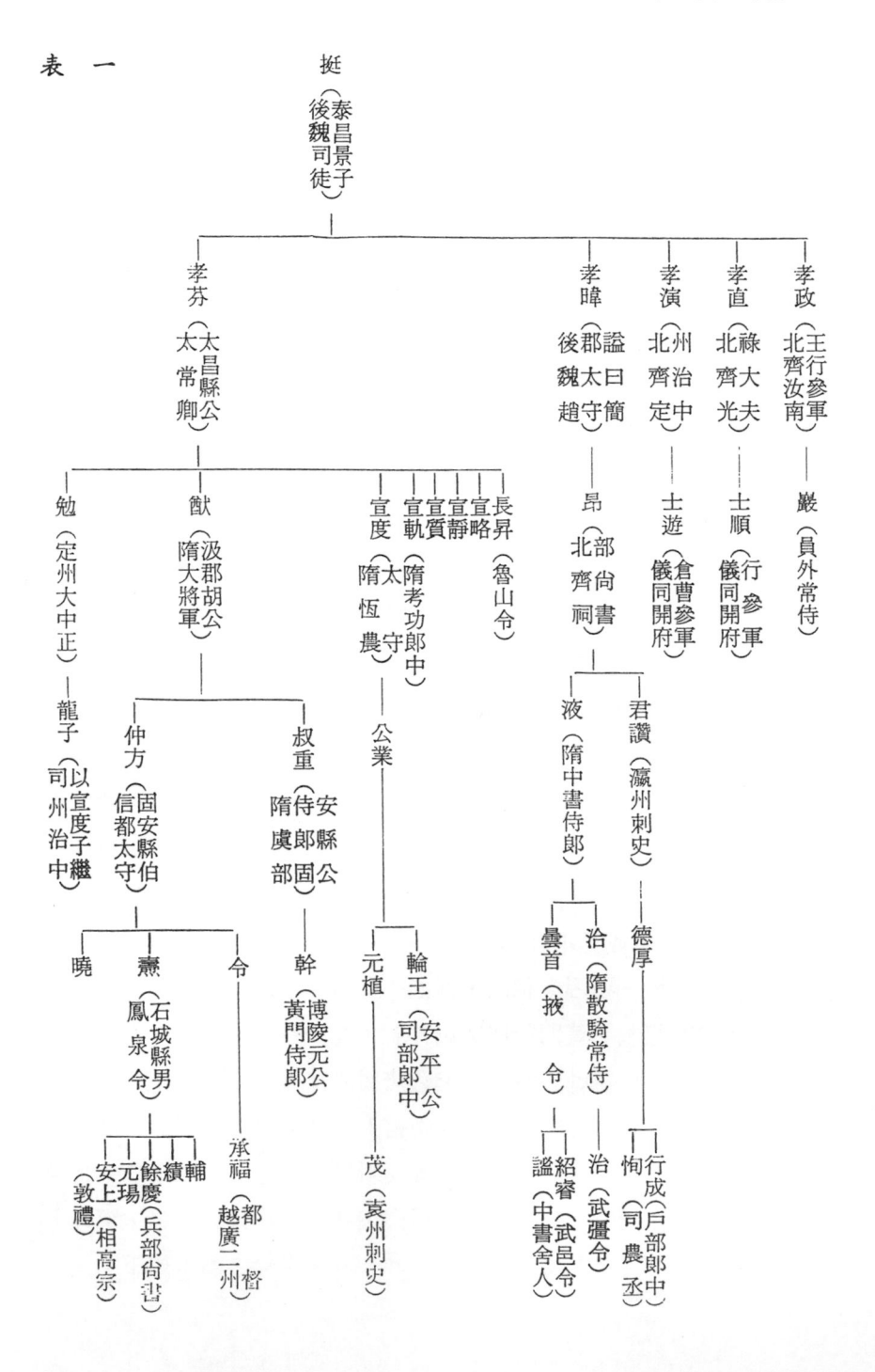

附記：㈠上表以「宰相世系表」爲底本，孝演、孝直、孝政、士遊、士順、嚴等
　　　　人則從〔魏書〕卷五十七「崔挺傳」及〔北史〕卷三十二「崔挺傳」補
　　　　入。士順，〔北史〕位太府卿，與〔魏書〕異。

　　　㈡上表世系取自崔挺至崔安上（字敦禮），因敦禮在貞觀十六年已拜兵部
　　　　侍郎（見〔唐僕尙丞郎表〕頁228），與修纂〔氏族志〕同一時期。

　　　㈢據〔魏書〕卷五十七、〔北史〕卷三十二「崔挺傳」，北海王詳爲司
　　　　徒、錄尙書事，以挺爲司馬，卒，贈輔國將軍、幽州刺史，謚曰景。「
　　　　世系表」謂「後魏司徒」，恐有誤。

　　　㈣據〔周書〕卷三十五「崔猷傳」及〔北史〕卷三十二「崔挺傳」附猷
　　　　傳，猷爵汲郡公，謚曰明。「世系表」謂猷汲郡胡公，「胡」字恐有誤。

　　　㈤據〔隋書〕卷六十「崔仲方傳」及〔北史〕卷三十二「崔挺傳」附仲方
　　　　傳，仲方之末任雖爲信都太守，但在隋已拜大將軍、民部尙書（〔北
　　　　史〕作戶部）、禮部尙書。又〔隋書〕同卷謂仲方子民壽，官至定陶令；
　　　　〔北史〕同卷謂仲方子熹，位定陶令。

　　　㈥據〔舊唐書〕卷八十一「崔敦禮傳」謂：「敦禮以老疾屢陳乞請退……
　　　　敕召其子定襄都督府司馬餘慶使侍其疾……子餘慶，官至兵部尙書」。
　　　　〔新唐書〕卷一百六「崔敦禮傳」則謂：「以久疾……弟餘慶，時爲定
　　　　襄都督府司馬，召使侍疾……餘慶位亦至兵部尙書」。查〔唐僕尙丞郎
　　　　表〕頁 233，崔餘慶於總章二年爲兵部尙書。卽敦禮卒後十六年（敦禮
　　　　卒年六十一），餘慶爲敦禮之弟較爲合理。

「宰相世系表」博陵崔氏「博陵大房」條載：

大房崔氏：駰少子寔，字子眞，後漢尙書，生皓。皓生質。質
生讚。讚生洪，字良夫，晉大司農，生廓。廓生遄。遄生懿，
字世茂，五子：連、琨、格、遹、殊；又三子：怡、豹、侶爲
一房，號「六房」。連字景遇，鉅鹿令，號「大房」。……第
二房崔氏：琨字景龍，饒陽令，行本郡太守，二子：經、鬱。
經生辯，字神通，後魏武邑太守、饒陽侯，謚曰恭，二子：
逸、楷。……鬱，後魏濮陽太守，生挺。（以下見表一）

（二）博陵崔氏之分析

(1)博陵崔氏第二房挺支

　　崔挺最主要的官歷爲中書侍郎、光州刺史、司徒錄尙書事、北海
王詳之司馬，在北魏的名族子弟之中，這並不算很高的官職，但〔魏

書〕卷五十七及〔北史〕卷三十二「崔挺傳」中對挺之品德與才學頗
爲讚美，如：推人愛士，州閭親附，三世同居，推讓田產，惟守墓
田，受敕書文明太后父燕宣王碑，任光州刺史，風化大行，知人識才
等。挺六子之中，長子孝芬最得魏帝高祖賞識，官至車騎大將軍、吏
部尙書，在文武兩途皆頗爲活躍，唯處於北魏末葉高歡與宇文泰相爭
的時代，因出帝西入長安，而被高歡誅於洛陽，〔北齊書〕卷二「神
武紀」下謂「誅其貳也」。這一事件對於博陵崔氏這一房影響很大，
孝芬子猷因此間行入關，在西魏北周謀取發展，〔周書〕卷三十五「
崔猷傳」及〔北史〕卷三十二「崔挺傳」附猷傳皆稱崔猷「有軍國籌
略」，又因家難而來奔宇文泰，忠誠無疑，這在當時宇文氏草創國家
之時甚爲需要，在文武兩途皆有具體貢獻，如「禽竇泰，復弘農，破
沙苑，猷常以本官從軍典文翰」，又「與盧辯等創修六官」。猷又都
督梁州刺史，又軍援信州，在始、利、沙、興諸州叛變，信、合、
開、楚諸州動搖之際，使梁、信二州獲全。在議定侯景事件及陳將華
皎來附事件上，有獨特看法，事雖未按猷之建議，但充分表現出他對
西魏北周集團之向心力，這個集團亦卽陳寅恪先生所謂「關中本位集
團」，其核心是八柱國家，崔猷雖尙未能列入其最核心圈內，從其
「賜姓宇文氏」及宇文護「養猷第三女爲己女封富平公主」看，已經
相當接近集團核心了。猷子仲方，自幼與周隋皇室生活在一起，〔隋
書〕卷六十「崔仲方傳」及〔北史〕卷三十二「崔挺傳」附仲方傳
載：「仲方少好讀書，有文武才幹，年十五，周太祖見而異之，令與
諸子同就學。時（隋）高祖亦在其中，由是與高祖少相款密」，與斛
斯徵、柳敏等同修禮律，又與趙芬刪定格式。獻滅齊之策。勸隋文帝
受禪，上書論取陳之策。受命發丁十萬築城防胡。授會州總管，擊諸
羌，平紫祖、四鄰、望方、涉題、千碉、小鐵圍山、白男王、弱水等
諸部。又代周羅睺破漢王餘黨。進位大將軍，歷戶部、禮部尙書。猷
之另一子叔重，列傳不載，〔新唐書〕「宰相世系表」謂隋虞部（工
部）侍郎固安縣公，其具體事跡不詳。叔重之子幹，亦不見於列傳，

「宰相世系表」謂黃門侍郎博陵元公，亦卽〔貞觀氏族志〕初奏稿被列爲族望第一者，乃唐初人物，其人具體事跡亦不詳。在武德及貞觀之初，崔氏這一房還有崔安上（卽敦禮），爲崔幹之姪，崔仲方之孫，〔舊唐書〕卷八十一「崔敦禮傳」（〔新唐書〕卷一百六本傳略同）：「雍州咸陽人，隋禮部尙書仲方孫也。其先本居博陵，世爲山東著姓，魏末徙關中……貞觀元年，擢拜中書舍人，遷兵部侍郎……徵爲兵部尙書。」

崔挺子孫西入關中者，以上述這一支人物最興盛，可能在諸房之中亦較爲特出，例如崔挺任本州大中正，挺子孝芬亦爲定州大中正（本州），孝芬子勉亦爲定州大中正，此爲北魏時期。西遷之後，孝芬次子猷亦爲定州大中正。隋廢九品官人法，故不再有此職。按中正官（尤其是州大中正）負責評定該州人物等級，於選舉入仕關係至大，是各方注目之職，大都爲大士族子弟所把持[8]，在大士族之中由何族擔任、以及同族之中由何房擔任，恐與其門望頗有關係。又中正官之性質雖以地緣因素爲基礎，由於魏晉南北朝人物播散甚劇，亦有屬人主義性質[9]，西遷之博陵崔氏，籍貫雖改爲關中，郡望仍屬博陵，故爲定州大中正者，仍掌其本州播遷關中之人物評定。

以爵位而論，崔挺爲泰昌景子，挺子孝芬太昌縣公，孝芬子猷汲郡公，猷子仲方固安縣伯，猷另一子叔重固安縣公，叔重子幹博陵元公（「元」爲謚號）。

第二房崔氏之中，崔挺之孫、孝暐之子，有崔昂者，在東魏任尙書左丞兼度支尙書。博陵崔氏在東魏者，似無在西魏者顯赫。

(2)博陵崔氏第二房楷支

第二房崔氏還有一支在西魏北周隋朝系統中頗爲興盛，〔新唐書〕卷七十二下「宰相世系表」二下「博陵崔氏」條載：「第二房崔氏：琨……二子經、鬱。經生辯，字神通，後魏武邑太守、饒陽侯，謚曰

8　見拙著〔兩晉南北朝士族政治之研究〕第十章第十二節中正，1966。
9　著者將魏晉南北朝時大小中正身居中央而又評斷本郡人物比擬爲「屬人主義」。

表　二

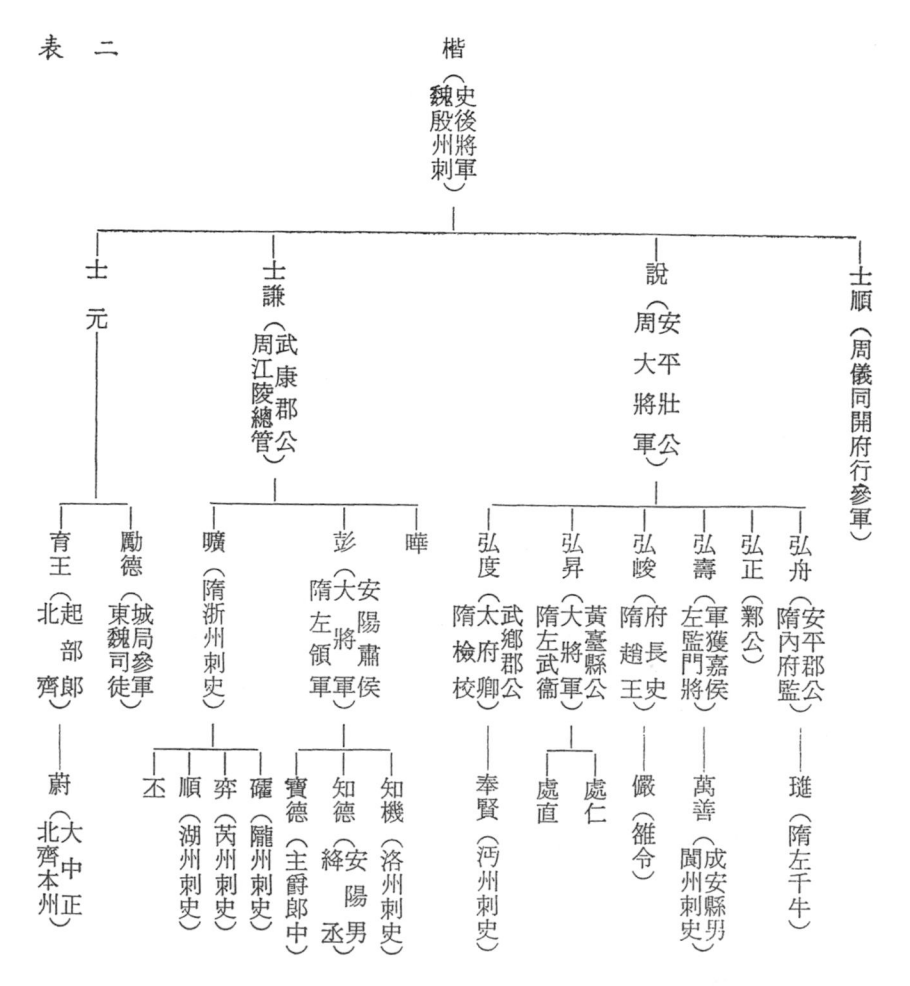

附記：勵德官職據〔魏書〕卷五十六「崔辯傳」附楷傳補入。育王〔唐書宰相世系表訂偽〕爲育生。

恭。二子：逸、楷。」

　　崔楷拒葛榮之戰，苦守殷州，與長子士元皆死王事，事載於〔魏書〕卷五十六「崔辯傳」附楷傳（〔北史〕卷三十二「崔辯傳」附楷傳較簡略）。楷子士謙、士約（說）後入關中，楷幼子士順（孝直子亦名士順，官職亦同。未詳）。士謙及說自洛奔梁最後入西魏，皆有軍功，皆賜姓宇文氏（〔周書〕卷三十五「崔謙傳」）。士謙子彭在

隋朝頗有文武功績，事見〔隋書〕卷五十四「崔彭傳」（〔北史〕卷三十二「崔辯傳」附彭傳略同）。崔說子弘度、弘昇在隋極貴盛，甚有軍功，隋文帝納弘度妹爲秦孝王妃，復以弘昇女爲河南王妃，一門二妃，事見〔隋書〕卷七十四「酷吏列傳·崔弘度崔弘昇傳」（〔北史〕卷三十二「崔辯傳」附弘度弘昇傳略同）。

　　第二房崔氏楷支在西魏北周時，任定州大中正者有士謙及說。該支直至隋朝還高爵蟬聯，如士謙爲武康郡公、說爲安平縣公、彭爲安陽縣公、弘度爲武鄉郡公、弘昇爲黃臺縣公、弘舟爲安平郡公、弘壽爲獲嘉侯等（弘舟、弘壽據「世系表」補，其他據列傳。）

　　但是，楷支子孫自從弘度憂憤卒及弘昇在遼東之役敗績發病卒後，隋末唐初之際其最高官職無過刺史郎中者，爵位則降爲縣男。

　　(3)博陵崔氏第三房

　　按「唐贈太子少師崔公神道碑」中之禁婚名家有博陵崔懿之八子，前引〔新唐書〕卷九十五「高儉傳」、〔通鑑〕、〔太平廣記〕等有前燕博陵崔懿，亦未言幾子；而〔新唐書〕卷七十二下「宰相世系表」二下「博陵崔氏」條載：「（懿）五子：連、琨、格、遜、殊，又三子：怡、豹、侃爲一房，爲『六房』。」實際上列有世系者在懿八子之中僅得大房、二房、三房，餘皆失載。第二房崔氏自從崔孝芬被高歡誅後，主要人物皆西入關中，前文已有分析。大房崔氏伯謙因「弟仲讓爲北豫州司馬，與高愼同叛，坐免官……以弟仲讓在關中，不復居內任。」[10] 第三房崔氏之中，較富盛名的是：崔格→蕃→天護→穆→暹支，雖仍是「世爲北州著姓」[11]，格至穆間四世官宦不顯，但崔暹官位甚高，「從文襄（高澄）鎮撫鄴都，加散騎常侍，遷左丞、吏部郎，領定州大中正，主議麟趾格，暹親遇日隆，好薦人士……遷御史中尉……神武崩……文襄以暹爲度支尚書，監國史，兼右僕射，委以心腹之寄……遷中書監……。」清河崔悛自矜門望而不崇博崔、

10　〔北史〕卷三十二「崔鑒傳」附伯謙傳。
11　〔北齊書〕卷三十「崔暹傳」中語。〔北史〕卷三十二「崔挺傳」附暹傳同。

表三：清河崔氏房支表

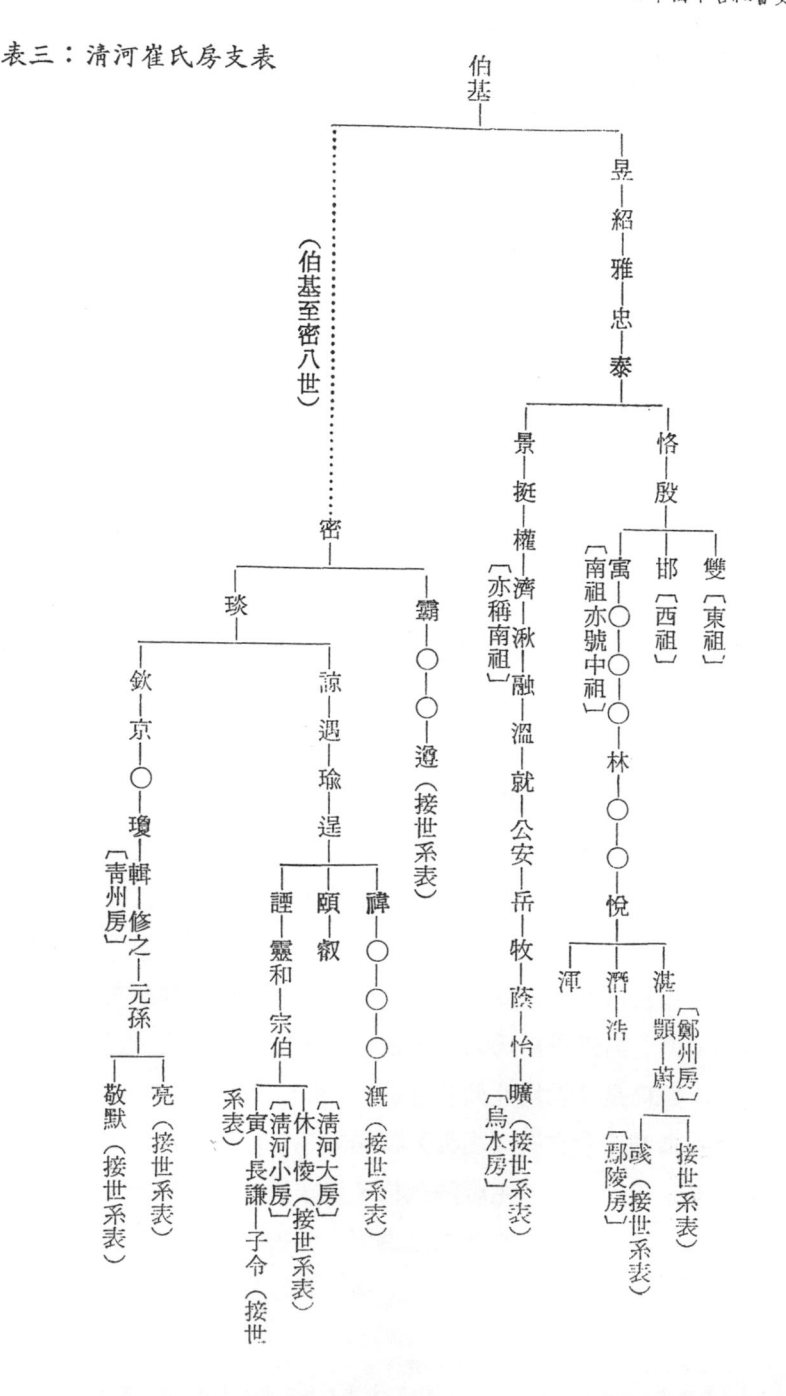

附記：崔浩據〔魏書〕卷三十五「崔浩傳」加入。

　　　　崔頤據〔北史〕卷二十四「崔逞傳」附頤傳加入。據鼎文書局新校本〔北史〕卷二十四校勘記㈡載：「頤字太沖。按崔頤，此及〔魏書〕卷三十二本傳、〔魏書〕卷二十四「崔模傳」、卷三十五「崔浩傳」、本書（指〔北史〕，下同）卷九十六及〔魏書〕卷一百一「氐傳」並作『頤』。本書卷二「太武紀」及〔魏書〕卷四上「世祖紀」延和二年九月、本書卷三十三及〔魏書〕卷五十三「李孝伯傳」並作『䫇』。據頤字太沖，『沖』『頤』義近，似作『頤』是。但〔（漢魏南北朝）墓誌集釋〕（卷二，肅宗充華）「盧令媛墓誌」（正光三年四月三十日）圖版三十七又作『䫇』，今各仍其舊。」

趙李兩族，是在高歡統治下的東魏政權時，當時在同朝為官的博陵崔暹聞而銜之，詳見下文。

（三）清河崔氏諸房之分析

　　在另一個地區，清河崔氏實不亞於博陵崔氏。

　　北魏末葉分裂為東魏與西魏，山東大族著房大都在東魏系統內發展，其景象與西魏以降的關中本位集團不同，大士族的官宦盛衰亦不盡相同。約在東魏時期[12]有一段有關門望高低的故事，〔北齊書〕卷二十三「崔悛傳」（〔北史〕卷二十四「崔逞傳」附悛傳略同）：

　　崔悛，字長孺，清河東武城人也。父休，魏七兵尚書，贈僕射。……悛每以籍地自矜，謂盧元明曰：「天下盛門，唯我與爾，博崔、趙李，何事者哉！」崔暹聞而銜之。

按〔新唐書〕卷七十二下「宰相世系表」二下崔氏世系之末載：崔氏定著十房。屬於清河郡望者有：鄭州房、南祖、鄢陵房、清河大房、清河小房、清河青州房等六房。崔悛系出清河大房。「世系表」載：

　　清河大房：「逞少子諲，宋青、冀二州刺史。生靈和，宋員外散騎常侍。生後魏贈清河太守宗伯。生休、寅。休號大房。（寅號小房）」

────────────

12　〔北齊書〕卷二十三「崔悛傳」及〔北史〕卷二十四「崔逞傳」附悛傳中，記載這段史事皆插在東魏天平與北齊天保年之間。

〔北史〕卷二十四「崔逞傳」載：

> 崔逞……魏中尉琰之五世孫也。曾祖諒，晉中書令。祖遇，仕石氏，為特進。父瑜，黃門郎。逞……仕慕容暐……暐滅，符堅以為齊郡太守。堅敗，仕晉，歷清河、平原二郡太守。為翟遼所虜，以為中書令。慕容垂滅翟釗，以為秘書監。慕容寶東走和龍，為留臺吏部尚書。及慕容驎立，逞攜妻子歸魏。……（其後）帝怒其失旨……遂賜逞死……逞子毅、諲、禕、嚴、頤。……頤……少子叡以交通境外，伏誅。自逞之死，至叡之誅，三世，積五十餘年，在北一門盡矣！……
>
> 休曾祖諲，仕宋位青、冀二州刺史。祖靈和，宋員外散騎侍郎。父宗伯，始還魏，追贈清河太守。……（休）為度支、七兵、殿中三尚書。休久在臺閣……卒，贈尚書右僕射，諡曰文貞。……子悛。

根據「宰相世系表」崔氏世系，及上述記載，畫出清河崔氏之清河大房、清河小房、清河青州房之關係，如表三：

> 崔逞死後，其子崔頤、至叡之誅，三世，積五十餘年，在北一門盡矣！但崔逞另一子崔諲南仕劉宋，諲子靈和亦仕宋，至靈和子宗伯始還北魏，崔宗伯北還之確實年代不詳，但應在魏孝文帝太和年間評定諸州士族之前。〔資治通鑑〕卷一百四十「齊紀」明帝建武三年（即太和二十年，公元496年）：

> 魏主雅重門族，以范陽盧敏、清河崔宗伯、滎陽鄭羲、太原王瓊四姓，衣冠所推，咸納其女以充後宮。隴西李沖以才識見任，當朝貴重，所結姻婭，莫非清望，帝亦以其女為夫人。詔黃門郎、司徒左長史宋弁定諸州士族，多所升降。

盧敏乃盧子遷次子，號稱第二房盧氏。鄭羲字幼驎[13]，〔新唐書〕卷七十五上「宰相世系表」五上「鄭氏」條載：「溫四子：濤、曄、簡、恬。

13　〔魏書〕卷五十六「鄭羲傳」。〔新唐書〕卷七十五上「宰相世系表」五上「鄭氏」條作「幼麟」。

濤居隴西。曄，後魏建威將軍、南陽公，爲北祖。簡爲南祖。恬爲中祖。曄生中書博士茂，一名小白，七子：白麟、胤伯、叔夜、洞林、歸藏、連山、幼麟，因號『七房鄭氏』。」李沖乃李寶之子，〔新唐書〕卷七十二上「宰相世系表」二上「隴西李氏」條：「寶七子：承、茂、輔、佐、公業、沖、仁宗」[14]。上述盧敏、鄭羲、王瓊、李沖等皆禁婚名族之著房人物，清河崔宗伯自應屬衣冠所推之名族著房。

按〔資治通鑑〕卷二百「唐紀」十六顯慶四年、〔新唐書〕卷九十五「高儉傳」、〔玉海〕卷五十「唐姓氏錄」等載七姓十家不得自爲婚姻，皆有清河崔宗伯。而「唐贈太子少師崔公神道碑」中卻無崔宗伯，清河崔氏僅載碑主（崔景晊）之八代祖元孫之二子。由上段記載分析，〔通鑑〕、〔新唐書〕、〔玉海〕等爲是。

崔宗伯長子休，號「清河大房」；次子寅，號「清河小房」。崔宗伯確定爲禁婚家，則〔新唐書〕「宰相世系表」所載清河崔氏定著六房之中，清河大房、清河小房、清河青州房元孫之二子，凡三房四子是禁婚名家。

清河大房、清河小房、清河青州房等三者之共祖爲曹魏時的崔琰，官尚書，所以這三房血緣比較近。當北魏太武帝時，清河崔氏之名人有崔頤（宗伯之伯祖）、崔模（崔琰兄霸之後裔）、崔浩（據「世系表」載與崔琰之共祖爲西漢之崔業，字伯基）。據〔魏書〕卷三十五「崔浩傳」（〔魏書〕卷二十四「崔玄伯傳」附模傳、〔北史〕卷二十四「崔逞傳」附頤傳、模傳略同）：

> 始浩與冀州刺史賾（參見清河崔氏房支表附記）、榮陽太守模等年皆相次，浩爲長，次模，次賾。三人別祖，而模、賾爲親。浩恃其家世魏晉公卿，常侮模、賾。模謂人曰：「桃簡正可欺我，何合輕我家周兒也。」浩小名桃簡，賾小名周兒。世祖頗聞之，故誅浩時，二家獲免。

似乎在世祖太武帝時，清河崔氏之中以崔玄伯崔浩父子一系較盛，但

----

[14]　〔魏書〕卷五十三「李沖傳」：「李沖，字思順，隴西人，敦煌公寶少子也。」

世祖太平眞君十一年（公元 450 年）崔浩被誅，對該支頗有打擊。

　　崔宗伯子休，號清河大房，休在北魏末期孝明帝時任度支、七兵、殿中尙書，冀州大中正[15]。休長子悛，史書載「悛一門婚嫁，皆是衣冠之美，吉凶儀範，爲當時所稱」[16]，但崔悛以籍地自矜，謂盧元明曰：「天下盛門，唯我與爾，博崔、趙李，何事者哉！」乃是自我標榜之詞，不可據此認定其門望必然高過博崔、趙李。

（四）范陽盧氏之分析

　　按盧氏祇有范陽一個地望顯赫當時，但范陽盧氏有若干著房著支，「唐贈太子少師崔公神道碑」中禁婚家屬於范陽盧氏者，有盧子遷之四子、盧輔之六子、及盧渾，參見本篇首頁及注 3。

　　盧元明者，盧子遷第三子昶（即第三房盧氏）之子，〔魏書〕卷四十七「盧玄傳」附元明傳（〔北史〕卷三十「盧玄傳」附元明傳同）載：「元明凡三娶，次妻鄭氏與元明兄子士啟淫汙，元明不能離絕。又好以世地自矜，時論以此貶之。」似乎崔悛與盧元明皆有自矜的性格，他們誠然是當時名族著房，但若說必然高於其他名族或同姓中之其他房支，尚難以此肯定。前引〔通鑑〕卷一百四十「齊紀」明帝建武三年（即北魏孝文帝太和二十年）謂魏主雅重門族，以范陽盧敏……等四姓，衣冠所推，咸納其女以充後宮。盧敏乃盧子遷次子，即第二房盧氏，因此盧子遷之四子乃當時重要著房著支之說，甚爲合理（〔玉海〕作盧子儀，恐有誤）。在〔新唐書〕卷七十三上「宰相世系表」三上盧氏條中載有「四房盧氏」之世系，但在「盧氏世系」條末，未言「盧氏定著某某房」字樣，此與其他大士族世系之末之通例不合，是否暗示除了四房盧氏以外，還有著房著支但在唐代未見拜相者。上引「崔公神道碑」、〔通鑑〕、〔新唐書〕「高儉傳」、〔玉海〕等文之中盧輔者，該房在北魏至隋亦人物輩出，茲從正史資料之中繪出

15　〔魏書〕卷六十九「崔休傳」、〔北史〕卷二十四「崔逞傳」附休傳。

16　〔北齊書〕卷二十三「崔悛傳」。

盧輔世系，如下表：

表　四

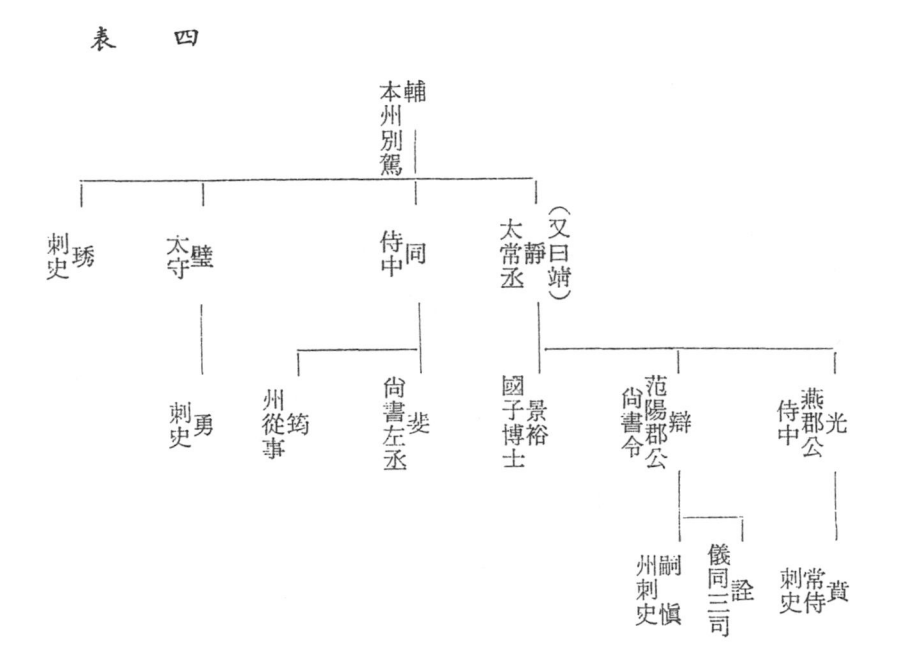

附記：本表根據〔魏書〕卷七十六「盧同傳」

　　　　　　〔魏書〕卷八十四「盧景裕傳」

　　　　　　〔周書〕卷四十五「盧光傳」

　　　　　　〔周書〕卷二十四「盧辯傳」

　　　　　　〔北齊書〕卷二十二「盧文偉傳」附盧勇傳

　　　　　　〔北齊書〕卷四十七「盧斐傳」

　　　　　　〔北史〕卷三十「盧同傳」附斐傳、辯傳

　　　　　　〔隋書〕卷三十八「盧賁傳」

「崔公神道碑」謂盧輔有六子，今正史中僅獲四子，另二子失載，該房人物在正史中有專傳者有：〔魏書〕卷七十六「盧同傳」、〔魏書〕卷八十四「盧景裕傳」、〔周書〕卷四十五「盧光傳」、〔周書〕卷二十四「盧辯傳」、〔北齊書〕卷二十二「盧勇傳」、〔北齊書〕卷四十七「盧斐傳」、〔隋書〕卷三十八「盧賁傳」等七人。

（五）趙郡李氏東祖三支之分析

　　「唐贈太子少師崔公神道碑」禁婚名家中有趙郡李楷之四子，按〔新唐書〕卷七十二上「宰相世系表」二上「趙郡李氏」條載：

> （楷）五子：輯、晃、芬、勁、叡。叡子勖，兄弟居巷東；勁子盛，兄弟居巷西。故叡爲東祖，芬與弟勁共稱西祖，輯與弟晃共稱南祖。自楷徙居平棘南，通號平棘李氏。輯字護宗，高密太守，子慎敦，居柏仁，子孫甚微。

「崔公神道碑」謂李楷四子，可能不計子孫甚微的李輯支。從正史列傳及〔新唐書〕「宰相世系表」趙郡李氏世系觀之，以東祖最盛，「世系表」載：「東祖叡，字幼黃，高平太守、江陵寧公。生勗，字景賢，頓屯太守、大中正。生頤，字彥祖，高陽太守、武安公。四子：勰、系、奉、曾。」「世系表」對於勰、系、曾三支之世系記載甚詳（缺奉支），正史列傳中趙郡李氏人物亦大都源於這三支。

　　在北魏太武帝、南安王、文成帝時期，有勰支的李靈、李均，系支的李順，曾支的李孝伯、李祥。李靈乃神麚年徵天下才儁人物之一，高宗文成帝時官至平南將軍洛州刺史，贈鉅鹿公，諡曰簡[17]。李順籌畫從征蠕蠕、赫連昌，拜使持節都督秦雍梁益四州諸軍事、寧西將軍、開府、長安鎭都大將，爵高平公，徵爲四部尙書[18]。李孝伯在太武帝時委以軍國機密，爲比部尙書，有頻從征伐規略之功，文成帝時使持節平西將軍秦州刺史，自崔浩誅後，軍國之謀，咸出孝伯，言人所長，不隱人姓名以爲已善，故衣冠之士，服其雅正，諡曰文昭公[19]，在北魏孝文帝、宣武帝、孝明帝時期，有勰支的李璨，系支的李敷、李式、李憲，曾支的李安世等。李璨有定徐州之功，賜爵始豐侯加建武將軍[20]。李敷爲李順之子，孝文帝寵遇之，爲南部尙書、中書監，爵

17　〔魏書〕卷四十九「李靈傳」、〔北史〕卷三十三「李靈傳」。
13　〔魏書〕卷三十六「李順傳」、〔北史〕卷三十三「李順傳」。
19　〔魏書〕卷五十三「李孝伯傳」、〔北史〕卷三十三「李孝伯傳」。
20　〔魏書〕卷四十九「李靈傳」附璨傳、〔北史〕卷三十三「李靈傳」附璨傳。

高平公，敷見待二世，兄弟親戚在朝者十有餘人，兄弟敦崇孝義，家門有禮，爲北州所稱美[21]。　李沖卽孝文帝時建議立均田制者，均田之制起於此，位至安平將軍、相州刺史假節趙郡公[22]。　在北魏孝莊帝至東魏、北齊時期，有勰支的李元忠、李渾、李繪、李緯，有系支的李希宗、李希驃、李祖昇等。　李元忠乃幫助高氏建國功臣之一，曾任太常卿、殷州大中正、驃騎大將軍、儀同三司[23]。　李希宗爲中軍大將軍、金紫光祿大夫，齊王納其第二女，希宗以人望兼美，深見禮遇，出行上黨太守[24]，　希宗子祖昇，北齊顯祖李皇后之長兄，儀容瓌麗，垂手過膝，睦姻好施，文學足以自通，仕至齊州刺史[25]。　以上僅舉部分較爲突出者，實際人數事蹟可尋者數倍於此，詳見正史各傳。

〔資治通鑑〕卷一百四十「齊紀」明帝建武三年（卽北魏孝文帝太和二十年）載：

　　時趙郡諸李，人物尤多，各盛家風，故世之言高華者，以五姓
　　爲首。（胡三省注曰：盧、崔、鄭、王幷李爲五姓。趙郡諸
　　李，北人謂之趙李；李靈、李順、李孝伯羣從子姪，皆趙李
　　也。）

趙李是第一級高華大族，尤其在太武至孝文之世，更爲興盛。在東魏時期，與淸河崔㥄同時的趙李子孫，有勰支的李渾，據〔北齊書〕卷二十三「崔㥄傳」記載：

　　趙郡李渾嘗讌聚名輩，詩酒正驩譁，㥄後到，一坐無復談話
　　者。鄭伯猷歎曰：「身長八尺，面如刻畫，馨欬爲洪鍾響，胸
　　中貯千卷書，使人那得不畏服！」

崔㥄的個人條件很合於當時士族子弟的品質標準，亦可能因此在心理

21　〔魏書〕卷三十六「李順傳」附敷傳。
22　〔魏書〕卷五十三「李孝伯傳」附安世傳、〔北史〕卷三十三「李孝伯傳」附安世傳略同。
23　〔北史〕卷三十三「李靈傳」附元忠傳、〔魏書〕卷四十九「李靈傳」附元忠傳略同。
24　〔魏書〕卷三十六「李順傳」附希宗傳、〔北史〕卷三十三「李順傳」附希宗傳略同。
25　〔北齊書〕卷四十八「外戚傳‧李祖昇傳」。

上將自己族望抬高一等，趙郡李氏在東魏時也沒有像太武至孝文世興
旺。

（六）隴西李氏（李寶──李沖）之分析

崔悛籍地自矜，謂博崔、趙李，何事者哉？祇有范陽盧氏可與他
相提並論，隴西李氏未見提及，甚為奇怪。按〔新唐書〕卷九十五「
高儉傳」載：

> 先是，後魏太和中，定四海望族，以（隴西李）寶等為冠。

以隴西李寶等為冠，也可以解釋為除了隴西李以外還有其他族，但獨
特以隴西李領銜，應當有其理由。

按北魏太武帝神麚四年下詔求名士，皆冠冕之胄，有范陽盧氏、
博陵崔氏、趙郡李氏等四十二人，無清河崔氏及隴西李氏人物[26]。清
河崔玄伯原屬慕容寶，北魏「太祖（道武帝）征慕容寶，次於常山，
玄伯棄郡，東走海濱。太祖素聞其名，遣騎追求，執送於軍門，引見
與語，悅之，以為黃門侍郎，與張袞對總機要，草創制度。」[27] 神麚
年時，崔玄伯長子崔浩正權傾朝野[28]；清河崔氏另一支崔模「為劉裕
滎陽太守，戍虎牢。神麚中，平滑臺，模歸降（北魏）」[29]；清河崔逞
支前文已論及。

神麚四年徵令中沒有隴西李氏乃因為隴西李氏主支尚未歸順拓跋
氏，北魏言隴西李氏者必提李寶，〔魏書〕卷三十九「李寶傳」（〔
北史〕卷一百「序傳」略同）載：

> 李寶，……隴西狄道人，私署涼王暠之孫也。父翻……私署驍
> 騎將軍，祁連、酒泉、晉昌三郡太守。寶沈雅有度量，驍勇善
> 撫接。伯父歆為沮渠蒙遜所滅，寶徙於姑臧。歲餘，隨舅唐契
> 北奔伊吾，臣於蠕蠕。其遺民歸附者稍至二千。寶傾身禮接，

26　見〔魏書〕卷四十八「高允傳」。
27　〔魏書〕卷二十四「崔玄伯傳」。
28　見〔魏書〕卷三十五「崔浩傳」。
29　〔魏書〕卷二十四「崔玄伯傳」附崔模傳。

甚得其心，眾皆樂為用，每希報雪。屬世祖（太武帝）遣將討
沮渠無諱於敦煌，無諱捐城遁走。寶自伊吾南歸敦煌，送修繕
城府，規復先業。遣弟懷達奉表歸誠。世祖嘉其忠款，拜懷達
散騎常侍，敦煌太守，別遣使授寶使持節、侍中、都督西垂諸
軍事、鎮西大將軍、開府儀同三司、領護西戎校尉、沙州牧、
敦煌公，仍鎮敦煌，四品以下聽承制假授。

據〔魏書〕卷四下「世祖紀」第四下，太平眞君三年夏四月：

（沮渠）無諱走渡流沙，據鄯善。李暠孫寶據敦煌，遣使內附。

神䴥四年（431）之十二年後乃太平眞君三年（442）。時北魏於西北方
面無法控制，連年征戰，未能開疆拓土，李寶之歸順對拓跋氏政權的
意義重大，此在「世祖紀」中甚易看出，所以李寶本人及其子孫在北
魏官宦甚爲興盛。

「唐贈太子少師崔公神道碑」禁婚家有隴西李寶之六子，〔魏書〕
卷三十九「李寶傳」亦謂「有六子：承、茂、輔、佐、公業、沖。」
〔北史〕卷一百「序傳」與〔魏書〕同云寶有六子。唯〔新唐書〕卷
七十二上「宰相世系表」二上「隴西李氏姑臧大房」條：「寶七子：
承、茂、輔、佐、公業、沖、仁宗。」據〔魏書〕卷五十三「李沖
傳」載：「李沖……敦煌公寶少子也。……（傳末）沖兄弟六人，四
母所出。」〔北史〕卷一百「序傳」載：「沖，……承少弟也。」在
〔北史〕「序傳」中除公業早卒無傳外，兄弟皆有傳，並按長幼次序
排列，其兄弟次序與「世系表」同，所以「世系表」在沖之後列有仁
宗，甚不可解。李寶六子之說較爲合理。

李寶六子之中，以李沖名望及官位最高，其官宦時期約與孝文帝
太和時期相始終，〔魏書〕卷五十三「李沖傳」：

李沖，字思順，隴西人，敦煌公寶少子也。少孤，爲長兄滎陽
太守承所攜訓。承常言：「此兒器量非恆，方爲門戶所寄。」
沖沈雅有大量，隨兄至官。是時牧守子弟多侵亂民庶，輕有乞
奪，沖與承長子韶獨清簡皎然，無所求取，時人美焉。……高

祖初……典禁中文事，以修整敏惠，漸見寵待，……創三長之
制而上之。文明太后覽而稱善，……遂立三長……遷中書令
……沖為文明太后所幸，恩寵日盛……進爵隴西公……文明太
后崩後……高祖亦深相仗信，親敬彌甚，君臣之間，情義莫
二，及改置百官，開建五等，以沖參定典式……（贊成遷都洛
陽）車駕南伐，以沖兼左僕射……沖機敏有巧思，北京明堂、
圓丘、太廟，及洛都初基，安處郊兆，新起堂寢，皆資於沖。
……然顯貴門族，務益六姻，兄弟子姪，皆有爵官，一家歲
祿，萬匹有餘，是其親者，雖復癡聾，無不超越官次。時論亦
以此少之。

孝文帝幼年即位，實際上是文明太后專政，太和十四年太后崩，孝文
親政[30]，李沖在文明太后及孝文帝之世皆極受重用，進而其門望亦隨
之見重，〔資治通鑑〕卷一百四十「齊紀」明帝建武三年（孝文帝太
和二十年，公元496年）：

魏主雅重門族，以范陽盧敏、清河崔宗伯、滎陽鄭羲、太原王
瓊四姓，衣冠所推，咸納其女充後宮。隴西李沖以才識見任，
當朝貴重，所結姻婭，莫非清望，帝亦以其女為夫人。詔黃門
郎、司徒左長史宋弁定諸州士族，多所升降。

謂四姓乃衣冠所推，似指社會上士大夫階級所推崇之意。論及隴西李
沖則側重於政治地位以及姻婭清望。所以就士大夫觀點而言，隴西李
氏雖然是高門之一，但恐非首席高門。然若加上政治地位及姻婭清
望，復由「詔」令評定諸州士族，隴西李氏便領銜諸族了。由此而觀
之，前文引〔新唐書〕「高儉傳」語：「後魏太和中，定四海望族，
以（隴西李）寶等為冠。」雖以社會地位為其鵠的，亦多少考慮當時
當權者的政治地位，此在官方主持評定工作時更為明顯。

時至東魏時期，隴西李氏雖仍官宦不絕，但已無孝文時代那樣顯
赫，亦無李沖這樣當權的尚書左僕射，崔悛之語似是士大夫間的評判，

30　見〔魏書〕卷十三「皇后列傳·文成文明皇后馮氏傳」。

除了崔悛自身族望暫且不論外，崔悛口中族望之次序應該是：范陽盧氏、博陵崔氏、趙郡李氏，隴西李氏似在這些著族之後，如果這樣排列與事實相去不遠，則隴西李氏扣除李沖時的政治影響，才是其眞正的社會地位，亦卽應在崔盧之後。

（七）小結─〔氏族志〕初奏稿評定崔幹爲第一之原因

拙文「從士族籍貫遷移看唐代士族之中央化」中，曾對著房著支籍貫之遷移及遷移時間作比較研究，在清河崔氏七個著房著支、博陵崔氏八個著房著支、范陽盧氏八個著房著支、趙郡李氏九個著房著支之中，唯博陵崔氏第二房孝芬支及楷支在北魏末及北周之際遷入關中長安地區，徵諸上文所述，該二支在北魏末葉分裂爲東魏西魏之際，在西魏系統下發展情況來看，與史實頗合。當東西魏分裂之初期，宇文泰之聲勢實不及高歡，楷與孝芬之子孫對關中政權之立國與抗敵皆有巨大貢獻，他們雖不能與關中集團之八柱國家相比，但已相當接近該集團的核心圈了。另一方面，西魏北周之際，楷與孝芬之子孫多人擔任定州大中正，負責播遷者之人物品第（隋廢中正官），仍未失山東大士族之聲望。這種雙重身分的優勢，復因北周滅北齊、楊隋併梁陳而水漲船高。所以在隋朝及唐初時期，新來乍到的其他大士族著房著支，其政治社會地位就無法與具有雙重地位的楷支、孝芬支相比了。

宇文氏篡西魏、楊氏篡北周、李氏取代楊隋，是關中統治集團內部之更迭，並非政治社會階級之消融，此陳寅恪先生關中集團本位政策之精義，所以論唐初之人物（尤其是士族階層）必須追索西魏北周楊隋之背景，此理甚明。貞觀六年[31]，唐太宗詔令撰〔氏族志〕，吏部尙書高士廉、御史大夫韋挺、禮部侍郎令狐德棻、中書侍郎岑文本等負責撰修，他們都是朝廷官員，又是奉詔而行，應屬官修性質，高

31　〔貞觀政要〕卷七「論禮樂」第二十九。

士廉等「於是普責天下譜牒，仍憑據史傳考其眞僞」[32]，所以〔氏族志〕初稿又以社會上譜牒爲基本資料，這是一部顧及官方與民間的書志。書成，將崔（民）幹列爲第一，時在貞觀十二年，由於〔氏族志〕是評定族望之高下，並非評定個人才德之優劣，因此崔幹第一卽代表博陵崔氏第二房爲第一等名族著房。至於〔氏族志〕以房爲單位、抑或細分至房以下的支爲單位，如今已無從知曉，如果以房以下的支爲單位，則崔幹就代表博陵崔氏第二房孝芬支了，第二房楷支就不包括在內。當貞觀初年，博陵崔氏第二房的人物有黃門侍郎崔幹及中書舍人崔安上（敦禮），黃門侍郎與中書舍人皆極淸要之職，前者正四品上階、後者正五品上階；又崔幹爵位博陵元公，當時崔敦禮似未有爵位；最重要的一點乃是崔幹是敦禮之堂叔，所以崔幹雖無列傳載其行誼事跡，在貞觀初確是博陵崔氏第二房孝芬支之代表人物。第二房楷支子孫在唐初官職不過刺史、員外郎，爵位則爲縣男，如果以房爲評定單位，也沒有能超過崔幹者。

　　高士廉等爲顧全官方與民間立場，要找出一個名族居於諸族之首，一方面能滿足關中集團，另一方面又要滿足山東士人。博陵崔氏第二房旣屬關中集團，又是山東名族，最爲適當，崔幹初評定爲第一，並非撰者之偏愛所致。

　　但是，唐太宗對於〔氏族志〕初奏稿並不滿意，這是因爲唐太宗的立場與修〔氏族志〕諸人的立場不同，此點本書第十二篇「敦煌唐代氏族譜殘卷之商榷」曾經論及，但該文主要論點不在此，所以這方面雖然提及，卻並未深入探討。茲按本文研究方向細予分析。

三、唐代官方與民間修譜標準之爭執

（一）

〔貞觀政要〕卷七「論禮樂」第二十九載，當高士廉等進定士族

---

[32] 〔舊唐書〕卷六十五「高士廉傳」語。

等第，以崔幹爲第一等，唐太宗的反應是：

> 太宗謂曰：「我與山東崔、盧、李、鄭，舊旣無嫌，爲其世代衰微，全無官宦，猶自云士大夫，婚姻之際，則多索財物，或才識庸下，而偃仰自高，販鬻松檟，依託富貴，我不解人間何爲重之？且士大夫有能立功，爵位崇重，善事君父，忠孝可稱；或道義淸素，學藝通博，此亦足爲門戶，可謂天下士大夫。今崔、盧之屬，唯矜遠葉衣冠，寧比當朝之貴？公卿以下，何暇多輸錢物，兼與他氣勢，向聲背實，以得爲榮我。今定氏族者，誠欲崇樹今朝冠冕，何因崔幹猶爲第一等，祇看卿等不貴我官爵耶？不論數代已則（前），祇取今日官品人才作等級，宜一量定，用爲永則。」遂以崔幹爲第三等。

> 至十二年書成，凡百卷，頒天下。又詔曰：「氏族之美，實繁於冠冕；婚姻之道，莫先於仁義。自有魏失御，齊氏云亡，市朝旣遷，風俗陵替；燕趙古姓，多失衣冠之緒；齊韓舊族，或乖禮義之風。名不著於州閭，身未免於貧賤，自號高門之胄，不敦匹嫡之儀。問名唯在於竊賞，結禍必歸於富室。乃有新官之輩，豐財之家，慕其祖宗，競結婚姻，多納貨賄，有如販鬻。或自貶家門，受辱於姻婭，或矜其舊望，行無禮於舅姑。積習成俗，迄今未已；旣紊人倫，實虧名教。朕夙夜兢惕，憂勤政道，往代蠹害，咸已懲革，唯此弊風，未能盡變。自今以後，明加告示，使識嫁娶之序，務合禮典，稱朕意焉。」

這一段記載與前文引〔資治通鑑〕卷一百九十五「唐紀」十一，太宗貞觀十二年春正月的記載內容大致相同，但對於唐太宗詔修〔氏族志〕的目的、太宗對〔氏族志〕的標準、以及太宗對高門大族的心態等，有較詳細地描述，所以本文不厭其煩全文引出。

（二）

　　唐以前官方修譜以選舉爲其直接目的，私家修譜則以婚姻爲重要

因素，〔通志〕卷二十五「氏族略」第一「氏族序」載：

> 自隋唐而上，官有簿狀，家有譜系。官之選舉必由簿狀，家之
> 婚姻必由譜系。歷代並有圖譜局，置郎、令史以掌之。仍用博
> 通古今之儒，知撰譜事，凡百官族姓之有家狀者，則上之官，
> 為考定詳實，藏於祕閣，副在左戶。

九品官人法士族化、及「門地二品」出現後[33]，譜牒作為選舉之用的
現象更為顯著，時在東晉之末，〔玉海〕卷五十「譜牒」：

> 晉太元中，賈弼篤好簿狀，廣集眾家，大搜羣族，撰十八州一
> 百十六郡，合七百十二卷，凡諸大品，略無遺闕。劉湛為選
> 曹，始撰百家以助銓序，傷於寡略。……魏太和時，詔諸郡中
> 正各列本土姓族次第[34]，為選舉格答，曰方司格，人到于今稱
> 之。

〔通志〕卷二十五「氏族略」第一「氏族序」又載：

> 魏立九品，置中正，州大中正、主簿，郡中正、功曹，各有簿
> 狀，以備選舉。晉宋齊梁因之。晉賈弼、宋王洪、齊王儉、梁
> 王僧孺各有〔百家譜〕，徐勉有〔百官譜〕，宋何承天撰〔姓
> 苑〕，與後魏〔河南官氏志〕二書，尤為姓氏家所宗。

以「宦」為主要目的之編撰，引起的爭執當然很大，但兩晉南北朝似
乎以各郡為單位，列舉各郡之望族，提供選舉之用，所以爭執發生在
同郡中爭高下，如宋弁與郭祚爭太原郡望[35]，又如薛宗起爭列為河東
茂族[36]。當九品官人法漸漸士族化時[37]，族望高下又反映在「中正評

33　參見拙文「從中正評品與官職之關係論魏晉南朝之社會架構」〔歷史語言研究所集
　　刊〕46本4分，1975。

34　〔隋書〕卷三十三「經籍志」二，有「魏孝文〔列姓族牒〕一卷」。

35　〔魏書〕卷六十三「宋弁傳」：「弁性好矜伐，自許膏腴。高祖以郭祚晉魏名門，
　　從容謂弁曰：『卿固應推郭祚之門也。』弁笑曰：『臣家未肯推祚。』高祖曰：『
　　卿自漢魏以來，既無高官，又無偶秀，何得不推？』弁曰：『臣清素自立，要爾不
　　推。』侍臣出後，高祖謂彭城王勰曰：『弁人身良自不惡，乃復欲以門戶自矜，殊
　　為可怪。』」

36　〔資治通鑑〕卷一百四十「齊紀」六明帝建武三年（即太和二十年，公元496年）：
　　「衆議以薛氏為河東茂族。帝曰：『薛氏，蜀也，豈可入郡姓！』直閣薛宗起執戟
　　在殿下，出次對曰：『臣之先人，漢末仕蜀，二世後歸河東，今六世相襲，非蜀人
　　也。伏以陛下黃帝之胤，受封北土，豈可亦謂之胡乎！今不預郡姓，何以生為！』
　　乃碎戟於地。帝徐曰：『然則朕甲、卿乙乎？』乃入郡姓，仍曰『卿非宗起，乃起
　　宗也！』」

37　參見拙著〔兩晉南北朝士族政治之研究〕第四章，1966。

「品」上[38]，所以政治社會中直接爭奪戰是在「中正評品」上，兩晉南朝似乎很禮貌地將「中正評品」的第一品讓給宗室子弟[39]，士大夫最高的「中正評品」爲第二品，高門大族子弟則爲「門地二品」。如果修撰譜牒牽涉到「婚娶之序」，編撰者[40] 就得以社會地位作爲優先考慮，高門大族的社會地位大多經過許多代發展而成，並非出自當代帝王之任命[41]，婚姻圈則是同一社會階層的具體界限，所謂五姓四十四子禁婚家便是山東大族婚姻圈的代表。

　　唐太宗明言爲「嫁娶之序」而詔修〔氏族志〕，編撰者很自然地將社會上婚姻圈官書化，將大士族列爲第一等而罔顧皇室、外戚等族，當然不是唐太宗詔修〔氏族志〕的原意。

（三）

　　再者，唐太宗之心態也需重視。太宗是雄才大略之君，也是統一局面的皇帝，其表面理由是要改革社會上陋習，卽士大夫「每嫁女他族，必廣索聘財，以多爲貴，論數定約，同於市賈，甚損風俗，有紊禮經；旣輕重失宜，理須改革」，據他自己認爲「往代蠹害，咸已懲革，唯此弊風，未能盡變」（見本節首引文），實則因爲太宗在政治方面力加整頓以後，已能諸端興革，掌握局勢，故思進一步整頓社會，掌握社會，最低限度要社會領袖——士大夫——承認其統治階層亦屬於社會階層之上層，所以「今定氏族者，誠欲崇樹今朝冠冕」，乃是太宗的眞正意圖，在今朝冠冕之中當然以皇室與外戚爲重要，當他看見〔氏族志〕初稿將崔幹列爲第一，當然不悅，於是大筆一揮，據

38　見註33。

39　史籍中尚未發現何人被評爲中正評品第一的明確記載。宮崎市定從司馬炎的事蹟與初仕官觀察，認爲可能是中正評品第一，參見〔九品官人法の研究〕頁111，1956。

40　布目潮渢「唐初の貴族」（載於〔隋唐史研究〕）頁378，1968，謂〔貞觀氏族志〕之編撰者：高士廉爲北朝系漢人官僚人物、韋挺爲南北朝舊貴族著姓人物、岑文本爲南朝系統人物、令狐德棻出身燉煌或疏勒龜茲是蠻族代表，所以〔氏族志〕之編撰網羅各方的代表。

41　這類事件例子甚多，最典型之例爲〔南史〕卷三十六「江斅傳」載，紀僧眞乞作士大夫，武帝令詣江斅，斅却之。僧眞謂梁武帝曰：「士大夫故非天子所命！」

〔資治通鑑〕卷一百九十五「唐紀」十一太宗貞觀十二年春正月載：
「於是以皇族爲首，外戚次之，降崔民幹爲第三。」太宗對山東士大
夫原本有心理距離[42]，這樣安排是他的容忍極限。

　　如果〔氏族志〕是一部選舉册，皇族外戚居前自無異議，正如同
「中正評品」第一品讓給宗室子弟，大士族則爲「門地二品」，但唐
初修撰〔氏族志〕以「婚娶之序」爲社會目的，以提高皇族大臣社會
地位爲政治目的，這侵犯了社會領域，自北魏以來，社會上以五姓四
十四子爲最崇高，他們不認爲皇族外戚應排列在他們之前。北魏孝文
帝時，也想將皇族的社會地位提高，他的辦法是通婚，〔魏書〕卷二
十一上「獻文六王列傳·咸陽王傳」載：

　　詔曰：「……然則婚者，合二姓之好，結他族之親，上以事宗
　　廟，下以繼後世，必敬慎重正而後親之。……將以此年爲六弟
　　娉室。長弟咸陽王禧可娉故穎川太守隴西李輔女，次弟河南王
　　幹可娉故中散代郡穆明樂女，次弟廣陵王羽可娉驃騎諮議參軍
　　滎陽鄭平城女，次弟穎川王雍可娉故中書博士范陽盧神寶女，
　　次弟始平王勰可娉廷尉卿隴西李沖女，季弟北海王詳可娉吏部
　　郎中滎陽鄭懿女。」

其中除代郡穆氏以外，皆屬五姓四十四子之女。北魏以異族入主，又
僅得北中國部分，其心態祇想與社會領袖黏合在一起，並不像唐太宗
那樣積極，欲將皇族外戚置於高門大族之上。在高門大族而言，與皇
室通婚並未高攀，例如〔隋書〕卷七十六「崔儦傳」載：

　　崔儦字岐叔，清河武城人也。祖休，魏青州刺史。父仲文，齊
　　高陽太守。世爲著姓。（屬清河大房）……聘于陳，還授員外
　　散騎侍郎。越國公楊素時方貴倖，重儦門地，爲子玄縱娶其女
　　爲妻。聘禮甚厚。親迎之始，公卿滿座，素令騎迎儦，儦故敝

42　〔舊唐書〕卷七十八「張行成傳」：「太宗嘗言及山東、關中人，意有同異，行成正
　　侍宴，跪而奏曰：『臣聞天子以四海爲家，不當以東西爲限；若如是，則示人以隘
　　陋。』太宗善其言……。」

其衣冠，騎驢而至。素推令上座，儉有輕素之色，禮甚倨，言
又不遜。素忿然拂衣而起，竟罷座。後數日，儉方來謝，素待
之如初。

越國公楊素是隋宗室、重臣，崔儉時官為員外散騎侍郎，這件事發生
在開皇四年後數年，唐太宗生於開皇十八年，時間相去不遠，李淵乃
楊氏之姻親，唐太宗似應知道這個故事，楊素卑詞厚禮以攀卑官崔
儉，而受其辱，唐太宗看不慣這種現象，所以他說：「我與山東崔、
盧、李、鄭，舊既無嫌，為其世代衰微，全無官宦，猶自云士大夫，
婚姻之際，則多索財物，或才識庸下，而偃仰自高，販鬻松檟，依託
富貴，我不解人間何為重之？」這種風氣在唐初可能也存在著，「乃
有新官之輩，豐財之家，慕其祖宗，競結婚姻，多納貨賄，有如販
鬻。或自貶家門，受辱於姻婭……。」

唐太宗將皇族外戚列名於前，社會上士大夫不一定同意，但也不
便抗議，當時在社會上「嫁娶之序」似乎仍然我行我素。〔新唐書〕
卷九十五「高儉傳」載：

先是，後魏太和中，定四海望族，以（李）寶等為冠。其後矜
尚門地，故〔氏族志〕一切降之。王妃、主婿皆取當世勳貴名
臣家，未嘗尚山東舊族。後房玄齡、魏徵、李勣復與婚，故望
不減。

（四）

如果將唐太宗的心態具體化，那便落實到他對族望的評定標準，
他說：「今定氏族者，誠欲崇樹今朝冠冕，何因崔幹猶為第一等，祇
看卿等不貴我官爵耶？不論數代以前，祇取今日官品人才作等級，宜
一量定，用為永則。遂以崔幹為第三等」。

唐太宗崇尚冠冕、崇尚皇族外戚，其原因之一是地區傳統，〔新
唐書〕卷一百九十九「儒學傳柳沖・傳」中柳芳曰：

山東之人質，故尚婚婭，其信可與也；江左之人文，故尚人

物，其智可與也；關中之人雄，故尚冠冕，其達可與也；代北
之人武，故尚貴戚，其泰可與也。

西魏北周系統中，冠冕最貴盛者首推八柱國家及十二大將軍，〔周書〕
卷十六「侯莫陳崇傳」附載八柱國家事：

　　初，魏孝莊帝以尒朱榮有翊戴之功，拜榮柱國大將軍，位在丞
　　相上……大統三年，魏文帝復以太祖（宇文泰）建中興之業，
　　始命為之。其後功參佐命，望實俱重者，亦居此職。自大統十
　　六年以前，任者凡有八人。太祖位總百揆，督中外軍。魏廣陵
　　王欣，元氏懿戚，從容禁闥而已。此外六人，各督二大將軍，
　　分掌禁旅，當爪牙禦侮之寄。當時榮盛，莫與為比。故今之稱
　　門閥者，咸推八柱國家云。今并十二大將軍錄之於左[43]。

〔舊唐書〕卷六十一「竇威傳」（〔新唐書〕卷九十五本傳略同）：

　　武德元年，拜內史令。……（高祖李淵）嘗謂曰：「昔周朝有八
　　柱國之貴，吾與公家咸登此職。今我已為天子，公為內史令，
　　本同末異，乃不平矣！」威謝曰：「臣家昔在漢朝，再為外

43　〔周書〕卷十六「侯莫陳崇傳」載柱國、大將軍，如下：
　　使持節、太尉、柱國大將軍、大都督、尚書左僕射、隴右行臺、少師、隴西郡開國
　　公李虎。
　　使持節、太傅、柱國大將軍、大宗伯、大司徒、廣陵王元欣。
　　使持節、太保、柱國大將軍、大都督、大宗伯、趙郡開國公李弼。
　　使持節、柱國大將軍、大都督、大司馬、河內郡開國公獨孤信。
　　使持節、柱國大將軍、大都督、大司寇、南陽郡開國公趙貴。
　　使持節、柱國大將軍、大都督、大司空、常山郡開國公于謹。
　　使持節、柱國大將軍、大都督、少傅、彭城郡開國公侯莫陳崇。
　　右與太祖為八柱國。
　　使持節、大將軍、大都督、少保、廣平王元贊。
　　使持節、大將軍、大都督、淮〔安〕王元育。
　　使持節、大將軍、大都督、齊王元廓。
　　使持節、大將軍、大都督、秦七州諸軍事、秦州刺史、章武郡開國公宇文導。
　　使持節、大將軍、大都督、平原郡開國公侯莫陳順。
　　使持節、大將軍、大都督、雍七州諸軍事、雍州刺史、高陽郡開國公達奚武。
　　使持節、大將軍、大都督、陽平公李遠。
　　使持節、大將軍、大都督、范陽郡開國公豆盧寧。
　　使持節、大將軍、大都督、化政郡開國公宇文貴。
　　使持節、大將軍、大都督、荊州諸軍事、荊州刺史、博陵郡開國公賀蘭祥。
　　使持節、大將軍、大都督、陳留郡開國公楊忠。
　　使持節、大將軍、大都督、岐州諸軍事、岐州刺史、武威郡開國公王雄。

戚，至於後魏，三處外家，陛下龍興，復出皇后。臣又階緣戚
里，位委鳳池，自惟叨濫，曉夕兢懼。」高祖笑曰：「比見關
東人與崔、盧為婚，猶自矜伐，公代為帝戚，不亦貴乎？」

楊隋及唐初都屬於「關中本位集團」，人物雖有變遷，乃是集團之中
的動態，這一地區對於門閥的定義，恐怕已深植在唐太宗的腦中。另
外一方面，「山東之人質，故尚婚婭」，於是乎形成五姓四十四子禁
婚家；若將西魏北周系統所謂「門閥」、與山東士人所謂高門，作一
比較，其含義差距甚大；如若將兩者反映在同一部〔氏族志〕中，評
定標準不能同一，其理甚明。

　　實際上唐太宗並非嚴格執行「欲崇樹今朝冠冕」的標準，他除了
將皇族列為第一，外戚列為第二以外，仍將崔幹列為第三。如果嚴格
執行「不論數代以前，祇取今日官品人才作等級」，則崔幹官拜第四
品之黃門侍郎雖屬清要之職，比此職更重要、品位更高者還有六部尚
書、尚書左右僕射、中書監令、侍中等，高品者有諸公、諸大將軍
等；崔幹正史無傳，功績不詳，即令有特殊功業亦無法與唐初開國功
臣[44] 相比，所以崔幹列為第三乃是唐太宗的「冠冕」標準與山東士大
夫的門第標準之間的妥協。

（五）

　　二十一年以後，在〔姓氏錄〕中嚴格地執行官品主義的標準，〔
唐會要〕卷三十六「氏族」條（〔新唐書〕卷九十五「高儉傳」同）：

顯慶四年（659）九月五日，詔改〔氏族志〕為〔姓（氏）
錄〕，上親製序，仍自裁其類例，凡二百四十五姓，二百八十
七家。以皇后四家、酅公、介公、贈臺司、太子三師、開府儀
同三司、僕射，為第一等；文武二品及知政事者三品，為第二
等；各以品位為等第，凡為九等，並取其身及後裔，若親兄

<hr>

44　唐初開國功臣有的屬於外戚集團，布目潮渢〔唐初の貴族〕，1968，頗有論及。

弟，量計相從，自餘枝屬，一不得同譜[45]。

〔舊唐書〕卷八十二「李義府傳」載：

> 初，貞觀中，太宗命吏部尚書高士廉、御史大夫韋挺、中書侍
> 郎岑文本、禮部侍郎令狐德棻等及四方士大夫諳練門閥者修〔
> 氏族志〕，勒成百卷，升降去取，時稱允當，頒下諸州，藏為
> 永式。義府恥其家代無名，乃奏改此書，專委禮部郎中孔志
> 約、著作郎楊仁卿、太子洗馬史玄道、太常丞呂才重修。志約
> 等遂立格云：「皇朝得五品官者，皆升士流。」於是兵卒以軍
> 功致五品者，盡入書限，更名為〔姓氏錄〕。由是搢紳士大夫
> 多恥被甄敍，皆號此書為「勳格」。義府仍奏收天下〔氏族志〕
> 本焚之。關東魏、齊舊姓，雖皆淪替，猶相矜尚，自為婚姻。
>
> 義府為子求婚不得，乃奏隴西李等七家，不得相與為婚。

〔貞觀氏族志〕將皇族外戚列為第一第二等，未聞太宗有禁婚令，高
宗時李義府奏禁婚，其實際效用如何？現無法作全面性調查，然〔玉
海〕卷五十「唐姓氏錄勳格」條載：「李義府為子求婚不得，始奏禁
焉。其後天下衰宗落譜昭穆所不齒者，皆稱禁婚家，益自貴。凡男女
潛相聘娶，天子不能禁，世以為敝云。」

據前引「崔公神道碑」載：「神龍中申明舊詔，著之甲令：以五姓
婚媾，冠冕天下，物惡大盛，禁相為姻。……士望四十四人之後，同
降明詔，斯可謂美宗族人物而表冠冕矣！……山東士大夫以五姓婚姻
為第一。」按顯慶四年為公元659年，神龍為公元705～707年，「崔公
神道碑」撰於大曆四年卽公元769年。禁婚家仍有崇高的社會地位。

---

[45] 池田溫「唐朝氏族志の一考察」頁50，1965，擬訂〔姓氏錄〕九等圖表如下：

特等	一　　等	二　等	三等	四等	五等	六等	七等	八等
皇室	外戚、二王後、贈臺司、左右僕射	二品及三品宰相	正三品	從三品	正四品	從四品	正五品	從五品

但池田氏由此推論〔貞觀氏族志〕定稿將皇室列為第一、外戚列為第二、崔民幹（黃門侍郎、正四品）為第三，與〔姓氏錄〕官品級對應關係相同，恐值得進一步商榷。按〔氏族志〕定稿雖然依照太宗之意修改了〔氏族志〕初奏稿，崔幹之列為第三似應與其族望有關，而並非因為他是黃門侍郎第四品官。

至「開成初（公元836～840年），文宗欲以眞源、臨眞二公主降士族，謂宰相曰：『民間修婚姻，不計官品而上閥閱，我家二百年天子，顧不及崔、盧耶？』詔宗正卿取世家子以聞。」[46] 此事陳寅恪先生曾經提及，並再舉另一條納妃之例，〔太平廣記〕卷一百八十四「氏族類・莊恪太子妃」條：

> 文宗為莊恪太子選妃，朝臣家□子女者，悉被進名，士庶為之
> 不安。帝知之，謂宰臣者曰：「朕欲為太子婚娶，本求汝鄭門
> 衣冠子女為新婚。聞在外朝臣皆不願共朕作情親，何也？朕是
> 數百年衣冠，無何神堯打家何羅去。」因罷其選。

據陳寅恪先生考證，文宗所謂「汝鄭門」是指鄭覃[47]，鄭覃望出滎陽鄭氏北祖，屬四十四子之一。

自〔貞觀氏族志〕之頒行至開成初，恰好二百年，唐太宗將皇族外戚置於大士族之前，以及欲崇樹今朝冠冕，祇取今日官品人才作等級的理想與作法，至二個世紀以後的晚唐時刻，似乎並未成功。民間士大夫仍按其標準婚娶。

（六）

當時人也認為士族有興替不常的變化，有改修〔氏族志〕之必要，〔新唐書〕卷一百九十九「柳沖傳」載（〔唐會要〕卷三十六「氏族」條略同）：

> 初，太宗命諸儒撰〔氏族志〕，甄差羣姓，其後門冑興替不
> 常，沖請改脩其書，帝詔魏元忠、張錫、蕭至忠、岑羲、崔
> 湜、徐堅、劉憲、吳兢及沖共取德、功、時望、國籍之家，等
> 而次之。夷蕃首長襲冠帶者，析著別品。會元忠等繼物故，至
> 先天時，復詔沖及堅、兢與魏知古、陸象先、劉子玄等討綴，

46　〔新唐書〕卷一百七十二「杜兼傳」附子中立傳中語。
47　見陳寅恪〔唐代政治史述論稿〕中篇「政治革命及黨派分野」，〔史語所專刊〕之20，1944。

書乃成，號〔姓系錄〕……開元初，詔沖與薛南金復加刊竅，

乃定。（〔唐會要〕謂開元二年，即公元714年）

〔册府元龜〕卷五百六十「國史部譜牒」條載柳沖〔大唐姓族系錄〕

事，如下：

　　依據〔氏族志〕重加修撰，仍令取其高名盛德，素業門風，國

　　籍相傳，士林標準，次復勳庸克懋，榮絕當朝，中外相輝，譽

　　兼時望者，各為等列；其諸蕃首長，曉襲冠帶者，亦別為一品。

「高名盛德，素業門風，國籍相傳，士林標準」為先，「次復勳庸克

懋，榮絕當朝，中外相輝，譽兼時望者」，「國籍」一詞池田溫釋為

王朝官籍[48]，果如此，則國籍可包括皇族、外戚、宦家等，但「國籍

相傳」則應指代代相傳的士族。上引八句並不具體，概括而論，前四

句屬士族條件，後四句是王朝功業條件，似乎前者優於後者，但主要

精神是調和士大夫的標準與官品主義，「共取德、功、時望、國籍之

家，等而次之」這種辦法避免〔顯慶姓氏錄〕時的尖銳衝突，融合了

統治階層與社會上士大夫的要求，但實際的姓氏排列情形已經失傳。

　　四十四年後，又有〔百家類例〕，〔唐會要〕卷三十六「氏族」條載：

　　乾元元年（公元758年），著作郎賈至撰〔百家類例〕十卷。

　　（注云：其序旨曰：「以其婚姻承家、冠冕備盡則存譜，大譜所

　　紀者唯尊官清職、傳記本原，分為十卷，爰列百氏，其中須有

　　部析，各於當族注之，通為百氏，以隴西李氏為第一。）

〔玉海〕認為賈至為孔至[49]，〔新唐書〕卷一百九十九「儒學」中「孔

若思傳」附子至傳載：

　　若思子至，字惟微。歷著作郎，明氏族學，與韋述、蕭穎士、

　　柳沖齊名。撰〔百家類例〕，以張說等為近世新族，剟去之。

　　說子垍方有寵，怒曰：「天下族姓，何豫若事，而妄紛紛邪？」

48　池田溫「唐朝氏族志の一考察」頁34 及 頁45 註20，1965。

49　〔玉海〕卷五十「唐百家類例」條注：按「賈至傳」云賈至由早父尉拜起居、中書
　　舍人，徙岳州司馬。寶應初召復故官，不曾遷著作郎，疑是孔至。

埇弟素善至，以實告。初，書成，示章述，述謂可傳，及聞埇
語，懼，欲更增損，述曰：「止！丈夫奮筆成一家書，奈何因人
動搖？有死不可改。」遂罷。時述及穎士、沖皆撰〔類例〕，
而至書稱工。（〔唐語林〕卷二「文學」條略同）

日人宇都宮清吉認爲〔百家類例〕以隴西李氏爲第一，是〔貞觀
氏族志〕定本以皇族爲第一的常用格式[50]，按唐皇族自稱系出隴西李
氏[51]，如果是官方修譜，將隴西李氏列爲第一的可能性極大。隴西李
氏在唐代中葉也頗有人才而能襯其門戶地位，如〔新唐書〕卷一百五
十「李揆傳」（〔舊唐書〕卷一百二十六本傳略同）：

李揆字端卿，系出隴西（姑臧大房），爲冠族，去客滎陽。祖
玄道，爲文學館學士；父成裕，秘書監。……拜中書侍郎，同
中書門下平章事，修國史，封姑臧縣伯。揆美風儀，善奏對，
帝歎曰：「卿門地、人物、文學皆當世第一，信朝廷羽儀乎！」
故時稱三絕。

〔唐國史補〕卷上「李積稱族望」條：

李積，酒泉公義琰姪孫，門戶第一，而有清名，常以爵位不如
族望，官至司封郎中懷州刺史，與人書札，唯稱隴西李積而不
銜。（〔新唐書〕卷七十二上「宰相世系表」二上「隴西李氏」
條，姑臧大房世系：義琰相高宗，義琰弟義璡，義璡子融，融
子積河內太守。）

李義琰任相於高宗之世，其姪孫應不晚於肅宗時代。

隴西李氏姑臧大房一脈在唐代中葉時期，在社會上族望似居首位。

前例中唐帝稱李揆門地第一，有同族自我肯定之嫌；後例李積門
戶第一，似非他族所共認。由於隴西李氏本係望族，唐代亦不乏人才，

50　宇都宮清吉「唐代貴人に就いての一考察」頁72。
51　〔舊唐書〕卷一「高祖本紀」一：「其先隴西狄道人，涼武昭王暠七代孫也。」〔新
　　唐書〕「高祖本紀」一：「隴西成紀人也。其七世祖暠……」。陳寅恪則執不同看
　　法，參見「李唐氏族之推測」、「李唐氏族之推測後記」、「三論李唐氏族問題」、
　　「唐代政治史述論稿」頁1-8。

所以其他望族對於隴西李氏門地第一的封號並沒有公開反對之聲。但是，有唐一代，博陵崔氏可能一直是民間士大夫心目中的頭一號望族，尤以博陵崔氏第二房爲最，〔新唐書〕卷一百八十二「崔珙傳」：

> 崔珙，其先博陵人，父頲，官同州刺史，生八子，皆有才，世以擬漢荀氏「八龍」……諸崔自咸通後有名，歷臺閣藩鎮者數十人，天下推士族之冠……。

查〔新唐書〕卷七十二下「宰相世系表」二下，博陵崔氏第二房楷之裔，及挺之裔這兩大支，每一代皆有人物，咸通以後任官者加多，更爲顯著了。按上列引文「天下推士族之冠」似應指該傳人物博陵崔氏第二房而言，如包括博陵崔氏其他房支，及清河崔氏[52]，則人物就更多了。

四、禁婚家與〔新唐書〕「宰相世系表」定著房之比較

(一)

〔唐語林〕卷二「文學」條載：

> 大歷以後，專學者有：蔡廣成〔周易〕……氏族則林寶。

〔元和姓纂〕撰於憲宗元和七年歲次壬辰（卽公元 812 年），林寶自序其修撰之原因，爲：

> 元和壬辰歲，詔加邊將之封，酬屯戍之績。朔方之別帥天水閻者，有司建苴茅之邑於太原列郡焉，主者旣行其制，閻子上言曰：「特蒙渙汗，恩沾爵土，乃九族之榮也，而封乖本郡，恐非舊典。」翌日，上謂相國趙公，有司之誤，不可再也，宜召通儒碩士辨卿大夫之族姓者，綜修〔姓纂〕，署之省閣，始使條其原系，考其郡望，子孫職位，並宜總輯，每加爵邑，則令閱視，庶無遺謬者矣！……凡二十旬，纂成十卷。

是書「各以四聲類集，每韻之內，則以大姓爲首」[53]。〔元和姓纂〕

52 　參見藪山治三郞〔唐代政治制度の研究〕pp.172-183，1967。
53 　〔郡齋讀書志〕二下。

已佚，今本〔姓纂〕自〔永樂大典〕輯出，近代岑仲勉先生有〔元和姓纂四校〕，用力甚勤，岑氏再序說：

> 余謂「新表」（〔新唐書〕「宰相世系表」）者，〔元和姓纂〕之嫡子也。〔姓纂〕所詳爲顯官，顯官莫如宰相，必舉全數以列表，則難於命名，唯撊宰相爲綱，斯〔姓纂〕菁華，幾盡入彀，「表」能利用史餘，成其創作，良可嘉也。……「新表」利用〔姓纂〕之世系，吸其大部，〔姓纂〕之嫡子也。〔通志〕利用〔姓纂〕之姓源，吸其小部，〔姓纂〕之支子也。

〔新唐書〕「宰相世系表」如與〔姓纂〕有密切關係，〔姓纂〕甚重郡望，每韻之內以大姓爲首，而「宰相世系表」以宰相爲標準收羅譜牒[54]，亦顧及冠冕。又「新表」宰相之族凡九十八，大士族皆收羅殆盡，唯大士族之中的房支，若在唐代未拜宰相，可能不見世系，「新表」似乎未能表達未拜相之房支。查「新表」有若干族的世系之末，有「定著若干房」字樣，這應當是該族中著房之義，代表社會地位。在「新表」九十八族之中，書有「定著若干房」者有：

崔氏定著十房：一曰鄭州，二曰鄢陵，三曰南祖，四曰清河大房，五曰清河小房，六曰清河青州房，七曰博陵安平房，八曰博陵大房，九曰博陵第二房，十曰博陵第三房。

隴西李氏定著四房：其一曰武陽，二曰姑臧，三曰燉煌，四曰丹楊。

趙郡李氏定著六房：其一曰南祖，二曰東祖，三曰西祖，四曰遼東，五曰江夏，六曰漢中。

鄭氏定著二房：一曰北祖，二曰南祖。

王氏定著三房：一曰琅邪王氏，二曰太原王氏，三曰京兆王氏。

裴氏定著五房：一曰西眷裴，二曰洗馬裴，三曰南來吳裴，四曰中眷裴，五曰東眷裴。

---

[54]　〔容齋隨筆〕卷六「唐書世系表」條：「〔新唐〕「宰相世系表」皆承用逐家譜牒。」卷八「新舊唐書互證」：「想修唐表時，祇取諸家譜系雜鈔之。」

蕭氏定著二房：一曰皇舅房，二曰齊梁房。

薛氏定著二房：一曰南祖，二曰西祖。

韋氏定著九房：一曰西眷，二曰東眷，三曰逍遙公房，四曰郿公房，
　　　五曰南皮公房，六曰駙馬房，七曰龍門公房，八曰小逍遙公房，
　　　九曰京兆韋氏。

竇氏定著二房：一曰三祖房，二曰平陵房。

劉氏定著七房：一曰彭城，二曰尉氏，三曰臨淮，四曰南陽，五曰廣
　　　平，六曰丹楊，七曰南華。

　　「新表」中其他姓族也有分房者，但無「定著」字樣。上列九姓
除了「定著」若干房以外，也有房支不稱定著。「定著」在社會上應
有特殊意義。

　　今試將五姓四十四子與「新表」該五姓著房著支作一比較：

（二）

〔新唐書〕「宰相世系表」 五 姓 著 房 著 支	五姓四十四子禁婚家	比　　　較
隴西李氏	隴西李寶之六子	
△武陽房		定著非禁婚
△姑臧房（承，姑臧大房）	承	同
	茂	（疑同）
	輔	（疑同）
	佐	（疑同）
	公業	（疑同）
	沖	（疑同）
△燉煌房（不載世系）		定著非禁婚
△丹楊房		定著非禁婚
賜姓李氏		
隴西李徙京兆房		

太原王氏	太原王瓊之四子	
△太原大房王氏（遵業）	遵業	同
△太原第二房王氏（廣業）	廣業	同
△太原第三房王氏	延業	同
（延業，不載世系）		
△太原第四房王氏	季和	同
（季和，不載世系）		
滎陽鄭氏	滎陽鄭溫之三子	
△北祖（溫子曄，曄七子	曄	同
，號「七房鄭氏」）		
△南祖（溫子簡）	簡	同
中祖（溫子恬）；「世系	恬	禁婚非定著
表」不言定著（鄭溫子	（鄭溫四子之中，可能	
濤，居隴西。後無聞）	濤居隴西而衰微不計）	
滎陽鄭少鄰支		
范陽盧氏	范陽盧子遷之四子	
大房盧氏(子遷長子陽烏)	陽烏	同
第二房盧氏(子遷次子敏)	敏	同
第三房盧氏(子遷三子昶)	昶	同
第四房盧氏（子遷四子尚	尚之	同
之）		
范陽盧損支		
范陽盧質支		
	范陽盧渾之？子（不詳）	禁婚
	范陽盧輔之六子	禁婚
	靜（輔子，又曰靖）	

	同（輔子）	禁婚
	璧（輔子）	禁婚
	琇（輔子）	禁婚
	○（輔子，名不詳）	禁婚
	○（輔子，名不詳）	禁婚
清河崔氏	清河崔宗伯	
△鄭州房		定著非禁婚
△鄢陵房		定著非禁婚
△南祖		定著非禁婚
△清河大房（宗伯子休）	宗伯 { 休	同
△清河小房（宗伯子寅）	寅	同
	清河崔元孫之二子	
△清河青州房	元孫 { 亮	同
	敬默	同
博陵崔氏	博陵崔懿之八子	
△博陵安平房		定著非禁婚
△博陵大房（懿子連）	連	同
△博陵第二房（懿子琨）	琨	同
△博陵第三房（懿子格）	格	同
博陵第四房（懿子遜，「世系表」缺世系，不言定著）	遜	禁婚非定著
博陵第五房（懿子殊，「世系表」缺世系，不言定著）	殊	禁婚非定著
博陵第六房 { 懿子怡 懿子豹 懿子侃 } 三子為一房「世系表」缺世系不言定著	怡 豹 侃	禁婚非定著 禁婚非定著 禁婚非定著

趙郡李氏	趙郡李楷之四子	
△南祖 { 晃（楷子） 輯（楷子，輯子孫甚微）	晃 （楷本有五子，輯子孫甚微，恐不計此子）	同
△東祖叡（楷子）	叡	同
△西祖 { 芬（楷子） 勁（楷子）	芬 勁	同 同
△遼東房（與趙郡李，共祖於秦司徒曇次子璣）		定著非禁婚
△江夏房（與趙郡李，共祖於西漢李護）		定著非禁婚
△漢中房（與趙郡李，共祖於西漢李武）		定著非禁婚

附記：有△符號者爲「宰相世系表」之定著房。

（三）

　　一、隴西李氏。禁婚家有李寶之六子，卽承、茂、輔、佐、公業、沖（「新表」謂寶有七子，第七子仁宗，有誤，前文已有考辨）。「新表」祇言承，其他五子不載世系，按姑臧房爲李氏定著房之一。承諸弟之後裔入唐以後事蹟不詳，僅獲墓誌銘二件，如下：

　　「長安主簿李君墓誌銘」（〔全唐文〕卷五百四）：

　　　君諱少安，字公和，隴西成紀人。自元魏僕射文穆公沖而下爲西州冠族⋯⋯曾祖仲進，皇宣州司馬；祖僑，河南府澠池縣令；父憒，朝議大夫宗正丞，贈濮州刺史。⋯⋯（君）元和三年三月乙酉感疾不起於長安⋯⋯夫人滎陽鄭氏，太僕少卿叔規之女⋯⋯君元和兄柳州刺史。⋯⋯

　　「殿中侍御史李君墓誌銘」（〔全唐文〕卷五百六十四）：

殿中侍御史李君名盧中，字常容。 其十一世祖沖 ， 貴顯拓跋
世。 父渾，河南溫縣尉，娶陳留太守薛江童女。……（君）元
和八年（卒）。……其祖澠池令府君僑……君昆弟六人，先君
而歿者四人，其一人嘗為鄭之滎澤尉。……妻范陽盧氏，鄭滑
節度使兼御史大夫羣之女。……

誌主李少安與李盧中皆卒於元和年間，兩人祖父皆為李僑，兩人皆元
魏僕射李沖之第十一世孫。自其曾祖至其本人，官職大抵屬中品及下
品，並不顯達。李渾妻薛江童女，查薛江童屬河東薛氏西祖瑚支之裔；
最高官職為陳留太守，河南探訪使，西祖為薛氏定著二房之一[55]。 李
盧中妻范陽盧羣之女，盧羣屬陽烏大房道舒支[56]。 李少安夫人滎陽鄭
氏，太僕少卿叔規之女，鄭叔規不詳。由以上分析，李沖後裔在中晚
唐時可能官宦並不顯達，但婚娶並未失序。「新表」載「隴西李氏定著
四房，……二曰姑臧。……姑臧大房（宰相）有義琰、蔚、揆、逢吉」，
其定著姑臧房應包括姑臧第六房，只因該房在唐代無宰相，故不列世
系。隴西李氏武陽房、燉煌房、丹楊房等亦為定著房，不屬禁婚家。
另有賜姓李氏房、隴西李徙京兆房，既非定著、亦非禁婚家。

　　二、太原王氏。禁婚家有王瓊之四子，即遵業、廣業、延業、季
和。「新表」「王氏定著三房：一曰琅邪王氏，二曰太原王氏，三曰
京兆王氏。」
在太原王氏條載：「（瓊）四子：遵業、廣業、延業、季和，號『四
房王氏』。」「世系表」載大房王氏、第二房王氏。第三房王氏、第四
房王氏不載世系[57]。 太原王氏禁婚家與「新表」定著房的記載同。

　　三、滎陽鄭氏。 禁婚家有鄭溫之三子，按溫實有四子，即曄、
簡、恬、濤。據「新表」「溫四子：濤、曄、簡、恬。 濤居隴西。
曄，後魏建威將軍、南陽公，為北祖。簡為南祖，恬為中祖。……鄭

55　〔新唐書〕卷七十三下「宰相世系表」三下河東薛氏西祖條。
56　〔新唐書〕卷七十三上「宰相世系表」三上范陽盧氏條。
　　又〔舊唐書〕卷一百四十、〔新唐書〕卷一百四十七有「盧羣傳」。
57　〔新唐書〕卷七十二中「宰相世系表」二中太原王氏條。

氏定著二房：一曰北祖，二曰南祖。」[58]，濤居隴西後無聞，如禁婚家以曄、簡、恬三子論，「新表」曄為北祖、簡為南祖，北祖南祖既屬禁婚家又係定著房。恬為中祖，屬禁婚家但「新表」不言定著房，甚為奇怪。又「新表」另有滎陽鄭少鄰支，既非禁婚家亦非定著房。

　　四、范陽盧氏。禁婚家有盧子遷之四子、盧輔之六子、盧渾等；盧子遷之四子即陽烏、敏、昶、尚之；盧輔之六子據前文考證有靜、同、璧、琇，另二子名不詳；盧渾不知有幾子。「新表」載盧子遷「四子：陽烏、敏、昶、尚之，號『四房盧氏』」。大房、第二房、第三房皆出宰相，有世系；第四房無宰相，亦有世系[59]，唯盧氏世系之末無「定著房」字樣，「四房盧氏」乃著房無疑，盧氏條無「定著房」字樣，是「世系表」大士族中唯一例外，如果勉強推測其原因，可能盧氏除「四房盧氏」以外，還有「定著房」，而該「定著房」又因無拜相而不便列其世系，「世系表」既無法包括所有「定著」，於是乎就不寫「定著」，以免以偏概全。

　　五、清河崔氏。禁婚家除清河青州房元孫之二子亮、敬默外，尚應包括清河大房、清河小房，此顯然是「崔公神道碑」之疏漏，前文已有考證。查「新表」「崔氏定著十房：一曰鄭州，二曰鄢陵，三曰南祖，四曰清河大房，五曰清河小房，六曰清河青州房（七至十為博陵崔氏）」[60]，其中清河大房、清河小房、清河青州房等既為禁婚家，亦屬定著房；鄭州房、鄢陵房、南祖屬定著房，但非禁婚家，如觀看上文清河崔氏房支表，發現此三房實屬一組，崔浩是這一組的重要人物，鄭州房與鄢陵房乃是崔浩之從姪，按崔浩這一組的門望決不低於崔頤那一組（即清河大房、清河小房、清河青州房），此前文已經論及，所以崔浩近支之後裔，應另文研究之。

　　六、博陵崔氏。禁婚家有崔懿之八子，即連、琨、格、邀、殊、怡、豹、侃。「新表」「（懿）五子：連、琨、格、邀、殊；又三子：

58　〔新唐書〕卷七十五上「宰相世系表」五上鄭氏條。
59　〔新唐書〕卷七十三上「宰相世系表」三上盧氏條。
60　〔新唐書〕卷七十二下「宰相世系表」二下崔氏條。

怡、豹、侶爲一房，號『六房』。……崔氏定著十房：（前爲清河崔氏）七曰博陵安平房，八曰博陵大房，九曰博陵第二房，十曰博陵第三房。」[61] 連爲博陵大房、琨爲博陵第二房、格爲博陵第三房，此三房旣是定著房，又屬禁婚家；而邈、殊、怡、豹、侶等，「世系表」不載世系，亦不言定著，但屬禁婚家。另有博陵安平房是定著房，但非禁婚家，此房在崔仁師相唐太宗高宗以前十一世皆無人物，據載是後漢太尉、城門校尉烈之裔，入唐後興盛，有宰相仁師、湜，及其他人物，詳見「世系表」，這是舊族某房再興之例。

　　七、趙郡李氏。禁婚家有李楷之四子，李楷實有五子，卽輯、晃、芬、勁、叡。「新表」「叡爲東祖，芬與弟勁共稱西祖，輯與弟晃共稱南祖……（輯）子愼敦，居柏仁，子孫甚微。」可能不計輯。「新表」又載：「趙郡李氏定著六房：其一曰南祖，二曰東祖，三曰西祖，四曰遼東，五曰江夏，六曰漢中。」[62] 南祖、東祖、西祖等旣是定著房，又屬禁婚家。唯遼東房、江夏房、漢中房等據載與趙郡李共祖於漢魏，是唐之著房，但非禁婚家。

　　八、除了上述五姓以外，「宰相世系表」還載其他定著房，如下：琅邪王氏、京兆王氏、裴氏五房、蕭氏二房、薛氏二房、韋氏九房、竇氏二房等，皆當時山東地區以外的名族，如：琅邪王氏、蘭陵蕭氏爲僑姓；河東裴氏、河東柳氏、京兆韋氏爲關中郡姓；竇氏爲代北虜姓。祇有京兆王氏不屬「柳沖傳」所載之名族。所以唐代定著房的範圍擴充及全國名族著房著支。

五、結語

　　綜合以上分析，初步結論爲：

　　一、「唐贈太子少師崔公神道碑」中禁婚家有：「隴西李寶之六

61　〔新唐書〕卷七十二下「宰相世系表」二下崔氏條。
62　〔新唐書〕卷七十二上「宰相世系表」二上趙郡李氏條。

子、太原王瓊之四子、滎陽鄭溫之三子、范陽盧子遷之四子、盧輔之
六子、公（清河崔景晊）之八代祖元孫之二子、博陵崔懿之八子、趙
郡李楷之四子，士望四十四人之後……。」按計算上開諸子，祇得三
十七人。從〔資治通鑑〕、〔新唐書〕、〔玉海〕等書中得知清河崔
宗伯亦爲禁婚家，崔宗伯二子：崔休爲清河大房、崔寅爲清河小房。
同資料又有范陽盧渾。所以禁婚家確知四十人，另四人不詳。

　　二、從史書有關族望記載、及列傳人物分析，北魏唐初之際，隴
西李寶之裔、清河崔宗伯之裔、范陽盧子遷之裔、博陵崔懿之裔、趙
郡李楷之裔等，各因人才之興盛，在某一時期或某一政權之中曾經較
爲突出。又據前引〔資治通鑑〕、〔新唐書〕、〔玉海〕等書所載，
本文五姓四十四子分房之始可溯及趙郡李楷之於晉、博陵崔懿之於前
燕，其他諸房亦在北魏初期至太和年間。因此自北魏中葉以後，時人
雖然泛稱郡望，實際上所指漸以房支爲單位，至唐而更爲明顯。

　　三、唐太宗詔修〔氏族志〕，初奏稿評崔幹爲第一等，按崔幹屬
博陵崔氏第二房，該房自崔孝芬以降在西魏北周系統發展，旣是山東
舊族，又屬關中本位集團人物，具有雙重身分，因此被高士廉等撰者
評爲第一。

　　四、唐太宗詔修〔氏族志〕是透過「婚娶之序」，想達到以冠冕
爲標準，與社會上士大夫長期發展的婚姻圈並不完全符合，因此引起
爭執，〔顯慶姓氏錄〕以官爵爲單一標準，則將爭執提升至高潮，官
爵單一標準至晚唐仍未被社會上士大夫接受。中晚唐修姓族譜者大都
在朝廷冠冕與社會上士大夫婚姻圈兩個標準之間覓尋妥協辦法。

　　五、四十個禁婚家之中，同時亦列爲「宰相世系表」定著房者有
二十七個，卽：隴西李氏姑臧房六子、太原王氏四房、滎陽鄭氏北祖
南祖、清河崔氏清河大房清河小房清河青州房四子、博陵崔氏大房二
房三房、趙郡李氏南祖東祖西祖四子，以及范陽盧氏四房等。有六個
屬禁婚家但非定著房，卽滎陽鄭氏中祖、博陵崔氏邈殊怡豹侃等。有
七個未詳，卽范陽盧輔六子及盧渾，這或許是初唐與晚唐間房支盛衰

之演變。

六、五姓之中有十家是「宰相世系表」之定著房，但非禁婚家。即隴西李氏武陽房燉煌房丹楊房、清河崔氏鄭州房鄢陵房南祖、博陵崔氏博陵安平房、趙郡李氏遼東房江夏房漢中房等。其中清河崔氏鄭州房鄢陵房南祖乃崔浩近支後裔。其他七房有共同特點，即其淵源甚長，本屬舊族，魏晉南北朝時雖有人物，似未達到著房程度，入唐以來因其官宦甚隆，而漸漸提高房支地位，成為定著房。

七、從「宰相世系表」定著房與禁婚家之比較，發現高官之家、定著房、禁婚家三者之間的關係為：絕大多數禁婚家在整個唐代皆屬著房著支，小部分定著房不是禁婚家，但係魏晉南北朝次高門，或山東地區以外之名族，這表示魏晉南北朝的著房名族與整個唐代政治階層之間的重疊面仍然很大。

八、本文禁婚家與定著房之研究，找出社會階層的基本單位，〔新唐書〕卷九十五「高儉傳」載：「每姓第其房望，雖一姓中，高下懸隔。」本文希望能將中古社會史深植至房支階層。

—— 本篇原刊於〔中央研究院歷史語言研究所集刊〕第五十四本第三分

第八篇　從士族籍貫遷移看唐代士族之中央化

一、緒論 —— 中古選制與士族權力的轉變

　　自周朝封建體系解體，秦朝統一宇內以來，在中國境內的歷朝皆面臨兩大難題：其一、如何建立一個有效能的官僚體系，以統治龐大帝國；其二、如何在地廣人眾的疆域內覓尋其社會基礎，以建立一個穩定的政權。中國歷代王朝的種種摸索與嘗試，獲得了許多寶貴的經驗，這些經驗成爲當今研究官僚政治、社會變動、政治參與的豐富資料。中國二三百年內必有一次改朝換代，由此而引起的人物升降、官制演進等現象，不僅在追索源流時有其價值，對若干制度與現象而言，抑且在時間縱度上具有本體地位。官僚體系的效能與政權的社會基礎兩者之間有其矛盾性與融合性，如果官僚體系正像韋伯　(Max Weber) 理想型的官僚體系那樣，是一個層層節制、專業人員行政、例行辦事、純理性化的政治體制，而此金字塔上層人物當其在行使如身使臂、如臂使指的統治時，若不顧及社會基礎，其政權不會穩定。另一方面，社會上的人物如過度要求分享政權，自非統治者所樂意。再者，社會人物多半具有代表性而缺乏專業性，是否能在官僚體系中發揮效能亦頗成問題。在歷史上這兩者嚴重對立矛盾的現象極少、極短，大部分介於兩極端之間，而有種種不同的組合。

　　秦與漢初在封建王朝崩潰後建立大帝國的官僚體系方面，甚具貢

獻，這一套體系的內部雖然時刻有變更，就整個架構而言，幾乎沿用
了二千年。但是秦與漢初的政權社會基礎並不穩定，以致政治勢力與
社會勢力呈現著緊張的關係[1]。 社會人物大規模地進入官僚體系到武
帝時才出現，勞榦先生謂：「漢代自高帝得天下以後，選任官吏主要
的是兩種人，第一，功臣；第二，文吏。文景以後，功臣的後裔也常
因舊有的資地，致位通顯。一般儒生的進身出路是不如武帝以後容易
的。主要的關係是詔舉的一件事只有武帝以後才常有。景帝以前僅偶
一有之，得人的數目自然不能和武帝以後相比擬了[2]。」武帝時是官僚
體系中選舉制度的大嘗試，有許多選士名目出現[3]，實施結果 ， 發展
成孝廉與茂才兩項常科最爲重要 ， 茂才名額較少 ， 孝廉一途成爲兩
漢社會人物走向官僚體系的主要通道。嚴耕望先生指出郎官性質之轉
變，約其條目如次：「(1)秦及西漢：郎吏是宮官……其進身多由蔭任
與訾選……故饒貴族性。(2)西漢末及東漢：郎吏是府官，是朝臣；專
供行政人才之吸收與訓練…… 其進身多由孝廉與明經 ， 非文吏卽儒
生；實優秀平民參政宦達之梯階，故富平民性。(3)此種轉變之關鍵在
武帝創孝廉、甲科除郎之制[4]。」嚴先生「漢代地方官吏昇遷圖」[5]中
所示，孝廉居於主流地位。

　　孝廉之選舉係以郡國爲單位，「（武帝）元光元年多十一月，初
令郡國舉孝廉各一人。」[6]察舉以郡國爲重心， 並成爲歲舉常典，乃
董仲舒之議：

　　長吏多出於郎中、中郎，吏二千石子弟選郎吏，又以富訾，未
　　必賢也。……臣愚以爲使諸列侯、郡守、二千石各擇其吏民之
　　賢者，歲貢各二人，以給宿衛，且以觀大臣之能，所貢賢者有
　　賞，所貢不肖者有罰 ， 夫如是 ， 諸侯、吏二千石皆盡心於求

1　許倬雲「西漢政權與社會勢力的交互作用」篇首，〔史語所集刊〕第35本，1964。
2　勞榦「漢代察舉制度考」篇首，〔史語所集刊〕第17本，1948。
3　勞榦「漢代察舉制度考」中段，〔史語所集刊〕第17本，1948。
4　嚴耕望「秦漢郎吏制度考」前段，〔史語所集刊〕第23本上冊，1951。
5　嚴耕望〔中國地方行政制度史〕上編(二)卷上「秦漢地方行政制度」下冊頁344，〔史語所專刊〕之45，1950。
6　〔漢書〕卷六「武帝紀」元光元年條。

賢，天下之士可得而官使也。[7]

武帝元朔元年，「有司奏議曰：『……今詔書昭先帝聖緒，令二千石舉孝廉，所以化元元，移風易俗也。不舉孝，不奉詔，當以不敬論；不察廉，不勝任也，當免。』奏可。」[8] 後漢和帝「時，大郡口五六十萬舉孝廉二人，小郡口二十萬幷有蠻夷者亦舉二人，帝以為不均，下公卿會議。（丁）鴻與司空劉方上言：『凡口率之科，宜有階品，蠻夷錯雜，不得為數。自今郡國率二十萬口歲舉孝廉一人，四十萬二人，六十萬三人，八十萬四人，百萬五人，百二十萬六人。不滿二十萬二歲一人，不滿十萬三歲一人。』帝從之。」[9]「孝廉是從郡來選，所舉的大都不是朝廷的官吏。而茂材由於丞相、御史、列侯中二千石及刺史察舉，所選舉的大都是朝廷的官吏。」「孝廉一科在漢代極清流之目，而為主要官吏的正途的。」[10] 金發根先生分析東漢黨錮清流人物的出身時，亦發現以孝廉身分居多數[11]。

　　郡國太守「歲盡，遣吏上計，並舉孝廉」[12]。孝廉既以郡國為單位，當這些地方人物到達中央以後，自然以本郡為其籍貫與郡望，尤其是稍有頭臉的地方領袖為然。岑仲勉先生謂：「自西漢廢姓存氏，於是郡望代起，良以公孫之稱，徧於列國，王子之後，分自殷周，稱其本郡，所以明厥氏所從出也。故就最初言之，郡望、籍貫，是一非二。」[13] 印證〔新唐書〕「宰相世系表」中諸士族淵源之記載，大都聲稱其祖先乃先秦列國王孫名臣之裔，且不論是否皆屬事實，但其以

7　〔漢書〕卷五十六「董仲舒傳」。
8　〔漢書〕卷六「武帝紀」元朔元年條。
9　〔後漢書〕卷三十七「丁鴻列傳」。
10　勞榦「漢代察舉制度考」甲、孝廉；乙、茂才條，〔史語所集刊〕第17本，1948。
11　金發根「東漢黨錮人物的分析」四、黨人的出身條，〔史語所集刊〕第34本下册，1963。
12　〔續百官志〕。
13　岑仲勉〔唐史餘瀋〕(1960)卷四、雜述唐史中之望與貫條之引文。但，岑仲勉另一本書〔隋唐史〕(1957) 卷下第六節門第之見與郡望條載：「戰國擾亂，人戶流離。漢高已不自知其姓，後此人各以氏代姓，今所謂「姓」，即古所謂「氏」，是為我國種族混亂之第一次大變，所幸戰國至漢，各地陸續建設郡縣，郡縣大約依古代各氏族之住地為區域，人口即有遷徙，猶能各舉其原籍之郡名以作標識，如太原、隴西、安定、南陽、清河等，皆後世所謂郡望也。」
其中「郡縣大約依古代各氏族之住地為區域」語，恐為商榷。

郡國以別於他族，事極可能。當此時也，郡望與籍貫爲一，地方人物
行官中央深具本郡之代表性，這正是漢朝摸索到的一條溝通官僚體系
與地方基礎的通道。許倬雲先生「西漢政權與社會勢力的交互作用」
[14] 一文中說：

> 自此以後，地方上智術之士可以期待經過正式的機構、確定的
> 思想、和定期的選拔方式，進入政治的權力結構中，參加這個
> 權力的運行。縱然這時其他權力結構，如經濟力量，與社會力
> 量，都已經服屬在政治權力結構之下了；一條較狹，但卻遠爲
> 穩定的上升途徑反使各處的俊傑循規蹈矩的循序求上進。於是
> 漢初的豪傑逐漸變成中葉以後的士大夫。

錢穆先生謂，自漢朝以來中國演變成「士人政治」。然漢代的察舉制
度甚難有具體的標準，尤其當其強調德行之時[15]，在實施時顯得更具
有彈性 。 各郡國的士大夫掌握並製造鄉議 ， 使選舉有利於本人或本
族，漸漸走進「 以族舉德 ， 以位命賢 」[16] 的循環中，從個體士之從
政，漸漸演變成累世從政，這種現象在西漢末葉已經出現，而東漢政
權與世家大族之關係更爲學者所重視[17]。 士族乃具有時間縱度的血緣
單位，其強調郡望以別於他族，猶如一家百年老商店強調其金字招牌
一般。故郡望與士族相始終。

　　「郡爲漢代地方行政之骨幹，郡守於一郡政務無所不統 ， 百官表
云『掌治其郡』，明其專也。故爲一元首性之地方長官。」[18] 郡國太
守不但具有察舉之權，並且有自由選任本郡屬吏之權。據嚴耕望先生
研究「州郡國縣道侯國政府之屬吏皆由長官自辟用本域人，各以本州
本郡國本縣道侯國所轄之境爲準，不得用轄境以外之人」[19]。這種察

14　許倬雲「西漢政權與社會勢力的交互作用」(三) 文，〔史語所集刊〕第35本，1964。
15　拙文「中國中古賢能觀念之研究——任官標準之觀察」，〔史語所集刊〕第48本第3
　　分，1977。
16　〔潛夫論〕第四「論榮篇」。
17　楊聯陞先生「東漢的豪族」，〔清華學報〕11卷4期，1936。
　　余英時「東漢政權之建立與世族大姓之關係」，〔新亞學報〕1卷2期，1956。
18　嚴耕望，〔中國地方行政制度史〕上編，卷上「秦漢地方行政制度」上冊，頁74。〔
　　史語所專刊〕之45，1950。
19　嚴耕望，同前書，頁 352。

舉與用人的制度其重心在地方，尤其在郡國。地方領袖在鄉里倡導鄉議，故有鄉舉里選的精神，在另一方面，郡國之中的大族若把持這種清議，就可影響察舉與郡國用人，使大族的郡望更爲加強。

後漢末葉，清議昇華爲全國性，郡國地方領袖及其子弟爲太學生者因爲與宦官外戚作鬥爭，產生了士大夫階層的新自覺[20]，這種同類感與清流精神，乃是兩晉南北朝隋唐士族內在精神之濫觴。黨錮之禍時期，清流士大夫相互之間封爲「天下某某某」「海內某某某」已有從地方領袖走向全國領袖的心理傾向，但他們大部分都是在野身分，不是中央官僚體系之一員；再者，他們並未與鄉里隔絕，所以實質上仍未走進中央。魏晉之際，這一類人物漸漸從在野而當朝，復依附九品官人之法而族勢大盛[21]。 一則因爲失去像東漢末葉宦官那樣的鬥爭對象，二則因爲士族們已經當政。所以魏晉以還，已很少在人名之前冠以「海內」「天下」字樣，同時士族則以郡望相互誇耀。但是，大批的士族子弟在中央政府官僚體系中任官，地方領袖實際上已成爲中央官吏。然而這些士族子弟尚未中央官僚化，因：其一，他們與原籍仍未疏遠。有的在京師設居住所，在本郡亦有居住所，論者稱爲「城市與鄉村的雙家型態」[22]；有的即令沒有雙家，但與本郡同族堂親不遠。其二，中正評品的標準是漢代鄉舉里選的制度化[23]， 代表性的意味極爲濃厚。士族具有地方代表性的性質，在逐漸發展而成的社會中或許不太明顯，當拓跋氏粗有北方，吸收中國各地大豪族參與統治階層時，則甚爲顯著。〔魏書〕卷四十八「高允傳」：

魏自神麚以後，宇內平定。誅赫連積世之僭， 掃窮髮不霸之寇，南摧江楚，西盪涼域，殊方之外，慕義而至。於是偃兵息甲，修立文學，登延儁造，酬諮政事。夢想賢哲，思遇其人，

20　余英時「漢晉之際士之新自覺與新思潮」〔新亞學報〕4 卷 1 期，1959。

21　拙著〔兩晉南北朝士族政治之研究〕中篇，第四章、第五章，1966。

22　參見 Eberhard Wolfram: *Conquerors and Rulers-Social Forces in Medieval China* 導論， 1965 修正版。

23　拙文「中國中古賢能觀念之研究──任官標準之觀察」三、賢能觀念與中古之選制。〔史語所集刊〕第48本第 3 分，1977。

> 訪諸有司，以求名士，咸稱范陽盧玄等四十二人，皆冠冕之
> 胄，著問州邦，有羽儀之用。親發明詔，以徵玄等，乃曠官以
> 待之，懸爵以縻之，其就命三十五人，自餘依例，州郡所遣
> 者，不可稱記。

但似仍注意到地理分布，「東至渤海，北極上谷，西盡西河，南窮中
山。」

　　魏晉南北朝期間官僚體系中的選制與士族權力的轉變甚有關連，
原本漢代郡國太守有察舉孝廉之權，如今州設大中正，郡國有小中
正，專司品藻人物等級，而州郡縣的大小中正官「各取本地人在諸府
公卿及各省郎有德充才盛者爲之」[24]，因此，大小中正官皆爲中央官
兼任。這是中央用人權之伸張，州郡權力之縮小。但士族在九品中正
制度中並沒有吃虧，絕大部分的中正官皆由士族子弟擔任[25]。著者將
漢代地方領袖在其本郡清議人物比擬爲「屬地主義」，而將魏晉南北
朝時大小中正身居中央而又評斷本郡人物比擬爲「屬人主義」，士族
這一種既任官中央而又不失其地方基礎的現象，在政治與社會兩大領
域皆產生巨大的影響力，是士族權力的巔峯時期。

　　魏晉南北朝地方政府的結構亦與漢代不同，嚴耕望先生有精闢的
研究：

> 府州僚佐雙軌制。漢世無論郡縣長官或州部刺史，其僚佐僅有
> 一個系統。郡縣僚佐除中央除授之上佐丞尉外，僅有功曹、主
> 簿及諸曹掾史一系統，州部僚佐亦僅別駕、治中及諸曹從事一
> 系統，皆由長官自由辟用本地人士爲之。

> 漢末三國時代，以地方不寧，刺史郡守有加將軍領兵者，或置
> 長史、司馬。魏及西晉，中央又或遣員參其軍事，然尚未成定
> 制，更不見自成一系統。東晉以降，軍府始漸形成。其時，除
> 單車刺史僅置州吏如漢制外，凡刺史加將軍者皆得開府置佐，

24　〔文獻通考〕卷二十八語。
25　本書第六篇「兩晉南北朝主要文官士族成分的統計分析與比較」（十二）中正。

其組織且有定型。於是與承漢以來之州吏並列，各為一系統，
稱為府吏與州吏。……

州吏自別駕從事以下仍由刺史自辟用本土人士為之，然別駕治
中地位日高，至南朝躋位六七品，已為中級品官，非復漢世百
石屬吏之比矣，故亦常由中央除授之。府佐則自長史司馬以下
至主簿功曹，皆為品官，由中央除授，長官有推薦權而無任命
權，又無籍貫限制，凡此皆與州吏成一對比。……

至南北朝時代，地方行政全歸軍府，而自漢以來相承不替之地
方行政屬吏轉處閒散，為地方人士祿養仕進之階。蓋州郡屬吏
雖長官自辟，然籍限本域，長官蒞任，人地生疏，兼以地方豪
族競相薦舉，故名雖自辟，情實疏間。而軍府之職，或時君簡
派腹心，或長官薦任親信……。[26]

著者在研究東晉南朝清要官之時，發現瑯琊王氏在七品、六品、五品
階段大多數皆任諸公府僚佐、王府僚佐、將軍府僚屬等職[27]，查閱其
他士族，情況相當。按當時甚少單車刺史，都督又大率列公親王坐
鎮，故士族除了任官中央以外，都督與州級的地方政府之重要僚屬亦
充滿士族子弟，這是由九品官人法之下由吏部分派下來的，所以魏晉
南北朝中央的權力更侵凌地方，士族在這個體制下與中央更形接近。
州吏系統地位日低，限制本地人士任之，可由刺史自辟，士族已不願
為，實際上是小姓類擔任，梁代稱之為「寒微士人」[28]，等而下之之
吏職，則有「後門」[29]、「役門」[30]。

　　東晉南朝僑姓南遷以後，遠離原籍，雖累世堅持原籍地望，可
是實際上已是可望而不可及，遍立僑州僑郡形式上滿足了他們心理要

26　嚴耕望〔中國地方行政制度史〕上編，卷中，「魏晉南北朝地方行政制度」，頁
　　901-904。〔史語所專刊〕之45，1952。
27　拙文「科舉前後（公元600年干300）清要官型態之比較研究」。〔中研院國際漢學
　　會議論文集〕，1981。
28　參見拙文「從中正評品與官職之關係論魏晉南朝之社會架構」。〔史語所集刊〕第
　　46本第4分，1975。
29　〔梁書〕卷一「武帝紀」，齊末中興二年：「中間立格，甲族以二十登仕，後門以
　　過立試吏。」
30　〔宋書〕卷八十三「宗越傳」：「本為南陽次門。安北將軍趙倫之鎮襄陽，襄陽多
　　雜姓，倫之使長史范覬之條次氏族，辨其高卑。覬之點越為役門出身，補郡吏。」

求，從社會意義而言，他們居住南方，與南方政權之間發生特定的社會連繫，長期失去原籍的地方基礎，在南方一直無法像吳姓一般地盤根錯節，於是乎他們愈來愈依賴中央政府，也就是說，原本兼具社會及政治性的僑姓人物，漸漸走向單一的政治方向，步入官僚，僑姓依賴中央的現象在南朝時更加明顯[31]。

東晉南朝時期，吳郡會稽一帶的士族一方面任官中央，另一方面仍不失其地方領袖的地位。不像僑姓成為純中央官僚。除了吳郡會稽以外，南方各地本無士族，因此有若干州郡的「小姓」（亦即陳寅恪先生所謂「中層社會階級」、「次級士族」）擁有地方勢力，尤以晉陵、襄陽一帶最著[32]。此等地方豪強在進入中央官僚體系時，其中正評品甚低，但在南朝末葉的改朝換代及政潮事件中表露出其軍事力量[33]。

北朝亦實施九品官人法，北方漢姓士族其性質上是郡級地方豪族，自拓跋魏吸收他們加入政權以後，他們從地方領袖兼跨政治領袖，然而這並未立即放棄其原有的地方勢力，有見於永嘉亂後北方長期紊亂，祇有聚宗自衛才能渡過災難，士族對其原籍一直引為重要的根基，似乎大部分仍是城市鄉村之雙家型態[34]。北朝士族步入中央而又失去其地方性，要在隋唐時期去尋找。

〔通典〕卷十七「選舉」五：「隋氏罷中正，舉選不本鄉曲，故里閭無豪族，井邑無衣冠。人不土著，萃處京畿。」其實，魏晉南北朝時期的州郡縣大小中正官本屬中央官兼任，選制的重心已屬中央政府。唯大小中正官必須本州郡縣人士擔任，可以說中正官是連接中央與地方人物的線路，居於地方的領袖仍被重視。隋代廢除中正官，推薦權與任官權皆屬中央，中央與地方的通道斷絕，長期留在地方將失去官宦機會，唯有居住在京畿地區的人士才有較多的機會。魏晉南北

31　見本書總論「中古士族性質之演變」篇。
32　陳寅恪「述東晉王導之功業」（收入〔金明館叢稿初編〕，頁 48-68）。
33　拙文「五朝軍權轉移及其對政局之影響」〔清華學報〕新 8 卷第 1、2 合期，1970。
34　見本書總論「中古士族性質之演變」篇。

朝時期士族控制中正官通道，又有雙家型態以充塞選舉通道的兩端，
至此本郡據點並沒有以前那樣重要，家族中最優秀的子弟乃謀長居京
邑以求出路。再者，雙家型態靠堂親維持，經數代以後，堂房日遠，
血親日疏，居於京師者與本郡者關係日遠，在京畿者中央化日深而地
方性日淺矣！這種趨勢隨著中央權力的加強而愈發加速，隋唐中央權
力視魏晉南北朝時更大，見於〔通典〕卷十四「選舉」二：「六品以下
官吏，咸吏部所掌，自是海內一命以上之官，州郡無復辟署矣！」嚴
耕望先生曾細說兩漢、魏晉南北朝、隋唐三期間之演變：

> 隋唐州政府佐官曰參軍，由中央任命，與漢代州政府佐吏曰從
> 事、由州長官任用本州人的制度完全不同，前人都說州政府屬
> 官由中央任命，是隋文帝所創始；官員名稱的不同，是不是也
> 是由一個人所創始的呢？其實都不是，此種職稱不同，任用方
> 式不同，都當於魏晉南北朝時代求其答案。在魏晉南北朝時
> 代，一方面繼承漢代舊制，另一方面又慢慢形成了一種新制，
> 成為兩個系統並存的現象。舊的一系官吏仍稱為從事，由州長
> 官任用本州人為之；新的一系官吏則稱參軍，由中央任命（可
> 由長官推薦）。本來職權有別，但舊的一系慢慢失權，成為地
> 方人士祿養之官，新的一系慢慢奪到全部權力。到隋文帝把無
> 作用的舊的一系率性廢掉，就是所謂廢鄉官，只留有實權的新
> 的一系官吏，就是由中央任命的參軍[35]。

地方人士在州郡連擔任僚屬之職的機會也沒有了。

　　科舉制度也是向社會吸取人才，但並不是以州郡地方為單位，其
目標是以全國大社會作為對象，州郡也有鄉貢進士，那僅是考生罷
了，如果沒有中進士第，僅僅鄉貢進士並無任官資格，這與後代的
「舉人」資格不同。又唐代科舉的試卷並不彌封，應考舉子先得造出
有才華的聲譽才容易入選，居住兩京附近者有種種便利，同、華亦佳

---

³⁶。考取以後還要經過吏部或兵部的身言書判之銓敍，未考取者亦可尋找推薦擔任較次職位或吏職，亦匯聚在吏部或兵部，凡此種種皆促使人物「萃處京畿」。

科舉制度以全國大社會作爲對象，吸收職業文官爲其官僚體系服務，這與州郡爲單位選人或從州郡中徵召豪族不同，後者雖然亦進入官僚體系，但地方代表性的意義十分濃厚；而前者有純官僚的性格。士族多世居住京師，成爲純官僚人物而消失其地方性的現象，是中古政治社會史中的重要課題，這個課題可由多方面去觀察，本文則從士族籍貫遷移這一角度加以研究。

二、研究方法與資料

陳寅恪先生謂：「吾國中古士人其祖墳住宅及田產皆有連帶關係。觀李吉甫卽後來代表山東士族之李黨黨魁李德裕之父，所撰〔元和郡縣圖志〕，詳載其祖先之墳墓住宅所在，是其例證。其書雖未述及李氏田產，而田產當亦在其中，此可以中古社會情勢推度而知者。故其家非萬不得已，決無捨棄其祖塋舊宅並與塋宅有關之田產，而他徙之理。此又可不待詳論者也。」³⁷ 關於田產之記載，後世有魚鱗圖册，唐代邊陲地區因均田之法而有片斷資料，中原一帶之私產地則已無記載留下。墳塋之所在地，成爲今日研究某家族重心的重要標竿。唐代正史的列傳中除了陪葬皇陵外，一般皆無葬地的記載，這可能是當時史家認爲這並非重要之事，刪去不錄³⁸。而墓誌銘中保存了葬地葬時的資料，近代利用墓誌銘以研究人物葬地葬時者，當推陳寅恪先生的「李德裕貶死年月及歸葬傳說辨證」，唯該文主要目的在以石刻

---

36 唐代科舉以兩京、同、華較占優勢。〔唐摭言〕卷一「兩監」條謂：「按實錄：西監，隋制；東監，龍朔元年所置。開元以前，進士不由兩監者，深以爲恥。……李榮舍人撰〔國史補〕亦云：『天寶中，哀咸用、劉長卿分爲朋頭，是時常重兩監。爾後物態澆瀉，稍於世祿，以京兆爲榮美，同華爲利市……。』」卷二「爭解元」條更謂：「同華解最推利市，與京兆無異，若首送，無不捷者。」

37 陳寅恪「論李棲筠自趙徙衛事」，頁2（收入〔金明館叢稿二編〕頁1～7）。

38 著者閱讀碑誌拓片時，發現〔新唐書〕若干列傳取材於墓誌銘，唯〔新唐書〕對於葬地與葬時則刪去不錄。

證史[39]，　並未據此而深論政治社會之事。由士族居住地之遷徙，從而論及地方勢力之推移，亦是陳寅恪先生首發其端，其「論李栖筠自趙徙衞事」乃一短文，民國四十六年刊於〔中山大學學報〕，討論的人物仍爲趙郡李氏，卽李德裕之祖李栖筠也。「綜合上引史料觀之，有可注意者二事：一爲李栖筠自趙遷衞之年代。二爲李栖筠何以遷衞之後始放棄其家世不求仕進之傳統，而應進士舉。此二事實亦具有連帶關係。……栖筠忽爾離棄鄉邑祖宗歷代舊居之地，而遠隱於汲縣之共城山，必有不得已之苦衷……李栖筠旣不得已捨棄其累世之產業，徙居異地，失其經濟來源，其生計所受影響之鉅，自無待言。又旅居異地，若無尊顯之官職，則倂其家前此之社會地位亦失墜之矣！」[40] 陳寅恪先生對李栖筠之孫李德裕之歸葬洛陽，曾有考辨，但兩文皆未論及李族居京畿之意義，因此，在地方勢力走向官僚體系之後的中央化課題上，　未作闡論。　又陳寅恪先生解釋李栖筠遷徙是由於胡族之壓力，恐未盡充分，此點後文再予細論。卽使假定李栖筠遷徙是由於胡族之壓力，　其他非河北士族若亦有遷徙現象，　當有其他理由予以解釋，　故應觀察當時大部分大族之遷徙，　才能找出共同原因及個別原因。無論如何，由於陳寅恪先生的高瞻遠矚，在其短文中點露消息，才給予後生晚輩進一步研究之機會。

　　士族由原籍遷徙到新地方，並以這個新地方作爲其家族的重心，本文有三個標竿以探索之。其一，歸葬之地；其二，兩〔唐書〕列傳中的籍貫；其三，〔新唐書〕「宰相世系表」中遷徙記載。這三者之間有很大的重疊面，一般而論，兩〔唐書〕錄載士族的郡望最爲普遍，尤以著姓爲然，如果兩〔唐書〕記載新籍貫，則該家族的居住重心已遷徙到新籍貫所在地了；但如果僅稱其郡望，並不能以此證明該族沒有新籍貫，兩〔唐書〕對新籍貫的記載甚少，所以僅依據正史，新籍貫將無法獲得眞象。〔新唐書〕「宰相世系表」中有一些士族房支遷徙

39　陳寅恪「李德裕貶死年月及歸葬傳說辨證」篇首（收入〔金明館叢稿二編〕頁 8～51）。原撰於1935。
40　同註37，頁 3～4 及 7。

記載，常常可與正史中新籍貫相吻合，例如：「世系表」卷七十二上
趙郡李氏條載：「羲之後有萬安，自趙郡徙于管城。」這一房南祖有
李日知者，見於〔舊唐書〕卷一百八十八「孝友傳」（〔新唐書〕卷
一百一十六「李日知傳」同），「鄭州滎陽人也。」按：管城屬鄭
州。同「表」又云：「南祖之後有善權，後魏譙郡太守，徙居譙。」
該房「李敬玄傳」謂：「亳州譙人也。」（〔舊唐書〕卷八十一、〔新
唐書〕卷一百六）。但是「世系表」中房支遷徙亦甚不全。因此，墓
誌銘中葬地成為重要資料。歸葬是中古士族的大事，客死他鄉，其子
孫負柩歸葬成為當時重要的孝行，此事在拓片中屢見，如果客觀形勢
無法歸葬，拓片中有「權厝」[41]，表示力有未及。士族歸葬地的改變
與籍貫的改變之間有重大關連，例如〔魏書〕卷七下「高祖紀」下，
太和十九年六月丙辰詔：「遷洛之民，死葬河南，不得還北，於是代
人南遷者悉為河南洛陽人。」士族歸葬地的改變也是反映該家族重心
的轉移，有許多墓誌銘中可以看到在葬地附近城市有私第的記載，行
宦於外者亦與歸葬地息息相通，例如〔舊唐書〕卷一百六十五「柳公
綽傳」：「京兆華原人也（郡望河東）……（子仲郢）檢校尚書左僕
射東都留守，盜發先人墓，棄官歸華原。」（〔新唐書〕卷一百六十
三「柳公綽傳」略同）有許多士族的墓誌銘中記載郡望與新籍貫，其
新籍貫與葬地重合。士族的新居住重心實際上包含上述三個標竿，一
時又無適當的名稱以蔽之，為了方便起見，暫用「新貫」稱之，以與
舊郡望相對照。

　　在〔新‧舊唐書〕列傳中注意到望與貫的差別，有岑仲勉先生，他僅
條陳其事[42]，並沒有作政治社會的研究，實際上僅憑少量籍貫的記載亦

41　「權厝」常有二種解釋。一種是暫時停厝在此地，以後再行搬回原籍。一種是暫
　　厝，時間稍後再行下窆，並不涉及地區之搬運。有時甚難分辨，所幸「權厝」之例
　　並不甚多。

42　岑仲勉〔唐史餘瀋〕（1960），卷四雜述唐史中之望與貫條：「故就最初言之，郡
　　望、籍貫，是一非二。歷世稍遠，支胤汗繁，土地之限制，饑饉之驅迫，疾疫之蔓
　　延，亂離之遷徙，游宦之僑寄，基於種種情狀，遂不能不各隨其便，散之四方，而
　　望與貫漸分，然人仍多自稱其望者，亦以明厥氏所從出也。延及六朝，門戶益重，
　　山東四姓，彭城三里，替螺緜綴，蔚為故家，此風逮唐，仍而未革，或久仕江南而
　　望猶河北，或世居東魯而人曰隴西，於後世極祿錯之奇，在當時本通行之習。後儒
　　讀史，代易境遷，昧望、貫之兩通，唯群爭其一是，難曰學貴多疑，要未免徒勞筆墨
　　矣！」關於士族遷徙之原因，當以實際資料證之，本文後段另論。

很難建立一個研究架構。本文所謂「新貫」既包含歸葬之地、兩〔唐書〕列傳中的籍貫、〔新唐書〕「世系表」遷徙記載等，以家族居住重心為鵠的，所能獲得的資料已勉可探索地方勢力轉移的軌跡，如果有許多郡姓之遷徙指向政治中心所在地，則又可以進一步研究士族的中央化了。

　　中古士族極多，本文暫以官宦最盛的大士族作為研究對象，前面總論曾作統計[43]，取其通朝大族，計：京兆韋氏、河南鄭氏、弘農楊氏、博陵崔氏、趙郡崔氏、趙郡李氏、隴西李氏、太原王氏、瑯琊王氏、范陽盧氏、渤海高氏、河東裴氏、彭城劉氏、河東柳氏、京兆杜氏、蘭陵蕭氏、河東薛氏等十四姓十七家，其中京兆韋氏、河南鄭氏、弘農楊氏、京兆杜氏等四姓因地望在兩京一帶，暫不研究。其他十姓十三家是本文建立架構的基石。稍次的士族另文補充之。

　　士族在魏晉時已經興盛，有許多士族通朝綿延不斷地官宦，至唐已三百餘年矣！十幾代以來，士族人口繁殖，有的分房，有的分房後又復分支，此在〔新唐書〕「宰相世系表」中有許多記載。唯「世系表」僅有大士族著房著支之世系，不甚稱著的房支則不見記載。又所謂「宰相世系表」者，乃是有宰相的家族才有世系，未任宰相的家族則不載其世系，全唐有宰相的家族凡九十八個，上述通朝大族十姓十三家皆出宰相，因此其家族之淵流世系皆有記載。研究唐代大士族之遷徙，應以分房分支為單位，愈詳愈好；否則若以整個大士族為單位，將發現遷徙地多起，無法理清，同時與當時分房分支的現象不合。本文大士族分房分支以〔新唐書〕「宰相世系表」所載為原則，當其他資料證實可用以劃分時，略作小部分增補，但皆以著房著支為要件。十姓十三家的著房著支如下：

1. 清河崔氏：清河崔氏鄭州房、清河崔氏許州鄢陵房、清河崔氏南祖君實支、清河崔氏南祖琰支、清河崔氏清河大房、清河崔氏清河小房、清河崔氏青州房。

2. 博陵崔氏：博陵崔氏安平房、博陵崔氏大房伯謙支、博陵崔氏大房

43　見總論第三篇「中古家族之變動」第三節。

仲讓支 、 博陵崔氏第二房楷支 、 博陵崔氏第二房孝芬
支、博陵崔氏第二房孝暐支、博陵崔氏第三房、博陵崔
氏第三房玄亮支。

3.范陽盧氏：范陽盧氏陽烏房道將支、范陽盧氏陽烏房道亮支、范陽
盧氏陽烏房道虔支、范陽盧氏第二房、范陽盧氏第三房
士熙支、范陽盧氏第三房士澈支、范陽盧氏第四房文翼
支、范陽盧氏第四房文甫支。

4.隴西李氏：隴西李氏姑臧大房蓮支、隴西李氏姑臧大房彥支、隴西
李氏姑臧大房蒨之支、隴西李氏姑臧大房行之支、隴西
李氏姑臧大房疑之支、隴西李氏沖支。

5.趙郡李氏：趙郡李氏南祖、趙郡李氏南祖萬安支、趙郡李氏南祖善
權支 、 趙郡李氏東祖勰房靈支 、 趙郡李氏東祖勰房均
支、趙郡李氏東祖系房、趙郡李氏東祖曾房、趙郡李氏
西祖盛支、趙郡李氏西祖隆支。

6.太原王氏：太原王氏大房、太原王氏第二房、太原河東王氏、太原
烏丸王氏僧辯支 、 太原烏丸王氏僧修支 、 太原中山王
氏、太原中山王氏王滿支。

7.瑯琊王氏：瑯琊王氏弘直支、瑯琊王氏弘讓支、瑯琊王氏弘訓支、
瑯琊王氏寬裔同皎支、瑯琊王氏寬裔同晊支、瑯琊王氏
沖支、瑯琊王氏肅支。[44]

8.彭城劉氏：彭城叢亭里劉氏。

9.渤海高氏：渤海高氏北齊皇室房、渤海高氏京兆房。

10.河東裴氏：河東裴氏西眷、河東裴氏洗馬房天壽善政支、河東裴氏
洗馬房天壽英支、河東裴氏南來吳叔業支、河東裴氏南
來吳令寶支、河東裴氏中眷萬虎支、河東裴氏中眷雙虎
支、河東裴氏中眷三虎支、河東裴氏東眷澄支、河東裴

---

[44] 　瑯琊王氏寬支、瑯琊王氏沖支、瑯琊王氏肅支，不見於「世系表」，但著者撰寫「我
　　國中古士大族之個案研究——瑯琊王氏」（即本書第十篇）一文時，認為應屬著支。

　　　　　　氏東眷澄希莊支、河東裴氏東眷道護支、河東裴氏東眷
　　　　　　道護綱支。

11.蘭陵蕭氏：蘭陵蕭氏皇舅房、蘭陵蕭氏齊梁房懿支、蘭陵蕭氏齊梁
　　　　　　房衍支、蘭陵蕭氏齊梁房衍巖支、蘭陵蕭氏齊梁房衍岑
　　　　　　支、蘭陵蕭氏齊梁房恢支。

12.河東薛氏：河東薛氏南祖、河東薛氏西祖洪隆房、河東薛氏西祖瑚
　　　　　　房、河東薛氏西祖昂房、河東薛氏西祖昂房寶積支。

13.河東柳氏：河東柳氏西眷慶旦支、河東柳氏西眷慶機支、河東柳氏
　　　　　　西眷虯支、河東柳氏道茂支、河東柳氏東眷。

以上十姓十三家八十三房支乃是本文架構之骨幹。

　　本文墓誌銘資料來源有三。其一，本所圖書館收藏之拓片，數量
最多；其二，〔全唐文〕中之墓誌銘；其三，石刻書籍[45]。其中有許
多是重複的，石刻書籍中有若干前人注釋，〔全唐文〕按撰寫誌銘的
著者排列，其重點放在撰者的文學，所以有一小部分沒有葬時與葬
地。本所拓片資料最多，但有的完整，有的殘缺，完整之碑其字體可
作書法觀摩之用，殘缺之碑有的模糊不清，有的缺字斷角，尤以名碑
爲然。一般而論，墓誌銘中的葬時葬地資料尙稱完整。且葬時葬地並
無揑造之理由，可信性甚高。

　　著者先將墓誌銘中屬於上述十姓者找出，然後閱讀合於十三家郡
望的資料，其所獲得的人物一一到〔新唐書〕「宰相世系表」該族世系中
去尋找，由於每一個大士族的「世系表」中皆有數千人之多，所以工
作甚爲繁重，有的在「世系表」中可以找到，有的在「世系表」中無
法找到；名字相合不一定是同一人，還需查看父祖名字及其官職是否
相合，蓋唐人同名同姓者甚多，尤以單名爲然。如果碑主與「世系表」
中人物確實是同一人，則查看該人屬於何房何支。同房同支者放在一
起，然後再觀察同房同支者墓誌銘上的葬時葬地。這個工作雖然繁

45　近年來國內將石刻書籍滙聚而刊印者，有藝文印書館的〔石刻史料叢書〕、及新文
　　豐出版公司的〔石刻史料新編〕，後者較詳較多。

重，但卻是值得做的，一者可將研究工作深入到房支階層，最重要者
乃是唐人同姓比附高郡望的風氣很盛，若不一一查對「世系表」，則
無法確實知道該碑主郡望是眞是假。所以，當碑文謂太原王氏、趙郡
李氏、博陵崔氏……，不可就此將其認定是該族人物[46]。聲稱大士族
郡望，無法在該族世系表中查獲者，亦可能是該族旁支遠系，本應附
列在文後，以便其他資料之核對，但由於其數量甚多，從缺不載。
〔新・舊唐書〕列傳中的人物，也經過同樣的程序一一與該族「世系
表」查對，將其歸入著房著支項下，不過正史列傳無歸葬地之記載，
祇有記錄新籍貫或正文中紋述家族遷徙時，才有助於本文架構。

　　茲按上述辦法甄別查對唐代墓誌銘，淘汰資料記載不合或未能肯
定者，最後獲得可信的墓誌銘數如下：清河崔氏六十七件、博陵崔氏
十六件、范陽盧氏二十三件、隴西李氏八件、趙郡李氏二十件、太原
王氏十三件、瑯琊王氏八件、彭城劉氏三件、渤海高氏六件、河東裴
氏二十一件、蘭陵蕭氏十五件、河東薛氏十三件、河東柳氏十三件。

　　從一百七十九件有用墓誌銘，加上〔新唐書〕〔舊唐書〕列傳籍
貫記載，再配合〔新唐書〕「宰相世系表」遷徙記載，本文下節展開
唐代大士族著房籍貫遷徙之研究。

三、唐代大士族著房著支之遷移

(一)、清河崔氏

　　〔新唐書〕卷七十二下「宰相世系表」二下，崔氏條：
　　崔氏出自姜姓。齊丁公伋嫡子季子讓國叔乙，食采於崔，遂為

---

[46] Patricia Ebrey 論及博陵崔歸葬地將聲稱該郡望者一併計入，見氏作 *The Aris-tocratic Families of Early Imperial China-A Case Study of the Po-Ling Ts'ui Family*, p. 92. Cambridge University Press, 1978.

崔氏[47]……十五世孫意如，為秦大夫，封東萊侯。二子：業、仲
牟。業字伯基，漢東萊侯，居清河東武城，生太常信侯昱。昱
生襄國太守穆侯紹。紹生光祿勳嗣侯雅。雅生揚州刺史忠。忠
生散騎常侍泰。泰字世榮，始居歙縣。二子：恪、景，恪，丞
相司直，生郡功曹殷。七子：雙、邯、寓、金、虎、蕃、固。
雙為東祖，邯為西祖，寓為南祖，亦號中祖。寓四世孫林，字
德儒，魏司空、安陽孝侯。曾孫悅，前趙司徒左長史、關內
侯。三子：渾、潛、湛。湛生頤，後魏平東府諮議參軍。生
蔚，自宋奔後魏，居滎陽，號鄭州崔氏。

1.清河崔氏鄭州房

鄭州崔氏望出清河，正史列傳中無人物，「世系表」有宰相崔元綜之
名。今幸得一碑：

大唐故潁王府士曹參軍崔君墓銘(17802，此處五位阿拉伯數字，
乃中研院史語所傅斯年圖書館之拓片登記號，下同)：

「公諱傑，字伯雄，清河人也。曾祖思鈞……祖哲……父志
廉……。天寶八載卒於洛陽宣教里之私第……十載祔先塋葬
於北邙。」

2.清河崔氏許州鄢陵房

許州鄢陵房亦望出清河，「蔚少子或，居鄢陵」(「世系表」，同上)，
有傳、碑如下：

崔知溫，兄知悌，「許州鄢陵人。祖樞，司農卿；父義眞，陝
州刺史。」(〔舊唐書〕卷一百八十五上「良吏」上「崔知
溫傳」，參見〔新唐書〕卷一百六「崔知溫傳」)

唐故正議大夫行太子右贊善大夫判太子率更令上柱國清河崔府君
墓誌銘 (17695)：

47　〔元和姓纂〕卷三崔氏條：「齊太公生丁公伋、生叔乙，讓國居崔邑，因氏焉。」
　　〔古今姓氏書辨證〕卷五崔氏條：「出自姜姓，齊丁公伋嫡子季子，遜國叔乙，食
　　采於崔，遂以為氏。」
　　〔名賢氏族言行類稿〕卷十崔氏條引〔姓纂〕。

「公諱孝昌，字慶之。 清河東武城人……曾祖樞……祖義直
……父知溫……。以景雲二年……終洛州永豐私第……太極
元年……葬於洛州城北十二里北邙山平樂鄉之原，禮也。」
（〔芒洛冢墓遺文四編〕卷五）

〔新唐書〕卷七十二下「宰相世系表」二下，崔氏條繼載：

南祖崔氏：泰少子景，字子成，淮陽太守，生挺，字子建。挺
生破虜將軍權。權生諫議大夫濟，字元先，亦稱南祖。濟生
湫，字道初。湫生安定侯融，字子長。融生中書令溫，字道
和。溫生魏常山太守就，字伯玄。就生上谷太守公安。公安生
晉大司徒、關內侯岳，字元嵩。岳生後趙尚書右僕射牧，字伯
蘭。牧生後趙征東大將軍蔭，字道崇。蔭生聊城令怡，字少
業。怡生宋樂陵太守曠，隨慕容德度河居齊郡烏水，號烏水
房。生清河太守二子：靈延、靈茂。靈茂，宋庫部郎中，居全
節，生稚寶。稚寶，後魏祠部郎中。生遠，字景通，北齊三公
郎中。生周司徒長史德仁。德仁生君實。

3.清河崔氏南祖君實支

清河南祖君實之裔有傳、碑者，如下：

崔融，子禹錫、翹，「齊州全節人。」（〔舊唐書〕卷九十四「崔融
傳」，〔新唐書〕卷一百一十四「崔融傳」同）武后中宗時人。

唐崔能神道碑：「唐兵部侍郎李宗閔撰，能弟檢校吏部尚書判東
都尚書省從書，戶部尚書胡證篆額。能字子才，清河東武城
人，官至嶺南節度觀察使，贈禮部尚書，碑以長慶三年立。」
（〔寶刻叢編〕卷四引〔集古錄目〕），碑出壽安縣。（〔寶
刻類編〕卷五，略同。）

唐淮南節度崔從碑：「唐翰林學士蔣伸撰，權知太子少傅柳公權
書。從字子義，清河東武城人，官至淮南節度副大使，贈司
空，諡曰貞。碑以大中八年立。」（〔寶刻叢編〕卷四引〔
集古錄目〕）碑出壽安縣。（〔寶刻類編〕卷四同）

崔慎由，父從、弟安潛、伯父能、能子彥曾、慎由子胤，「清河
武城人。高祖融。……父從，少孤貧，寓居太原，與仲兄能
同隱山林……」（〔舊唐書〕卷一百七十七「崔慎由傳」，
參見〔新唐書〕卷一百一十四「崔融傳」附崔從傳）

崔昭緯，兄昭符、昭願、昭矩、昭遠，「清河人。」〔舊唐書〕
卷一百七十九「崔昭緯傳」，〔新唐書〕卷二百二十三下「
姦臣傳」下「崔昭緯傳」同）

唐故右拾遺崔君與鄭氏夫人合祔墓銘(07824)：「府君諱犧，字濟
之，清河人……曾祖異……祖從……父安潛……。乾寧四年
……終于華州之官舍……以乾寧五年……合葬于河南府壽安
縣甘泉鄉連里村祔于先塋，禮也。」〔陶齋藏石記〕卷三十六）

4.清河崔氏南祖琰支

〔新唐書〕卷七十二下「宰相世系表」二下，崔氏條南祖房繼載：

伯基八世孫密。密二子：霸、琰。霸曾孫遵。琰字季珪，魏尚
書。生諒，字士文。生遇。遇生瑜。瑜生逞，字叔祖。逞生
禕。禕四世孫溉。

清河南祖崔琰之後有傳者如下：

崔義玄，子神基、神慶，「貝州武城人……神慶子琳等皆至大官
……東都私第門，琳與弟太子詹事珪、光祿卿瑤俱列棨戟，
時號三戟崔家。」（〔舊唐書〕卷七十七「崔義玄傳」，〔
新唐書〕卷一百九「崔義玄傳」略同）

大唐故崔使君之墓誌：

「公諱□，字貴仁……魏尚書之冑胤也，……祖逸……。垂
拱二年……卒於神都洛陽縣都會鄉之私第，嗣子元慶……。
以垂拱三年……合葬於北邙山之曲，禮也。」（〔芒洛冢墓
遺文續編〕卷中）

5.清河崔氏清河大房

〔新唐書〕卷七十二下「宰相世系表」二下，崔氏條繼載：

　　清河大房：遲少子諲，宋青、冀二州刺史。生靈和，宋員外散
騎常侍。生後魏贈清河太守宗伯。生休、寅。休號大房。

清河大房有傳、碑者，如下：

　　崔龜從，「清河人。」（〔舊唐書〕卷一百七十六「崔龜從傳」，參
　　　　見〔新唐書〕卷一百六十「崔元略傳」附崔龜從傳）

　　故朝議郎行太原府文水縣主簿上柱國崔府君墓誌銘(17826)：

　　　　「清河崔府君諱冰 ，武城人也。……曾祖濟……祖元異……
　　　　父法言……。天寶七載……終於洛陽之私第……以其載……
　　　　權厝于河南府河南縣平樂鄉。」

　　大唐故嶺南觀察支使試大理評事崔君墓誌銘(17712)：

　　　　「君名恕，字敏從 。 父千里……祖徵……曾祖隱甫……其先
　　　　清河東武城人……君以丙辰歲……生……甲辰歲……終……
　　　　夫人（鉅鹿魏氏）……哀奉君之裳帷，遠自嶺徼，歸于東周
　　　　河南縣平樂鄉杜郭里，歸祔于先塋，禮也」（〔芒洛冢墓遺
　　　　文〕卷中）

　　崔少尹夫人盧氏墓誌銘：

　　　　「府君諱徵 ，從先大夫於北邙山平樂原 …… 二孤漑 、 泳…
　　　　…。」（〔全唐文〕卷七百八十五）

　　陸渾尉崔君墓誌銘：

　　　　「崔君名泳，字君易 ，清河東武城人……隱甫之孫……微之
　　　　子……貞元四年……卒于洛陽毓德里之第，丁酉從先尚書、
　　　　少尹於此邙，禮也。……（銘）詞曰：……嗟我哲人，修邙
　　　　之士。」（〔全唐文〕卷七百八十五）

　　唐故處州刺史崔公後夫人竇氏墓誌幷銘(07981)：

　　　　「竇氏之先 ，北部貴族……夫人元和十二年薨于漢中……窆
　　　　于洛城北邙山之原，禮也。」

6.清河崔氏清河小房

〔新唐書〕卷七十二下「宰相世系表」二下，崔氏條繼載：

清河小房：寅字敬禮，後魏太子舍人、樂安郡守。生長謙，給
事中、青州刺史，生子令、公華。

清河小房崔氏有傳、碑者，如下：

崔邠，弟鄲、鄯、鄲，「清河武城人。祖結，父倕。」（〔舊唐
書〕卷一百五十五「崔邠傳」，〔新唐書〕卷一百六十三「
崔邠傳」略同）

崔羣，弟子登、子充，「清河武城人，山東著姓。」（〔舊唐書〕
卷一百五十九「崔羣傳」，參見〔新唐書〕卷一百六十五「
崔羣傳」）

崔彥昭，「清河人。父豈（「世系表」作玘）。」（〔舊唐書〕卷一百七
十八「崔彥昭傳」，參見〔新唐書〕卷一百八十三「崔彥昭傳」）

故朝散大夫檢校尙書吏部郎中兼御史中丞賜紫金魚袋淸河縣開國
男贈太師崔公神道碑：

「太師諱陲，字平仲，清河東武城人。……貞元七年……卒
於官……（明年）返葬於成周之偃師，從世墓也。夫人隴西
李氏……元和八年……捐館舍，是歲……合祔。」（〔全唐
文〕卷六百一十）

唐故河南府河南縣主簿崔公墓誌銘(08116)：

「貞元十四年……崔公卒于東都福先之佛寺，明年……葬于洛
陽縣平陰鄉陶村先塋之東南一百八十步，前夫人榮陽鄭氏祔
焉，禮也。公諱程，字孝式，清河東武城人。……祖湜，……
父朝。」（〔芒洛冢墓遺文〕卷中，〔陶齋藏石記〕卷二十八）

唐故懷州錄事參軍淸河崔府君故夫人榮陽鄭氏合祔墓誌銘：

「公諱秤，字嘉成，清河東武城人也。曾祖諱祥業……祖湜…
…元和十二年……終于懷州之官舍……前夫人榮陽鄭氏……
以貞元二十年……終于陝州垣縣……。其年……葬於河南府
洛陽縣平陰鄉先塋之側，前夫人鄭氏祔焉。」（〔芒洛冢墓
遺文〕卷中）

唐故朝散大夫永州刺史崔公墓誌:

> 「維元和五年……薨於位……殯於路寢……遷神於舟……歸葬於某縣某原,祔於皇考吏部侍郎贈戶部尚書府君之墓。尚書諱澹……尚書之先曰……子美……。銘曰:孰爲德門,清河濬源,遠哉沄沄……葬我公於洛之會……。」(〔全唐文〕卷五百八十九)

唐秘書省校書郎崔隋妻趙氏墓誌(18021):

> 「會昌六年……清河崔隋妻趙氏夫人終于上都常樂里之第……其年夫與長男肅護其櫬歸于東都,葬北邙,從崔氏之先塋,禮也。」

唐故中書舍人清河崔公墓誌銘(01220, 16594)[48]:

> 「公諱詹,字順之,其先清河東武城人也。曾祖稱……祖植……父承弼……。天祐四年……奄然于綏福里之私第……其年……歸祔于洛陽縣陶村里。」(〔芒洛冢墓遺文四編〕卷六)

7.清河崔氏青州房

〔新唐書〕卷七十二下「宰相世系表」二下,崔氏條繼載:

> 清河青州房:琰生欽。欽生京。京孫瓊,慕容垂車騎屬。生輯,宋泰山太守,徙居青州,號青州房。輯生修之、目連。

> 崔信明,子多日,「青州益都人也,後魏七兵尚書光伯曾孫也,祖紹,北海郡守。」(〔舊唐書〕卷一百九十上「文苑傳」上「崔信明傳」,〔新唐書〕卷二百一「文藝傳」上「崔信明傳」略同)

> 太子少師崔公墓誌銘,唐贈太子少師崔公神道碑略同:

>> 「少師諱景晊,……清河東武城人也……諱貞固,公之考也,……(開元三年)終于官舍……權厝於邙山玄元廟西北原……夫人榮陽鄭氏……終京兆崇賢里,權殯於長安東南杜陵原

48　此碑或云後唐立,見岑仲勉「貞石證史」崔詹墓誌後唐立條,〔史語所集刊〕第8本第4分,1939。

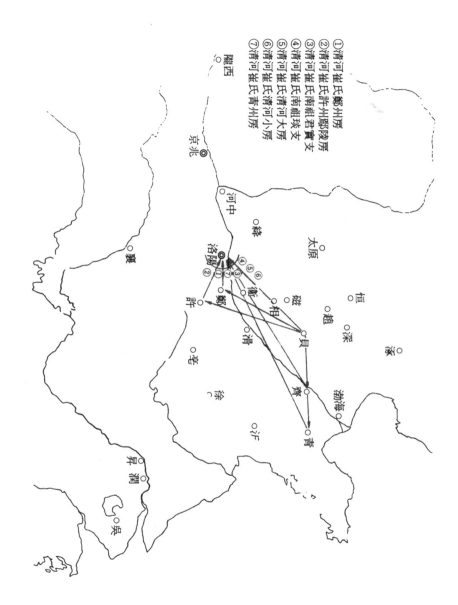

……大歷四年……奉先少師夫人之裳帷合祔於河南北邙山某

原，禮也。」（〔全唐文〕卷三百二十一及卷三百一十八）

崔評事墓誌銘：

「君諱翰，字叔清，博陵安平人。曾大父知道，仕至大理司

直；大父元同，爲刑部侍郎，出刺徐、相州；父倚……。（貞

元）十五年正月五日寢疾終於家……其妻與其子以君之喪，

旋葬於汝州，其二月某日遂葬於某縣某鄉某原……。」（〔

全唐文〕卷五百六十六）

按〔新唐書〕「宰相世系表」，崔知道至崔翰皆列入清河靑州房。

（二）、博陵崔氏

〔新唐書〕卷七十二下「宰相世系表」二下，博陵崔氏條：

博陵安平崔氏：仲牟生融。融生石。石生廓，字少通，生寂。

寂生欽。欽生朝，漢侍御史。生舒，漢四郡太守。二子：發、

篆。篆，郡文學，生毅。毅生駰，字亭伯，長岑長。二子：

盤、寔。盤生烈，後漢太尉、城門校尉。生鈞，字州平，西河

太守。十世孫昂。

i.博陵崔氏安平房

博陵安平房有傳、碑者，如下：

崔仁師，孫湜、湜弟液、液子論、液弟滌，「定州安喜人。」（

〔舊唐書〕卷七十四、〔新唐書〕卷九十九「崔仁師傳」）

故永州刺史崔君流配驪州權厝誌：

「博陵崔君……出刺連永兩州，未至永，而連之人愬君，御

史按章具獄，坐流驪州，幼弟訟諸朝，天子黜連帥，罷御史

小吏，咸死，投之荒外，而君不克復。元和七年……卒。孤

處道泊守訥奉君之喪，蹠海水，不幸遇暴風，二孤溺死……

柩至於永州……草葬於社壇之北……夫人河東柳氏……先崔

君十年卒，其葬在長安東南少陵北。君以竄沒家，又有海

禍，力不克祔，三年將復故葬也，徒誌其一二大者，云：鯢為祖，熤為父；世文儒，積彌厚；簡其名，子敬字。年五十增以二，葬湘潨非其地，後三年，辭當備。」（〔全唐文〕卷五百八十九）。查「世系表」安平房有崔簡者，連州刺史，祖鯢，皆與碑合，唯父名羃。

2.博陵崔氏大房伯謙支

〔新唐書〕卷七十二下「宰相世系表」二下，博陵崔氏條繼載：

> 大房崔氏：駰少子寔，字子真，後漢尚書，生皓。皓生質。質生讚＿讚生洪，字良夫，晉大司農。生廓。廓生遄。遄生懿，字世茂。五子：連、琨、格、遜、殊，又三子：怡、豹、侃為一房，號「六房」[49]。連字景遇，鉅鹿令，號「大房」。生郡功曹綽。二子：標、鑒。標字洛祖，行博陵太守。生後魏鎮南長史廣，字仲慶。生元猷，元猷生當。（當子伯謙、仲讓）
>
> 鑒字神具，後魏東徐州刺史、安平康侯。三子：含、秉德、習。秉德，驃騎大將軍，諡曰：靖穆。子忻、君哲、仲哲。

有傳、碑者如下：

> 崔行功，「恆州井陘人，北齊鉅鹿太守伯讓曾孫也，自博陵徙家焉。」（〔舊唐書〕卷一百九十上「文苑傳」上「崔行功傳」，〔新唐書〕卷二百一「文藝傳」上「崔行功傳」略同）
>
> 崔玄暐，弟昇、子璩，「博陵安平人也，父行謹……叔父秘書監行功。」（〔舊唐書〕卷九十一「崔玄暐傳」，〔新唐書〕卷一百二十「崔玄暐傳」略同）
>
> 唐崔愻碑：「愻字行謹，博陵安平人。……其孫暐，字元暐，神龍中為中書令，封博陵郡王，追贈愻幽州刺史，碑以開元三

49　唐朝請大夫唐州長史兼監察御史彭城劉公故夫人崔氏墓誌銘並序「夫人博陵崔氏……懿為燕秘書丞，生八子，分為六房，煥卽第五房魏本郡功曹景異之後」（〔湖北金石志〕卷六）（〔襄陽家墓遺文〕）
〔古今姓氏書辨證〕卷五崔氏條：「……五子：連、琨、格、遜、殊五房；又燕主賜王氏，生怡、豹、侃，同為一房，因號六房崔氏。」
〔姓纂〕卷三崔氏條：「連作遭」。

年立。」碑出博州。（〔寶刻叢編〕卷六引〔集古錄目〕）

崔渙，子縱、縱孫碣，「祖玄暐，……父璩。」（〔舊唐書〕卷一百八
　　「崔渙傳」，參見〔新唐書〕卷一百二十「崔玄暐傳」），又：

相國崔公墓誌銘：

　　「皇唐相國博陵公姓崔氏、諱渙……大歷三年……薨于道州刺
　　史之寢，明年歸祔于洛陽北邙山。」（〔全唐文〕卷七百八十四）

崔損，「博陵人，高祖行功以後名位卑替……。」（〔舊唐書〕卷
　　一百三十六「崔損傳」，參見〔新唐書〕卷一百六十七「崔
　　損傳」）

崔戎，子雍，「高伯祖玄暐……祖嬰……父貞固……。」（〔舊
　　唐書〕卷一百六十二「崔戎傳」，參見〔新唐書〕卷一百五
　　十九「崔戎傳」）

崔太常長女墓誌銘：

　　「以貞元七年……夭於東都……兄元方哀奉尚書從先相國於
　　北邙山，以長女祔於尚書之側……。」（〔全唐文〕卷七百八
　　十五）查「世系表」崔女乃縱之女、渙之孫女，屬大房。（
　　高祖玄暐、相武后中宗）

3.博陵崔氏大房仲讓支

崔無詖，「京兆長安人也，本博陵舊族。父從禮，中宗韋庶人之
　　舅……。」（〔舊唐書〕卷一百八十七下「忠義傳」下「崔無
　　詖傳」，參見〔新唐書〕卷一百九十一「忠義傳」上「張介
　　然傳」附「崔無詖傳」）。「世系表」載從禮為無詖之從叔。
　　無詖死於安史之亂。

另博陵崔氏大房鑒支（遷移資料不詳）

其人物見於傳者有：

崔元略，子鉉、鉉子沆、元略弟元受、元式，「博陵人。祖渾之，
　　父儆」（〔舊唐書〕卷一百六十三「崔元略傳」，〔新唐書〕
　　卷一百六十「崔元略傳」略同）

4.博陵崔氏第二房楷支[50]

〔新唐書〕卷七十二下「宰相世系表」二下，博陵崔氏條繼載：

第二房崔氏：琨字景龍，饒陽令，行本郡太守。二子：經、鬱。經生辯，字神通，後魏武邑太守，饒陽侯，謚曰恭。二子：逸、楷。

博陵第二房崔經之孫崔楷，是這一房的二大盛支之一，其人物見於傳、碑者有：

崔器，「深州安平人也。」（〔舊唐書〕卷一百一十五「崔器傳」、〔新唐書〕卷二百九「酷吏傳・崔器傳」）

崔祐甫、子植、從子倰，「祖晊……父沔。」（〔舊唐書〕卷一百一十九「崔祐甫傳」，參見〔新唐書〕卷一百四十二「崔祐甫傳」）

崔沔，「京兆長安人。周隴州刺史士約玄孫也，自博陵徙關中，世爲著姓，父皚。」（〔舊唐書〕卷一百八十八「孝友傳・崔沔傳」，〔新唐書〕卷一百二十九「崔沔傳」略同）

大唐故奉義郎行洪州高安縣令護軍崔府君夫人河南獨孤氏墓誌銘(05918)：

「先舅諱大方，海州刺史……夫人……以天寶二年……育背於長安縣嘉會里之私第……今且於府君塋西北一百五十步得地……權安厝於長安縣義陽鄉義陽原，禮也。」（〔陶齋藏石記〕卷二十四）

有唐贈太子少保崔公墓誌銘：

「公諱倰……（祖）濤……（父）儀甫……。長慶三年……薨於洛陽時邕里……」。（〔全唐文〕卷六百五十四）

本碑葬地不詳。

崔漢衡，「博陵人。」（〔舊唐書〕卷一百二十二「崔漢衡傳」，

50 〔古今姓氏書辯證〕卷五崔氏條末：「賜姓。西魏後周汲郡公崔宣猷（孝芬之子）、武城公崔士謙（楷之子）並姓宇文氏，安平公崔訦亦然。宣猷曾孫敦，士謙孫確，訦玄孫河，並復本姓。」故這幾支遷徙關中較早。

參見〔新唐書〕卷一百四十三「崔漢衡傳」）

崔珙，兄琯、弟瑨、璪、瑰、球、子涓、瑰子澹、澹子遠，「博
陵安平人。祖懿、父頲。」（〔舊唐書〕卷一百七十七「崔
珙傳」，參見〔新唐書〕卷一百八十二「崔珙傳」）

5.博陵崔氏第二房孝芬支

博陵第二房「（崔）鬱，後魏濮陽太守，生挺」（「世系表」）挺子孝
芬是這一房的另一盛支。這一分支有傳、碑者僅得崔敦禮一人：

崔敦禮，「雍州咸陽人。隋禮部尚書仲方孫也。其先本居博陵，
世為山東著姓，魏末徙關中。」（〔舊唐書〕卷八十一「崔
敦禮傳」，〔新唐書〕卷一百六「崔敦禮傳」略同），又：

太子少師中書令開府儀同 三 司并州都督上 柱國固安昭公崔敦 禮
碑：

「公諱敦禮……顯慶元年…… 薨於□陽里第…… 陪葬昭陵…
…以其年……窆於昭陵之南安鄉平美里。」（〔全唐文〕卷
一百四十五、〔金石續編〕卷五）

6.博陵崔氏第二房孝暐支

博陵第二房崔挺次子孝暐，其子孫見於傳、碑者較多：

崔造，「博陵安平人……僑居上元。」（〔舊唐書〕卷一百三十
「崔造傳」，〔新唐書〕卷一百五十「崔造傳」略同）

洪州建昌縣丞崔公墓誌銘：

「君諱遜，博陵安平人也……（父）昇之（弟造、述）……貞
元十年……終於其家……明年……歸祔於河南東原之舊塋。」
（〔全唐文〕卷五百三）

唐故相國右庶子崔公夫人河東縣君柳氏祔葬墓誌銘：

「貞元十有一年……夫人…… 終命於京師安仁里…… 以十月
庚午返祔河南某原，安平公之舊封，禮也。」（〔全唐文〕
卷五百四）碑文內云子懿伯，則安平公乃崔造也。

唐故給事郎使持節房州諸軍事守房州刺史賜緋魚袋崔公墓誌銘：

「公諱述，……博陵安平人……（父）昇之……貞元……十七
年……感疾捐館舍……以多……祔葬於東都某原，禮也。」
（〔全唐文〕卷五百三）

崔弘禮，「博陵人……父孚。」（〔舊唐書〕卷一百六十三「崔弘
禮傳」，參見〔新唐書〕卷一百六十四「崔弘禮傳」）

唐故湖州長城縣令贈戶部侍郎博陵崔府君神道碑銘：

「公諱孚……博陵人也……（祖預、父育）……興元元年疾歿
於宋。太（大）和五年遷葬於洛。」〔全唐文〕卷六百七十八）

唐故東都留守東都畿汝州都防禦使銀青光祿大夫檢校尙書左僕射
判東都尙書省事兼御史大夫上柱國贈司空崔公墓誌銘　（13813：
14498）：

「公諱弘禮，字從周，博陵人也。曾祖預……祖育……烈考
孚……。大和五年……葬於東都洛陽縣郭村北邙原，祔于先
塋也，」（大和四年卒于位）

7.博陵崔氏第三房

〔新唐書〕卷七十二下「宰相世系表」二下，博陵崔氏條繼載：

第三房崔氏：格二子，蕃、穎。蕃生天護。穎八世孫不疑，左補
闕。

博陵崔氏第三房見於傳、碑者有：

唐故瀛州河間縣丞崔君神道碑：

「君諱澣，……博陵安平人……（祖世立）……（父抗）……。
（君）垂拱元年奉使上都，遘疾，終於時邕里之旅館……。
夫人河東裴氏……卒於鄭……。長安三年春二月合葬於金谷
鄉邙山之陽，禮也。」（〔全唐文〕卷二百二十九），澣子
日用相睿宗玄宗，有傳。

崔日用，從兄日知，「滑洲靈昌人。其先自博陵徙家焉。」（〔舊唐
書〕卷九十九「崔日用傳」，參見〔新唐書〕卷一百二十一
「崔日用傳」）

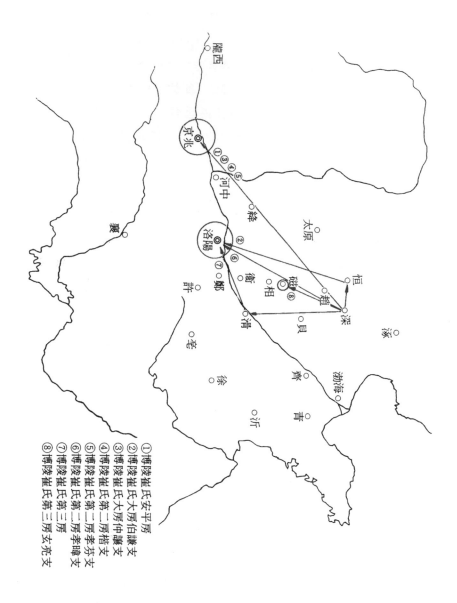

①博陵崔氏安平房
②博陵崔氏大房伯謙支
③博陵崔氏大房
④博陵崔氏第二房仲讓支
⑤博陵崔氏第二房楷支
⑥博陵崔氏第二房季晊支
⑦博陵崔氏第三房
⑧博陵崔氏第三房玄亮支

崔元翰，「博陵人。父良佐與齊國公日用從昆弟也。……隱共北
　　白鹿山之陽……。」（〔舊唐書〕卷一百三十七「崔元翰傳」，
　　〔新唐書〕卷二百三「文藝傳」下「崔元翰傳」）

崔光遠，祖敬嗣，「滑州靈昌人也，本博陵舊族……。」（〔舊
　　唐書〕卷一百一十一「崔光遠傳」，〔新唐書〕卷一百四十
　　一「崔光遠傳」略同）

8.博陵崔氏第三房玄亮支

崔玄亮，「山東磁州昭義人……。（〔新唐書〕本傳：遺言山東士
　　人利便近，皆葬兩都，吾族未嘗遷，當歸葬滏陽，正首丘之
　　義。諸子如命。）」（〔新唐書〕卷一百六十四「崔玄亮傳」，
　　〔舊唐書〕卷一百六十五「崔玄亮傳」），又按：

唐故虢州刺史贈禮部尚書崔公墓誌銘：

　　「公諱玄亮……博陵人……曾祖悅……祖光迪……考抗……。
　　公濟源有田，洛下有宅。太（大）和七年……薨於虢州廨
　　舍。……遺誡諸子：……『自天寶以還，山東士人皆改葬兩
　　京，利於便近，唯吾一族至今不遷，我歿宜歸全於滏陽先
　　塋，正首邱之義也。』……以九年……用大葬之禮，歸窆於
　　磁州昭義縣磁邑鄉北原。遷（范陽）盧夫人而合祔焉，遵理
　　命也。公之丁少師（父）憂也，退居高郵，其地卑濕，泣血
　　臥苦者三載，因病痺其兩股焉。」（〔全唐文〕卷六百七十九）

（三）、范陽盧氏

〔新唐書〕卷七十三上「宰相世系表」三上，盧氏條：

　　盧氏出自姜姓。齊文公子高，高孫傒為齊正卿，諡曰敬仲，食
　　采於盧，濟北盧縣是也，其後因以為氏。田和簒齊，盧氏散居
　　燕、秦之間。秦有博士敖，子孫家于涿水之上，遂為范陽涿
　　人。裔孫植，字子幹，漢北中郎將。生毓，字子象，魏司空、
　　容城成侯。三子：欽、簡、珽。欽，晉尚書僕射。珽字子笏，

晉侍中尚書、廣燕穆子。三子：浮、皓、志。志字子道，晉中
書監、衛尉卿。三子：諶、謐、詵。諶字子諒，晉侍中、中書
監。五子：勗、諶、融、偃、徵。勗居巷南，號「南祖」。偃
居北，號「北祖」。偃仕慕容氏，營丘太守。二子：邈、闡。
邈，范陽太守。生玄，字子真，後魏中書侍郎、固安宣侯。二
子：巡、度世。度世字子遷，青州刺史固安惠侯。四子：陽
烏、敏、昶、尚之，號「四房盧氏」。[51]

有唐一代，在正史與墓誌拓片出現的盧氏，大都屬於「四房盧氏」。
出於大房陽烏後裔者，有：

1.范陽盧氏（大房）陽烏房道將支

　　盧粲，「幽州范陽人……陽烏五代孫……景龍二年，累遷給事中。」
　　　　（〔舊唐書〕卷一百八十九下「儒學傳」下「盧粲傳」，〔新
　　　　唐書〕卷一百九十九「儒學傳」中「盧粲傳」略同）

　　大唐故通議大夫鄂州刺史上柱國盧府君夫人清河郡君墓誌銘並序
　　（13605, 13918）：

　　　　「夫人……清河郡縣人……嬪盧氏……開元廿六年……終於
　　　　河南府溫柔里第……廿七年……合祔于河南府邙山之南原…
　　　　…有子巖、昂、戾等……。」

　　潤州丹陽縣丞盧君墓誌銘：

　　　　「君諱峴，……范陽人。……（曾祖）宏壽……（祖）友裕……
　　　　（父）相……。大曆九年……終於官舍……以關河不靖，未克
　　　　歸祔，遂……權厝於縣之北原焉。」（〔全唐文〕卷五百三）

　　□□大夫行太子庶子分司東都上柱國范陽盧府君墓誌銘：

　　　　「范陽郡人也……皇朝尚書刑部員外郎諱莊道……祖諱戾，宣
　　　　州宣城縣令，轉太子左庶子□□大夫……（碑主）以大中九
　　　　年……歸全於□□□□里之私第，其明年……先府君之□□

51　岑仲勉〔元和姓纂四校記〕卷三，頁 233，盧氏條略同，〔史語所專刊〕之 29，
　　1948。

也……。」（〔全唐文〕卷九百九十六、〔古誌石華〕卷二十）

〔古誌石華〕卷二十考證謂：是誌在偃師縣，殘缺過甚。〔中州金石記〕題作范陽某君，蓋未審其爲盧姓也，今爲按格細審其歷官及年壽卒葬之期，尚可得其大略。案〔唐書〕「宰相世系表」盧氏大房有莊道，刑部員外郎；莊道之曾孫曰炅，大理主簿，與誌載先世銜名悉合。「表」云炅之孫曰平陸尉銳，大理評事鉥，睦州刺史鋼，太子太師鈞，左庶子鍇，檢校比部郎中庚，凡六人。誌謂炅爲盧君之祖，則君當是六孫中之一人，其題銜爲左庶子，與「表」載盧鍇官同，今定爲鍇誌。）

盧鈞，「本范陽人，徙京兆藍田……元和四年進士」。（〔舊唐書〕卷一百七十七「盧鈞傳」，〔新唐書〕卷一百八十二「盧鈞傳」）按鈞與鍇爲兄弟，鍇葬偃師，鈞新貫藍田的可能性不大。〔舊唐書〕本傳不言京兆藍田人，恐係寓所。

2.范陽盧氏（大房）陽烏房道亮支

齊黃門侍郎盧思道碑：

「范陽盧公諱思道，字子行，涿州人也。……侍中陽烏徵君之子……開皇六年……終於長安，反葬故里。」（〔全唐文〕卷二百二十七）

盧承慶、承業、承泰、齊卿，「幽州范陽人」（〔舊唐書〕卷八十一「盧承慶傳」，參見〔新唐書〕卷一百六「盧承慶傳」）

唐故銀青光祿大夫行揚州大都督府長史魏縣子盧公墓誌銘（17251）：

「公諱承業，字子繪，范陽人也。曾祖道亮……祖思道……父赤松……。咸亨二年……薨於官舍……以三年……葬于河南平樂鄉邙山之原。」（〔滿州金石志別錄〕卷下）

大唐故左屯衛將軍盧府君（玠）墓誌銘（05724, 17681）：

「……景雲元年……終于東都官舍。……以明年四月歸葬於洛陽河陰之舊塋，禮也。」（〔滿洲金石志別錄〕卷下考證：

玠之父爲承業。）

盧藏用、若虛，「幽州范陽人」（〔新唐書〕卷一百二十三「盧藏
用傳」，參見〔舊唐書〕卷九十四「盧藏用傳」）

3. 范陽盧氏（大房）陽烏房道度支

唐故中大夫□□國□州刺史盧府君(正道)神道碑(00963, 03734)：

「……開元十四年…… 東都依仁里私第…… 開元十□年……
脣□圍安山□先塋之□禮□。（萬安山，在洛陽許家營）」
（〔金石萃編〕卷八十五）。父安壽、祖寶素，按「世系表」
二上，屬於大房盧氏。（〔全唐文〕卷二百六十五略同）

陝虢觀察使盧公墓誌銘：

「貞元四年，……范陽盧公……疾於位， 優詔得謝家東都履
信里，秋……終於其寢，多……歸於此堂， 禮也。 萬安之
腹，因山而封，嵩邱伊流，環帶捧抱， 龜筮叶吉，神宅是
宜。府君諱嶽，字周翰……（祖）正紀……（父）抗……「（
〔全唐文〕卷七百八十四）

唐故給事郎守永州司馬賜緋魚袋范陽盧府君(嶠)墓誌銘(08156)：

「……貞元七年……終于澧州仙丘里之私第 ， 享年七十六。
夫人清河崔氏奉公之喪歸葬河洛。明年……宅神于河南縣萬
安山之南原，禮也。」 （〔陶齋藏石記〕卷二十七）。嶠之
顯祖爲安壽，亦爲大房盧氏。

唐故永州盧司馬夫人崔氏墓誌銘 （08147, 17895, 23869）：

「嶠……疾歿澧陽，夫人護喪事携幼孫遠涉江漢 ， 歸葬河南
縣萬安山陽之大塋……貞元九年……終于洛陽履信里之私第
……斯年……遷祔于府君之塋，得同穴之禮也。」 （〔陶齋
藏石記〕卷二十七）

故河南府司錄參軍盧君墓誌銘 （08585, 08586, 08587）：

「君諱士瓊，字德卿，范陽人。家世爲甲姓,祠部郎中融之長
子……。皆祔葬於祠部塋東北。」（〔全唐文〕卷六百三十九）

范陽盧氏（大房）陽烏房道舒支（遷移資料不詳）

　　盧羣，「范陽人」（〔舊唐書〕卷一百四十「盧羣傳」，參見〔新
　　　唐書〕卷一百四十七「盧羣傳」）

4.范陽盧氏第二房

出於第二房敏後裔者，有：

　　隋故長陵縣令盧君墓誌銘（01352）

　　　　「君諱文構，字子康，涿郡涿人也……王父義僖，儀同、孝
　　　　簡公……考愻之，贈郢州刺史……。開皇十八年……終於曹
　　　　州宛句縣廨……仁壽元年……葬於本郡西北。」（〔漢魏南
　　　　北朝墓誌集釋〕403集釋稱：涿縣又出文構夫人李月相墓誌，
　　　　今同歸北京圖書館。「以大業十四年……終於東都。唐武德
　　　　八年……合葬於幽州范陽縣永福鄉安陽府君之墓」）「世系
　　　　表」卷七十三上屬第二房敏之曾孫。

　　故盧君墓誌銘（01260）：

　　　　「君諱文機，字子辯，涿郡涿人也……祖義禧，魏儀同、孝
　　　　簡公……父愻之，齊郢州使君……。周建德七年……終於鄴
　　　　……仁壽元年……反葬於涿縣西北廿五里。」（〔漢魏南北
　　　　朝墓誌集釋〕404）文構之弟。

　　盧履冰，「幽州范陽人（開元人物）」（〔新唐書〕卷二百「儒
　　　學傳」下「盧履冰傳」）

　　太子賓客盧君墓誌銘：

　　　　「故太子賓客盧正己……曾祖君冑……（父）履冰……。追贈
　　　　之年（大曆五年）薨於東都循善里之私第……權厝於新安縣
　　　　龍澗原，近先塋也。」（〔全唐文〕卷四百二十）在河南府。

　　盧恙，「幽州范陽人……貞元二年（卒）」（〔舊唐書〕卷一百
　　　二十六「盧恙傳」）

　　河南府法曹參軍盧府君夫人苗氏墓誌銘：

　　　　「嫁河南法曹盧府君諱貽……貞元十九年四月四日卒於東都

敦化里……其年……祔於法曹府君墓，在洛陽龍門山。」（
〔全唐文〕卷五百六十四）

處士盧君墓誌銘：

「處士諱於陵，其先范陽人。父貽爲河南法曹參軍……。元和
二年五月壬辰以疾卒……其年九月乙酉其弟渾以家有無葬，
以車一乘於龍門山先人兆。」（〔全唐文〕卷五百六十四）

唐故滑州司法參軍范陽盧君墓誌銘（13139, 14494, 17980）：

「范陽盧初，字子端……獻府君之曾孫……翊府君之孫……
晏府君之子……大曆乙卯歲……歿……大和三年……自楚州
啟護歸祔于河南縣金谷鄉焦古村，依澧州伯父之兆域……去
尹村大塋五里。」

劍南東川節度推官殿中侍御史內供奉盧公夫人崔氏墓誌銘並序
（08030, 17938）：

「夫人清河貝人也……歸我仲兄殿中侍御史璠……元和五年
遘疾於潭州官舍……元和七年歸葬於東都邙山之北原，祔先
塋也。」盧頊撰。

盧商，子知遠、知微、知宗、僧朗、堯，「范陽人」（〔舊唐書〕卷一
百七十六「盧商傳」，參見〔新唐書〕卷一百八十二「鄭薰傳」
附盧商傳）商相宣宗。

盧邁，「范陽人……邁從父弟迥爲劍南西川判官，卒於成都，歸
葬於洛陽，路由京師，邁奏請至城東哭於其柩，許之。近代
（大中時代）宰臣多自以爲崇重，三服之親，或不過從而弔
臨，而邁獨振薄俗，請臨弟喪，士君子是之。」（〔舊唐書〕
卷一百三十六「盧邁傳」，參見〔新唐書〕卷一百五十「盧
邁傳」。〔全唐文〕卷五百七「盧公（邁）行狀」，略同）

故太子太師致仕盧公神道碑：

「公諱渥，字子章，范陽人，……天祐二年……薨于長壽佛
宇……以其年……祔葬於緱氏某鄉某里，禮也。」（〔全唐

文〕卷八百九）

5.范陽盧氏第三房士熙支

出於第三房昶裔士熙支者有：

盧懷愼，子奐，「滑州靈昌人，其先家于范陽，爲山東著姓。（武
后玄宗時人物）。」（〔舊唐書〕卷九十八「盧懷愼傳」，參見
〔新唐書〕卷一百二十六「盧懷愼傳」）「世系表」列爲北齊
彭城太守士熙之曾孫。

黃門監盧懷愼碑：「蘇頲撰，八分書。開元八年立，洛。」（〔
寶刻類編〕卷一）

盧杞，子元輔，「杞……，懷愼之孫（肅、代時人物）。」（〔舊
唐書〕卷一百三十五「盧杞傳」，參見〔新唐書〕卷二百二
十三下「姦臣傳」下「盧杞傳」）

盧奕，「懷愼之少子也……奕留臺東都，又分知東都武部選事。
十四載安祿山犯東都，人吏奔散，奕在臺獨居，爲賊所執，
與李憕同見害。」（〔舊唐書〕卷一百八十七「忠義傳」下
「盧奕傳」，參見〔新唐書〕卷一百九十一「忠義傳」上「盧
奕傳」）

盧景亮，「幽州范陽人（元和初卒）」（〔新唐書〕卷一百六十
四「盧景亮傳」）

6.范陽盧氏第三房士澈支

出於第三房昶裔士澈支者有：

盧從愿，「相州臨漳人，魏昶六代孫也。自范陽徙家焉，世爲山東
著姓。（開元時代人物）」（〔舊唐書〕卷一百「盧從愿傳」，
參見〔新唐書〕卷一百二十九「盧從愿傳」）「世系表」載爲
徐州別駕士澈之玄孫。

7.范陽盧氏第四房文翼支

出於第四房尚之裔文翼支者有：

舒州望江縣丞盧公墓誌銘：

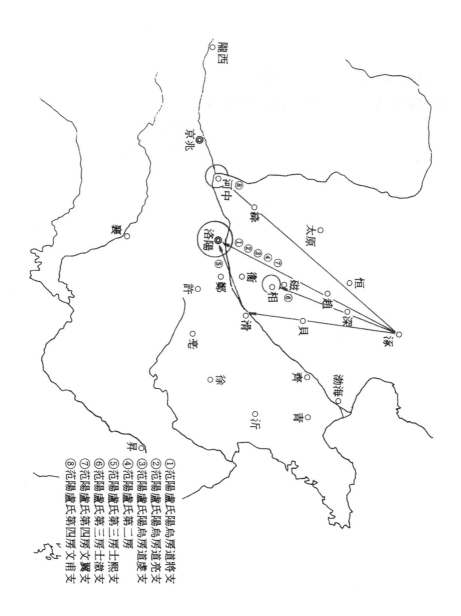

①范陽盧氏陽烏房道將支
②范陽盧氏陽烏房道亮支
③范陽盧氏陽烏房道虔支
④范陽盧氏第二房
⑤范陽盧氏第三房士熙支
⑥范陽盧氏第三房士邃支
⑦范陽盧氏第四房文翼支
⑧范陽盧氏第四房文甫支

「范陽盧君諱同，……彝倫之孫……。天寶元年月日終於尉氏私館，是歲權窆於潁川之許昌里。大曆七年……祔先大夫於陽翟之某原，禮也。」（〔全唐文〕卷五百二十一）

考功員外盧君墓誌：

「范陽盧君東美……子暢、孫立。……妻墓在河南緱氏縣梁國之原。其年元和二年」（〔全唐文〕卷五百六十）

盧坦，「河南洛陽人。其先自范陽徙焉。（元和十二年卒）」（〔舊唐書〕卷一百五十三「盧坦傳」，參見〔新唐書〕卷一百五十九「盧坦傳」）

唐故劍南東川節度副大使知節度事管內支度營田觀察處置等使正議大夫持節梓州諸軍事守梓州刺史兼御史大夫護軍賜紫金魚袋贈禮部尚書盧公神道碑銘：

「盧公諱坦字保衡，涿郡范陽人也，代為北州冠族。曾祖審經……祖河童……父欒……。元和十二年秋九月薨於位。……明年正月日祔葬於東都穀水之陽先封，禮也。」（〔全唐文〕卷四百九十七）

8.范陽盧氏第四房文甫支

出於第四房尚之裔文甫支者有：

盧簡辭、簡能、弘正、簡求、知猷、貽殷、玄禧、虔瓘、嗣業、汝弼、文紀，「范陽人，後徙家於蒲（元和至會昌時人物）」（〔舊唐書〕卷一百六十三「盧簡辭傳」，參見〔新唐書〕卷一百七十七「盧簡辭傳」）

（四）隴西李氏

〔新唐書〕卷七十二上「宰相世系表」二上，隴西李氏姑臧大房條：[52]

姑臧大房出自興聖皇帝第八子飜，字士舉，東晉祁連、酒泉、晉昌太守。三子：寶、懷達、抗。抗，東萊太守。生思穆，字叔仁，後魏營州刺史、樂平宣惠伯。生奬，字道休，北齊魏

---

52 〔古今姓氏書辨證〕卷二十一李氏條有詳細的房支分離記載。

尹、廣平侯。生環，黃門郎。生斌，散騎侍郎，襲樂平伯。寶

七子：承、茂、輔、佐、公業、沖、仁宗。承號姑臧房。

1.隴西李氏姑臧大房薤支

承子薤，有墓誌銘。

魏故假節龍驤將軍豫州刺史李簡子墓誌銘：

「君諱薤，字延賓。隴西郡狄道縣都鄉和風里人也。……正
始二年……薨于洛陽之城東里…… 其年…… 窆于覆舟之北
原，祔葬季父司空文穆公神塋之左……」（〔漢魏南北朝墓誌
集釋〕205，集釋：文穆公卽李沖。「李寶傳」：「薤長子詠，
字義興，詠次弟義愼，第三弟義眞，第四弟義遠，第七弟義
邕。」「世系表」卷七十二上李氏條：「寶七子：承、茂、
輔、佐、公業、沖、仁宗，承號姑臧房。」薤乃承之子。）
正始乃北魏世宗宣武帝恪之年號。

2.隴西李氏姑臧大房彥支

承子彥，其裔有銘者如下：

大唐故李君墓誌銘（17171, 05359）

「君諱泰，字友仁，隴西成紀人也……曾祖爽，隋任洪州司
戶……父亮，隋任陳州別駕……麟德二年……終於私第……
總章元年……合葬於河南縣平樂鄉邙山之原，禮也。」（〔
芒洛冢墓遺文四編〕卷三）。「世系表」有李爽者，其時代
與此碑甚近，唯祖、父及李泰名失載。

處州刺史李公墓誌銘：

「公姓李氏諱某，隴西成紀人也，字曰公受。……秦王府戶
曹，……公之大父，水部郎中、眉州刺史，……公之烈考…
…。歸葬洛陽某鄉原，禮也。」（〔全唐文〕卷五百二十一），
按「世系表」：李舟字公受；父岑，水部郎中、眉州刺史；
祖乾昇，秦府戶曹參軍。

3.隴西李氏姑臧大房靖之支

承曾孫蒨之，其裔有傳、碑者如下：

> 李義琰，子巢、從祖弟義琛、義琛子綗，「魏州昌樂人。常州
> 刺史玄道族孫也。其先自隴西徙山東，世爲著姓。父玄德
> ……。」（〔舊唐書〕卷八十一「李義琰傳」，參見〔新唐
> 書〕卷一百五「李義琰傳」）。

> 明州刺史李公墓誌銘
>
> > 「大曆七年……前明州刺史李公寢疾終於晉陵之無錫私館。
> > ……公諱長，……隴西狄道人……（曾祖）義琛……（祖）
> > 綗……。反葬萬安。」（〔全唐文〕卷五百二十）

4.隴西李氏姑臧大房行之支

承曾孫行之，入唐以來有玄道最著名，其裔有傳、碑者如下：

> 李揆，「隴西成紀人而家於鄭州，代爲冠族。秦府學士給事中玄
> 道玄孫……成裕之子。」（〔舊唐書〕卷一百二十六「李揆
> 傳」，參見〔新唐書〕卷一百五十「李揆傳」）

> 李逢吉，「隴西人。貞觀中學士李玄道曾孫，祖顏，父歸期。」
> （〔舊唐書〕卷一百六十七「李逢吉傳」，參見〔新唐書〕卷
> 一百七十四「李逢吉傳」）。

> 李蔚，子渥，「隴西人。祖上公……父景素……。」（〔舊唐書〕
> 卷一百七十八「李蔚傳」，參見〔新唐書〕卷一百八十一「
> 李蔚傳」）。

> 李拯，「字昌時，隴西人。」（〔舊唐書〕卷一百九十下「文苑
> 傳」下「李拯傳」）。

> 李巨川，「字下己，隴西人。國初十八學士道玄之後，故相逢吉
> 之姪曾孫，父循。」（〔舊唐書〕卷一百九十下「文苑傳」下
> 「李巨川傳」，參見〔新唐書〕卷二百二十四下「叛臣傳」下
> 「李巨川傳」）。

> 贊善大夫李君墓誌銘：
>
> > 「隴西成紀人也。曾祖玄道……祖正基……父（亨）……。

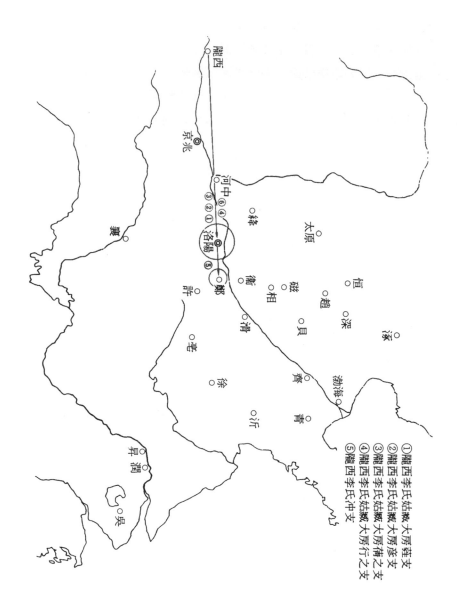

① 隴西李氏姑臧大房錢支
② 隴西李氏姑臧大房彥支
③ 隴西李氏姑臧大房褘之支
④ 隴西李氏姑臧大房行之支
⑤ 隴西李氏沖支

天寶十四載……終於東京崇政里之私第……大歷三年……葬
……於偃師縣東姑臧公之塋次。」（〔全唐文〕卷四百二十）
按「世系表」：此碑人名應爲李成性，太子右贊善大夫。

5.隴西李氏姑臧大房疑之支

承曾孫疑之，其裔有墓誌銘者如下：

　　大唐故李府君墓誌銘（01228, 07872）：

「公諱顥，……隴西成紀人也……公卽姑臧公之房也，大王
父諱瑤之……王父諱鑑……烈考諱重光……。乾符四年……
捐館于鄭州滎陽縣之別墅，……卽以其年……歸祔于先塋之
北，禮也。」（〔陶齋藏石記〕卷三十五）。

6.隴西李氏沖支

承弟沖，貴顯于元魏，其裔有墓誌銘者如下：

　　長安主簿李君墓誌銘：

「君諱少安字公和，隴西成紀人。自元魏僕射文穆公沖而下
爲西州冠族……曾祖仲進……祖僑……父憒……。元和三年
……不起於長安興化里第……祔於東都穎陽縣之某原，禮
也。」（〔全唐文〕卷五百四）

　　殿中侍御史李君墓誌銘：

「李君名盧中，字常容，其十一世祖沖貴顯拓跋世，父惲…
…。元和八年……卒……其年十月戊申葬河南洛陽縣，距其
祖灅池令府君僑墓十里。」（〔全唐文〕卷五百六十四）

〔新唐書〕「宰相世系表」隴西李氏條文之末載：「隴西李氏定著四房：
其一曰武陽，二曰姑臧，三曰燉煌，四曰丹楊。」燉煌房無宰相，故
「世系表」缺該房之記載。丹楊房「與族人寶入後魏，因居京兆山
北。」「武陽房出自興聖皇帝第七子豫，其後爲武陽房。」武陽房不
知其原居住地是否在隴西成紀。本文上舉之例僅限於姑臧李氏。

（五）、趙郡李氏

〔新唐書〕卷七十二上「宰相世系表」二上，趙郡李氏條：

　　趙郡李氏，出自秦司徒曇次子璣，字伯衡，秦太傅。三子：
　　雲、牧、齊。牧爲趙相，封武安君，始居趙郡。……楷字雄
　　方，晉司農丞、治書侍御史，避趙王倫之難，徙居常山。五
　　子：輯、晃、芬、勁、叡。叡子勖，兄弟居巷東；勁子盛，兄
　　弟居巷西。故叡爲東祖，芬與弟勁共稱西祖，輯與弟晃共稱南
　　祖。自楷徙居平棘南，通號平棘李氏。……晃字仲黃，鎮南府
　　長史。生羲，字敬仲，燕司空長史。生吉，字彥同，東宮舍
　　人。生聰，字小時，尚書郎。二子真、融。

有唐一代，在正史與墓誌拓片出現者，以南祖、東祖、西祖爲盛支。

1.趙郡李氏南祖

出於南祖而有傳、碑者，屬於眞之後有：

　　李素立，從兄子遊道，「趙郡高邑人。」（〔舊唐書〕卷一百八十
　　　　五上「良吏傳」上，〔新唐書〕卷一百九十七「循吏傳·李
　　　　素立傳」）素立玄孫承。

　　揚州司馬李公墓誌銘：

　　　　「公諱幷，字某。趙郡高邑人也……東宮圖書亡逸，有司命
　　　　公留北部蒐訪焉……遘厲而終，享年六十六。廣德二年……
　　　　長子規……奉迎裳帷於太原，歸安洛汭，禮罔不備，某年月
　　　　日窆於某原，禮也。」（〔全唐文〕卷三百二十一）

　　李承，「趙郡高邑人。」（〔舊唐書〕卷一百一十五、〔新唐書〕
　　　　卷一百四十三「李承傳」）承子藩。

　　李藩，「趙郡人。」（〔舊唐書〕卷一百四十八「李藩傳」，參
　　　　見〔新唐書〕卷一百六十九「李藩傳」）

　　唐趙郡李氏幼子墓誌銘（08125）：

　　　　「趙郡李氏子，小字侯七。壽州刺史府君諱規之季子，以貞元

三年……逝於宣州當塗縣……權厝於廬江之南郭祔先君之橡
塋……至十三年丁丑，長兄將順、仲兄簡能自江淮奉先府君、
先夫人之喪歸於河南府緱氏縣公路澗西原，祔王考之兆域，因
亦營護其櫬陪列松檟，申友愛也。」（〔陶齋藏石記〕卷二十八

趙郡李氏殤女墓石記（08104,08105,08106）：

「殤女李氏，趙郡高邑人也……貞元十七年……終於長安永
寧里之旅舍，以十二月三日窆於萬年縣高平鄉西焦村之南原，
從權禮也。曾祖父諱會……祖諱承……父藩……俟于吉時歸
葬于故國，祔我先塋之松柏。」（〔陶齋藏石記〕卷二十八）

李固言，「趙郡人。」（〔舊唐書〕卷一百七十三「李固言傳」，
參見〔新唐書〕卷一百八十二「李固言傳」）

唐贈太尉李固言碑：「佚。金石錄：李珏撰，三從姪壔書，大中
六年二月。」（〔偃師金石記〕卷二）

2.趙郡李氏南祖萬安支

「世系表」又云：「羲之後有萬安，自趙郡徙于管城。」這一房南祖有：

李日知，「鄭州滎陽人。」（〔舊唐書〕卷一百八十八「孝友傳」，
〔新唐書〕卷一百一十六「李日知傳」）按：管城屬鄭州。武
后中宗時人。

3.趙郡李氏南祖善權支[53]

「世系表」又云：「南祖之後有善權，後魏譙郡太守，徙居譙。」

李敬玄，「亳州譙人。」（〔舊唐書〕卷八十一「李敬玄傳」、〔新唐
書〕卷一百六「李敬玄傳」）弟元素同。高宗武后時人。

---

[53] David Johnson 對善權支與趙郡李氏主支之關係有懷疑，見 *Last Years of a
Great Clan: The Li Family of Chao Chün in Late T'ang Early Sung*
但該支有三個宰相：敬玄、紳、元素，三個侍郎：思沖、希言、紓，及五個刺史，
即令與主支不近，但亦可為著支矣！又按〔古今姓氏書辨證〕卷二十一李氏條：「
南祖之後有善權，後魏譙郡太守，徙居譙，生延觀。徐、梁二州刺史。延觀生續，
馬頭太守。續生顯達，隋潁州刺史。顯達生遷，德州刺史，遷生孝卿，毅州治中，
三子：敬玄、忱、元素；敬玄相唐高宗；忱生欽一；元素相武后。敬玄生思沖，工
部侍郎。守一，成都郫令。守一生晤，金壇令。晤生紳，字公垂，相武宗。所謂短
李東祖。」刊於 *Harvard Journal of Asiatic Studies*, Vol 37-1, 1977.

李紳，「潤州無錫人，本山東著姓。高祖（〔新唐書〕作曾祖）敬玄。」（〔舊唐書〕卷一百七十三「李紳傳」，參見〔新唐書〕一百八十一卷「李紳傳」）[54]

唐故試太常寺奉禮郎趙郡李府君墓誌文（01588,07992）：

「府君諱繼，字興嗣……元和四年……（卒）于常州無錫縣寓居……奉歸于長安白鹿原，陪祔于父郫縣府君塋之後。」（〔八瓊室金石補正〕卷六十九，其考證謂：〔新唐書〕「宰相世系表」有李繼，官京兆參軍，時代官職均不相合，是別一人。又案史「李紳傳」字公垂，祖守一成都郫令，父晤歷金壇烏程晉陵三縣令，因家無錫。元和初登進士，釋褐國子助教，東歸。誌稱其父為晉陵府君，敍繼之卒云無錫縣寓居，敍其葬云郫縣府君塋，其結銜云前守太學助教，悉與傳合，是撰文之李紳即武宗時相李紳也，「世系表」不載李繼，可據誌補之。）

李紓，「禮部侍郎希言之子。」（〔舊唐書〕卷一百三十七「李紓傳」，參見〔新唐書〕卷一百六十一「李紓傳」）

4.趙郡李氏東祖叡房靈支

「世系表」又云：「東祖叡，字幼黃，高平太守、江陵寧公。生勗，字景賢，頓丘太守、大中正。生頤，字彥祖，高陽太守、武安公。四子：靈、系、奉、曾。」

叡房靈支有傳、碑者，如下：

李知本，孫璵，「趙州元氏人。」（〔舊唐書〕卷一百八十八，〔新唐書〕卷一百九十五「孝友傳・李知本傳」）

大唐故使持節亳州諸軍事亳州刺史李府君墓誌銘（13514）：

「公諱瑟，字訥言，趙郡元氏人也。（曾祖）仲通……（通生）孝端……端生知本……歲次景午（神龍二年）……安厝於北邙山原之舊塋，禮也。」

54　李紳的資料又可見〔全唐文〕卷七百三十八「李紳傳」：「李紳者，本趙人，從家吳中。」及〔文苑英華〕卷八百八十二。

5.趙郡李氏東祖顗房均支

顗房均支有傳、碑者，如下：

故果州長史李公碑銘：

「公諱仁瞻字某，趙郡房子人……（父）山壽……（公）大業中舉孝廉……卒于官舍……及喪至自蜀，而葬不歸趙，乃卜宅於許，封樹汝墳，子孫遂家，亦既重代。」（〔全唐文〕卷二百九十二）

故瀛州司戶參軍李府君碑銘：

「君諱元祐，字某，趙郡房子人。祖山壽……父仁瞻……。某年卒于官舍……公家代尙儉，子孫是式，初先大夫之喪也，清白以遺，而果無私積，高燥是營，而庶有餘慶，豈所謂不戀本達也，無懷土以重遷，不傷生仁也，無困財以乏祀。夫然趙之北際何必故鄉，許之東偏亦云樂國，故喪之歸也，遂窆於斯……」。（〔全唐文〕卷二百九十二）

6.趙郡李氏東祖系房

系房有傳、碑者，如下：

李嶠，「趙州贊皇人。隋內史侍郎元操從曾孫也，代爲著姓。」（〔舊唐書〕卷九十四「李嶠傳」，參見〔新唐書〕卷一百二十三「李嶠傳」）唐故譙郡永城縣令趙郡李府君墓誌(07980)「府君趙郡贊皇人也。諱崗……東祖……祖諱晉客……顯考諱貞簡……。夫人太原王氏……先府君而歿，權窆於河南府洛陽縣東三家店之左右前後，以俟難平遷于先塋。後盜賊奔潰，洛京反正，將議庇具，撰日備禮歸祔，至則他人之丘隴填焉，誠信莫申，是非攸失……元和十二年……自永城縣啟奠護歸東洛……以其年……遂卜宅兆於洛陽縣平陰鄉三家店之西北原。冀迩夫人之居也……。銘曰：邙山之陽、平陰之鄉，府君宅焉……。」（〔芒洛冢墓遺文三編〕）

李絳，子璋，「趙郡贊皇人。……祖剛（〔新唐書〕「世系表」

作崗）」（〔舊唐書〕卷一百六十四「李絳傳」，參見〔新
唐書〕卷一百五十二「李絳傳」）

唐范陽盧夫人墓誌銘（18070）：

「咸通二載夫人（盧氏）疾歿于上都永崇里所，從李氏之私
第。明年歸葬于河南府洛陽縣平陰鄉成村，祔于李氏之先塋
……夫人歸李璋。璋，趙郡贊皇人，絳之季子。」

唐故河南府司錄參軍趙郡李府君墓誌銘（18019, 24093）：

「趙郡李君諱瑯，字子韞……絳之長子，曾王父崗……大父
元善……會昌元年……終於永崇里第……以其年……歸葬河
南府洛陽縣平陰鄉之北原，從祔先司徒公之兆。」（〔芒洛
冢墓遺文三編〕）

李虞仲，「趙郡人……父端。」（〔舊唐書〕卷一百六十三「李虞
仲傳」，參見〔新唐書〕卷一百七十七「李虞仲傳」）

李華，「趙郡贊皇人。……祿山陷京師，玄宗出幸，華扈從不及。
（〔新唐書〕謂：華母在鄴，欲間行輦母以逃，為盜所得。）」
（〔舊唐書〕卷一百九十下「文苑傳」下、〔新唐書〕卷二百
三「文藝傳」下「李華傳」）

趙郡李府君墓誌並序（05942, 17783, 24175）：

「君諱廸，字安道，趙國人也。公侯代襲，閥閱相承……父
愿……卒于恭安私第。天寶六載……葬于北邙山東京城東北
十四里，禮也。」（〔芒洛冢墓遺文四編〕卷五）

李韜崔夫人合祔墓誌銘（17821, 23912）：

「君諱韜，趙國人也。……祖仁偉……父延祜……天寶七載
卒……永遷於洛陽北原，禮也。」（〔芒洛冢墓遺文補遺〕）

饒州刺史趙郡李府君墓誌銘：[55]

「趙郡東祖……嘉祚曾孫……璿孫……銛子，諱端，字公表

---

[55] 岑仲勉「唐集質疑」李端墓誌與新表之異同條有論及，見〔史語所集刊〕第九本，
1947。

……貞元八年秋七月終於郡署，……明年……窆於鳳山之東
原。」（〔全唐文〕卷五百三十）

唐故試秘書省秘書郎兼河中府寶鼎縣令趙郡李府君墓誌銘
(01586)：

「公諱方義，字安道，趙郡贊皇人也。……祖昂、父胄……
元和九年……終於解縣之官舍，以其年……歸葬于東都河南
縣伊汭鄉，祔于先塋，禮也。」（〔芒洛冢墓遺文〕卷中）

7. 趙郡李氏東祖曾房

曾房有李謐妻墓誌銘：

大唐故監察御史趙郡李府君夫人博陵崔氏墓誌銘（05963）：

「夫人博陵人也……天寶十載……終于東京仁和里之私第…
…其載……葬於壽安之北原，不忘本也。初府君之殯也，近
在洛陽……。」（〔陶齋藏石記〕卷二十四，考證係李謐之
妻，系出東祖房）。碑中有「世業在洛」語。

另趙郡李氏東祖諤房（遷移情況不詳）

「世系表」有云：「東祖之後又有諤。隋南和公。」諤房入唐有李
珏，但新貫未能肯定。

李珏，「趙郡人（〔新唐書〕謂：客居淮陰）」（〔舊唐書〕卷
一百七十三、〔新唐書〕卷一百八十二「李珏傳」）

8. 趙郡李氏西祖盛支

「世系表」：「西祖勁字少黃，晉治書侍御史。二子：盛、隆。」

西祖李盛之裔有傳、碑者如下：

李乂，兄尚一、尚貞，「趙州房子人。」（〔舊唐書〕卷一百一、
〔新唐書〕卷一百一十九「李乂傳」）

唐紫微侍郎贈黃門監李乂神道碑：

「趙房子人也……開元丙辰歲……薨於京師宣陽里第……其
夏丙申卜葬長安細柳原東北，望帝京二十有五里，償其志
也。」（〔全唐文〕卷二百五十八）

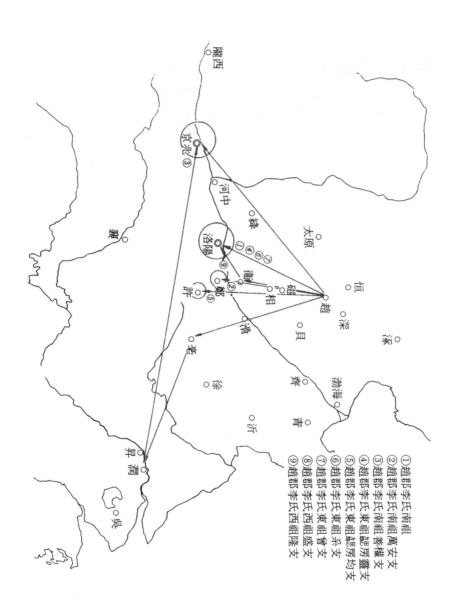

① 趙郡李氏南祖
② 趙郡李氏南祖萬安支
③ 趙郡李氏南祖善權支
④ 趙郡李氏東祖靈支
⑤ 趙郡李氏南祖幼宜昶房均支
⑥ 趙郡李氏東祖幼房均支
⑦ 趙郡李氏東祖晉支
⑧ 趙郡李氏西祖盛支
⑨ 趙郡李氏西祖鑒支

李懷遠，子景伯、孫彭年，「邢州柏仁人。」（〔舊唐書〕卷九十、
　　〔新唐書〕卷一百一十六「李懷遠傳」）

9.趙郡李氏西祖隆支

西祖李隆之裔有傳、碑者，如下：

李巽，「趙郡人。」（〔舊唐書〕卷一百二十三「李巽傳」，參見〔
　　新唐書〕卷一百四十九「李巽傳」）

唐故銀青光祿大夫守吏部尚書兼御史大夫充諸道鹽鐵轉運等使上
柱國趙郡開國公贈尚書右僕射李公墓誌銘：

　　「元和四年……趙郡公巽寢疾薨於永崇里 …… 冬十月乙酉返
　　葬於洛師緱氏縣芝田鄉之大墓。公字令叔，趙郡贊皇人，曾
　　祖知讓……祖承允……父巘。」（〔全唐文〕卷五百○五）

李吉甫，父栖筠，「趙郡人………。（〔新唐書〕謂：栖筠始居
　　汲共城山下）」（〔舊唐書〕卷一百四十八「李吉甫傳」，
　　〔新唐書〕卷一百四十六「李栖筠傳」）[56]

李德裕，「趙郡人。祖栖筠……父吉甫。」（〔舊唐書〕卷一百七十
　　四「李德裕傳」，參見〔新唐書〕卷一百八十「李德裕傳」）

故郴縣尉趙郡李君墓誌銘：

　　「大中十四年……趙郡李君終於縣之官舍……君諱燁，字季
　　常，趙郡贊皇人也。曾祖栖筠……祖吉甫……父德裕……。
　　大中初……君亦謫尉蒙山十有餘載，旋丁大艱，號哭北嚮，
　　請歸護伊洛……詔移郴縣尉，自春離桂林，道中得瘴病，以
　　咸通三年卜葬於河南縣金谷鄉張村先塋。」

大唐趙郡李燁亡妻滎陽鄭氏墓誌：

　　「夫人……大中九年終于蒙州之旅舍。……權殯于蒙州紫極宮
　　南……大中十三年祔葬于河南府洛陽縣金谷鄉先兆，禮也。」

從以上資料分析；南祖李眞之後的李幷與李侯七在廣德貞元年間

56　〔全唐文〕卷四九三「唐御史大夫贈司徒贊皇文獻公李栖筠文集序」：「隱於汲郡共
　　城山下。」

葬於洛陽附近；南祖李羲之後李萬安一支自趙徙于鄭州管城，獲得「李日知傳」之證實；南祖李善權一支徙居譙，亦獲得「李敬玄傳」證實，敬玄曾孫紳移徙於潤州無錫，紳兄弟繼葬長安祔先塋。東祖人物在正史中僅載郡望，而碑誌載李迪、李方義、李韜、李璆、李崗、李諶之妻等人皆歸葬於洛陽附近，跡象明顯；東祖李仁瞻、李元祐父子徙居許州汝墳重代，亦近洛陽。〔舊唐書〕「文苑傳」中李華母在鄴，無法判定是暫居抑或定著。西祖李盛之裔卜葬於長安附近；西祖李隆之裔至李栖筠時居於汲共城山下，李德裕及其子皆歸葬洛陽，陳寅恪「論李栖筠自趙徙衞事」「李德裕貶死年月及歸葬傳說辨證」曾有細論，同支李巽亦返葬河南緱氏縣。

（六）、太原王氏

〔新唐書〕卷七十二中「宰相世系表」二中，太原王氏條：

> 太原王氏出自離次子威。漢揚州刺史，九世孫霸，字儒仲，居太原晉陽，後漢連聘不至。霸生咸，咸十九世孫澤，字季道，雁門太守。生昶，字文舒，魏司空、京陵穆侯。二子：渾、濟。渾字玄沖，晉錄尚書事、京陵元侯。生湛，字處沖，汝南內史。生承，字安期，鎮東府從事中郎、藍田縣侯。生述，字懷祖，尚書令、藍田簡侯。生坦之，字文度，左衞將軍、藍田獻侯。生愉，字茂和，江州刺史。生緯，散騎侍郎。生慧龍，後魏寧南將軍、長社穆侯。生寶興，龍驤將軍。生瓊，字世珍，鎮東將軍。四子：遵業、廣業、延業、季和，號「四房王氏」。

1.太原王氏大房

太原大房王氏見於傳、碑者如下：

> 王翊，兄翃，「太原晉陽人。」（〔舊唐書〕卷一百五十七「王翃傳」，參見〔新唐書〕卷一百四十三「王翊傳」）
>
> 王正雅，從孫凝，「其先太原人，東都留守翊之子。」（〔舊唐

書〕卷一百六十五「王正雅傳」，參見〔新唐書〕卷一百四

十三「王翊傳」附「王正雅傳」）

唐故楚州淮陰縣令贈尚書右僕射王府君神道碑銘：

「公諱光謙……慧龍五代至隋秘書少監邵……（邵生來）……

（來生子奇）……（子奇生慶賢）……（慶賢生光謙）……。

以開元二十九年春正月捐館舍於淮陰……明年返葬於河南偃

師縣北山之陽。」（〔全唐文〕卷四百九十九）光謙子翊。

2.太原王氏第二房

太原第二房王氏見於傳、碑者如下：

大唐故儒林郎王君墓誌銘（16667）：

「君諱令，字大政，太原人也。……曾昱……祖秀……。總章

二年……終於私寢，即以其年……合葬於芒山之原，禮也。」

（〔芒洛冢墓遺文四編〕卷三）

3.太原河東王氏[57]

太原河東王氏見於傳、碑者有：

王縉，「河中人也（〔新唐書〕：本太原祁人，後客河中）」（〔

舊唐書〕卷一百一十八「王縉傳」、〔新唐書〕卷一百四十五

「王縉傳」）安史前後人物。

唐門下侍郎王縉碑：「唐李紓撰，從姪□書，建中三年。」（〔

寶刻叢編〕卷八引〔京兆金石錄〕）

碑出藍田縣。查「世系表」河東王氏房，縉字夏卿，相代宗，

兄維。（〔寶刻類編〕卷八，同）

唐尚書右丞王維碑：「唐庾承宣撰，鄭絪書，貞元三年。」（〔

寶刻叢編〕卷八引〔京兆金石錄〕）

碑出藍田縣。查「世系表」河東王氏房，維字摩詰，尚書左

丞。（〔寶刻類編〕卷四，同）

57　〔古今姓氏書辨證〕卷十四王氏條河東王氏項：「河東王氏，其先出琅邪。」但「世

系表」及〔古今姓氏書辨證〕皆夾列在太原王氏之間。

4.太原烏丸王氏僧辯支

〔新唐書〕卷七十二中「宰相世系表」二中，太原王氏條繼載：

　　烏丸王氏：霸長子殷，後漢中山太守，食邑祁縣。四世孫定，

　　三子：允、隗、懋。懋，後漢侍中、幽州刺史。六世孫光，後

　　魏并州刺史。生同，度支尚書、護烏丸校尉、廣陽侯、因號「

　　烏丸王氏」。生神念。北齊亡，徙家萬年[58]。（神念有二子：

　　僧辯、僧修。）

太原烏丸王氏僧辯支見於傳、碑者如下：

　　王涯，「太原人，父晃。」（〔舊唐書〕卷一百六十九「王涯傳」，

　　　　〔新唐書〕卷一百七十九「王涯傳」略同）

　　王珪，孫燾，「太原祁人也。在魏爲烏丸氏，曾祖神念自魏奔

　　　　梁，復姓王氏。」（〔舊唐書〕卷七十「王珪傳」，參見〔

　　　　新唐書〕卷九十八「王珪傳」）

　　王旭，「太原祁人也。曾祖珪。」（〔舊唐書〕卷一百八十六下

　　　　「酷吏傳」下「王旭傳」，參見〔新唐書〕卷二百九「酷吏

　　　　傳·王旭傳」）

大周故潤州刺史王美暢妻長孫氏墓誌（01506, 05704, 05705,

17655）：

　　「夫人長孫氏，河南郡人，……大足元年……薨于汝州私第

　　……夫人……以爲合葬非古，何必同墳，乃遺令於洛州合宮

　　縣界龍門山寺側爲空以安神挺。子昕。」（〔八瓊室金石補

　　正〕卷四十九、〔芒洛冢墓遺文補遺〕）

大唐太原王君故夫人趙郡李氏墓誌銘（17106, 23995）[59]：

58　〔元和姓纂四校記〕卷五王氏條烏丸項：「同，護烏丸校尉，因號烏丸王氏，生神念
　　（據沈駁補）。〔金石錄〕二十二云『〔元和姓纂〕及唐史「宰相世系表」皆云神念父
　　同，爲護烏丸校尉，因號烏丸王氏，今墓誌乃云僧修歸周，賜姓烏丸……皆當以誌
　　爲正。』沈駁云『今孫本十陽、王姓下引〔祕笈新書〕補，並無此文，亦不著烏丸
　　族望。』羅校亦據錄補『神念父同爲護烏丸校尉、因號烏丸王氏』十六字。余按「
　　新表」七十二中云『生同，度支尚書、護烏丸校尉、廣陽侯，因號烏丸王氏，生神
　　念』試與〔金石錄〕比照一觀，便知趙氏所引，祇刺取大意，〔姓纂〕書法，率順
　　次敍下，「新表」又從〔姓纂〕產出，故今參酌其文，改補如上。（頁416）
59　王昕可能是王美暢之子，見岑仲勉「貞石證史」王美暢暨子王昕條，〔史語所集刊〕
　　第八本第四分，1939。

「嬪于太原王昕……。（夫人）以神龍三年……遘疾終于私第
……以其年……權殯于邙山之高原，禮也。」（〔芒洛冢墓
遺文三編〕）

5.太原烏丸王氏僧修支

王仁皎，「玄宗王庶人父也。」（〔舊唐書〕卷一百八十三「外
戚傳・王仁皎傳」，〔新唐書〕卷二百六「外戚傳・王仁皎
傳」略同）

玄宗廢后王氏，「同州下邽人。梁冀州刺史神念之後……父仁皎。」
（〔舊唐書〕卷五十一「后妃傳」上「玄宗廢后王氏傳」，〔
新唐書〕卷七十六「后妃傳」上「玄宗皇后王氏傳」略同）

唐故開府儀同三司贈太尉益州大都督上柱國祁國昭宣王公碑
(03627, 03628, 03629)：

「諱仁皎，字鳴鶴，太原祁人……曾祖景孝……祖詮……父
文泊……。開元七年薨於京師。」（〔潛研堂金石文字目錄〕
卷二：「明皇御書，八分書，開元七年十月，在同州羑白
鎮。」〔金石萃編〕卷七十二，謂碑在同州府大荔縣。〔全
唐文〕卷二百三十、〔金石萃編補正〕卷一同）

贈安州都督王仁忠神道碑：

「君諱仁忠字揖，太原祁人也。……曾祖景孝……祖佺……
考文濟……。開元十年……捐館宇於京兆興寧里之私第。…
…即以其年……安厝左翊太原舊塋，禮也。」（〔全唐文〕
卷二百六十四）左翊應在同州附近。

唐贈太常卿王仁忠碑：「唐江夏太守李邕撰，都水使者集賢殿學
士史惟則八分書。仁忠字揖，太原祁人。位至左千牛衛將
軍。永泰中以子崟贈太常卿。碑以大歷三年立。」（〔寶刻
叢編〕卷十引〔集古錄目〕），碑出同州。查「世系表」仁
忠字揖，左千牛將軍。

6.太原中山王氏

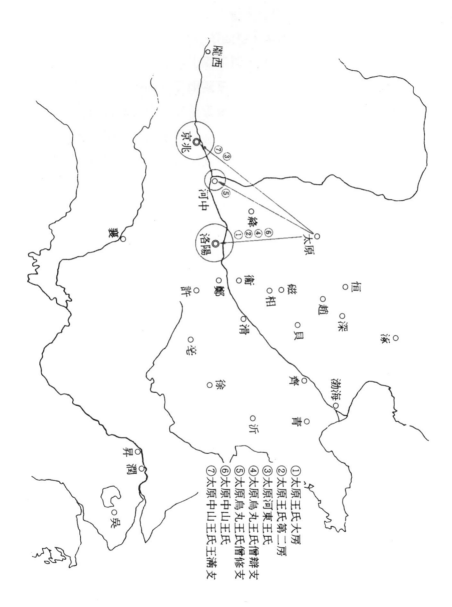

①太原王氏大房
②太原王氏第二房
③太原河東王氏
④太原烏丸王氏僧辯支
⑤太原烏丸王氏僧修支
⑥太原中山王氏
⑦太原中山王氏王滿支

隴西

京兆

河中

洛陽

太原

祥

榛

襄

鄭

衛

相

磁

趙

深

桓

許

苍

徐

齊

青

沂

渤海

溪

昇

潤

吳

〔新唐書〕卷七十二中「宰相世系表」二中，太原王氏條繼載：

中山王氏亦出晉陽。永嘉之亂，涼州參軍王軌子孫因居武威姑
臧。五世孫橋，字法生，侍御史、贈武威定王。生叡，封中山
王，號「中山王氏」，後徙樂陵。

太原中山王氏見於傳、碑者如下：

長安縣尉贈隴州刺史王府君神道碑（00941）：

「君諱行果，太原晉陽人也。……六代祖叡……五代祖覆……
高祖忻……曾祖子景……祖元季……考有方……。景龍三年
……合葬於洛陽清風鄉之原，禮也。」（〔全唐文〕卷264）

王晙，「滄州景城人，徙家於洛陽。祖有方，岷州刺史（〔新唐
書：父行果爲長安尉）。」（〔舊唐書〕卷九十三「王晙傳」，
〔新唐書〕卷一百一十一「王晙傳」略同）

7.太原中山王氏王滿支

太原中山王氏另一支「汾州長史王滿，亦太原晉陽人，生大璀。」（
「世系表」），其人物有：

王播，弟炎、起、子式、起子龜、龜子荛、炎子鐸、鐐，「其先
太原人。曾祖璀……祖昇……父恕。」（〔舊唐書〕卷一百
六十四「王播傳」、〔新唐書〕卷一百六十七「王播傳」）

唐丞相王播碑：「唐中書侍郡平章事李宗閔撰，翰林學士承旨柳
公權書。播字明敭，太原人，位至左僕射同平章事，贈太
尉。碑以大和四年正月立。」（〔寶刻叢編〕卷十引〔集古
錄目〕）碑出耀州（華原、富平、三原、雲陽、同官、美
原、涫化）。查「世系表」王滿支恕字士寬，子播字明敭，
相文宗。播弟起。（〔寶刻類編〕卷四，同）

唐贈太師王起神道碑：「唐戶部尚書平章事李回撰，太子少師柳
公權書並篆額。起字舉之，太原人，位至山南西道節度使同
中書門下平章事，贈太師。碑以大中元年四月立在三原。」
（〔寶刻叢編〕卷十引〔集古錄目〕（。查「世系表」起字舉

之，魏郡文懿公。

唐揚州倉曹參軍王府君墓誌銘：

> 「公諱某，字士寬……今爲太原人……曾祖諱滿……（祖）
> 大璡……父諱昇……。（建中五年）歿於江都縣之私第。…
> …子曰播曰炎曰起……。以永貞元年……遷祔於京兆府富平
> 縣淳化鄉之某原。」（〔全唐文〕卷六百七十九）查「世系
> 表」：此處某卽王恕也。

（七）、瑯琊王氏

〔新唐書〕卷七十二中「宰相世系表」二中，瑯琊王氏條：[60]

> （王融）二子：祥、覽。覽字玄通，晉宗正卿，卽丘貞子。六
> 子：裁、基、會、正、彥、琛。裁字士初，撫軍長史，襲卽丘
> 子。三子：導、穎、敞。導字茂弘，丞相始興文獻公。六子：
> 悅、恬、劭、洽、協、薈。洽字敬和，散騎侍郎。二子：珣、
> 珉。珣字元琳，尚書令、前將軍，諡曰：獻穆。五子：弘、
> 虞、柳、孺、曇首。曇首，宋侍中、太子詹事、豫寧文侯。二
> 子：僧綽、僧虔。僧綽，中書侍郎，襲豫寧愍侯。生儉，字仲
> 寶，齊侍中、尚書令、南昌文憲公。生騫字思寂，梁給事中、
> 南昌安侯。生規，字威明，左戶尚書、南昌章侯。生褒，褒
> 字子淵，後周光祿大夫，石泉康侯。生鼒，字玉鉉，隋安都通
> 守、石泉明威侯。子弘讓、弘直、弘訓……。

1.瑯琊王氏弘直支

瑯琊王氏弘直之子孫有傳、碑者，如下：

> 王方慶，父宏直、子暐、孫俌、九世孫搏，「雍州咸陽人也。周
> 少司空石泉公褒之曾孫也。其先自瑯琊，南度居於丹楊，爲
> 江左冠族，褒北徙入關，始家咸陽焉。祖鼒……父弘直。」
> （〔舊唐書〕卷八十九「王方慶傳」，參見〔新唐書〕卷一百

60　〔古今姓氏書辨證〕卷十四王氏條較爲詳細。

一十六「王綝傳」）按〔新唐書〕搏之世代數恐有誤。

王璵，「方慶六世孫（世代數恐有誤）」（〔新唐書〕卷一百九
　　「王璵傳」，參見〔舊唐書〕卷一百三十「王璵傳」）

王遂，「宰相方慶之孫也（〔新唐書〕方慶孫俌之孫）」（〔舊
　　唐書〕卷一百六十二「王遂傳」，參見〔新唐書〕卷一百一
　　十六「王方慶傳」附「王遂傳」）

朝議大夫洋州刺史王君夫人博陵縣君崔氏祔葬墓誌銘：

　　「夫人姓崔氏，博陵安平人。……瑯琊王君澄之嘉偶……夫
　　人歿於櫟陽之別墅（在長安附近），時貞元十九年……生子
　　三人曰酒曰達曰邁……以二十年……祔于洋州（卽王澄）之
　　舊封。」（〔全唐文〕卷五百四）按「世系表」王澄曾祖爲
　　方慶。

2.瑯琊王氏弘讓支

瑯琊王氏弘讓之子孫有碑者，如下：

大唐故長安縣尉左授襄陽郡穀城縣尉又移南陽郡臨湍縣尉瑯琊王
　　公祔葬墓誌銘（24034）：

　　「公諱志悌，字子金，其先瑯琊臨沂人也。晉丞相十二代孫，
　　五代祖褒，周吏部尙書司空石泉公，高祖鷫……曾祖弘讓…
　　…祖方泰……父鴻……。終于官舍，以天寶十載……遷葬于
　　河南府河南縣安樂鄉北邙山之原，侍先塋，禮也。」〔芒洛
　　冢墓遺文四編〕卷五）

3.瑯琊王氏弘訓支

瑯琊王氏弘訓之子孫有碑、傳者，如下：

大唐故忠王府文學上柱國瑯琊王府君墓誌銘（01539, 16796,
　　24205）：

　　「公諱固己，……瑯琊臨沂人也……公則……鷫之曾孫……弘
　　訓之孫……方智之季子……。以開元廿六年……終於河南府
　　河南縣宣教里之私第……嗣子璵等……以其年……葬於河南

府河南縣平樂鄉之原。」（〔芒洛冢墓遺文四編〕卷五）

4.瑯瑘王氏寬裔同皎支

瑯瑘王氏另一盛支但未列入「世系表」者，有王導之裔南朝末葉的王寬一系，其同皎支：

> 王同皎，「相州安陽人。陳侍中、駙馬都尉寬之曾孫。其先自瑯瑘仕江左，陳亡，徙家河北。同皎，長安中尚皇太子女定安郡主。」（〔舊唐書〕卷一百八十七上「忠義傳」上「王同皎傳」、〔新唐書〕卷一百九十一「忠義傳」上「王同皎傳」略同，唯〔新唐書〕定安作安定。）

> 大唐故光祿卿王公墓誌銘（01565, 06015, 06016, 06017, 17860）：
>
> 「公諱訓，……瑯瑘臨沂人也，永穆大長公主之中子……曾祖知道……祖同皎……父絫……。（公）尚博平郡主……大歷二年……終於（京師）鳳樓之右……子郊……以其年……遷厝萬年縣滻川鄉滻川原之禮也。」（〔金石萃編〕卷九十四、〔抱經堂文集〕略同）

> 大唐故奉義郎行京兆府涇陽縣主簿王府君墓誌銘（07761, 07762, 07769）：
>
> 「公諱郊字文秀，琅耶臨沂人也。曾祖同皎……祖絫……父訓……。終于萬年縣興寧里……長子貞素……以其年……卜擇於萬年縣滻川鄉先塋之側也」（〔陶齋藏石記〕卷二十七）

5.瑯瑘王氏寬裔同旺支

> 贈太子詹事王公神道碑：
>
> 「公諱同旺，……瑯瑘臨沂人也……自導至公十有一代……曾祖寬，陳侍中；祖誨之……父知……從父弟同皎……。開元十六年……終於京兆安興里之私第。……初公娶於安定皇甫氏……降年不永，先公即冥，安厝之日，公為郡掾，雖班秩有等，邱封尚卑……而公之克葬，禮用上卿，同於舊穴，是廢王命，祔於新塋未達神理，卜夢通感，子孫是依，魂無

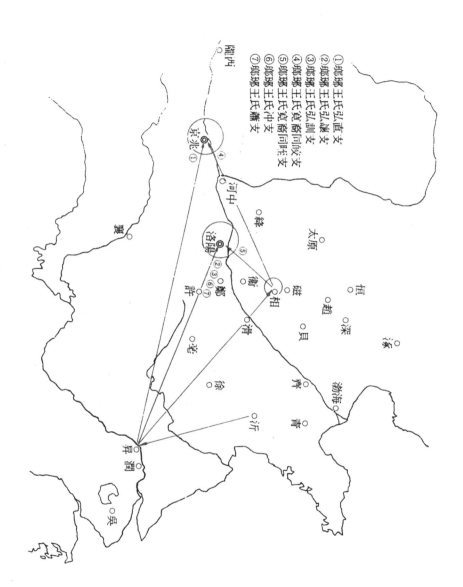

①琅琊王氏弘直支
②琅琊王氏弘讓支
③琅琊王氏弘訓支
④琅琊王氏知節同房支
⑤琅琊王氏知節同房支
⑥琅琊王氏冲支
⑦琅琊王氏燾支

不之，合乃非古。以開元十六年……葬我孝公於偃師縣首陽
山之南原，夫人舊塋之東，禮也。嗣子太子賓客邱……」（
〔全唐文〕卷三百一十三）（〔寶刻類編〕卷三有目。）

王丘，「同皎從兄子也，父同晊。」（〔舊唐書〕卷一百「王丘
傳」，〔新唐書〕卷一百二十九「王丘傳」略同）

6.瑯琊王氏沖支

瑯琊王氏另一盛支但未列入「世系表」者，有王導之裔梁朝王沖一
系，人物如下：

故太僕卿上柱國華容縣男王府君墓誌銘：

「公諱某，瑯琊臨沂人……乃祖某梁侍中尚書左右僕射安東
亭侯，高祖某陳度支尚書，曾祖某太子中書舍人，祖某皇朝
吏部郎中贈潤州刺史，父某官至洪州都督……。開元六年…
…薨於洛陽之陶化里第……其年……合葬於偃師之某原，卻
倚首陽，前瞻洛汭……子曰昊，次子曰旻……。」。（〔全
唐文〕卷二百九十三）。按〔陳書〕卷十七「王沖傳」，沖爲
梁之安東亭侯，亦曾任梁侍中、尚書右僕射、左僕射之職。

7.瑯琊王氏肅支

瑯琊王氏王導之裔、北奔元魏之王肅，「世系表」失列，亦屬盛支，
其人物如下：

魏故尚書令宣簡公孫王君墓誌：

「君諱惠，字思，瑯琊臨沂人也……導卽君之七葉祖也。…
…祖肅……奔魏……考理……。大業三年……終於滑州韋城
縣故第……永徽六年……遷柩於洛水北邙，合葬于祖宣簡公
（肅）之舊域。」（〔芒洛冢墓遺文四編〕卷二）

（八）、彭城劉氏

彭城叢亭里劉氏

〔新唐書〕卷七十一上「宰相世系表」一上，劉氏條：

（漢）高祖七世孫宣帝，生楚孝王囂。囂生思王衍。衍生紆。
紆生居巢侯般，字伯興。般生愷，字伯豫，太尉、司空。生
茂，字叔盛，司空、太中大夫，從居叢亭里。愷六世孫訥，晉
司隸校尉。孫憲生羨，羨二子：敏、該。敏從子僧利。

彭城叢亭里劉氏見於傳、碑者，如下：

　　劉德威，子審禮、審禮子易從、易從子昇、審禮從弟延嗣，「徐
　　　　州彭城人也。父子將……。（審禮）永隆二年卒於蕃中……
　　　　審禮之沒吐蕃，詔許易從入蕃省之，及審禮卒，易從號哭晝
　　　　夜不止，毀瘠過禮，吐蕃哀其志行，還其父屍柩，易從徒跣
　　　　萬里，扶護歸彭城。」（〔舊唐書〕卷七十七「劉德威傳」，
　　　　參見〔新唐書〕卷一百六「劉德威傳」）

　　睿宗肅明順聖皇后劉氏，「德威之孫也，父延景……。長壽中與昭
　　　　成皇后同被譴，為則天所殺。景雲元年追諡肅明皇后，招魂葬
　　　　於東都城南，陵曰惠陵。睿宗崩，遷祔橋陵。」（〔舊唐書〕卷
　　　　五十一「后妃傳」上「睿宗肅明順聖皇后劉氏傳」，參見〔新唐
　　　　書〕卷七十六「后妃傳」上「睿宗肅明順聖皇后劉氏傳」）

　　劉子玄（本名知幾），兄知柔、子貺、餗、彙、秩、迅、迥，「
　　　　楚州刺史胤之族孫也。（父藏器）……初知幾每云若得受封必
　　　　以居巢為名，以紹司徒舊邑。後以修日天實錄功，果封居巢
　　　　縣子。又鄉人以知幾兄弟六人進士及第，文學知名，改其鄉
　　　　里為高陽鄉居巢里。」（〔舊唐書〕卷一百二「劉子玄傳」，
　　　　〔新唐書〕卷一百三十二「劉子玄傳」略同）

　　劉滋，父貺、從兄贊，「子玄之孫，父貺。」（〔舊唐書〕卷一百
　　　　三十六「劉滋傳」，參見〔新唐書〕卷一百三十二「劉子玄
　　　　傳」附「劉滋傳」）

給事中劉公墓誌銘：

　　　　「公姓劉氏諱迥，彭城人。楚元王交之後也。當漢興，諸侯
　　　　王子孫唯楚為盛，世為儒宗，光耀史牒……（祖）藏器……

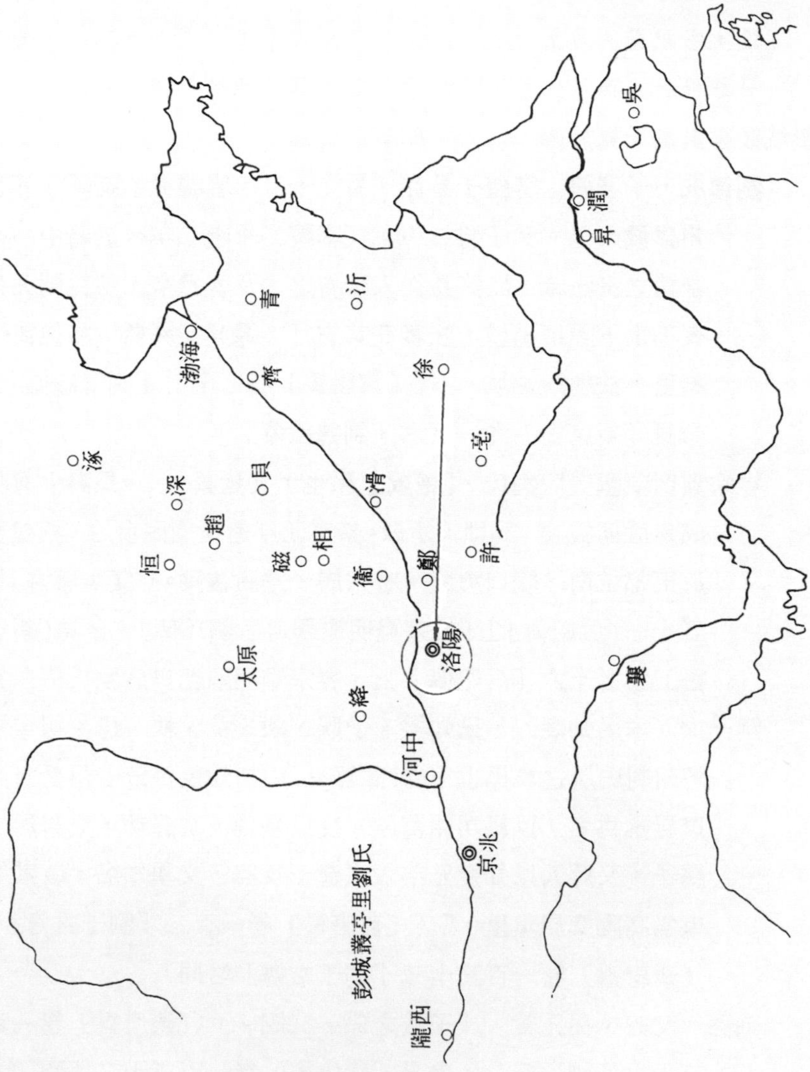

吳

潤
昇

青　　沂

渤海　齊　　　　　徐

涿　　　貝　　　　　　亳
　深　　　清
恒　趙　磁　相　衛　鄭　許
　　　　　　　　　　　　　　襄

太原　　絳　　洛陽

　　　　　河中

　　　　　　京兆

彭城叢亭里劉氏

隴西

（父）子玄……。大曆……徵拜諫議大夫，遷給事中，移疾請告就醫於洛陽，享年若干，以建中元年……終於某里私第……權窆於某原。」（〔全唐文〕卷五百二十）

劉敦儒，「子玄之孫……母有心疾……敦儒侍養不息，體常流血，及母亡居喪，毀瘠骨立，洛中謂之劉孝子（〔新唐書〕：留守韋夏卿表其行詔標闕於閭）。元和中東都留守權德輿具奏其至行，詔曰：孝子劉敦儒……。分曹洛師，俾遂私志。」（〔舊唐書〕卷一百八十七下「忠義傳」下「劉敦儒傳」，參見〔新唐書〕卷一百三十二「劉子玄傳」附「劉敦儒傳」。）

劉胤之，「徐州彭城人也。祖禕之……弟子延祐，……胤之從父兄子藏器」（〔舊唐書〕卷一百九十上「文苑傳」上「劉胤之傳」，參見〔新唐書〕卷二百一「文藝傳」上「劉延祐傳」）

唐故鹽鐵河陰院巡官試左武衛兵曹參軍彭城劉府君墓誌（08846）：「府君諱思友，……其先彭城叢亭里人也。……曾王父崇直，蘇州嘉興縣令……王父縮……父諫……。府君之先立第于洛之都積其稔矣！又別墅于緱嶺下，其來也其往也五十里之近，或遊或處不常……。咸通十年……遘疾易簀于綏福里之第，越明年……窆于河南府洛陽縣平陰鄉北邙原，祔先塋，禮也。」（〔芒洛冢墓遺文四編〕卷六）

唐故文林郎試左武衛兵曹參軍彭城劉府君（思友）夫人太原王□□誌銘（同上，文略同）。

按彭城叢亭里劉氏以敏及其從子僧利之裔最為興盛。在太宗高宗時期，劉德威及其子審禮顯然郡望與籍貫皆在彭城，這可從易從扶護乃父審禮屍柩，徒跣萬里歸葬彭城證明之。而武后中宗睿宗時期，劉知幾封居巢縣子，及知幾兄弟文學知名，其邦人改其鄉里為高陽鄉居巢里，劉氏重心似仍在彭城。睿宗時肅明皇后劉氏招魂葬於東都城南，是唐代「后妃傳」中后妃不葬在京兆附近的罕見例外，似可解釋彭城劉氏有大批族人定居洛陽，后為則天所殺，其族人將其葬於東都

城南。劉知幾之子迴在代宗大曆時任京官諫議大夫、給事中，在長安
必有官舍，其移疾請告就醫於洛陽，有似現在因病辭職，其所以在洛
陽，亦可能洛陽有其家族，長安則僅有家屬，似非落葉歸根之所，該
銘繼載在德宗建中元年終於某里私第，權窆於某原云云。似應指洛陽
地區爲宜，而「權窆」乃是籍貫轉移之過渡名稱。又劉知幾之孫敦禮
在憲宗元和時的孝行，洛中謂之劉孝子云云，尚不能完全肯定是寓
居、抑或籍貫已遷至洛，但劉敦禮任官喜歡分曹洛師，似乎洛陽地區
已是劉氏大家族之定居地，而非僅寓居也。劉思友誌文載：曾祖崇直
蘇州嘉興縣令。「宰相世系表」彭城劉氏有崇直者，乃德智之子、德威
之姪，但官銜是嘉州刺史。碑文中的崇直乃咸通年卒，思友之曾祖，
其出現於歷史舞臺與「世系表」之崇直甚合。如果碑文中的崇直確係
「世系表」中的崇直，則劉思友誌所稱：在懿宗咸通時期，劉思友夫
婦「窆于河南府洛陽縣平陰鄉北邙原，祔先塋，禮也。」之語，似乎
暗示在唐朝晚期彭城叢亭里劉氏已定著於洛陽地區矣！

（九）、渤海高氏

〔新唐書〕卷七十一下「宰相世系表」一下，高氏條：

> 高氏出自姜姓，齊太公六世孫文公赤……十世孫洪，後漢渤海
> 太守，因居渤海蓚縣。洪四世孫褒，字宣仁，太子太傅。褒孫
> 承，字文休，國子祭酒、東莞太守。生延，字慶壽，漢中太
> 守。延生納，字孝才，魏尚書郎、東莞太守。納生達，字式
> 遠，吏部郎中、江夏太守。四子：約、乂、隱、漢。隱，晉玄
> 菟太守。生慶，北燕太子詹事、司空。三子：展、敬、泰。
> 展，後魏黃門侍郎，三都大官。二子：讜、頤。讜，冀青二州
> 中正、滄水康公。二子：祚、祐。祐字子集，光祿大夫、建康
> 靈侯。二子：和璧、振。

1.渤海高氏北齊皇室房

〔新·舊唐書〕中出於高振之後者，有：

高季輔，子正業，「德州蓨人」（〔舊唐書〕卷七十八、〔新唐
　　書〕卷一百四「高季輔傳」）

出於高泰（「世系表」：泰、北燕吏部尙書、中書令。二子韜、湖）
之後者，有：

高士廉，子履行、眞行、審行、五世孫重，「渤海蓨人」（〔舊
　　唐書〕卷六十五「高士廉傳」，參見〔新唐書〕卷九十五「
　　高儉傳」）

大唐尙書右僕射司徒申文獻公（高士廉）塋兆記（00877, 03349,
03351）：

　　「……貞觀二十一年薨……陪葬於醴泉縣昭陵」（〔金石萃編〕
　　　卷四十八，略同）

唐滄州別駕高審行墓誌（〔寶刻叢編〕卷八引〔京兆金石錄〕），碑
　　出長安縣。查「世系表」：士廉子審行，戶部侍郎。

唐故循州司馬申國公高君墓誌：

　　「君諱某，字某，渤海蓨人也，曾祖勵……祖宗儉，字士廉
　　　……父懲，字履行……。永隆二年……薨於南海之旅次……
　　　載初元年……合葬於少陵原，禮也。」（〔全唐文〕卷二百一
　　　十五）「世系表」載：士廉孫琁，循州司馬，襲申公。

大唐右監門衞中郎將高府君墓誌銘（05841）[61]：

　　「君諱嶸，字茗山，渤海人也。高祖岳……曾祖勵……祖士
　　　廉……父審行……。開元十七年……薨於河南府洛陽縣通遠
　　　坊之私第……其年……還厝於河南縣平樂鄉中原，禮也。」

唐檢校戶部尙書高重碑：「姪元裕撰，柳公權正書。會昌四年十
　　月立」（〔寶刻叢編〕卷四引〔金石錄〕），碑出伊陽縣。
　　查「世系表」，元裕叔重，字文明，檢校戶部尙書、渤海縣
　　子。（〔寶刻類編〕卷四，同）

61　〔元和姓纂四校記〕卷五高氏條，岑仲勉謂碑文士廉父勵可校「世系表」、〔唐史〕、
　　〔姓纂〕及〔古今姓氏書辯證〕等書「勵」之誤。

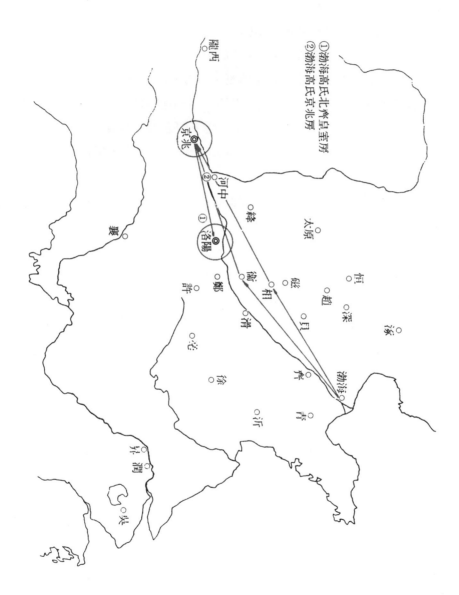

①渤海高氏北齐皇室房
②渤海高氏京兆房

高元裕、兄少逸、元恭、子璩，「渤海人」（〔舊唐書〕卷一百七
十一、〔新唐書〕卷一百七十七「高元裕傳」）

大唐銀青大夫□吏部尚書上柱國渤海縣開國男食邑三百戶贈尚書
右僕射（高元裕碑）：

> 「六代祖申國公諱士廉……。大中四年……薨于南陽縣之官舍
> ……歸葬于河南府白沙之南原。」（〔金石萃編〕卷一百一十四）
> 〔寶刻類編〕卷四：「蕭鄴撰，大中七年十月立，洛，存。」
> 〔平津讀碑記〕卷八謂大中六年十一月，餘略同。

2.渤海高氏京兆房

〔舊唐書〕卷一百四十七、〔新唐書〕卷一百六十五「高郢傳」：

> 其先渤海蓚人（〔新唐書〕謂：徙衞州，遂爲衞州人）。

唐史中之高郢見於「世系表」高氏條末載：

> 「京兆高氏，又有與北齊同祖，初居文安，後徙京兆。（表中有
> 郢，字公楚，相德宗、順宗）」

從以上資料分析，姑且不論高士廉陪葬長安附近昭陵之事，渤海
高氏北齊皇室房因高齊定都於鄴（即唐代相州）。[62] 與北齊皇室直接
與間接的高氏，或食邑或任官而遷至鄴（即相）、磁、衞之地。待唐
興而有兩京，北齊皇室房先遷至長安，然後又從長安移至洛陽，渤海
高氏京兆房則自衞遷徙京兆。

（十）、河東裴氏

〔新唐書〕卷七十一上「宰相世系表」一上，裴氏條：

> 陵裔孫蓋，漢水衡都尉、侍中，九世孫燉煌太守遵，自雲中從

62　〔元和郡縣圖志〕卷十六「河北道」一相州條（鄴郡）：「建安十七年，冊命操爲魏
　　公，居鄴。黃初二年以廣平、陽平、魏三郡爲三魏，長安、譙、許、鄴、洛陽爲五
　　都。石季龍自襄國徙都之，仍改太守爲魏尹。慕容儁平冉閔，又自薊徙都之，仍置
　　司隸校尉。苻堅平鄴，以王猛爲冀州牧，鎮鄴。後魏孝文帝於鄴立相州……至東魏
　　孝靜帝又都鄴城。高齊受禪，仍都於鄴，改魏尹爲清都尹。周武帝平齊，復改爲相
　　州，大象二年自故鄴城移相州於安陽城，即今州理是也。隋大業三年改相州爲魏
　　郡。武德元年復爲相州。」

光武平隴、蜀，徙居河東安邑，安、順之際徙聞喜。曾孫曄，
幷州刺史、度遼將軍。子茂字巨光，靈帝時歷郡守、尚書，率
諸將討李傕有功，封陽吉平侯。三子：潛、徽、輯。

西眷裴出自陽吉平侯茂長子徽，字文秀，魏冀州刺史、蘭陵武
公，以其子孫多仕西涼者，故號西眷。四子：黎、康、楷、
綽。黎字伯宗，一名演，游擊將軍、秘書監。二子粹、苞。
粹，晉武威太守。二子：詵、暅。詵，太常卿，避地涼州，及
符堅克河西，復還解縣，生劭，劭生和，和生鍾，鍾生景惠。

1. 河東裴氏西眷

西眷裴人物有二傳，未見碑銘，如下：

　　裴寂，「蒲州桑泉人。」（〔舊唐書〕卷五十七、〔新唐書〕卷
　　　　八十八「裴寂傳」），相高祖。

　　裴矩，子宣機，「河東聞喜人。」（〔舊唐書〕卷六十三「裴矩傳」，
　　　　參見〔新唐書〕卷一百「裴矩傳」），相高祖。

2. 河東裴氏洗馬房天壽善政支

〔新唐書〕卷七十一上「宰相世系表」一上，裴氏條繼載：

　　洗馬裴出自粹子暅。暅生懂，自河西歸桑梓，居解縣洗馬川，
　　號洗馬裴，仕前秦大鴻臚。二子：天恩、天壽。

洗馬裴天恩子孫見於傳、碑者僅得：

　　裴炎，從子伷，「絳州聞喜人。」（〔舊唐書〕卷八十七、〔新
　　　　唐書〕卷一百一十七「裴炎傳」），僅載郡望，無遷徙資料。

洗馬裴天壽子孫自隋唐以來有若干支有資料可尋其遷徙，如下：

天壽五世孫善政，隋黎州刺史黎國公，善政五世孫復：

　　河南少尹裴君墓誌銘（08065，08066，08067，08068）：

　　　　「公諱復，字茂紹，河東人。曾大父元簡……大父曠……父
　　　　虬……。元和三年（卒）……葬東都芒山之陰杜翟村。」（
　　　　〔全唐文〕卷五百六十五。〔古誌石華〕卷十五同）

3. 河東裴氏洗馬房天壽英支

天壽孫英。英子彥，後周驃騎大將軍。彥孫弘泰，雍州錄事參軍。弘泰曾孫回，有銘：

> 故任城縣尉裴府君墓誌銘：
>
> > 「天寶二年……卒於西京新昌坊私第……君諱回，字玉溫，河東聞喜人也。曾祖宏泰……祖思義……父敬珍……。祔葬於鳳棲原先府君之塋。」（〔全唐文〕卷三百二十七）

天壽孫英。英曾孫弘策，隋將作大匠，黎溫公。弘策五世孫茂；〔舊唐書〕卷一百一十四、〔新唐書〕卷一百四十四有傳，失其遷徙。弘策六世孫次元，有銘：

> 唐贈左僕射裴次元碑：「〔寶刻叢編〕卷七，出自長安縣」，查「世系表」，茂之堂姪次元，福建觀察使兼御史中丞，京兆尹。

4.河東裴氏南來吳叔業支

〔新唐書〕卷七十一上「宰相世系表」一上，裴氏條繼載：

> 南來吳裴出自黎第二子苞。苞三子：軫、丕、彬。軫生嗣，嗣西涼武都太守。三子：邕、喬、策。邕度江居襄陽，生順宗。順宗三子：叔寶、叔業、令寶。叔業，齊南兗州刺史，初歸北，號南來吳裴，事後魏，豫州刺史、蘭陵郡公，諡忠武。子蒨之、芬之、簡之、英之、藹之。

南來吳裴叔業之子孫見於傳、碑者有：

> 裴守眞，子子餘、耀卿、曾孫行立，「絳州稷山人也，後魏冀州刺史叔業六世孫也，父睿……。」（〔舊唐書〕卷一百八十八「孝友傳・裴守眞傳」，〔新唐書〕卷一百二十九「裴守眞傳」略同）
>
> 寧州刺史裴守眞碑：「崔沔撰，八分書。開元二十四年。絳。」（〔寶刻類編〕卷三）
>
> > 查「世系表」南來吳裴叔業支：守眞字方忠，邠寧二州刺史。
>
> 裴耀卿，孫佶，「贈戶部尚書守眞子也。」（〔舊唐書〕卷九十八「裴耀卿傳」，〔新唐書〕卷一百二十七「裴耀卿傳」略同）

　　唐故侍中尙書右僕射贈司空文獻公裴公神道碑銘（01102）：

　　　　「燿卿字子渙，河東聞喜人也。……考守眞。……天寶三載卒
　　　　……以其年歸葬絳州稷山縣姑射山之陽，尙書府君（卽父）
　　　　塋東四里。」（〔寶刻類編〕卷四：「許孟容撰、八分書並篆
　　　　額，元和七年十一月，絳，存。」〔金石萃編〕卷一百六、
　　　　〔金石萃編補正〕卷一、〔全唐文〕卷四百七十九。）

5.河東裴氏南來吳令寶支

南來吳裴「令寶二子：彥先、彥遠。彥遠生鑒，鑒生獻」（「世系
表」），其子孫有傳者：

　　裴濰，從弟寬、寬弟珣、朗，「絳州聞喜人也，世爲著姓。父琰
　　　　之。」（〔舊唐書〕卷一百「裴濰傳」，〔新唐書〕卷一百
　　　　三十「裴濰傳」略同）

　　裴冑，「其先河東聞喜人，今代葬河南，伯父寬。」（〔舊唐書〕
　　　　卷一百二十二「裴冑傳」，參見〔新唐書〕卷一百三十「裴
　　　　濰傳」附「裴冑傳」）

　　荊南節度裴冑碑：「楊於陵撰，貞元十九年。洛。」（〔寶刻類
　　　　編〕卷四）

　　　　查「世系表」南來吳裴令寶支，冑字遐叔，檢校兵部尙書，
　　　　謚成。

　　裴諝，「河南洛陽人。父寬……諝自河南凡五代。」（〔舊唐書〕
　　　　卷一百二十六「裴諝傳」，〔新唐書〕卷一百三十「裴濰傳」
　　　　附「裴諝傳」略同），查「世系表」諝高祖爲羅，隋魏郡丞。
　　　　羅父獻，隋扶州刺史、臨汾公。

南來吳裴另有一盛支，〔新唐書〕卷七十一上「宰相世系表」一上，
裴氏條繼載（「世系表」誤列中眷後）：

　　苞第三子丕。丕孫定宗。定宗，涼州刺史。生訓，後魏冠軍將
　　　　軍。生遼，太原太守、散騎常侍。生纂，纂正平太守、郿西
　　　　公。四子：舒、嗣、秀、詢。舒，後周車騎將軍、元氏公。生

昂。生玄運，濮州刺史。生季友，司門郎中、太子僕。生武，
武曾孫訢。

這一支人物見於傳、碑者有：

　　裴坦，從子贄，「隋營州都督世節裔孫，父乂。」（〔新唐書〕
　　　　卷一百八十二「裴坦傳」）

　　裴安期有碑銘，但失其葬地。（〔全唐文〕卷六百五十五）

6.河東裴氏中眷萬虎支

〔新唐書〕卷七十一上「宰相世系表」一上，裴氏條繼載：[63]

　　中眷裴氏出自嗣中子燾，晉太尉宋公版諮議參軍、幷州別駕，
　　號中眷。三子：萬虎、雙虎、三虎。

中眷裴萬虎之子孫見於傳、碑者有：

　　裴敬彝，「絳州聞喜人也。曾祖子通，隋開皇中太中大夫，母終
　　　　廬於墓側，哭泣無節，目遂喪明，俄有白鳥巢於墳樹，子通
　　　　弟兄八人復以友悌著名，詔旌表其門，鄉人至今稱爲義門裴
　　　　氏。」（〔舊唐書〕卷一百八十八「孝友傳・裴敬彝傳」，
　　　　〔新唐書〕卷一百九十五「孝友傳・裴敬彝傳」略同）

　　裴延齡，「河東人。父旭。」（〔舊唐書〕卷一百三十五「裴延齡
　　　　傳」，參見〔新唐書〕卷一百六十七「裴延齡傳」）

　　監察御史裴府君墓誌銘：

　　　　「元魏河北太守萬虎兄弟三人，時稱三虎，並仕於魏，魏都
　　　　河洛，在天地之中，故裴氏始有中眷之號，公則萬虎八代孫
　　　　也。……貞元六年……終於（洛陽）立德里之第。……明
　　　　年辛卯葬于首陽山之陽……男曰綽、曰約。」（〔全唐文〕
　　　　卷七百八十四）

7.河東裴氏中眷雙虎支

中眷裴雙虎之子孫見於傳、碑者有：

63　按中眷裴出於西眷裴徽之後：徽→黎→苞→軫→嗣→燾。
　　〔元和姓纂四校記〕卷三裴氏條，岑仲勉謂：「徽號西眷，徽來孫燾」，較妥。

裴行儉，子光庭、光庭子稹、稹子倩、倩子均，「絳州聞喜人。
　　……父仁基。」（〔舊唐書〕卷八十四「裴行儉傳」，〔新唐
　　書〕卷一百八「裴行儉傳」略同）
贈太尉裴公神道碑：
　　「……三子尊為三祖，望高士族。自冀州刺史徽至公十二代，
　　中軍將軍雙虎至公六葉……考仁基……。永淳元年……薨於
　　京師延壽里……其年十月葬……於聞喜之東良原，禮也。」
　　（〔全唐文〕卷二百二十八。〔寶刻類編〕卷三：「開元十八
　　年，解。」）
大唐金紫光祿大夫行侍中兼吏部尚書宏文館學士贈太師正平忠獻
公裴公碑銘：
　　「公諱光庭，字連城。河東聞喜人也……父行儉……。（開元）
　　二十有一年……薨於京師平康里之私第……葬……於聞喜之
　　舊塋，禮也。」（〔全唐文〕卷二百九十一，〔金石萃編〕卷
　　八十一。）
大唐故朝議郎行尚書祠部員外郎裴君墓誌銘（00976,05174）：
　　「君諱稹，字道安。河東聞喜人也……考光庭……。開元二
　　十八年……終于長安光德里私第……其先葬于聞喜之東涼原
　　也。即以辛巳歲……旋窆于長安萬春鄉神和原，禮也。」（
　　〔金石萃編〕卷八十四、〔全唐文〕卷一百九十七略同。〔金
　　石萃編〕謂辛巳歲即開元二十九年。）
尚書度支郎中贈尚書左僕射正平節公裴公神道碑銘：
　　「公諱倩，字容卿，河東聞喜人。……（祖）光庭……（父）
　　禎……。以大曆七年……終命於長安光德里第……歸全於萬
　　年縣神禾原之大墓。」（〔全唐文〕卷五百）
唐贈左僕射裴儆碑：「從姪次元撰，皇甫閱正書并篆，建中二
　　年。」（〔寶刻叢編〕卷七引〔京兆金石錄〕）
　　碑出長安縣。查「世系表」稹子儆，儆子壿。（〔寶刻類編〕

卷四，同）

唐故萬年令裴府君墓碣：

> 「公諱塤，字封叔。河東聞喜人……（曾祖）光庭……（祖）
> 積……（父）儆……。元和十二年（卒）。……貞元十六年某
> 月日卒祔於長安御宿之北原冢。」（〔全唐文〕卷五百八十八）

8.河東裴氏中眷三虎支

中眷裴三虎之子孫見於傳、碑者有：

大周故正議大夫行太子左諭德裴公墓誌銘（16982）：

> 「公諱威，字思容，河東聞喜人也。曾祖孝忠……祖滌……
> 父方產……。聖曆元年卒于隆化里……以其年安厝于北芒山
> 之堂，禮也。」

裴遵慶，子向、向孫樞，「絳州聞喜人也。代襲冠冕，為河東著
族。」（〔舊唐書〕卷一百一十三「裴遵慶傳」，參見〔新唐
書〕卷一百四十「裴遵慶傳」）

裴遵慶碑（□□□□□光祿大夫□□□□□□□□□□□東郡貞□
□□□□□□）（08537）：

> 「河東著族……大曆十年……薨於萬年縣升平里之私第，以
> 明年……葬于東都萬安山之舊堂。」（〔金石萃編〕卷一百，
> 附載碑與傳考證文。）

唐故正議大夫衞尉少卿聞喜縣開國伯賜紫金魚袋裴君墓誌銘：

> 「君諱會，字某，河南聞喜人……貞孝公（遵慶）之元子。
> ……（貞元九年卒）……返葬於東周萬安山之南原，二夫人
> 祔焉。」（〔全唐文〕卷五百六）

9.河東裴氏東眷澄支

〔新唐書〕卷七十一上「宰相世系表」一上，裴氏條繼載：

> 東眷裴出自茂第三子輯，號東眷。生穎，穎，司隸校尉。生武，
> 字文應，晉大將軍、玄菟太守，永嘉末，避地平州。二子：
> 開、湛。開字景舒，仕慕容氏，太常卿、祭酒。三子：原、

成、範。範字仁則，河南太守。四子：韜、沖、湛、綏。沖字
太寧，後秦并州刺史、夷陵子。五子：道子、道護、道大、道
會、道賜。道子字復泰，本州別駕，從劉裕入關，事魏，南梁
州刺史、義昌順伯。三子：德歡、恩立、輔立。德歡一名度，
豫、鄭、廣、坊四州刺史，謚曰康。二子：澄、禮。

東眷裴澄之子孫有碑、傳者有：

　　唐齊州長史裴府君、神道碑：

　　　　「公諱希惇，字虔實 ， 河東聞喜人也。……曾祖澄……祖尼
　　　　……父之隱……。永徽元年……終於長安……景龍二年……
　　　　合葬於咸陽之北原，禮也。」（〔全唐文〕卷二百八十二）

　　大唐故左親衛裴君墓誌銘（01461,05384）：

　　　　「君諱可久，字貞遠，河東聞喜人也。祖勛……父居業……。
　　　　咸亨三年……終于襄陽……以四年……窆于京兆之朱坂。」
　　　　（〔八瓊室金石補正〕卷三十七，附考證：乃父居業與「世系
　　　　表」合，祖「世系表」為熙載。可久可能是澄之五世孫。）

10.河東裴氏東眷澄希莊支

東眷裴澄曾孫希莊，陳州刺史；希莊曾孫肅：

　　　　裴休，父肅，「河內濟源人也（〔新唐書〕：孟州濟源人）。…
　　　　…父肅（德宗時人）……生三子儔、休、俅，皆登進士第。
　　　　休志操堅正 ， 童齔時兄弟同學于濟源別墅 ， 休經年不出墅
　　　　門，晝講經籍，夜課詩賦……」（〔舊唐書〕卷一百七十七
　　　　「裴休傳」，〔新唐書〕卷一百八十二「裴休傳」略同），「世
　　　　系表」休乃希惇弟希莊之玄孫。

11.河東裴氏東眷道護支

「世系表」載：「道護二子：次愛、祖念。祖念生弘陁，後魏聞喜公。
生鴻琳，易郡太守。生客兒。」然「表」中弘陁之子為客兒，後魏長
平郡丞；鴻智，襄州長史、高邑縣侯及欣敬等三人。客兒子孫不見於
傳、碑；欣敬八世孫為度，有傳：

裴度，子識、諗，「河東聞喜人。祖有鄰，……父漵。」（〔舊唐
書〕卷一百七十「裴度傳」，參見〔新唐書〕卷一百七十三
「裴度傳」）。僅載郡望。

鴻智五世孫冕，有傳有碑：

裴冕，「河東人也，爲河東冠族。」（〔舊唐書〕卷一百一十三「
裴冕傳」，〔新唐書〕卷一百四十「裴冕傳」略同）

冀國公贈太尉裴冕碑：

「公諱冕，字章甫，河東大族……（曾祖）懷感……（祖）陟
……（父）紀……。大曆四年……薨於長安……明年二月葬
於京城南畢原。」（〔全唐文〕卷三百六十九）

鴻智另一位六世孫希先有碑：

唐故朝議郎使持節溫州諸軍事溫州刺史充靜海軍使賜緋魚袋河東
裴府君神道碑銘：

「君諱希先……。曾祖昭…… 祖碓…… 考怦……。貞元六年
多十一月歿於鍾陵之私第……，明年八月返葬於長安少陵原
之舊塋。」（〔全唐文〕卷五百一）

鴻智另一位七世孫垍，相憲宗，有傳：

裴垍，「河東聞喜人。垂拱中宰相居道七代孫。」（〔舊唐書〕卷一百
四十八「裴垍傳」，參見〔新唐書〕卷一百六十九「裴垍傳」）

裴垍之七世祖，列傳的記載與「世系表」的記載不合。垍僅有郡望，
遷徙資料不詳。

12.河東裴氏東眷道護綱支

鴻智玄孫綱，蔡州刺史；綱孫濟有碑：

河南少尹裴公墓誌銘：

「貞元八年……前河南少尹裴公諱濟 ，字莊時。……卒于京
師靖安里之旅舍，明年……葬於絳州聞喜縣之故原，從先公
居 ，禮也。 高祖懷節……（曾祖）昭……（祖）剛……（
父）據。」（〔全唐文〕卷七百八十四）

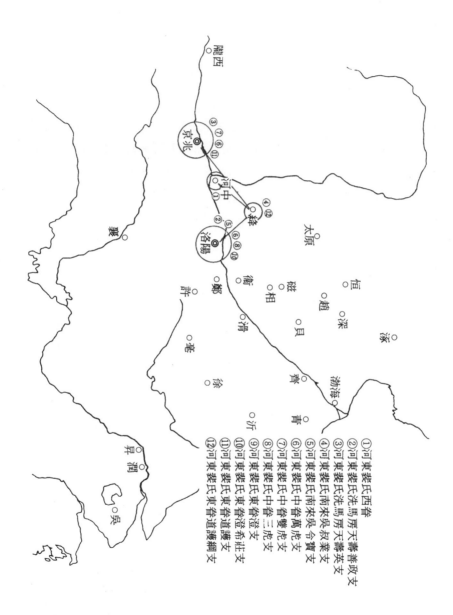

①河東裴氏西眷
②河東裴氏洗馬原天壽善政支
③河東裴氏洗馬原天壽善英支
④河東裴氏南來吳原叔業支
⑤河東裴氏南來吳令寶支
⑥河東裴氏中眷雙虎支
⑦河東裴氏中眷萬虎支
⑧河東裴氏東眷涇希支
⑨河東裴氏東眷涇壯支
⑩河東裴氏東眷道希支
⑪河東裴氏東眷道讓支
⑫河東裴氏東眷道讓綱支

（十一）、蘭陵蕭氏

〔新唐書〕卷七十一下「宰相世系表」一下，蕭氏條：[64]

　　漢有丞相鄼文終侯何，二子：遺、則。則生彪，字伯文，諫議
　　大夫、侍中，以事始徙蘭陵丞縣。生章（章生卬、皓）。皓生
　　望之，御史大夫，徙杜陵。生育……生紹，御史中丞，復還蘭
　　陵。生閎……閎生闡……闡生冰……冰生苞……生周……周生
　　蟜……蟜生逵……逵生休……休生豹……豹生裔……生整，字
　　公齊，晉淮南令，過江居南蘭陵武進之東城里。三子：儁、
　　鐥、烈。

　　苞九世孫卓，字子略，洮陽令，女為宋高祖繼母，號皇舅房。
　　卓生源之，字君流，徐、兗二州刺史，襲封陽縣侯。生思話，
　　郢州都督，封陽穆侯。六子：惠開、惠明、惠基、惠休、惠
　　朗、惠蒨。惠蒨，齊左戶尚書。生介。

1.蘭陵蕭氏皇舅房

皇舅房蕭氏有傳者，在唐代僅得二人，如下：

　　蕭德言，「雍州長安人。齊尚書左僕射思話玄孫也。本蘭陵人，
　　　　陳亡徙關中……祖介……父引。」（〔舊唐書〕卷一百八十
　　　　九上「儒學傳」上「蕭德言傳」，參見〔新唐書〕卷一百九
　　　　十八「儒學傳」上「蕭德言傳」）

　　蕭至忠，「祕書少監德言曾孫也……。（至忠）與太平公主謀逆，
　　　　事洩……籍沒其家。」（〔舊唐書〕卷九十二「蕭至忠傳」，
　　　　參見〔新唐書〕卷一百二十三「蕭至忠傳」）

2.蘭陵蕭氏齊梁房懿支

〔新唐書〕卷七十一下「宰相世系表」一下，蕭氏條繼載：

　　齊梁房：整第二子鐥，濟陰太守。生副子，州治中從事。生道

　　64　〔古今姓氏書辨證〕卷十蕭氏條，略同。

賜，宋南臺治中侍御史。三子：尚之、順之、崇之。順之字文
緯，齊丹楊尹、臨湘懿侯。十子：懿、敷、衍、暢、融、宏、
偉、秀、憺、恢。衍，梁高祖武皇帝也，號齊梁房。懿字元
達，長沙宣武王。七子：業、藻、彖、獻、朗、軌、明。明字
靖通，梁貞陽侯，曾孫文憬。

齊梁房蕭懿之子孫見於傳、碑者，如下：

　　蕭鄴，「字啟之，梁長沙宣王懿九世孫。」（〔新唐書〕卷一百
　　　　八十二「蕭鄴傳」）

　　唐故給事中贈吏部侍郎蕭公墓誌銘：

　　　　「公諱直字正仲，梁長沙王懿七代孫，有唐御史中丞臨汝郡
　　　　守諒之孟子……歲在丁酉（至德二年）……終於靜安里……
　　　　卜葬於洛陽龍門崗，先中丞塋之左，禮也。」（〔全唐文〕
　　　　卷三百九十二）

　　成都功曹蕭公墓誌銘：

　　　　「公諱某。……宣武皇帝七代孫也。曾祖文憬……祖元禮…
　　　　…父詮……。貞元八年歸故國於洛汭……終於康裕里第。」
　　　　（〔全唐文〕卷七百八十五）

3.蘭陵蕭氏齊梁房衍支

〔新唐書〕卷七十一下「宰相世系表」一下，蕭氏條齊梁房繼載：

　　梁高祖武皇帝八子：統、綱、續、繹、綜、績、綸、紀。統，
　　昭明太子。綱，簡文皇帝也。統五子：歡、譽、詧、譬、譼。

齊梁房蕭衍之子孫見於傳、碑者，如下：

　　蕭瑀，子銳、瑀兄璟、瑀兄子鈞、鈞子瓘、鈞兄子嗣業，「高祖
　　　　梁武帝，曾祖昭明太子，祖詧……父巋……。」（〔舊唐書〕
　　　　卷六十三「蕭瑀傳」，參見〔新唐書〕卷一百一「蕭瑀傳」）

　　贈吏部尚書蕭公神道碑：

　　　　「公諱瓘字元茂，蘭陵人……公卽梁宣皇帝之玄孫，明皇帝
　　　　之曾孫，大父南海王珣……考鈞……。永淳元年八月寓居

穰縣終於苫蓋……（長壽）二年二月辛卯合葬於少陵原之先
塋，禮也。（子嵩）」（〔全唐文〕卷二百二十九）

唐贈吏部尙書蕭瓘碑：「唐尙書左丞相張說撰，梁昇卿八分書，
明皇八分題額。府君名瓘字玄茂，南梁蕭詧之後，仕至渝州
長史。子嵩爲尙書令，贈府君吏部尙書，碑以開元十八年五
月立。」（〔寶刻叢編〕卷八引〔集古錄目〕），碑出萬年
縣。查「世系表」：詧玄孫瓘字玄茂，渝州長史。瓘子嵩。
（〔寶刻類編〕卷一，同）

蕭嵩，子華，「貞觀初左僕射宋國公瑀之曾姪孫，祖鈞……。」
（〔舊唐書〕卷九十九「蕭嵩傳」，參見〔新唐書〕卷一百一
「蕭瑀傳」附「蕭嵩傳」）

蕭復，「嵩之孫……父衡。」（〔舊唐書〕卷一百二十五「蕭復
傳」，參見〔新唐書〕卷一百一「蕭瑀傳」附蕭復傳）

蕭俛，弟傑、俶、從弟倣、倣子廩，「曾祖……嵩……祖華……
父恆。」（〔舊唐書〕卷一百七十二「蕭俛傳」，參見〔新唐
書〕卷一百零一「蕭瑀傳」附「蕭俛傳」）

唐贈太尉蕭俛墓誌：「唐蕭鄴撰，大中十一年。」（〔寶刻叢編〕
卷八引〔京兆金石錄〕）碑出萬年縣。查「世系表」嵩子華，
華子恆，恆子俛，俛字思謙，相穆宗。

唐汝州刺史蕭俶墓誌：「唐裴郁撰，吳通微書，大歷十二年。」
（〔寶刻叢編〕卷八引〔京兆金石錄〕）碑出萬年縣。查「世
系表」嵩孫俶。

唐贈太尉中書令貞孝公蕭倣墓誌：「唐令狐綯撰，王繹書，乾符
五年立。」（〔寶刻叢編〕卷八引〔京兆金石錄〕）碑出萬
年縣。查「世系表」嵩子悟，悟子倣，倣字思道，相僖宗。
（〔寶刻類編〕卷六同）

唐贈禮部尙書蕭廩墓誌：「唐鄭璘撰，文德元年。」（〔寶刻叢
編〕卷八引〔京兆金石錄〕）。碑出萬年縣。查「世系表」

　　嵩子悟，悟子傲，傲子廩，廩字富侯，給事中。

　　蕭遘，「蘭陵人。嵩之四代孫（案當五代）。嵩生衡，衡生復，
　　　……復生湛，湛生寘，……寘生遘。」（〔舊唐書〕卷一百
　　　七十九「蕭遘傳」，參見〔新唐書〕卷一百一「蕭瑀傳」附
　　　「蕭遘傳」）

　　蕭定，「江南蘭陵人。……瑀曾孫也。父恕。」（〔舊唐書〕卷
　　　一百八十五下「良吏傳」下「蕭定傳」，參見〔新唐書〕卷
　　　一百零一「蕭瑀傳」附「蕭定傳」）

4.蘭陵蕭氏齊梁房衍巖支

　　大唐故滄州景城縣令蕭公及夫人杜氏墓誌（05567, 17128）：
　　　「公諱瑤，字達文，東海蘭陵人……高祖梁武皇帝，曾祖太
　　　宗昭明皇帝，祖中宗宣皇帝，父巖……。（貞觀）十二年…
　　　…卒於私第……十三年權殯於洛陽之邙山。夫人杜氏……以
　　　乾封元年……卒於南服，儀鳳元年……葬於河南縣平樂鄉安
　　　善里杜郭村西南一里北邙之原。又以永隆二年……遷公神柩
　　　合葬於夫人之塋。」（〔芒洛冢墓遺文四編〕卷三）

　　大唐滄州景城縣令蕭府君之銘（05180, 17405）（與上碑略同，〔
　　　芒洛冢墓遺文四編〕卷二）

　　大唐蜀王故西閣祭酒蕭公墓誌：
　　　「公諱勝，字玄寂，東海蘭陵人。 梁中宗宣皇帝之孫，太尉
　　　安平王周柱國巖之第十三子也。……永徽二年……薨於萬年
　　　縣之崇義里，卽以其年……窆於萬年寧安鄉鳳栖之原。」（
　　　〔吳興金石記〕卷三〔關中金石文字存逸考〕卷五咸寧縣）

蕭瑤與蕭勝應為兄弟。勝窆於萬年；瑤權殯於洛陽，遷其神柩合葬於
夫人杜氏之塋北邙之原。應以京兆萬年為準。

5.蘭陵蕭氏齊梁房衍岑支

　　大隋故滎陽郡新鄭縣令蕭明府墓誌銘幷序
　　　「君諱瑾字昞文，蘭陵郡蘭陵縣人也……梁宣帝詧之孫，吳

郡王岑之第三子也。……大業九年……薨于東都溫柔里第…
…以其年……葬於河南縣靈淵鄉安川里北邙山之陽。」（〔
漢魏南北朝墓誌集釋〕473）

大隋金紫光祿大夫蕭岑孫內官堂姪故蕭濱之銘（01299）：

「大業十一年……君諱濱，字允，父臧，蘭陵郡蘭陵縣人也。
曾祖梁宣皇帝（也），祖吳郡吳王，父故永縣開國侯瑾之第
十一子。亡於河南郡河南縣隆化里第……殯於河南縣靈泉鄉
龍淵里北邙山之陽。」（〔漢魏南北朝墓誌集釋〕495）

梁太子洗馬秘書丞仁化侯隋博州深澤縣令蕭公夫人袁氏墓誌銘：

「夫人諱客仁，……陳郡陽夏縣人……歸于蕭氏……顯慶四
年……薨于雍州萬年縣□□里……子曰繕……以五年……遷
祔于仁囿侯之舊塋。」（〔芒洛冢墓遺文四編〕卷二）葬地
未詳。

6.蘭陵蕭氏齊梁房恢支

齊梁房蕭恢之裔亦甚興盛，但「世系表」失載，其人物見於傳、碑者有：

蕭昕，「字中明，河南人（〔新唐書〕載：梁鄱陽王恢七世孫）」
（〔舊唐書〕卷一百四十六「蕭昕傳」、〔新唐書〕卷一百五
十九「蕭昕傳」）

蕭穎士，「字茂挺，梁鄱陽王恢七世孫，祖晶……父旻……。」
（〔新唐書〕卷二百二「文藝傳」中「蕭穎士傳」，參見〔舊
唐書〕卷一百九十下「文苑傳」下「蕭穎士傳」）

尚書比部郎中蕭府君墓誌銘：

「君諱存，字成性，梁武帝季子鄱陽王恢之裔。五世祖唐刑
部尚書……（孫）元恭……生密州莒縣主簿旻，主簿生揚州
府功曹穎士……君即功曹（穎士）之子也。……（貞元）十
六年……卒於潯陽盈城之私第，遂以是年……權窆於承仙之
西岡，未克葬於臨汝故也。」（〔全唐文〕卷六百九十一）

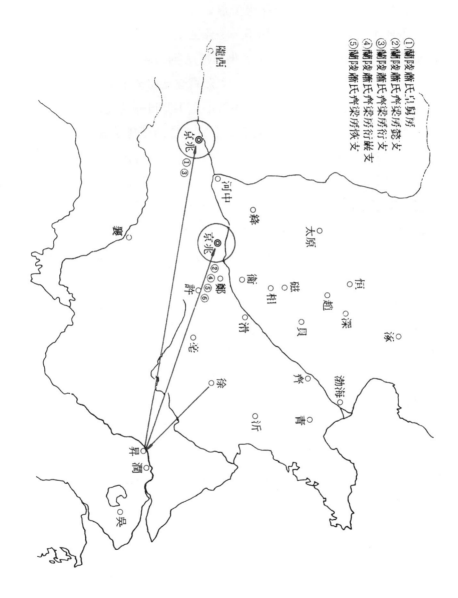

（十二）、河東薛氏

〔新唐書〕卷七十三下「宰相世系表」三下，薛氏條：[65]

　　……（薛）永，字茂長，從蜀先主入蜀，為蜀郡太守。永生
　　齊，字夷甫，巴、蜀二郡太守，蜀亡，率戶五千降魏，拜光祿
　　大夫，徙河東汾陰，世號蜀薛。二子：懿、始。懿字元伯，一
　　名奉，北地太守，襲鄢陵侯。三子：恢、雕、興。恢一名開，
　　河東太守，號「北祖」；雕號「南祖」；興，「西祖」。雕
　　生徒，徒六子：堂、暉、推、煥、渠、黃。堂生廣，晉上黨太
　　守，生安都。

1.河東薛氏南祖

河東薛氏南祖子孫有傳、碑者，如下：

　　薛仁貴，「絳州龍門人。……（永淳二年）仁貴病卒，年七十，
　　　　贈左驍衞將軍，官造靈輿並家口給傳還鄉。」（〔舊唐書〕
　　　　卷八十三「薛仁貴傳」，〔新唐書〕卷一百一十一「薛仁貴
　　　　傳」略同）

　　唐代州都督薛仁貴碑：「唐著作郎弘文館學士苗神客撰。仁貴玄
　　　　孫左領軍衞兵曹參軍伯㲈書。薛禮字仁貴，河東汾陰人，官
　　　　至明威將軍、代州都督，碑以天寶二年立在安邑。」（〔寶
　　　　刻叢編〕卷十引〔集古錄目〕）

　　薛訥，弟楚玉，「絳州萬泉人也……仁貴子也。」（〔舊唐書〕
　　　　卷九十三「薛訥傳」，參見〔新唐書〕卷一百一十一「薛仁
　　　　貴傳」附薛訥傳）

　　薛嵩，弟薭、子平、平子從、族子雄，「絳州萬泉人。祖仁貴
　　　　……父楚玉。」（〔舊唐書〕卷一百二十四「薛嵩傳」，參
　　　　見〔新唐書〕卷一百一十一「薛仁貴傳」附「薛嵩傳」）

　　唐昭義節度薛嵩神道碑：「唐禮部郎中程浩撰，梁州都督府長史

65　〔元和姓纂四校記〕卷十薛氏條、〔古今姓氏書辨證〕卷三十八薛氏條略同。

翰林待詔韓秀實八分書。薛公名嵩，楚玉之子也，初爲史思
明將，朝義敗，以其地降，即拜昭義節度，封平陽郡王，碑
以大曆八年立，在夏縣。」（〔寶刻叢編〕卷十引〔集古錄
目〕）

河中節度使薛平神道碑：「李宗閔撰，太和六年立。京兆。」（
〔寶刻類編〕卷四）

查「世系表」南祖嵩子平，平字坦塗，左龍武大將軍韓國公。官
銜不同，但時代接近，可能爲一人。

2.河東薛氏西祖洪隆房

〔新唐書〕卷七十三下「宰相世系表」三下，薛氏條繼載：

西祖興，字季達，晉河東太守、安邑莊公。三子：紇、清、
濤。濤字伯略，中書監，襲安邑忠惠公，與北祖、南祖分統部
衆，世號「三薛都統」。三子：彊、遺、清。彊字公偉，秦大
司徒、馮翊宣公。三子：辯、邕、寵。辯字元伯，後魏雍州刺
史、汾陰武侯。生謹，字法慎，內都坐大官、涪陵元公。五
子：洪祚、洪隆、瑚、昂、積善，號「五房」，亦爲漢上五門
薛氏大房。

河東薛氏西祖洪隆房子孫有傳、碑者，如下：

薛播，子公達，「河中寶鼎人。中書舍人文思曾孫也，父元暉，
什邡令。」（〔舊唐書〕卷一百四十六「薛播傳」，參見〔
新唐書〕卷一百五十九「薛播傳」）

國子助敎河東薛君墓誌：

「君諱公達，字大順，薛姓。曾祖曰希莊，撫州刺史贈大理
卿；祖曰元暉，果州流溪縣丞……；父曰播，尙書禮部侍
郎；侍郎命君後兄據，據爲尙書水部郎中。……元和四年（
卒）……其年……葬於京兆府萬年縣少陵原合祔。」（〔全
唐文〕卷五百六十五）

3.河東薛氏西祖瑚房

河東薛氏西祖瑚房子孫有傳、碑者，如下：

薛收，兄子元敬、收子元超、元超從子稷、稷子伯陽，「蒲州汾陰人。隋內史侍郎道衡子也，事繼從父孺以孝聞……陪葬昭陵。」（〔舊唐書〕卷七十六「薛收傳」，〔新唐書〕卷九十八「薛收傳」略同。〔平津讀碑續記〕「汾陰獻公薛收碑」：永徽六年八月，碑在醴泉縣。）

唐故太常卿上柱國汾陰獻公薛府君碑：

該碑殘缺甚多，可讀之字與唐史略同，卒後葬昭陵。（〔金石萃編〕卷五十一）

薛大鼎，子克構、克勤，「蒲州汾陽人。周太子少傅博平公善孫也，父粹，隋介州長史……。（永徽五）年卒。」（〔舊唐書〕卷一百八十五上「良吏傳」上「薛大鼎傳」，參見〔新唐書〕卷一百九十七「循吏傳・薛大鼎傳」）

騎都尉薛良佐塔銘：「天寶三載閏二月。右騎都尉薛良佐塔銘在長安縣，碑爲再從兄鈞撰，弟良史書。碑稱曾祖待聘，皇右千牛通事舍人；〔新唐書〕「宰相世系表」有薛待聘，而不言其歷官。又有曾孫良史，杞王傅，而無良佐。鈞亦見「宰相世系表」。」（〔平津讀碑記〕卷六）查「世系表」薛待聘、良史、鈞等屬西祖瑚房。

唐駙馬都尉房州刺史薛瓘碑：（〔寶刻叢編〕卷九）碑出醴泉縣。「世系表」瑚子芳；芳五世孫瓘，光祿卿、駙馬都尉。

唐黃門侍郎薛稷碑：（〔寶刻叢編〕卷八）碑出萬年縣。「世系表」稷乃道衡玄孫，相中宗、睿宗。

薛愿，「河東汾陰人，父紹，禮部郎中，兄崇一，尙惠宣太子女。」（〔舊唐書〕卷一百八十七下「忠義傳」下「薛愿傳」，〔新唐書〕卷一百九十三「忠義傳」下「龐堅傳」附「薛愿傳」略同）

黔州刺史薛舒神道碑：

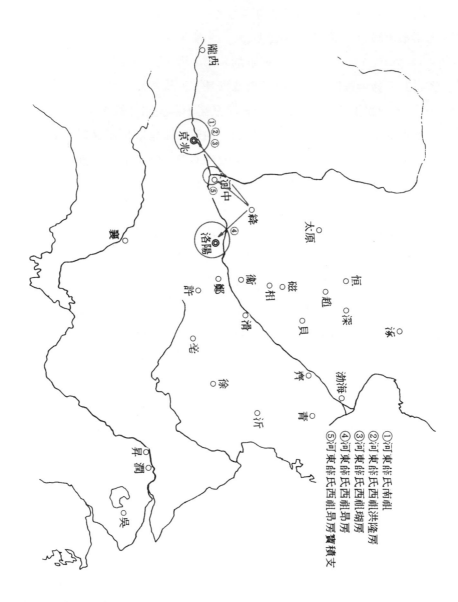

①河東薛氏南祖
②河東薛氏西祖洪隆房
③河東薛氏西祖瑚房
④河東薛氏西祖昂房
⑤河東薛氏西祖昂房寶積支

「五代祖道衡……高祖收……曾祖元超……祖毅……父儒童……。君諱舒，字仲和……大曆十年……薨於溪州之公館……（大曆）十一年合祔於萬年縣棲鳳原，禮也。」（〔全唐文〕卷三百七十五）

4.河東薛氏西祖昂房

河東薛氏西祖昂房子孫有傳、碑者，如下：

薛戎，弟放，「河中寶鼎人。」（〔舊唐書〕卷一百五十五、〔新唐書〕卷一百六十四「薛戎傳」）

朝散大夫越州刺史薛公墓誌銘：

「公諱戎字元夫。其上祖懿……始居河東。公之四世祖……德儒……（曾祖）寶允……（祖）繍……（父）同……。長慶元年（卒於蘇州）……其年十一月庚申葬於河南偃師先人之兆次。」（〔全唐文〕卷五百六十三）

唐宣議郎行曹州乘氏縣尉薛懋墓誌（14649）：

「……曾祖寶胤……。貞元二年終於魏州貴鄉縣臨川里之私第……貞元六年合祔葬於河南縣平洛里之原，禮也。」

5.河東薛氏西祖昂房寶積支

揚州都督府長史薛寶積碑：「王處撰，長壽中立。河中。」（〔寶刻類編〕卷二）

薛玨，「河中寶鼎人。」（〔舊唐書〕卷一百八十五下「良吏傳」下「薛玨傳」、〔新唐書〕卷一百四十三「薛玨傳」）

薛苹，「河中寶鼎人。」（〔新唐書〕卷一百六十四「薛苹傳」，參見〔舊唐書〕卷一百八十五下「良吏傳」下「薛苹傳」）

（十三）、河東柳氏

〔新唐書〕卷七十三上「宰相世系表」三上，河東柳氏條：

柳氏出自姬姓。魯孝公子夷伯展孫無駭生禽，字季，為魯士師，諡曰惠，食采於柳下，遂姓柳氏。楚滅魯，仕楚。秦并天

下，柳氏遷於河東。秦末，柳下惠裔孫安，始居解縣。安孫
隗，漢齊相。六世孫豐，後漢光祿勳。六世孫軌，晉吏部尚
書。生景猷，晉侍中。二子：耆、純。耆，太守，號「西眷」。
耆二子：恭、璩。恭，後魏河東郡守，南徙汝、潁，遂仕江
表。曾孫緝，宋州別駕、宋安郡守。生僧習，與豫州刺史裴叔
業據州歸于後魏，為揚州大中正、尚書右丞、方輿公。五子：
鷟、慶、虬、檜、驚。

1.河東柳氏西眷慶旦支。

河東柳氏西眷慶子：旦，隋黃門侍郎、新城男；機，隋納言、建安簡
公。

旦之子孫有傳、碑者，如下：

柳亨，族子範、兄子奭、孫渙、澤，「蒲州解人。……**慶之孫**
也。父旦。」（〔舊唐書〕卷七十七「柳亨傳」，參見〔新
唐書〕卷一百一十二「柳澤傳」附「柳亨傳」）

隋檢校黃門侍郎柳旦墓誌：「正書，大業四年。」（〔寶刻叢編〕
卷八引〔京兆金石錄〕）碑出萬年縣。查「世系表」西眷慶
子旦，字匡德，隋黃門侍郎、新城男。

唐贈蒲州刺史柳則碑：「唐來濟撰。永徽中立。」（〔寶刻叢
編〕卷八引〔京兆金石錄〕）碑出萬年縣。查「世系表」，
旦子則，隋左衛騎曹參軍。

柳宗元，「河東人。……曾伯祖奭，……父鎮……。元和十四年
（卒）……子周六周七才三、四歲，觀察使裴行立為營護其
喪及妻子還於京師，時人義之。」（〔舊唐書〕卷一百六十
「柳宗元傳」，參見〔新唐書〕卷一百六十八「柳宗元傳」）

柳子厚墓誌銘：

「子厚諱宗元，七世祖慶……曾伯祖奭……（父）鎮……。
元和十四年十一月八日卒……，以十五年七月十日歸葬萬年
先人墓側。」（〔全唐文〕卷五百六十三）

右武衞將軍柳公神道碑：

「公諱嘉泰，字元亨。…… 今爲河東解人也…… 曾祖則……
祖奭……父爽……。（開元）二十七年……終於長安開化里
之私第……歸窆於萬年洪固之原，禮也。……其詞曰……啟
手杜陵，東陌秦原……。」（〔全唐文〕卷三百五十一）

故殿中侍御史柳公墓表

「唐貞元十二年 二月 庚寅葬我殿中侍御史河東柳公於萬年縣
之少陵原……居於虞郷（屬蒲州）。……又遷殿中侍御史、
度支營田副使。」（〔全唐文〕卷五百八十八。查此墓表墓
主與下引柳宗元「故叔父殿中侍御史府君墓版文」之墓主應
爲一人。）

故叔父殿中侍御史府君墓版文：

其文爲柳宗元所撰，與上碑略同，唯明言曾王父諱子夏，王
父諱從裕，皇考諱察。（〔全唐文〕卷五百九十一）

故大理評事柳君墓誌：

「五世曰慶，相魏。 魏相之嗣曰旦，仕隋爲黃門侍郎。 其小
宗曰楷，至於唐刺濟房蘭廓四州。楷生夏縣令府君諱繹，繹
生司議郎府君諱遺愛，皆葬長安少陵原。遺愛生御史府君諱
開，葬南陽，其嗣曰寬。」（〔全唐文〕卷五百九十）

亡姊前京兆府參軍裴君夫人墓誌

「柳氏至於唐， 其著者中書令諱奭， 中書之弟之子曰徐州府
君諱子夏……府君諱從裕繼之……至於侍御史府君諱鎭……
生賢女以配於裴氏……貞元十六年……終於光德里第……其
年……安厝於長安縣之神禾原，從於先塋祔於皇姑宜也。」
（〔全唐文〕卷五百九十）

2.河東柳氏西眷慶機支

柳機子逖，職方郎中；逖孫永錫有碑：

大唐故泉州刺史樂平公孫柳君墓誌銘（16957）

「君諱永錫，河東人也……。祖逖，屯田職方二郎中……父偘。……終於南陽穰縣里也，即以垂拱元年……葬於洛州北邙之原，禮也。」（〔芒洛冢墓遺文四編〕卷三）

3.河東柳氏西眷虬支

河東柳氏西眷虬支子孫有傳、碑者，如下：

柳登，父芳、弟冕、冕子璟，「河東人。」（〔舊唐書〕卷一百四十九「柳登傳」，參見〔新唐書〕卷一百三十二「柳芳傳」）

萬年縣丞柳君墓誌：

「貞元十二年……前萬年縣丞柳君終於長安升平里之私第……長子宏禮、……次曰傳禮、幼曰好禮……。（君同年葬）長安縣高陽原，祔於先塋禮也。……君諱元方，字某，解人也……七代祖虬。……（曾祖）惇……祖延州司馬，考頤……。」（〔全唐文〕卷五百九十）

4.河東柳氏道茂支

〔新唐書〕卷七十三上「宰相世系表」三上，河東柳氏繼載：

晉太常卿、平陽太守純六世孫懿，後魏車騎大將軍、汾州刺史。生敏，字白澤，隋上大將軍、武德郡公。從祖弟道茂。

河東柳氏道茂支有傳者，如下：

柳晟，「河中解人，肅宗皇后之甥，母和政公主，（六世祖敏，仕後周爲太子太保）父潭……。」（〔舊唐書〕卷一百八十三「外戚傳・柳晟傳」，〔新唐書〕卷一百五十九「柳晟傳」）

柳公綽，子仲郢、仲郢子璞、珪、璧、玭、公綽弟公權、公綽伯父子華、子華子公度，「京兆華原人也。祖正禮……父子溫……。（仲郢）爲虢州刺史，數月檢校尚書左僕射東都留守，盜發先人墓，棄官歸華原……（咸通五年）以本官爲鄆州刺史天平軍節度觀察等使，授節鉞於華原別墅，卒於鎮。」（〔舊唐書〕卷一百六十五「柳公綽傳」及附「柳仲郢傳」，參見〔新唐書〕卷一百六十三「柳公綽傳」及附「柳仲郢傳」）

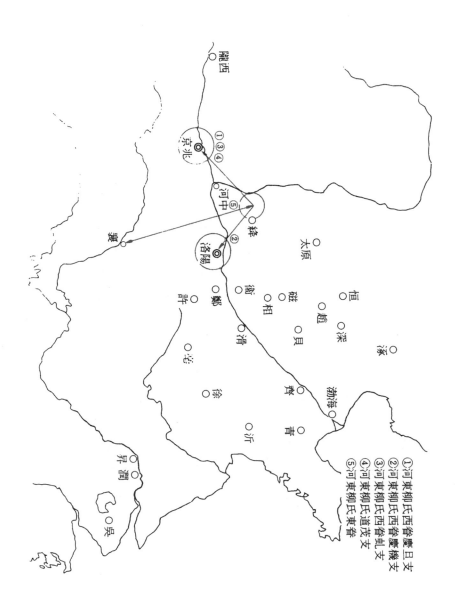

①河東柳氏西眷慶旦支
②河東柳氏西眷慶緒支
③河東柳氏西眷凯支
④河東柳氏西道茂支
⑤河東柳氏東眷

隴西

京兆　①③④

河中　⑤

絳　②

襄

太原

衛

相

磁

貝

趙

深

恆

漠

鄭

許

澶

齊

徐

青

沂

渤海

昇潤

吳

第八篇　漢．唐．宋　土族籍貫其遷徙分布之中古化．

柳知微妻穎川陳氏墓記（01618）：

> 「大和中歸于我……以大中四年…… 終于昇平里余之私第…
> …葬于長安縣永壽鄉高陽原……柳知微記。」（〔八瓊室金
> 石補正〕卷七十五考證：按柳公綽宅在昇平坊……是知微爲
> 公綽之近屬也。云云）

柳氏殤女老師墓誌（01612）：

> 「我家之殤妹名曰老師是也。 會昌五年…… 夭于昇平里第…
> …有六兄仲郢現任京兆尹……。葬于杜城村。」（〔八瓊室
> 金石補正〕卷七十四）

柳璨，「河東人。曾祖子華，祖公器，僕射公綽之再從弟也，父
遵。」（〔舊唐書〕卷一百七十九「柳璨傳」，參見〔新唐
書〕卷二百二十三下「姦臣傳」下「柳璨傳」）

5.河東柳氏東眷[66]

〔新唐書〕卷七十三上「宰相世系表」三上，河東柳氏繼載：

> 平陽太守純生卓，晉永嘉中自本郡遷於襄陽，官至汝南太守。
>
> 四子：輔、恬、傑、奮，號「東眷」。

河東柳氏東眷子孫有傳者，如下：

> 柳渾，兄識，「襄州人。其先自河東徙焉，六代祖惔梁僕射，…
> …父慶休……。」（〔舊唐書〕卷一百二十五「柳渾傳」，
> 參見〔新唐書〕卷一百四十二「柳渾傳」）

> 柳沖，「蒲州虞鄉人也。隋饒州刺史莊曾孫也，其先仕江左，世
> 居襄陽。陳亡，還鄉里。父楚賢。」（〔舊唐書〕卷一百八
> 十九下「儒學傳」下「柳沖傳」，參見〔新唐書〕卷一百九
> 十九「儒學傳」中「柳沖傳」）

（十四）、綜合研究

---

[66] 〔元和姓纂四校記〕卷七柳氏條：「柳均誌：『自士師（禽）至晉黃門侍郎純爲三十
代，純二子：長曰道年、次曰道載，始分爲東、西眷』與「新表」所言亦有不同，
「表」謂純生卓，號東眷也。」

房　　　　支	新　貫	遷　移　時　間	備　　　註
清河崔氏：1.清河崔氏鄭州房	鄭州→洛陽	北魏→玄宗	
2.清河崔氏許州鄢陵房	許州鄢陵→洛陽	唐前→睿宗	
3.清河崔氏南祖君實支	齊州→河南府	武后前→穆宗	
4.清河崔氏南祖琰支	洛陽	武后前	
5.清河崔氏清河大房	洛陽	玄宗前之唐前半期	從「世系表」推測
6.清河崔氏清河小房	洛陽	德宗以前	貞元時洛陽已有先塋
7.清河崔氏青州房	青州→河南府	劉宋→玄宗	
博陵崔氏：1.博陵崔氏安平房	長安	憲宗	
2.博陵崔氏大房伯謙支	恆州→洛陽	玄宗	玄暐相武后中宗，葬北邙。
3.博陵崔氏大房仲讓支	長安	玄宗前	
4.博陵崔氏第二房楷支	長安	北周	
5.博陵崔氏第二房孝芬支	關中	北魏末	
6.博陵崔氏第二房孝暐支	河南府	德宗	
7.博陵崔氏第三房	滑州→河南府	高宗	
8.博陵崔氏第三房玄亮支	磁州	玄宗前	
范陽盧氏：1.范陽盧氏陽烏房道將支	河南府	玄宗	
2.范陽盧氏陽烏房道亮支	河南府	高宗	
3.范陽盧氏陽烏房道虔支	河南府	玄宗	
4.范陽盧氏第二房	河南府	代宗前	
5.范陽盧氏第三房士熙支	滑州→河南府	武后前→玄宗	

	6.范陽盧氏第三房士澈支	相州	玄宗前	
	7.范陽盧氏第四房文翼支	河南府	玄宗前	碑出大歷，卒於天寶，並言耐先大夫。
	8.范陽盧氏第四房文甫支	蒲州(河中府)	不詳（憲宗時人物）	
隴西李氏：	1.隴西李氏姑臧大房蓬支	可能河南府	北魏	
	2.隴西李氏姑臧大房彥支	河南府	高宗	
	3.隴西李氏姑臧大房蒨之支	河南府	代宗	武后時已徙山東。
	4.隴西李氏姑臧大房行之支	河南府	玄宗	
	5.隴西李氏姑臧大房疑之支	可能鄭州	僖宗	
	6.隴西李氏冲支	河南府	憲宗	
趙郡李氏：	1.趙郡李氏南祖	河南府	代宗	
	2.趙郡李氏南祖萬安支	鄭州	武后	
	3.趙郡李氏南祖善權支	亳州→潤州→長安	高宗→憲宗	
	4.趙郡李氏東祖緦房靈支	河南府	玄宗前	叅祖孝端，隋臣。
	5.趙郡李氏東祖緦房均支	汝墳	唐初	仁瞻大業中舉孝廉。
	6.趙郡李氏東祖系房	河南府	玄宗	
	7.趙郡李氏東祖曾房	河南府	玄宗	
	8.趙郡李氏西祖盛支	長安	玄宗	
	9.趙郡李氏西祖隆支	衞州→洛陽	玄宗→憲宗	
太原王氏：	1.太原王氏大房	河南府	玄宗	
	2.太原王氏第二房	河南府	高宗	
	3.太原河東王氏	京兆府	德宗	
	4.太原烏丸王氏僧辯支	河南府	武后	

	5.太原烏丸王氏僧修支	同州(河中府)	玄宗	
	6.太原中山王氏	滄州→洛陽	中宗	
	7.太原中山王氏王滿支	京兆府	德宗	
瑯琊王氏：	1.瑯琊王氏弘直支	丹楊→咸陽	隋	
	2.瑯琊王氏弘讓支	河南府	玄宗	
	3.瑯琊王氏弘訓支	河南府	玄宗	
	4.瑯琊王氏寬裔同皎支	江左→相州→京兆	南朝→隋→玄宗	
	5.瑯琊王氏寬裔同晊支	江左→相州→河南府	南朝→隋→玄宗	
	6.瑯琊王氏沖支	河南府	玄宗	
	7.瑯琊王氏肅支	洛陽	北魏末	
彭城劉氏：	彭城叢亭里劉氏	彭城→河南府	唐前半期彭城洛陽皆有。唐後半期(懿宗)劉氏定著於洛陽。	
渤海高氏：	1.渤海高氏北齊皇室房	長安→洛陽	唐初→武宗	
	2.渤海高氏京兆房	衞州→京兆府	德宗	
河東裴氏：	1.河東裴氏西眷	蒲州(河中府)	高祖	
	2.河東裴氏洗馬房天壽善政支	河南府	憲宗	
	3.河東裴氏洗馬房天壽英支	京兆府	玄宗	
	4.河東裴氏南來吳叔業支	絳州	唐前	
	5.河東裴氏南來吳令寶支	洛陽	北魏末	
	6.河東裴氏中眷萬虎支	洛陽	德宗前	碑出德宗時，自北魏卽仕洛陽。
	7.河東裴氏中眷雙虎支	聞喜→長安	玄宗前→德宗	

8.河東裴氏中眷三虎支	洛陽	德宗	
9.河東裴氏東眷澄支	京兆府	高宗	
10.河東裴氏東眷澄希莊支	河內濟源	德宗	按河內濟源與北邙山乃一河之隔。
11.河東裴氏東眷道護支	長安	德宗	
12.河東裴氏東眷道護綱支	絳州聞喜	原籍	
蘭陵蕭氏：1.蘭陵蕭氏皇舅房	關中	隋	
2.蘭陵蕭氏齊梁房懿支	洛陽	高宗	
3.蘭陵蕭氏齊梁房衍支	京兆府	高宗	
4.蘭陵蕭氏齊梁房衍巖支	京兆府	高宗	
5.蘭陵蕭氏齊梁房衍岑支	河南府	隋	
6.蘭陵蕭氏齊梁房恢支	河南	玄宗	
河東薛氏：1.河東薛氏南祖	河東→京兆府	文宗	
2.河東薛氏西祖洪隆房	京兆府	憲宗	
3.河東薛氏西祖瑚房	京兆府	太宗	
4.河東薛氏西祖昂房	河南府	穆宗	
5.河東薛氏西祖昂房寶積支	河中府	高宗	
河東柳氏：1.河東柳氏西眷慶旦支	長安	隋	
2.河東柳氏西眷慶機支	河南府	武后	
3.河東柳氏西眷虯支	京兆府	德宗前	
4.河東柳氏道茂支	京兆府	武宗	
5.河東柳氏東眷	襄陽→河中虞鄉（原籍）	晉→隋	

四、結論

一、①根據上節之分析，如以十姓十三家為單位，其遷徙之「新貫」
　　為：
　　　清河崔氏：七個著房支皆在河南府。
　　　博陵崔氏：八個著房支，四個在京兆府、三個在河南府、一個
　　　　　　　　在磁州。
　　　范陽盧氏：八個著房支，六個在河南府、一個在相州、一個在
　　　　　　　　河中府。
　　　隴西李氏：六個著房支，五個在河南府、一個在鄭州。
　　　趙郡李氏：九個著房支，五個在河南府、二個在京兆府、一個
　　　　　　　　在鄭州、一個在汝州。
　　　太原王氏：七個著房支，四個在河南府、二個在京兆府、一個
　　　　　　　　在河中府。
　　　琅琊王氏：七個著房支，五個在河南府、二個在京兆府。
　　　彭城劉氏：著房彭城叢亭里劉氏在河南府。
　　　渤海高氏：二個著房，一在河南府、一在京兆府。
　　　河東裴氏：十二個著房支，五個在河南府、四個在京兆府、二
　　　　　　　　個原籍、一個河中府。
　　　蘭陵蕭氏：六個著房支，三個在河南府、三個在京兆府。
　　　河東薛氏：五個著房支，三個在京兆府、一個在河南府、一個
　　　　　　　　在河中府。
　　　河東柳氏：五個著房支，三個在京兆府、一在河南府、一在河
　　　　　　　　中府（即原籍）。
　　②如以十姓十三家之八十三個著房支為單位，其遷徙之「新貫」
　　　為：
　　　河南府有四十七個、京兆府二十四個、河中府五個、絳州二

個（原籍）、鄭州二、相州、汝州、磁州等各一。

③魏晉南北朝士族（包括本文十姓十三家）郡望之地理分布，可
規劃在一個大三角形之中（參見圖十四），此大三角形之一端
在幽薊、一端在隴西、一端在吳會。依據上節十姓十三家著房
著支遷徙圖所示，至唐代這些大士族之主要人物從各方面走向
京兆河南這條線上，地方人物設籍或歸葬於兩京地區，表示其
重心已遷移至中央而疏離了原籍，聚集在兩京附近的士族子弟
們仍然是唐代官吏的主要成分[67]，如果以中央與地方之間的關
係而論，這種現象的發展，顯示唐朝政府的地方基礎將日益薄
弱。

二、兩京亦有區別，大士族著支遷移河南府者比京兆府者幾多一倍，
唐代東都有其實際作用，全漢昇先生從經濟因素指出唐天子屢屢
就食於東都，而運河是連接經濟中心與政治中心的大動脈，這是
重大貢獻[68]。本文除了承認經濟因素以外，還加上社會因素，自
北魏定都洛陽，以迄隋唐之發展，洛陽已成爲當時人文薈聚之
所，是一個最重要的社會中心。本文甚至於進一步認爲東都所發
揮的社會意義比天子就食洛陽的意義更爲重大，因爲汴梁是漕運
重鎮，運河的船不能航行黃河，要在汴梁換船，汴梁至洛陽這一
段黃河甚爲艱辛，代價極高[69]。如果唐天子純爲就食，汴梁比洛
陽更爲恰當。

三、河北大士族著支向兩京一帶遷移的跡象甚爲明顯。清河崔氏悉數
遷移河南府附近；范陽盧氏、趙郡李氏、博陵崔氏絕大多數遷向

67　參見拙文，「唐代統治階層社會變動」第二章，1969。
68　參見全漢昇〔唐宋帝國與運河〕頁11-12，〔史語所專刊〕之24，1944。
69　〔舊唐書〕卷四十九「食貨志」下：「開元十八年……裴耀卿上便宜事條曰：『
　　……至四月以後，始渡淮入汴，多屬汴河乾淺，又般運停留，至六七月始至河口，即
　　遇黃河水漲，不得入河。又須停一兩月，待河水小，始得上河。入洛即漕路乾淺，
　　船艘隘閡，般載停滯，備極艱辛……發江南百姓不習河水，皆轉雇河師水手，更爲
　　損費……』。」
　　〔唐語林〕卷一「政事」篇上：「……汴水至黃河迅急，將吏典主，數運之後無不
　　凳白者。」

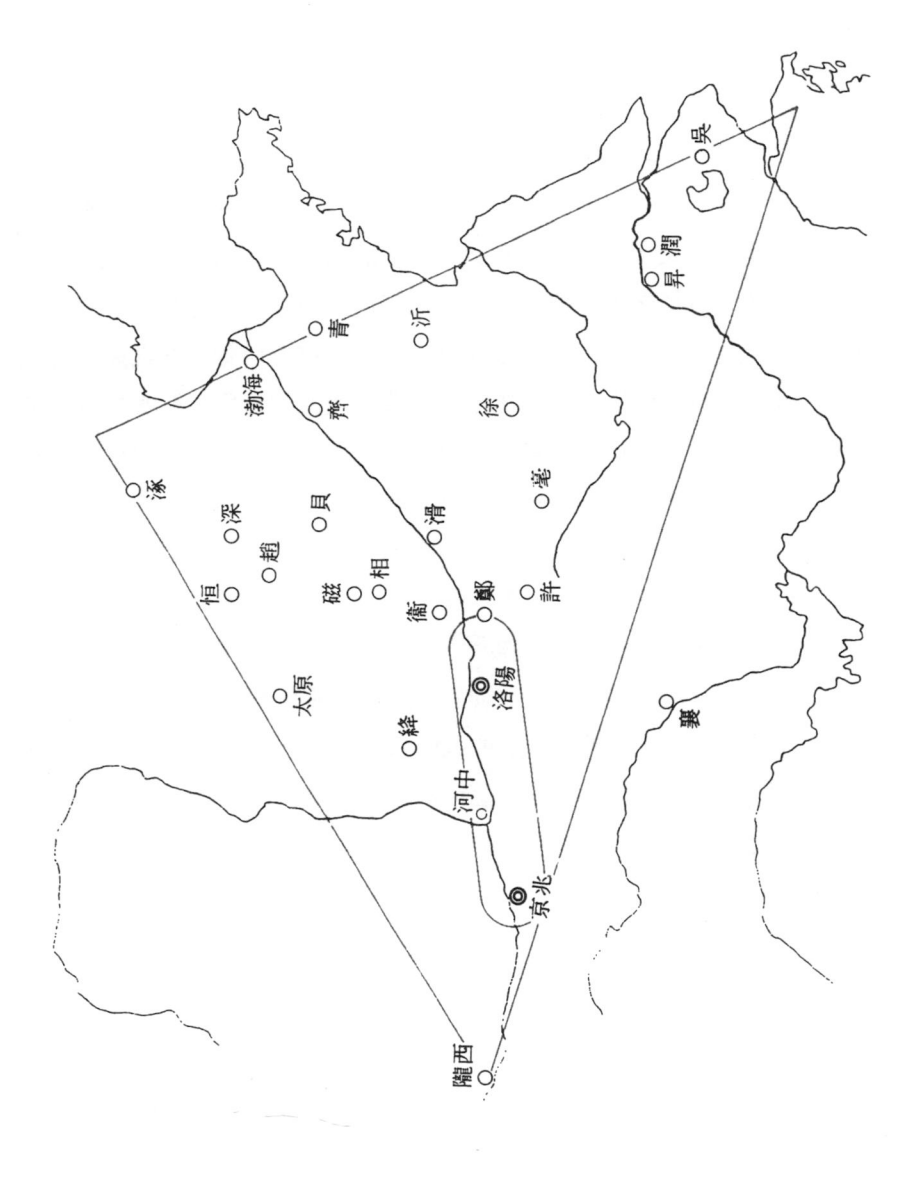

河南府，少數遷向京兆府；渤海高氏遷移京兆與河南各半。上述
五大士族共得三十四著房支，仍在河北地區者僅二支：其一爲博
陵崔氏第三房玄亮支，在磁州滏陽，地近相州，實際上已較原籍
南移半個河北；其二爲范陽盧氏第三房士澈支，在相州，亦較原
籍南移半個河北。著者於另一文「五代之政治延續與政權轉移」
中發現，在（後）唐晉漢周、甚至北宋初期[70] 河北人物居各地區
之冠，唯從文、武兩途觀察之，五代北宋初之人物甚少是屬於大
士族之遠房傍支者，實另有新人出焉。這與西晉永嘉亂後的河北
景象成強烈對比，無論在五胡亂華時及北魏時代，河北地區大族
甚受重視，並且人物輩出。唐代河北大士族著支移向中央，對於
晚唐五代北宋初人物動態及政局發展，似乎有重大影響。

四、士族設籍或歸葬於中央地區的時間各不相同，如以京兆府、河中
　　府、河南府爲唐代的中央地區，本文十姓十三家之八十三房支之
　　中，有七十八個設籍或歸葬於此中央地區，從列傳記載或墓誌銘
　　埋葬時間判定這七十六個著房著支的設籍歸葬時代，可得下列各
　　著房著支定著「新貫」之最遲時代（如有新資料出現，亦可能再
　　予提昇），唐代以前有十個、高祖時一個、太宗時一個、高宗時
　　九個、武后時四個、中宗時一個、睿宗時一個、玄宗時二十二
　　個、代宗時四個、德宗時十一個、穆宗時二個、憲宗時七個、文
　　宗時一個、武宗時二個、懿宗時一個、僖宗時一個，共計七十八
　　個房支。如以大段落分，安史亂前有四十九個、代宗至憲宗間有
　　二十四個、文宗至唐末僅五個。絕大多數著房著支在安史亂前完
　　成「新貫」，安史之亂或許對未完成新貫的房支有催促作用[71]，
　　但最大的遷徙風潮卻在高宗武后及玄宗期間。

五、由上文分析，大士族著房著支遷移的目標是兩京一帶。士族「新

70　參見西川正夫「華北五代王朝の文臣官僚」〔東洋文化研究所紀要〕27，1963。

71　唐故虢州刺史贈禮部尚書崔公墓誌銘：「公諱元亮……博陵人……遺誡諸子：『自
　　天寶以還，山東士人皆改葬兩京，利於便近，唯吾一族至今不遷，我歿宜歸全於滏
　　陽先塋，正首邱之義也』」。

貫」於中央是漸漸地，很少能以一道詔令立刻改變[72]，任官中央
而長期居留兩京一帶，有時候要經過數世才設籍並歸葬於兩京一
帶。唐代官僚制度中的選制對地方人物產生巨大的吸引力[73]，使
郡姓大族疏離原籍、遷居兩京，以便於投身官僚層；科舉入仕者
以適合官僚政治爲主，地方代表性質較低，士族子弟將以大社會
中的知識分子求取晉身，大帝國由此獲得人才以充實其官吏羣。
如果將具有地方性格的郡姓「新貫」於中央地區並依附中央的現
象，稱爲中央化；而又將代表性的性格轉變爲純官吏性格的現
象，稱爲官僚化；則士族在中古時期的演變，一直在中央化與官
僚化的螺旋進程中交互推移，最後成爲純官僚而失去地方性，一
旦大帝國崩潰，將受重大影響，此所以士族在晉朝永嘉亂後仍然
興盛，而在唐亡之後就一蹶不振也。

　　　　——本篇原刊於〔中央研究院歷史語言研究所集刊〕第五十二本第三分

72　例如〔魏書〕卷七下「高祖紀」下：「（太和十九年六月）丙辰，詔：『遷洛之
　　民，死葬河南，不得還北。』於是代人南遷者，悉爲河南洛陽人。」這是對胡人的
　　作法，對漢士族並無這樣詔令。
73　陳寅恪「論李栖筠自趙徙衞事」（再刊於〔金明館叢稿二編〕頁1—7），謂趙郡
　　李栖筠遷移及不得不舉進士第，其理由爲「然非河北士族由胡族之侵入，失其累世
　　之根據地，亦不致此」，這種說法對於李栖筠而言可能爲正確的，但對於其他士族
　　遷移兩京（尤其是非河北士族），毋寧是由於選制所產生的巨大吸引力所致。

第九篇　唐代大士族的進士第

　　魏晉南北朝九品官人法之實施與演進，出現門第與官品之間有高度相應關係的現象[1]，使這段時期含有濃厚的士族政治色彩[2]。隋改選舉法，廢九品官人之制，而開科舉先河。隋祚甚短，有關科舉初期效用及其與政治社會種種關係，應從唐代史實中探求。據拙文「唐代統治階層社會變動」之統計，全唐時期統治階層之中，士族占百分之六十六點二；小姓占百分之十二點三；寒素占百分之二十一點五。若將唐代二百八十九年（公元 618～906）分爲十一個代（ generation ），則士族比例最低的第六代（安史亂時），亦達百分之五十六點二，若將小姓階層視爲廣義的士族[3]，則士族加小姓幾占唐代統治階層的五分之四弱，平民寒素僅占百分之二十許。可見實施科舉制度的最初三百年期間，就其統治階層的社會架構而言，與實施九品官人法的魏晉南北朝時期是相同的[4]。

　　有的學者以法律觀點研究士族政治[5]，事實上我國中古士族政治乃是一種政治暨社會現象，從純法律著眼很難澈底了解其性質，例如

1　參見拙文：「從中正評品與官職之關係論魏晉南朝社會之架構」〔史語所集刊〕46本第4分，1975。

2　參見拙書〔兩晉南北朝士族政治之研究〕中國學術著作獎助出版委員會，1966。

3　拙文「小姓」的定義是：「㈠已沒落士族；㈡低品酋豪，包括累世下品、地方大族（縣姓）；㈢父祖有一代五品以上者」。以上人物的近祖皆涉及官場，與平民寒素有別，可列入廣義的士族。詳見「唐代統治階層社會變動」（博士論文）1969。

4　參見總論中四篇文章。

5　參見 David Johnson "The Medieval Chinese Oligarchy: A Study of the Great Families in their Social, Political & Institutional Setting" 1970 博士論文。氏討論面頗廣，唯較重視法律觀點。

一般認為最有助於士族保持其政治地位的九品中正法，其門望與官品間相應關係，並非出於法律條文，而是士族在實際運用時利用了九品官人法[6]。 古今中外在政治、社會、經濟、或文化諸方面有力量的人或人羣，常常運用其力量，有形無形地鑽進外表公平的律法殼子，而取得實利， 著者在細論士族與九品官人法之關係時[7]， 曾撰文明示之，科舉前期似亦暗合這種現象。科舉時期的政治社會，一直受到中外學者的關注，重點大都集中在科舉對平民寒素的意義上，拙文「唐代統治階層社會變動」中，對於唐代科舉對寒素上升變動的助力，量化僅得百分之六，此項比例遠較一般人想像為低，在追尋寒素藉科舉上升比例低的緣由時，同文另一項統計發人深思，此即：以科舉出身者而言，其中百分之六十九是士族，百分之十三是小姓，百分之十八是寒素，也就是說士族在科舉初期三百年間，利用科舉制度而延長其政治地位。

然而，隋唐與魏晉南北朝亦有不盡相同之處，門第在魏晉南北朝是首要因素甚至於近乎唯一因素，大士族子弟在當時生而具有「門地二品」，起家自中品官起，當然極易升至上品官。而唐代除門第因素外，出現科第等因素， 任何單一因素率皆由下品官入仕[8]， 在其有生之年升至中品官，極其可能，若想官拜上品，則需具有額外因素或遭逢特殊機緣。官宦的騰達，其所以由一項因素發展成多項因素，原因甚多， 其中最值得注意的是「圈內競爭」， 緣因士族自東漢末葉以降，經魏晉南北朝多代發展，子孫繁衍極多，而官額有限，已無法人人為官，更無法皆做大官，加上或多或少庶姓平民之上升，在農工商階層之上浮著龐大的官吏候選人羣，構成統治階層內部圈內競爭的壓力，故門第不但論姓氏地望，且分房分支，同一門第之中，盛支常有較佳的政治前途，論科舉則分進士、明經等，而進士較受重視，擁有

---

6 研究這一方面的學者甚多，如唐長孺、日人宮崎市定、矢野主稅等。
7 參見註1。
8 參見〔新唐書〕卷四十五「選舉志」下。

一項因素者可得到一定限度的仕進與升遷，擁有多項因素者就有較大
的機會與發展。門第與進士第乃唐代官宦時的二大因素；本文主旨在
指出門第與進士第兩大因素對大士族官宦的影響，行文舉例僅展示此
項影響的結果，至於憑藉門第或進士第之初仕及升遷的情況如何，將
待研究官歷時細論之。而純進士無門第者，乃觀察寒素上升的課題，
亦另文研究。

　　在唐代統治階層中，士族官吏仍占絕大多數；而科第出身者，亦
以士族居絕大多數，所以大士族官宦的門第與進士第因素之研究，成
為明瞭唐代政治社會實況的重要課題。唐代宰相是官僚機構之中最有
實權的職務，唐行羣相制，任何本官帶有「同中書門下平章事」「同
中書門下三品」「同平章事」等[9]銜者，皆為宰相。〔新唐書〕卷七
十一上至卷七十五下「宰相世系表」，其中雖不免有些錯誤[10]，大體而
言，是現存研究唐史的重要資料。宰相不一定皆屬士族子弟，所以〔
新唐書〕「宰相世系表」中的家譜不一定都是士族譜。本文以大士族為
研究對象，乃從拙文「中國中古社會史略論稿」中選出最盛貴的十四
族（十七家）作為基石，即：趙郡李氏、隴西李氏、趙郡崔氏、博陵
崔氏、京兆韋氏、滎陽鄭氏、河東裴氏、弘農楊氏、范陽盧氏、蘭陵
蕭氏、太原王氏、瑯琊王氏、京兆杜氏、彭城劉氏、渤海高氏、河東
薛氏、河東柳氏等十七家[11]，外加李唐宗室後裔，凡十八家大士族，
該十八大族在唐代凡產生宰相一百八十六人，占全唐宰相總數三百六
十六人的半數以上。資料除「世系表」以外，在甄別其進士第或其他
科第時，參考〔新·舊唐書〕有關列傳，及〔登科記考〕、〔唐摭言〕
等書籍。為明瞭各時期變化，將全唐二百八十九年分為三大期，每期
約百年左右，即：自高祖至武后為前期，睿宗至德宗為中期，順宗至
唐末為後期。因上列十八家皆為大士族，故若其子孫既無進士第又無

9　參見周道濟〔漢唐宰相制度〕，嘉新水泥公司，1964。
10　參見岑仲勉〔唐史餘瀋〕，1960。
11　該十七家大士族不僅是唐代官宦大族，而且也是魏晉南北朝舊族，參見總論第三
　　篇。

其他科舉時，其任官拜相理應與其門第有密切關係，本文以門第因素視之。進士第在諸科第之中有特殊重要性，自成一項；其他科第合爲一項。本文研究大士族官宦狀況，所舉人物皆十八家子孫，未列寒素進士者，重心在比較純門第因素者與門第進士者兩者間的消長，以襯托出大士族子孫獵取進士第以增長其聲勢之現象，同時也作爲說明多項因素在唐代實施之一端。

　　前期：公元618～709，共九十二年。即高祖、太宗、高宗、中
　　　　　宗、睿宗、武則天的大周。

　　中期：公元710～805，共九十六年。即睿宗、玄宗、肅宗、代
　　　　　宗、德宗。

　　後期：公元806～906，共一百〇一年。即順宗、憲宗、穆宗、敬
　　　　　宗、文宗、武宗、宣宗、懿宗、僖宗、昭宗。

括　號　　表示任宰相時之君主
「新」字表示〔新唐書〕
「舊」字表示〔舊唐書〕

族姓	房	支	前　　期	中　　期	後　　期	備　　　　註
趙郡李氏	南	祖	敬玄（高宗），舊81，新106．元素（武后），舊81，新106．游道（武后），無傳．	日知（睿、玄）進士，舊188，新116．	藩（憲），舊148，新169．固言（文），進士，舊173，新182．紳（武宗），進士，舊173，新181．	「世系表」謂遼東房、江夏房、漢中房等與本支同源，唯遼東李有十三世未詳；江夏李有六世未詳；漢中李有十二世未詳。
	東	祖	嶠（武后），進士，舊94，新123．		絳（憲），進士，舊164，新152．珏（文），進士，舊173，新182．	
	西	祖	懷遠（武后），四科，舊90，新116．		吉甫（憲），舊148，新146．德裕（文、武宗），舊174，新180．	
	遼東房			泌（德），舊130，新139．		
	江夏房				鄘（憲），進士，舊157，新146．磎（昭），進士，舊157，新146．	
	漢中房		安期（高宗），舊72，新102．			

姓	房				考證
隴西李氏	武陽房	迴秀（武后），舊62，新99．			「世系表」謂：隴西李氏定著四房，其一曰武陽；其二曰姑臧；其三曰燉煌；其四曰丹楊。李陵房與京兆房似非著支。
	姑臧大房	義琰（高），進士，舊81，新105．	揆（肅），進士，舊126，新150．	逢吉（憲），進士，舊167，新174．讓夷（武宗），進士，舊176，新181．訓（文），進士，舊169，新179．蔚（僖），進士，舊178，新181．	
	丹楊房	靖（太），舊67，新93．昭德（武后），明經，舊87，新117．			
	李陵房	道廣（武后），舊98，新126．	元紘（玄），舊98，新126．		
	京兆房		晟（德），舊133，新154．		
趙郡崔氏	南祖	神基（武后），新109．營（武后），無傳．		慎由（宣），進士，舊177，新114．昭緯（昭），進士，舊179，新223下．胤（昭），進士，舊177，新233下．	「世系表」崔氏（包括趙郡與博陵）宰相共二十七人，「世系表」末僅載有二十三人，失舉博陵大房沇、渙；博陵二房安上、造。
	清河大房			龜從（宣），進士，舊176，新160．	
	清河小房			羣（憲），進士，舊159，新165．郇（宣），進士，舊155，新163．彥昭（僖），進士，舊178，新183．	
	清河青州房		圓（肅），射策甲科，舊108，新140．		
	清河鄢陵房	知溫（高宗），舊185上，新106			
	清河鄭州房	元綜（武后），舊90，新114．			
博陵崔氏	安平房	仁師（太、高宗），舊74，新99．湜（中宗），進士，舊74，新99．			
	博陵大房	玄暐（武后、中），明經，舊91，新120．	渙（玄、肅），舊108，新120．損（德），進士舊136，新167．	鉉（武、宣），進士，舊136，新160．元式（宣），舊163，新160．沆（僖），進士，舊163，新160．	
	博陵第二房	安上（高宗），舊81，新106	祐甫（德），進士，舊119，新142．造（德），舊130，新150．	植（穆），舊119，新142．琪（武宗），拔萃，舊177，新182．遠（昭），進士，舊177，新182．	
	博陵第三房		日用（玄），進士舊99，新121．		

姓	房				備註
京兆韋氏	平齊公房	弘敏（武后），無傳。		保衡（懿），進士，舊177，新184。	「世系表」中實載十六人，「表」末謂九房十四人，漏安石、承慶。
	東眷	方質（武后），舊75，新103。			貽範係咸通十四年進士，見〔唐撫言〕。
	逍遙公房	待價（武后），舊77，新98。	處厚（玄），進士，舊159，新142	貫之（憲），進士，舊158，新169。	京兆房與他房之間世系不詳。
	鄖公房	亘源（武后、中），舊92，新123。	安石（中、睿），明經，舊92，新122。		平齊公房實為西眷。
	南皮公房		見素（玄），科第，舊108，新118		逍遙公房 鄖公房 南皮公房　皆東眷 駙馬房　　之分支 龍門公房 小逍遙公房
	駙馬房	溫（中），舊183，新206。			
	龍門公房			執誼（順、憲），進士，舊135，新168。	
	小逍遙公房	思謙（武后），進士，舊88，新116。 承慶（武后），進士，舊88，新116。 嗣立（武后、中），進士，舊88，新116。			
	京兆房			貽範（僖、昭），進士，〔唐撫言〕，新182。 昭度（昭），舊179，新185。	
滎陽鄭氏	北祖		餘慶（德），進士，舊158，新165。 珣瑜（德），文科，新165。	覃（文），舊173，新165。 朗（宣），進士，舊173，新165。 從讜（僖），進士，舊158，新165。 延昌（昭），進士，新182。	「世系表」共載九人。鄭蕭、鄭綮為列傳所添，未詳其房支。「世系表」末載鄭氏定著二房：一曰北祖，二曰南祖。
	南祖		絪（德），進士，舊159，新165。		
	滎陽			畋（僖），進士，舊178，新185。	
	滄州房	愔(中)，無傳。			
				蕭（武宗），進士，舊176，新182。 綮（昭），進士，舊179，新183。	
河東裴氏	西眷	寂（高祖），舊57，新88。 矩(高祖、太)舊63，新100。			「世系表」末謂裴氏定著五房，即左列五房也。
	洗馬房	談（中），無傳。 炎（中、武后），明經，舊87，新117。			
	南來吳房	行本（武后）	耀卿（玄），童子舉，舊98，新127。	坦（僖），進士，新182。	
	中眷		光庭（玄），舊84，新108。 遵慶（代），舊113，新140。	樞（昭），進士，舊113，新140。 贄（昭），進士，新182。	

氏	房				備註
氏	東眷	居道（武后），無傳·舊86，新81·	晁（代），舊113，新140·	度（憲），進士，舊170，新173· 坦（憲），進士，舊148，新169· 休（宣），進士，舊177，新182· 澈（僖），無傳·	
弘農楊氏	觀王房	恭仁（高祖），舊62，新100· 師道（太），舊62，新100· 執柔（武后），舊62，新100·	炎（德），進士，舊118，新145·		
	太尉房	綝字再思（武后、中），明經·舊90，新109·	國忠（玄），舊106，新206· 綰（代）進士，舊119，新142·		
	越公房	弘武（高宗），舊77，新106·		嗣復（文、武宗），進士，舊176，新174· 收（懿），進士，舊177，新184· 涉（昭），進士，舊177，新184·	
范陽盧氏	大房	承慶（高宗），舊81，新106·		商（宣），進士，舊176，新182·	范陽房與大房、第二房、三房等接合關係不詳。
	第二房		翰（德），無傳· 邁（德），兩經第，舊130，新150·		
	第三房		懷愼（玄），進士，舊98，新126 杞（德），舊135，新223下·		
	范陽房			攜（僖），進士，舊178，新184· 光啟（昭），新182·	
蘭陵蕭氏	皇舅房		至忠（睿），舊92，新123·		
	齊梁房	瑀（高祖），舊63，新101·	瑀（玄），舊99，新101· 華（肅），舊99，新101· 復（德），舊125，新101·	俛（穆），進士，舊172，新101· 鄴（宣），進士，新182· 寘（懿），舊179· 倣（僖），進士，舊172，新101· 遘（僖），進士，舊179，新101·	
太原王氏	大房溥			溥（昭），進士，新182·	京兆王氏有宰相德眞、徽二人，因來源與太原、瑯琊明顯不同，故未列入。
	河東房		縉（代），文辭科，舊118，新145·		「世系表」謂：河東房 烏丸房 中山房 皆太原王氏。
	烏丸房	珪（太），舊70，新98·		涯（憲、文），進士，舊169，新179·	
	中山房		㟧（玄），明經，舊93，新111·	播（文宗），進士，舊164，新167· 鐸（懿、僖），進士，舊164，新185·	
				鍔（僖），舊151，新170·	鍔，「世系表」無，據兩〔唐書〕補，唯世系不明，自言太原人。

瑯琊王氏		嶅（武后），無傳·琳字方慶（武后），舊89，新116·	興（肅），舊130，新109·	摶（昭），進士，舊157，新116·	
京兆杜氏	本　支	如晦（太），舊66，新96·淹，（太），舊66，新96，		元穎（穆），進士，舊163，新96·審權（宣、懿），進士，舊177，新96·讓能（懿、昭），進士，舊177，新96	「世系表」有淹，查〔舊書〕66，〔新書〕96淹列傳皆未言曾相太宗，恐有誤。「世系表」謂五房皆可溯同源。
	京兆房			黃裳（憲），進士舊147，新169·	
	襄陽房		佑（德、順、憲），舊147，新166	悰（武宗、懿），舊147，新166·	
	濮陽房		暹（玄），明經，舊98，新126·鴻漸（代），進士，舊108，新126		
	洹水房	正倫（高宗），隋秀才，舊70，新106·			
彭城劉氏	彭城房	文靜（高祖），舊57，新88·	滋（德），舊136，新132·	瞻（懿），進士舊177，新181·	「世系表」載劉氏定著七房，即左列七房也。並謂該七房可溯同源。
	尉氏房	仁軌字正則（高宗），舊84，新108·		瑑（宣），進士，舊177，新182·	
	臨淮房	褘之（武后），舊87，新117·			
	南陽房	洎（太宗），舊74，新99·			
	廣平房	祥道（高宗），舊81，新106·齊賢字景先（高宗），舊81，新106·	從一（德），進士，舊125，新106·		
	丹楊房			鄴（德），舊177，新183·	
	南華房		晏（肅、代），神童舉，舊123，新149·		
渤海高氏		士廉（太），舊65，新95·智周（高宗），進士，舊185上，新106·馮（太宗，高宗）舊78，新104。	郢（德、順），進士，舊147，新165·	璩（懿），進士，舊177·	
河東薛氏	南　祖		訥（玄），舊93，新111·		
	西　祖	振字元超（高宗），舊73，新98·	稷（中、睿），進士，舊73，新98·		
河東柳氏		奭（高宗），舊77，新112·	渾（德），進士，舊125，新142·	璨（昭），進士，舊179，新223下	
宗室李	鄖王房		林甫（玄），舊106，新223上	回（武宗），進士，舊173，新131·	「世系表」中有麟，表末無，故表未僅得十一人，實際有十二人。
	小鄭王房		勉（德），舊131，新131·	夷簡（憲），進士，舊176，新131·宗閔（文），進士舊176，〔登科記考〕，新174·	
	恒山房		適之（玄），舊99，新131·		

氏	吳王房		峴（肅），舊112 新131．	
	惠宣太子房			知柔（昭），新81．
	鄭王房			程（敬），進士，舊167，新131．石（文），進士，舊172，新131．福（宣），進士，舊172，新131．
	定州刺史房		麟（肅），舊112，新142．	

　　從上表所示，十八家大士族子孫為相者，在唐代前期百年之中，純門第[12]與帶進士第、帶科第之人數為45：7：6，百分比為77.6％：12.1％：10.3％；中期百年之內純門第與帶進士第、帶科第之人數為23：17：10，百分比為46％：34％：20％；後期百年之內純門第與帶進士第、帶科第之人數為13：65：1，百分比為16.5％：82.3％：1.2％。這三期表現出一個明顯的趨勢，即帶進士第者急速增加，純門第者急速減少；變動的速率甚大，三百年之中，前期與後期幾乎是對調之勢。在前期祇有京兆韋氏在武則天時期有三位帶進士第的宰相，其他各族帶進士第無過一人者；在後期僅趙郡李氏及博陵崔氏有二位以上純門第宰相，其他各族不帶進士第為相者無過一人者。士族子孫大幅度地帶有進士第，說明了士族似乎找到了保持其政治地位的良方，多項有利的因素聚集在一人之身，增長其官宦氣勢，當然嚴重地抵消平民寒素純進士第官宦的機會，本文暫不深論此點。本文且觀察圈內競爭時，進士第在士族中所引起的作用如何。

　　進一步探討士族門第出身者與士族帶進士第出身者，兩者之間最後官品之差距，一方明瞭進士第這個因素對於士族的影響，又可作為研究進士官歷之背景與基礎。上述官品差距之研究，要盡量排除或減少摻雜其他因素，以公平的方法比較人物間的高下，從而過濾出純進士因素的純效用，這種要求對人文社會科學的學者而言，甚為苛求，

12　本文所謂「純門第」字樣，是相對於「帶進士第」之說法，實際上大士族子孫不帶進士第而官宦者，未必「純門第」一項因素，或許有若干次要的因素或機緣促成之，然不可否認地，門第是最重要的關鍵，在一般情況之下，平民寒素不可能有如此數量的巧合，關於大士族子孫在唐代官宦的初仕及官歷，將另文討論之。

符號
○ 門閥（門）
◐ 門第十科錄（不含進士第）
● 門第十進士第

族	姓		前　期（公元618～709）	中　期（公元710～805）	後　期（公元806～906）
趙郡	李氏	17人			
隴西	李氏	12人			
博陵	崔氏	12人			
趙郡	崔氏	16人			
京兆	韋氏	16人			
滎陽	鄭氏	16人			
河東	裴氏	17人			
弘農	楊氏	11人			
范陽	盧氏	10人			
大原	蕭氏	8人			
蘭陵	蕭氏	8人			
京兆	杜氏	10人			
琅邪	王氏	4人			
太原	王氏	8人			
彭城	劉氏	4人			
渤海	高氏	12人			
河東	辛氏	3人			
河東	柳氏	3人			
河南	李氏	12人			
總計		186人	○34人(60.7%) ◐7人(12.5%) ●7人(12.5%) ?8人(14.3%) 56人(100%)	○22人(43.1%) ◐10人(19.6%) ●17人(33.3%) ?2人(4.0%) 51人(100%)	○10人(12.7%) ◐1人(1.3%) ●65人(82.2%) ?3人(3.8%) 79人(100%)

在彈性較大的社會領域之中，我們很努力地排除其他直接影響的因素
已屬不易，那些錯綜複雜的間接因素，實在無從完全清除，就以本文
而論，中古誠屬士族社會，然並非所有士族皆一般高下[13]，即同族之
間各房支地位高下亦不相同，尤有進者，同一房支在不同時期其社會
地位亦有升降。最客觀的方法莫過於同一族房兄弟間的比較，其一是
純門第出身者，另一是帶進士第出身者，這種比較方能較準確地襯托
出進士第因素的分量，但如此則資料甚爲難求，故本文放寬至近支從
兄弟間之比較，近支的界限亦甚難訂，本文所謂近支者，其祖先在唐
代已屬一人。若以謹慎的態度，顧及到以上所述的種種考慮，則〔新
唐書〕「宰相世系表」中保留的許多大士族之世系，頗可作爲研究本
題的資料，以此「表」作爲骨幹，配合〔新・舊唐書〕列傳及唐代現
存墓誌銘拓片（史語所圖書館藏），找出六個稍具典型的例子作爲研
究的基礎，這些人物都屬於〔新唐書〕柳芳所述的著姓，亦屬上文所
列十八家大士族之內。僅選此六例之原因，乃是其從兄弟之間有著較
易於對照研究的資料。六例皆該族之盛支，而非該族全部，如下：

　　㈠清河東武城南祖烏水房崔氏。

　　㈡范陽涿縣北祖（陽烏房、敏房、昶房、尚之房）盧氏。

　　㈢隴西狄道姑臧大房李氏。

　　㈣榮陽開封北祖第二房鄭氏。

　　㈤蘭陵齊梁房後梁支蕭氏。

　　㈥京兆杜陵北朝支（杜徽房、杜瑤房）杜氏。

　　13　參見拙著〔兩晉南北朝士族政治之研究〕，1966。

例一、清河東武城南祖烏水房崔氏

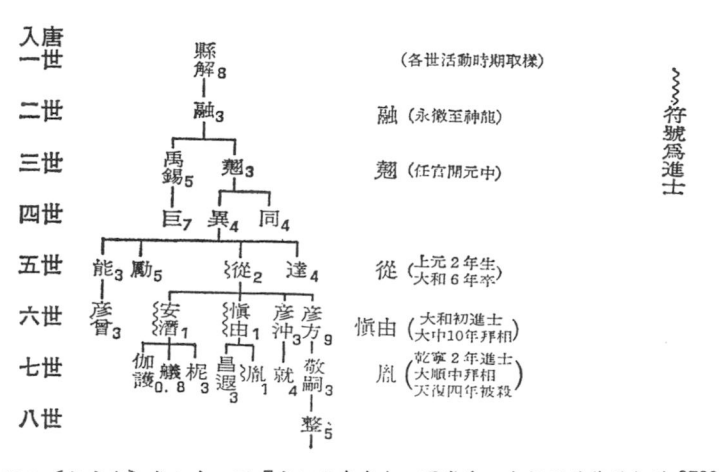

資料來源：〔新唐書〕卷七十二下「宰相世系表」二下崔氏，史語所藏墓誌拓片07824號，
　　　　　〔舊唐書〕卷九十四、一百七十七，〔新唐書〕卷一百一十四，二百二十三下。
附　　注：(1)〰〰〰〰符號，表示進士。(2)阿拉伯小字表示最高官品。

清河東武城崔氏是魏晉以降的大士族，南祖烏水房歷官不衰，當屬崔
氏主要房支之一無疑。崔從貞元初進士登第，在已知資料之中，他是
該支第一位進士，自其曾祖以迄其兄弟的近親之中，官居三品者三
人，四品者三人，五品者二人，他們都不是由進士及第，亦無軍功，
族望是他們位居高位的重要因素。崔從具有雙重優越的資格，他是高
門主支子弟，又是進士及第，他的最高品為二品，崔從的兄弟能、
達、勵等，分別居官三、四、五品，這是一個很好的對照，襯託出高
門主支之中，進士與非進士間官歷之差異，類似的現象繼續出現在下
二代子弟中。崔從子慎由，大和初擢進士第，官至太子太保同中書門
下平章事，從一品；從另一子安潛，大中三年登進士第，官至太子太
傅，亦從一品；而崔從另一子彥沖，非進士，官至太子賓客，正三
品；從之姪子彥曾，非進士，官至御史大夫武寧軍節度使，從三品；
從之長子彥方，官至壽安尉，九品官，非進士，從其子孫任官三五品
觀察，彥方可能早卒。崔慎由這一代兄弟間進士與非進士之官歷型
態，與其父輩相似。慎由子胤，乾寧二年登進士第，官至同平章事（

宰相）、司徒，正一品；安潛子巇，年二十八擢進士甲科第，官至右
拾遺，從八品，卒年三十三歲（唐右拾遺崔巇與鄭夫人墓誌銘。史語
所藏拓片編號 07824）；安潛另一子栖，非進士，官至太常卿，正三
品；愼由另一子昌遐，非進士，官至太子賓客，正三品；彥方子（愼
由姪）敬嗣，官至太子詹事，正三品；彥沖子（愼由姪）就，官至戶
部侍郎，正四品。這一代進士與非進士之官歷型態，除崔巇早卒外，
與父祖輩相似。

　　清河東武城南祖烏水房官歷所顯示之事實是：高門主支若無其他
條件（進士第），正常情況下可官至中品（四、五、六品），甚至可
達三品官。高門主支若具有進士資格，除早卒外，皆可官至三品，甚
至可達二品、一品官。

例二、范陽涿縣北祖盧氏

　　按〔新唐書〕卷七十三上「宰相世系表」盧氏條載，盧氏有北祖
南祖之分，北祖傳至靑州刺史固安惠侯盧子遷，四子陽烏、敏、昶、
尙之，號四房盧氏。是爲唐代范陽盧氏之主支。陽烏大房子孫最盛，
其中尤以陽烏──道亮──思道──赤松這一房支官宦最佳。赤松是
入唐之第一代，茲統計「世系表」該支最高品如下：

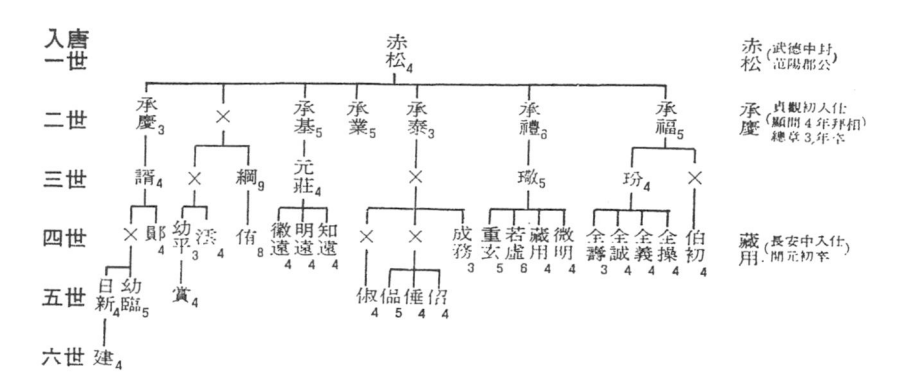

入唐一至五世人物的官宦時間大約在唐代前半期，第五世以後的記載

甚缺，這六世之中還有若干未仕者，其原因不詳。在「表」中三十七個盧氏之中，既仕者在六品以下者，僅得二人，而以第四品居多，得二十一人，五品者得七人，六品者得二人，四至六品是九品階的中品官，總共有三十人，占絕對多數。三品是上品官，得五人。在已知的記載之中，似乎還沒有發現有帶進士第者；這個例子旨在說明在唐代前半期單純的門第因素在一般情況下可任中品官（尤其是第四品），偶可達第三品。其中在入唐第四世有盧藏用者（〔舊唐書〕卷九十四本傳），在高宗武后時代曾想得進士第，「初舉進士選不調」，然並沒有喪失入仕機會，「長安中徵拜左拾遺」，其後曾任黃門侍郎兼昭文館學士，正四品上階，與其同輩相當。

　　盧氏北祖固安惠侯之第三房昶的官宦不及大房陽烏。昶——元隆——士熙——子哲，這一系的官宦如下（〔新唐書〕卷七十三上「宰相世系表」盧氏條），子哲爲入唐之第一世，其下五世如下：

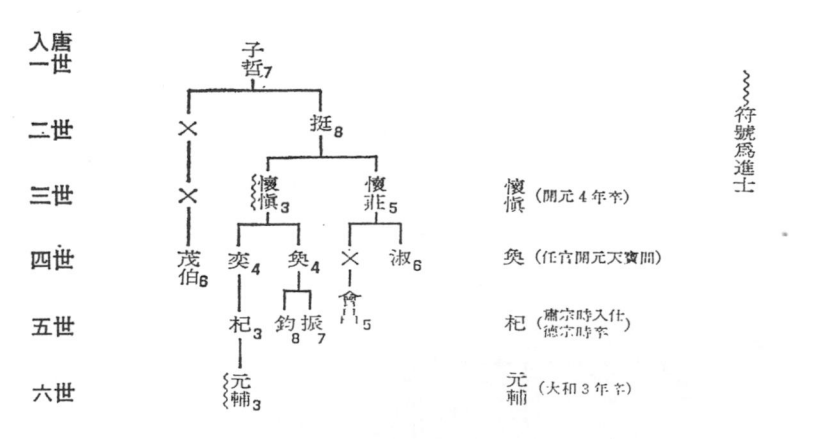

　　盧昶支的聲望似乎比盧赤松支略遜，以中品與下品爲多，上品得三人，入唐第三世的盧懷慎是關鍵人物，懷慎之父挺爲州司戶參軍，挺父子哲爲縣令，懷慎近親從父從祖亦無官過七品者。〔舊唐書〕卷九十八「盧懷慎傳」云：「其先家于范陽，爲山東著姓……舉進士。」最高官職爲同中書門下三品（宰相）；其長子奐爲尚書右丞，正四品；另一子奕，官至御史中丞，亦四品官，爲安祿山所害，事在「忠

義列傳」（見〔舊唐書〕卷一百八十七下本傳）；這二人任官四品亦
與宰相子有關。盧奕的忠義，使其子杞獲得較強的「門蔭」地位，據
〔舊唐書〕卷一百三十五「盧杞傳」載，「人以爲（杞）能嗣懷愼（乃
祖）之清節」，再加以「頗有口辯」，以個人之心機（郭子儀評杞「
心險」），而攀至門下侍郎同中書門下平章事（宰相）之地位。杞子
元輔，進士擢第，任官刑部侍郎、兵部侍郎，出爲華州刺史、潼關防
禦鎭國軍節度等使，按〔新唐書〕卷四十九下「百官志」四下云：「
上州刺史一人，從三品，職同牧尹。」同書卷三十七「地理志」一謂
華州屬上州。這一支人物純門第與帶進士第有顯著差別。

　　盧氏北祖固安惠侯之第四房尙之，非常類似第三房昶，而且似乎
比昶支更爲明顯。如以盧正觀爲入唐第一世計，則尙之──文甫──
敬通──正觀這一支的官宦狀況如次：（資料參考〔新唐書〕卷七十
三上「宰相世系表」上盧氏條）

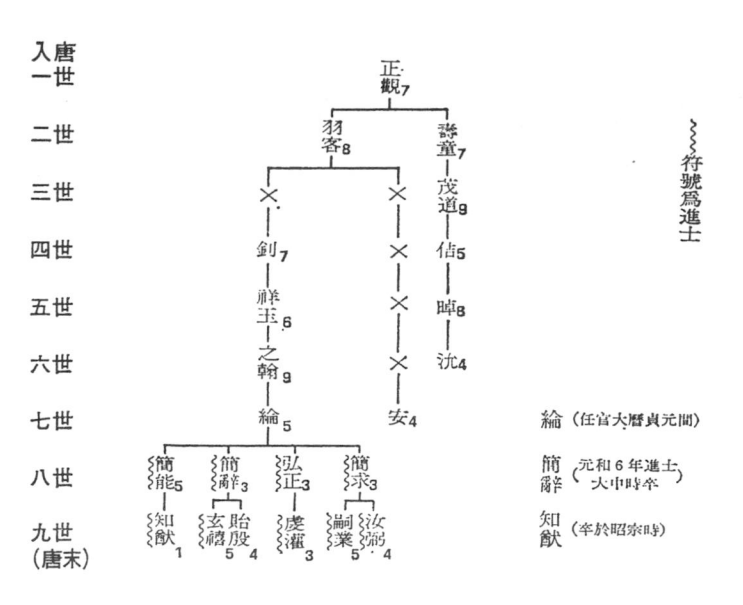

　　自入唐第一世至第七世之間，未見有進士及第者，居官大致中品
或下品之間，與第三房昶之子孫相似，第七世盧綸生子四人，皆進士

第，使該支的官宦，產生一番新的氣象，〔舊唐書〕卷一百六十三「盧簡辭傳」載：「文宗好文，尤重（盧）綸詩，嘗問侍臣曰：盧綸集幾卷，有子弟否。李德裕對曰：綸有四男，皆登進士第，今員外郎簡能、侍御史簡辭是也。卽遣中使詣其家，令進文集，簡能盡以所集五百篇上獻，優詔嘉之。」

七世　　　八世

盧綸〔
簡辭：元和六年登第。官至檢校刑部尙書山南東道節度使，正三品。
弘正：元和末登進士第，官至檢校兵部尙書宣武軍節度使，正三品。（〔新唐書〕作弘止。）
簡求：長慶元年登進士第。官至工部尙書鳳翔隴西（右）節度使，正三品。
簡能：進士登第，檢校司封郎中，從五品。
〕

其中簡能僅官居五品，因爲英年被監軍所殺。而其他三位兄弟皆登三品。

在第九世之中，簡能子知猷，登進士第，官至檢校司空，正一品（「盧簡辭傳」末載）。簡辭繼子玄禧，登進士第，終國子博士，正五品。弘正子虔灌，登進士第，官至秘書監，從三品。簡求子嗣業，登進士第，檢校郎中，從五品。簡求另子汝弼，登進士第，員外郎知制誥，李克用之戶部侍郎，正四品。

第九世已是晚唐與五代之際的人物，有時已非正常情況下可予解釋，然大體上似亦遵循前述現象，卽：盧氏主支一脈，進士與非進士出身者，在官僚體系之中，可能有二至三品級之差距。

例三、隴西狄道姑臧大房李氏

隴西李氏之中，以姑臧大房最著。入唐以來，則以姑臧大房的李承——韶——瑾——行之——玄道，這一支官宦最盛。李玄道是入唐以來的第一世，官至秦府學士常州刺史，其後九世子孫之官宦如下：

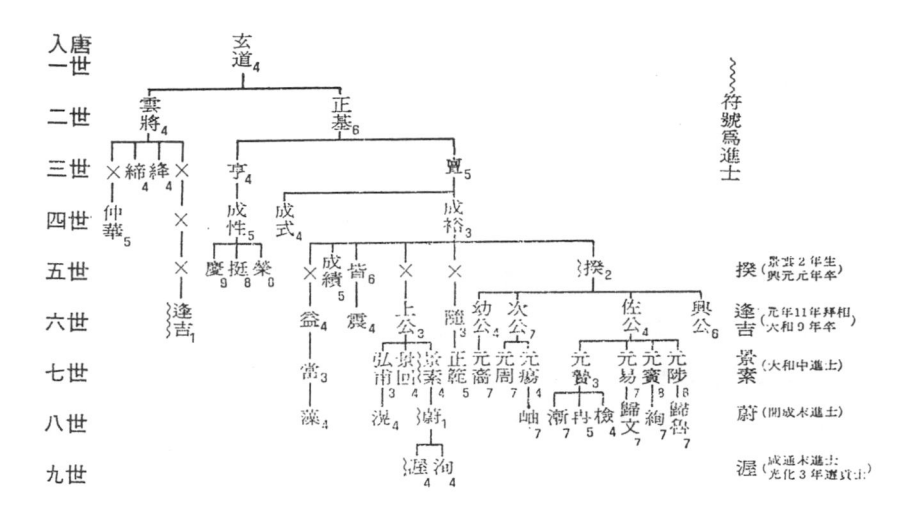

　　這一支以進士及第有記載者有四人，卽：第五世的李揆（〔舊唐書〕卷一百二十六本傳），開元末舉進士，歷官中書侍郎平章事（宰相），至尚書左僕射，從二品；第六世的李逢吉（〔舊唐書〕卷一百六十七本傳），登進士第，歷官門下侍郎同平章事（宰相），以司徒致仕，正一品。第七世的李景素（〔舊唐書〕卷一百七十八「李蔚傳」），大和中進士，〔新唐書〕卷七十二上「宰相世系表」隴西李氏姑臧大房載：景素，太子庶子，是爲四品官。第八世的李蔚（〔舊唐書〕卷一百七十八本傳），開成末進士擢第，歷官中書侍郎同平章事（宰相），官至檢校司空，正一品。這四名已知的進士之中，有三名居官一、二品，且任宰相之職，李景素未能像這三位一樣地騰達，因無專傳，未知何故。暫除去這四位進士出身者不論，姑臧大房這一支非進士出身者之官歷亦甚可觀，其中以中品官最多，占出仕者的五十分之二十七，中品官之中最後居四品者最多，凡得十八人。上品官共計有九人。隴西姑臧大房李氏與前舉范陽陽烏大房赤松支盧氏的型態甚爲類似，高門主支在唐代絕大多數可居中品官，尤其是四品官，亦有少數可達上品者。然若兼有門第與進士第，將受到更大的重視，大

率可在原門望可能有的品級之上，再加一至二品級，這種多元因素現象，可在肅宗一段話中得到印證，〔舊唐書〕卷一百二十六「李揆傳」載：「李揆，隴西成紀人，而家于鄭州，代爲冠族……開元末舉進士……揆美風儀，善奏對，每有敷陳，皆符獻替。肅宗賞歎之，嘗謂揆曰：卿門地、人物、文章，皆當代所推。故時人稱爲三絕。」

例四、滎陽開封北祖第二房鄭氏。

　　從〔新唐書〕卷七十五上「宰相世系表」鄭氏條所示，下列這一支在唐代最爲盛貴：

（北祖）　　　　（七房之第二房）　　　　　　　　　　　（唐初）
鄭曄——茂——胤伯——幼儒——敬德——攝——弼誠——九思——曾——長裕

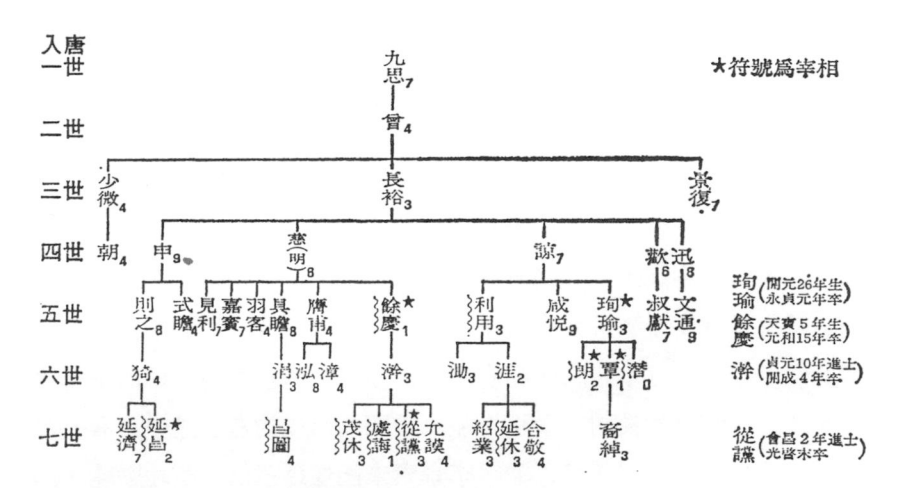

　　鄭氏這一支在唐初並不見高官者，唯鄭長裕值得注意，〔舊唐書〕卷一百五十八「鄭餘慶傳」謂：「祖長裕，官至國子司業，終潁川太守。長裕弟少微（「世系表」輩分有誤，從列傳），爲中書舍人、刑部侍郎，兄弟有名於當時。」國子司業與刑部侍郎皆四品官，按〔新唐書〕卷三十八「地理志」二載，潁川列上，其長官爲三品官。故長裕最高官爲三品，少微爲四品。唯長裕曾任國子司業，地位特殊，〔新

唐書〕卷四十八「百官志」云：「國子祭酒一人，從三品；司業二人，從四品下。掌儒學訓導之政，總國子、太學、廣文、四門、律、書、算凡七學。」任司業者經學地位甚高。似乎承繼鄭氏經學傳統而不墜。北祖鄭氏入唐第一世九思爲流水令，第二世曾爲慈州刺史，第三世長裕少微爲三品四品，在唐前期祇見長裕的四從兄弟貽慶任夔州都督（三品），其餘皆中品或下品；滄州鄭氏有鄭愔者，於中宗朝爲相，與北祖關係較遠。〔新唐書〕卷一百六十五「鄭餘慶（五世）傳」云：「三世皆顯宦。」似乎言過其實，尤其是餘慶的上一代（卽第四世），未見有上品者。然鄭氏仍不失爲大族望姓，在沒有帶進士第的情況下，任官中品者甚多，與前述李崔相當。及至中唐時期，門第與進士第等因素促使該支突然活躍。

這一支得進士第可查者計：鄭餘慶（〔舊唐書〕卷一百五十八本傳）、鄭澣（同上）、鄭茂休（同上）、鄭處誨（同上）、鄭從讜（同上）、鄭朗（〔舊唐書〕卷一百七十三「鄭覃傳」附）、鄭澨（同上）、鄭延昌（〔新唐書〕卷一百八十二本傳、〔舊書〕缺）、鄭利用（〔登科記考〕大曆八年條）、鄭延休（〔登科記考〕大中一年條）、鄭昌圖（〔登科記考〕咸通十三年條）等十一人，其中鄭澨中進士第後，未見任官，亦無子孫，恐係早卒。其餘十位進士，有九位三品以上（其中鄭利用官澤州刺史，按〔新唐書〕「地理志」謂澤州爲上州，刺史爲三品），一位居官四品（卽鄭昌圖，任戶部侍郎，亦屬四品中之要職）。該支另有非進士出身而位列三品以上者，凡得七人。茲比較於下：

	一　品	二　品	三　品	合　計
進　　士	2	2	5	9
非　進　士	1	1	5	7

　　帶進士第者已略多，值得注意的是：帶進士第者任上品官之比例甚高，卽十分之九也，可以解釋爲在門第基礎之上，如有進士身分，將推進其任官品階，易於達到上品官。這一房支的四十五位入仕子孫之中，產生六位宰相，這是很罕見的事例：卽鄭珣瑜、鄭覃、鄭朗、鄭餘慶、鄭從讜、鄭延昌等，其中前二位非進士出身，〔新唐書〕卷一百六十五「鄭珣瑜傳」云（〔舊唐書〕無傳）：少孤，值天寶亂，退耕陸渾山以養母，不干州里，轉運使劉晏奏補寧陵宋城尉、山南節度使張獻誠表南鄭丞，皆謝不應。大曆中以諷諫主文科高第，授大理評事、萬年尉、左補闕、帥府判官、侍御史、員外郎、奉先令、刺史、諫議大夫、吏部侍郎、河南尹、門下侍郎同中書門下平章事（德宗時）、吏部尙書（順宗時），卒。乃子鄭覃之所以爲相，是綜合門第、宰相子（〔新唐書〕卷一百六十五「鄭覃傳」謂以父蔭補弘文校書郎）、通經，（〔舊唐書〕卷一百七十三「鄭覃傳」云）等三大要素於一身之故。所以這支家族自中唐趨於宦海騰達，應與門第與進士第雙重因素有關。尤其值得注意的是：鄭覃是李德裕派（有的學者認爲稱李黨不太恰當）的大將，「嫉惡進士」（〔舊唐書〕卷一百七十三「鄭覃傳」中語），事實上鄭覃所嫉惡的並非進士第資格本身，而是嫉惡不同的價值觀念與浮華作風[14]，就進士第資格本身而論，大士族亦甚欲獲得，覃弟朗卽是進士，位至宰相，同房支另有三位近親亦是進士宰相，從鄭氏之例來看，陳寅恪先生牛李黨之對立，其根本在兩晉南北朝以來山東士族與唐高宗武則天之後由進士詞科進用之新興階級，兩者互不相容[15]之說，應進一步商榷。大士族愈來愈重視進士第，而進士第屢屢被魏晉南北朝舊族用以增強官宦地位，成爲唐代科舉制度之一大特色。

例五、蘭陵齊梁房後梁支蕭氏

14　參見拙文：「中國中古賢能觀念之研究——任官標準之觀察」〔史語所集刊〕48本第3分，1977。

15　參見陳寅恪〔唐代政治史述論稿〕〔史語所專刊〕之20，1944。

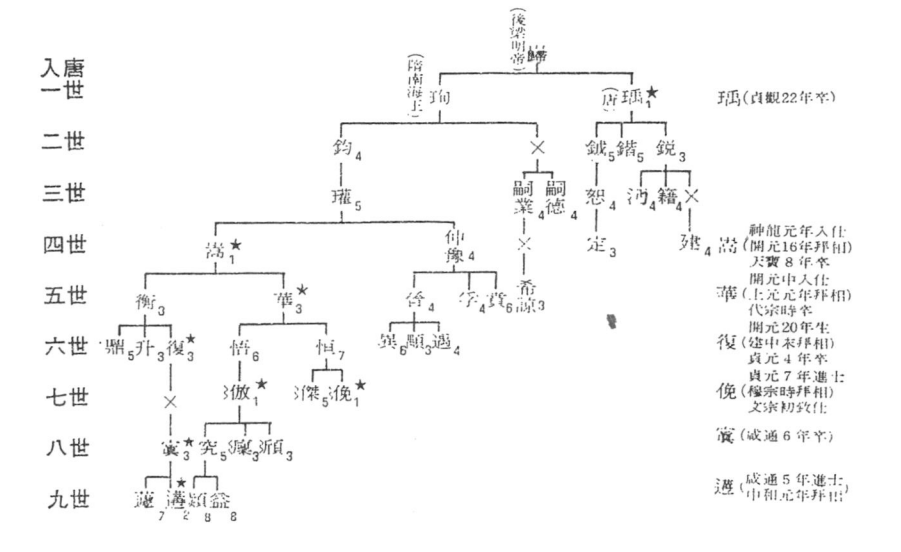

附記：〔新唐書〕卷七十一下「宰相世系表」蕭氏條，蕭做以下輩份有誤，
　　　本表根據〔舊唐書〕各有關列傳修補之。卽〔舊唐書〕卷六十三「蕭
　　　瑀傳」、卷九十九「蕭嵩傳」附子華、卷一百七十二「蕭俛傳」附
　　　做、卷一百二十五「蕭復傳」、卷一百七十九「蕭遘傳」。

　　蕭氏在南朝建立南齊與梁，齊梁房貴盛莫比。其中後梁這一支在
唐代仍然極爲興盛，據〔新唐書〕卷七十一下「宰相世系表」蕭氏條
載，後梁宣帝詧——後梁明帝巋之子孫，在唐代的官宦如上。（以巋
之子瑀這一輩作爲入唐第一世）。

　　蕭瑀這一支在唐代前半期頗有人物，皆因門第之故。蕭珣這一支
自其曾孫嵩之後，以迄唐末，值得特別注意，該支自嵩以下爲相者凡
七人，蕭嵩、蕭華二位，非進士出身，時在唐代前半期，另一位非進
士宰相蕭復已近中唐人物。然自唐中葉以後的四位宰相蕭做、蕭俛、
蕭寘、蕭遘，除蕭寘無傳不詳外，其他三位皆進士及第（俛貞元七年
擢進士第，做大和元年擢進士第，遘咸通五年擢進士第），事皆在安
史亂後。從另一角度看，除做俛遘三位進士爲相以外，蕭氏後半期擢
進士第者有蕭廩（咸通三年）、官至京兆尹；蕭頎亦登進士第，後官
位顯達（〔舊唐書〕一百七十二「蕭俛傳」附），同卷又載蕭傑元和

十二年進士，官至工部郎中，年輕被害。而後期蕭氏未擢進士者，有
蕭究官至給事中，正五品；遘，官至縣令，七品；頴，度支巡官，八
品；益，州團練推官，八品。

　　由以上分析，自中唐以降，由於圈內競爭劇烈，大士族子孫若不
帶進士第，愈來愈難位列顯官，這或許是蕭瑀這一支自安史亂後殊少
人物之原因呢！

例六、京兆杜陵北朝支杜氏

　　自秦漢徙豪族於京兆茂陵，杜氏亦其中之一，自此以還，代有人
物，然源遠流長，支脈亦多。北朝有一支傳至隋懷州長史豐鄉侯徽，
生子吒、淹，子孫在唐代頗盛，這系如下：（〔新唐書〕卷七十二上「
宰相世系表」杜氏條，參照〔舊唐書〕卷六十六「杜如晦傳」，卷一
百六十三「杜元頴傳」，卷一百七十七「杜審權傳」等傳略作修正）

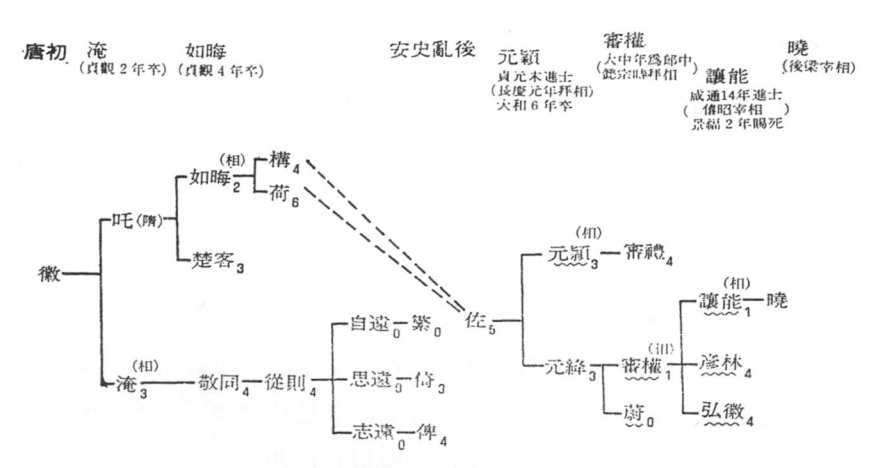

　　杜如晦是唐太宗之重要謀臣，與房玄齡並為良相，世稱「房杜」，
最高官職為尚書右僕射，從二品（〔舊唐書〕卷六十六本傳）。杜
淹乃如晦之叔，「世系表」云：相太宗。如晦子構襲爵，官至慈州
刺史，坐弟荷謀逆，徙於嶺表。如晦次子荷以功臣子尚城陽公主，賜
爵襄陽郡公，貞觀中與太子承乾謀反，坐斬；因此吒這一支自構、荷

之後，名位低。另一支淹之子敬同，**襲爵**官至鴻臚少卿，敬同子從則在中宗時爲蒲州刺史。從則三子皆無名位。從則孫倚，左衞將軍；另一孫俾，易州刺史（「世系表」），其後不見記載。以上皆唐代前半期這一房支的人物。無進士第者，但有宰相二；官宦日漸卑下或消失。

　　中唐以後，進士第資格對這支杜氏有重大影響。杜元穎「萊公如晦裔孫也，父佐官卑，貞元末進士登第」（〔舊唐書〕卷一百六十三本傳語。按同書卷一百七十七「杜審權傳」載，審權爲佐之孫，如晦之六世孫，故佐乃如晦四世孫，唯不知爲構、荷何者之裔，「宰相世系表」列佐爲淹之裔，有誤），官戶部侍郎同平章事（宰相）。元穎弟元絳之子審權，登進士第，懿宗時以吏部尚書同平章事，官至檢校司徒（一品）。審權子讓能，咸通十四年登進士第，僖宗昭宗時爲相，官至太尉，正一品；讓能弟彥林、弘徽，皆乾符中進士；彥林天祐初爲御史中丞，弘徽戶部侍郎充弘文館學士判館事，與兄同日被害（按景福二年秋，杜讓能兄弟爲李茂貞所殺，又「世系表」載弘徽官吏部尚書，從列傳）。從京兆杜氏這一支觀察，對於一個走下坡的舊族，中唐以後「進士」資格甚爲重要。這種現象從京兆杜氏另一房支也可得到證明。（〔新唐書〕卷七十二上「宰相世系表」京兆杜氏條，隋杜瑤房）。

杜瑤	玄通	含章	縮	黃裳	載	勝	庭堅
隋復州刺史	左千牛	州司法參軍	京兆府司錄參軍	相憲宗	御史中丞	天平節度使	州刺史
	（七品）	（八品）	（八品）	（一品）	（四品）	（三品）	（四品）

黃裳　開元26年生　永貞元年卒

杜黃裳、勝、庭堅皆進士第。

　　由以上分析，獲得下列幾點結論：

一、十八家大士族子孫（包括十七著房與一宗室）爲相者，在唐代後期一百年之中（卽順宗至昭宗），可歸類於純門第因素者，有趙郡李氏三人，博陵崔氏二人，其他如滎陽鄭氏、蘭陵蕭氏、京兆杜氏、彭城劉氏、宗室李氏各一人，共得十人。而帶進士第爲相

者，有趙郡崔氏七人、趙郡李氏六人、滎陽鄭氏六人、宗室李氏六人、河東裴氏六人、京兆韋氏五人、隴西李氏四人、蘭陵蕭氏四人、太原王氏四人、京兆杜氏四人、博陵崔氏三人、弘農楊氏三人、范陽盧氏二人、彭城劉氏二人、瑯邪王氏一人、渤海高氏一人、河東柳氏一人，共計六十五人。唐代所謂牛李黨之爭，事件的發生及演變皆在此一百年之中（始肇於憲宗），傳統的說法多謂牛黨代表新興進士人物，李黨代表門第人物，如綜合各大著房而觀之，李德裕（趙郡李氏）這一家有三位非進士為相者，最為突出，其他著房純門第為相已寥若晨星；從另一方面觀察，卽就趙郡李氏而言，帶進士為相者多達六人，其他各著房帶進士為相者亦比純門第者遙占多數。此項統計更顯示出李黨所反對者不是進士第本身，而是進士的浮華風氣。兩黨所爭執的焦點是不同的價值觀念[16]。

二、唐代大士族子孫在前期及中期任官大體上介於上品與中品，如例一清河東武城南祖烏水房崔氏、例二范陽北祖盧氏赤松支、例三隴西姑臧大房李氏玄道支、例四滎陽北祖第二房鄭氏、例五蘭陵齊梁房蕭氏、例六京兆杜氏杜徽支，顯示出門第仍是唐代前期官宦的重要因素。

三、唐前期百年大士族子孫拜相者，純門第與帶進士第比例為百分之77.6比12.1。中期百年為百分之46比34，門第仍有相當的影響力，如：例二范陽北祖盧氏赤松支、例四滎陽北祖第二房鄭氏、例五蘭陵齊梁房蕭氏；在另一方面本期亦顯露出帶進士第者易於升達上品的現象，如例三隴西姑臧大房李氏玄通支、例二范陽北祖盧氏子哲支、例一清河東武城南祖烏水房崔氏、例四滎陽北祖第二房鄭氏等。後期百年為百分之16.5比82.3；高門兄弟之間帶進士第與不帶進士第之官品差距已較明顯；進士第成為大士族振興或延續其家族的重要因素，如例二范陽北祖固安惠侯之第四房

---

[16]　參見註14。

尙之支盧氏、蘭陵齊梁房蕭氏、京兆杜氏杜吒房及杜瑤房，這種
現象在許多次級舊族更爲明顯，不在本文討論之內。

四、一般想像科舉爲寒素開路，這需要政治社會上其他條件配合，單
　　純制度改變並不能立見功效，以唐代三百年而言，武后時期科舉
　　對寒素稍具影響，唐代寒素入仕的三個高峯時期之中，武后時期
　　以科舉途徑入仕之寒素，占寒素入仕之34.2%，爲各期之冠[17]，
　　但晚唐時期的政潮，實際上是士族之間的爭執，而不是武后以降
　　新興進士或中晚唐新進寒素進士與舊門第之間互不相容。自中唐
　　以降，由於圈內競爭的壓力加劇，爭取多項有利因素以求仕進，
　　大士族子孫也緣引科舉以達其保持地位。政治社會上有力量的人
　　或人羣，恆利用制度空隙獲取利益，在魏晉南北朝時的九品中正
　　士族化，及中晚唐的士族獵取進士第，皆是明顯的例子。

　　　　　　　　——本篇原刊於〔中央研究院成立五十周年紀念論文集〕

17　參見拙文：「唐代統治階層社會變動」寒素入仕途徑統計表，如下：

		科　舉	薦　辟	機　緣	軍　功	未　詳	總　計
高　祖　太　宗		5.2	27.3	11.2	45.0	11.3	100.0
武　　　　　后		34.2	32.9	4.5	7.9	20.5	100.0
安　史　之　亂		15.1	16.1	5.3	53.7	9.8	100.0

第十篇　中古大士族之個案研究──瑯琊王氏

一、王氏之源流

〔新唐書〕卷七十二中「宰相世系表」二中稱：

> 王氏出自姬姓，周靈王太子晉以直諫廢為庶人，其子宗敬為司
> 徒，時人號曰「王家」，因以為氏。八世孫錯，為魏將軍。生賁，
> 為中大夫。賁生渝，為上將軍。渝生息，為司寇。息生恢，封
> 伊陽君。生元，元生頤，皆以中大夫召，不就。生翦，秦大將
> 軍。生賁，字典，武陵侯。生離，字明，武城侯。二子：元、威。
> 元避秦亂，遷於瑯邪，後徙臨沂。四世孫吉，字子陽，漢諫
> （議）大夫，始家皋虞，後徙臨沂都鄉南仁里。生駿，字偉山，
> 御史大夫。二子：崇、游。崇字德禮，大司空、扶平侯。生遵，
> 字伯業，後漢中大夫、義鄉侯。生二子：皆、音。音字少玄，
> 大將軍掾。四子：誼、叡、典、融。融字巨偉。二子：祥、覽。

依〔晉書〕卷三十三「王祥傳」記載：

> 王祥，字休徵，瑯琊臨沂人。漢諫議大夫吉之後也。祖仁，青
> 州刺史。父融，公府辟不就。

又〔漢書〕卷七十二「王吉傳」云：

> 王吉字子陽，瑯琊皋虞人也。

比較上列三部正史的記載，〔晉書〕及〔前漢書〕對於瑯琊王氏的源
流，皆云始於前漢的王吉，而歐陽修撰〔新唐書〕遠在班固撰〔漢書〕

及唐太宗御撰〔晉書〕之後，卻能自王吉以上，祖述至周靈王，是必歐
陽修有新證據之發現；然而，魏晉之際，門第標榜之風極盛，各族皆
喜將祖先追溯極遠，以「舊門」自豪，若這些遠祖有高官偉業的事蹟，
則更以此作爲炫耀家族地位的最佳資料，設如瑯邪王氏果與周靈王、
王翦輩有蛛絲馬跡的關係，則魏晉間王氏們必不會闕漏，蓋王氏家譜
在當時亦甚著稱。故瑯邪王氏源起周靈王之說，可能爲隋唐以後的王
氏附會之說。因此，我們寧以最早出現於記載的王吉爲王氏的始祖。

　　據〔漢書〕「王吉傳」云：「（王吉）少好學明經，以郡吏舉孝
廉，爲郎，補若盧右丞，遷雲陽令。舉賢良，爲昌邑中尉。」從這段
文字裏，我們不能確切知道他的家世，但王吉先做郡吏，因爲舉孝
廉而才得爲郎（漢制舉孝廉者大多可補郎，見勞榦師「漢代察舉制度
考」，刊於〔歷史語言研究所集刊〕第十七本），可見王吉之父祖不會是
大官，因爲漢有蔭子制度，大官之子不必在郡做吏。所以其父祖最多
是地方掾吏，甚或未仕。王吉出仕似乎全憑其自己的才學與品德，因
爲「好學明經」，獲得一個吏，吏的地位甚低，何況又是在郡國裏做
吏，所做的事不外乎抄寫文書之類，這種職位若無其他因素，不易升
遷。然而，王吉是漢武帝昭帝時代的人物，自武帝始以孝廉、賢良方
正等科作爲大量吸收郡國有才華者的橋樑，王吉因明經，被舉孝廉，
爲郎，補若盧右丞（按顏師古注：少府之屬官有若盧令丞，〔漢舊
儀〕以爲主治庫兵者），從地方掾吏踏進了中央掾屬，外遷拜雲陽
令，其地位已在秩六百石至千石間；又舉賢良，爲昌邑中尉。所以王
吉之起，建立於本身明經及適逢漢朝開始以孝秀擢拔人才的兩個因素
上，據許倬雲師「西漢政權與社會勢力的交互作用」[1] 一文指出，從
武帝以孝秀取士以後，功臣子孫出身的官吏比例日減，由孝秀出身的
儒生比例日增，因而使西漢政權與社會勢力更密切結合。王吉碰上了
變動時期，成爲「上升變動」運動中的上升角色之一，由此我們把王
吉看作瑯邪王氏參加政治的始祖是合理的。另一點值得注意者，即王

　　1　刊於〔歷史語言研究所集刊〕第35本，1964。

吉從那裏學得經術？當時受教育的途徑主要有三。第一是入太學；第二是從師學經；第三是經術家傳。王吉入太學的可能性極小，因爲當時太學生出身的不會派到郡國中當小吏。王吉之所以能明經多半是出於第二及第三途徑。究竟他有沒有從師，我們已不可考，但家傳的可能性最大，因爲若從經學大師學經，正史可能記上一筆，而家傳常被視爲當然，除非有特別的必要，正史不特別注明，但是這僅可作爲推測而已。王駿的經學確實是乃父吉所傳授，「初吉兼通五經，能爲〔騶氏春秋〕，以〔詩〕、〔論語〕教授，好梁丘賀說〔易〕，令子駿受焉」，因此我們可以假定自王吉以後，王氏已有世世承襲的家學家風，東漢時王遵、王旹、王晉、王誼、王叡、王典、王融等記載不詳，魏晉時的王祥曾受命爲太學的三老，「祥南面几杖，以師道自居，天子北面乞言，祥陳明王聖帝君臣政化之要以訓之」。王吉沈浮宦海，歷盡風波，坐昌邑王之罪髠爲城旦，終於諫議大夫；乃子駿因受吉之經學，舉「孝廉爲郎，左曹陳咸薦駿賢父子，經明行修，宜顯以厲俗，光祿勳匡衡亦舉駿有專對材，遷諫（議）大夫」。王駿歷趙國內史、幽州刺史、司隸校尉、少府、京兆尹、御史大夫。駿子崇，以父任爲郎，歷刺史、郡守、河南太守、御史大夫、大司農、衞尉、左將軍、大司空，封扶平侯。

　　從〔漢書〕「王吉傳」中的記載，及上述之分析，我們對琅瑘王氏的早期有下列幾點認識：

　　第一：形成士族有三大主要途徑。一是經過政治主要途徑，卽由於參與新政權的建立或輔助新君的登基，或由於皇帝的寵倖，或由於外戚等因素而居官位，其後並能保持若干代官宦的家族。一是經過文化途徑，卽由於經傳、法律、曆法等學問的精通，藉此入仕而能若干代官宦的家族。一是經過經濟途徑，卽憑藉經濟的力量，或由大地主、或由巨商大賈入仕，而能若干代官宦的家族[2]。西漢時的琅瑘王氏，顯然是經過文化途徑而演變成爲士族者。

　　2　參見拙著〔兩晉南北朝士族政治之研究〕頁48，1966。

第二、正因爲王氏是經過文化途徑演變而成的士族，因此王氏從開始便具有若干文化人的特質，除上述注意子弟的培養而發展成家學外，由於服膺儒家的經典，在做事方面灌注有儒家的精神，例如王吉爲昌邑中尉，王好游獵驅馳國中，動作亡節，吉上疏諫曰：「……今者大王幸方與，曾不半日，而馳二百里，百姓頗廢耕桑，治道牽馬，臣愚以爲民不可數變也。……夫廣夏之下，細旃之上，明師居前，勸誦在後，上論唐虞之際，下及殷周之盛，考仁聖之風，習治國之道，訢訢焉發憤忘食，日新厥德，其樂豈徒衞樞之間哉？」宣帝時，吉爲諫議大夫，嘗奏曰：「孔子曰：安上治民，莫善於禮，非空言也，王者未制禮之時，引先王禮，宜於今者而用之，臣願陛下承天心，發大業，與公卿大臣，延及儒生，述舊禮，明王制。」（〔漢書〕卷七十二本傳）。在做人方面則以儒家最強調的禮作爲行爲規範，王吉以友聞名，王祥以孝聞名，正是王氏這類經過文化途徑而發展成士族的特質。其源見於王吉。

第三：〔漢書〕云：「自吉至崇，世名清廉，然材器名稱，稍不能及父，而祿位彌隆。」這種現象，若列表說明，則更易找出其中道理。

世系	姓 名	才　　　　學	出　　　　身	最　高　官
Ⅰ	王　吉	兼通五經	先爲郡吏，舉孝廉拜郎	諫議大夫
Ⅱ	王　駿	吉授駿經	舉孝廉爲郎	御史大夫
Ⅲ	王　崇	材器名稱，不及乃父	以父任爲郎	大司空

才學是前代爲佳，官位則後代爲高，其關鍵在於入仕之難易，王吉入仕最難，王駿舉孝廉以後，陳咸及光祿勳匡衡交相推薦拜命，比乃父舉孝廉以後升遷得快，王崇入仕更易，以父蔭爲郎。才學品德是當時人所重視的任官條件，才學與品德是可以努力獲得的，但上述例子，似乎已發展著非由於才能而獲得高官的因素，也就是說「世資」因素

已漸次重視了。西漢哀帝曾詔王崇曰「朕以君有累世之美（師古曰：謂自祖及身皆有名也），故蹤列次」。這正是士族的濫觴。

第四：嚴格地說，士族可有許多型態，有的擁有廣大的田地產，僕僮千餘，或牛羊谷量；有的是部落酋豪，據塢堡而自雄，同時又做官吏者；有的是依附朝廷的官僚。西漢時的瑯琊王氏是屬於官僚型的士族。據云「皆好車馬衣服，其自奉養極為鮮明，而亡金銀錦繡之物，及遷徙去處，所載不過囊衣，不畜積餘財，去位家居，亦布衣疏食。」並沒有廣大的田地產，亦沒有龐大的地方勢力。

第五：王吉、王駿、王崇及東漢的王遵、王音而至王祥等，都是以中央官為其主要事業，顯然地，自西漢以來，瑯琊王氏已是中央級的士族了。

第六：婚姻關係是研究家族社會地位的重要坐標，在非自由戀愛的社會中，門當戶對的觀念常常存在，相互婚嫁，至少表示兩家的社會地位相去不遠。王氏的婚嫁關係可得一例。卽：「是時成帝舅安成恭侯夫人放，寡居，共養長信宮，坐祝詛下獄，（王）崇奏封事，為放言，放外家解氏與崇為昏，哀帝以崇為不忠誠。」從這件婚姻關係中，瑯琊王氏在西漢時似乎已晉升於高階層的社會地位之中。

二、王氏政治地位之研究

兩漢是我國中古時期大士族的醞釀時代，許多大士族的源流皆可溯尋至東漢或西漢，正如上節分析，瑯琊王氏便是例子，但是，王氏在兩漢時期一直是細水長流型的發展，與當時政治社會中的士族相比較，王氏並不算強盛的士族。例如〔後漢書〕卷十六「鄧禹列傳」：「鄧氏自中興後，累世寵貴，凡侯者二十九人，公二人，大將軍以下十三人，中二千石十四人，列校二十二人，州牧郡守四十八人，其餘侍中、將、大夫、郎、謁者，不可勝數。」東漢耿弇家族亦非常興隆，

〔後漢書〕卷十九「耿弇列傳」記載：「耿氏自中興以後，迄建安之末，大將軍二人，將軍九人，卿十三人，尚公主三人，列侯十九人，中郎將護羌校尉及刺史二千石數十百人。」又〔後漢書〕卷二十三「竇融列傳」記載：「竇氏一公、兩侯、三公主、四二千石，相與並時。」而〔後漢書〕卷三十四「梁統列傳」亦云：「（梁）冀一門，前後七封侯，三皇后，六貴人，二大將軍，……其餘卿相尹校五十七人。」到了東漢末年，袁氏楊氏是當時的名族。〔三國志〕卷六〔魏書〕第六「袁紹傳」：「（袁）安為漢司徒，自安以下，四世居三公位，由是勢傾天下。」〔後漢書〕卷五十四「楊彪列傳」：「自震至彪，四世太尉，德業相繼，與袁氏俱為東京名族。」觀乎瑯琊王氏在東漢時的人物，正史僅錄遵及音、岦，而官位只是中大夫義鄉侯及大將軍掾而已。降至曹魏之際，才漸漸地，由細水長流型而一變為滔滔江水型的士族。〔晉書〕卷三十五「裴秀傳」云：「初，裴、王二族盛於魏晉之世，時人以為八裴方八王。」因此本文研究的重點，放在東漢以後王氏在政治社會種種現象之分析。

　　一個家族的興旺，應當指多方面的成就，因此亦應多元探討，本節從政治地位入手，一則因為官品官職較易成為科學分析的具體座標，再則因為政治地位一直被視為判別社會地位的重要標準。

（一）、官位之統計

　　為了統計運用便利，我們須假定王氏某一代作為我們研究本文的第一代，最理想的是採取連續不斷的世系的最早的一代，王祥之祖王仁最合於這一條件。王仁之前，系數不明，王仁之後，代代相襲。但是，王祥之祖有二種不同的說法。〔新唐書〕卷七十二中「宰相世系表」二中說：「（吉）生駿，……御史大夫。二子崇、游；崇，……大司空、扶平侯。生遵，……後漢中大夫義鄉侯。生二子岦、音，音字少玄，大將軍掾。四子誼、叡、典、融，融字巨偉，二子祥、覽。」而〔晉書〕卷三十三「王祥傳」說：「漢諫議大夫吉之後也。祖仁，

青州刺史。父融，公府辟不就。」王祥之父融，兩書之說相同，固無疑問。祖父究竟是誰？按〔漢書〕卷七十二「王吉傳」記載，王吉、王駿、王崇皆前漢人；王祥係曹魏西晉時人；在王崇與王祥之間，亦卽整個後漢二百十幾年之中，〔新唐書〕只記載王遵、王音、王融三代，殆不可能，其間必定漏列了若干代，而王仁亦可能是漏列者之一。因此承認王仁爲王祥之祖，似較合理。故本文以王仁第一代，王融爲第二代，王祥爲第三代……。從〔三國志〕、〔晉書〕、〔宋書〕、〔南齊書〕、〔梁書〕、〔陳書〕、〔魏書〕、〔北齊書〕、〔周書〕、〔隋書〕、〔新唐書〕、〔舊唐書〕、〔南史〕、〔北史〕及中央研究院歷史語言研究所收藏大量墓誌銘搨本中，共找到瑯琊王氏後裔凡六百七十六人。尋其脈絡，追其世系，一一加以整理歸類，自漢末至唐亡，歷七百十年，得二十三世，茲依各人最高品製成「瑯琊王氏各代官品統計表」。爲了易於明瞭王氏各代活動於何朝何代，又製「瑯琊王氏各代主要活動之時間幅度對照表」，作爲本文研究之基礎。瑯琊王氏之世系雖可以排列至第二十三代，但王氏活動事蹟的記載，只有魏晉南北朝時較爲詳細。隋唐之際，因王氏官位微減，正史中很少發現他們的詳細動態，上表自第十三代以下（第十三代亦有一部分王氏進入隋唐時期），皆屬隋唐時期，主要的資料來源，是出於〔新唐書〕卷七十二中「宰相世系表」及現存之墓誌銘，只有人名、官職及世系，而無實際活動現象。故本文以魏晉南北朝時期（卽第一代至第十二代外加部分第十三代）的王氏人物作爲一個研究單位，並視爲重點之所在，隋唐部分則隨資料之多寡，略加討論。

琅琊王氏各代官品統計表

世系＼官品	一	二	三	四	五	六	七	八	九	合計	不仕	總計
1				1						1		1
2											1	1
3	1		1	1						3		3
4			2	1	4	4	1			12	3	15
5	5		3	2	2	1				13	4	17
6			9	2	6		2	3		22	4	26
7	1	1	6	1	8		2	1		20	6	26
8	1	2	16	2	6	2				29	4	33
9		1	14	3	4	1	4			27	3	30
10		3	14	2	6	3	1	1		30	10	40
11	1	1	9	1	7	4	1			24	9	33
12	1	6	11	1	10	1				30	6	36
13		4	4	6	6	3	4	1	2	30	4	34
14		1	2	4	6	2	6	7		28	4	32
15			3	7	2	7	12	13	3	47	7	54
16				8	2	4	8	5	12	39	25	64
17			1	7	3	1	2	5	5	24	32	56
18			3	6	6	2	8	5	6	36	30	66
19			1	2		1	4	5	7	20	33	53
20				3	3	1	3	1	1	12	19	31
21					1	1	1	3	1	7	4	11
22								1		1	6	7
23			1						3	4	3	7
合計	10	19	99	61	82	38	59	51	40	459	217	676

瑯琊王氏各代主要活動之時間幅度對照表

世系	活　動　之　朝　代　及　建　元　年　號	代　表　人　物
1	漢獻帝建安——曹魏文帝黃初	仁
2	曹魏	融
3	曹魏齊王芳正始——西晉武帝太熙	祥、覽
4	西晉	裁
5	西晉惠帝永熙——東晉成帝咸康	敦、導
6	東晉康帝建元——東晉海西公奕太和	洽、羲之
7	東晉穆帝永和——東晉孝武帝太元	珣、珉
8	東晉安帝隆安——宋文帝元嘉	弘、曇首
9	宋	景文、僧虔
10	宋世祖孝建——南齊	儉、志
11	南齊——梁武帝中大通	亮、陳、肅
12	梁——陳	沖、詡、猛
13	陳——唐高祖武德	裒、冑、寬
14	隋——唐太宗貞觀	鸞、德素、敏
15	隋煬帝大業——唐高宗弘道	弘讓
16	唐高宗永徽——唐玄宗開元	方泰、同晈
17	唐中宗文明——唐玄宗天寶	繇、景、鴻
18	唐中宗神龍——唐代宗大曆	志愔、訓
19	唐玄宗開元——唐德宗貞元	治
20	唐肅宗至德——唐穆宗長慶	敬元
21	唐德宗建中——唐武宗會昌	鐬師、甫
22	唐順宗永貞——唐懿宗咸通	搏
23	唐敬宗寶曆——唐亡	倜

（二）、起家官職與官品之研究

　　研究政治地位首先需注意出發點平等與否？如果不平等，其不平等的程度如何？當時一個人最初就任的官職，專稱爲「起家官」，初次任官有許多專用名稱，如：「起家」「釋褐」「解褐」「解巾」「初任」「初拜」等。依當時所實行的九品官人法，起家官需與中正官對該人的品評相符合，卽中正評品高者起家官亦較高之意。由於大士族力量強大，控制了選舉機構（參見拙著：〔兩晉南北朝士族政治之研究〕及本書第六篇），大士族子弟，中正評品極佳，因此起家官亦極高。瑯邪王氏當然是大士族，其起家官分析於下：

六品官起家者有：

　　以秘書郎起家者得：瑒、固、質、勵、通、沖、訓、錫、僉、哀、
　　　　　　　　　　　規、承、泰、寂、儉、慈、續、僧虔、恢之、
　　　　　　　　　　　誕、謐、羲之等二十二人。

　　以駙馬都尉起家者：陳、亮、塋、志、琨、瑕、敦等七人。

　　以騎都尉起家者得：肇、珉。

七品官起家者：

　　以著作佐郎起家者：長玄、秀之、彪之。

　　以王國常侍起家者：晏、逡之、准之、敬弘。

　　以嗣王三品將軍參軍起家者：琳、筠、峻、鎭之、僧達、弘。

　　以一品將軍參軍起家者：惠、球、徽之。

　　以司徒祭酒起家者：微。

　　以州別駕起家者有：祥。

　　以太子舍人起家者：衍。

八品官起家者：

　　以一品官掾起家者：戎、珣、曇首。

　　以三品將軍參軍起家者：韶之、協。

　　以三品將軍主簿起家者：份。

以州祭酒起家者有：智深。

以州主簿起家者有：獻之、華、思遠。

以侍講東宮起家者有悅，應本郡之召者有覽。而王氏舉秀才者共發現三起，卽王祥及南齊的琨及延之。其他因資料不全，不能一一查出。

由上列各種起家事例中得知王氏最高可以六品官起家，最低亦可以八品官起家，而以六品及七品起家爲常態。王氏無以九品官起家者，這點可解釋「瑯琊王氏各代官品統計表」中在魏晉南北朝時期無九品官之原因。

隋朝瑯琊王氏似以第九品起家，例如：

「唐貝州臨淸縣令王宏墓誌銘」(登記號13927，14234，17319)記載：

　　宏釋褐隋謁者臺散從郎（九品），從班例也。

「唐開府右尙令王仁則墓誌銘」（登記號14188）記載：

　　王仁則解褐王府典籤（九品）。（按仁則起家在隋朝）

「唐通泉金城二縣令王素墓誌銘」（登記號05238，17345）記載：

　　王素起家（隋朝）州都督府典籤（九品）。

唐朝瑯琊王氏起家事蹟見諸記載者有：

「唐武榮州南安縣令王基墓誌銘」（登記號13473，14024，16634）：

　　王基弱冠明經擢第，補州參軍（八、九品）。

「唐雅州名山縣尉王大義墓誌銘」（登記號13862）：

　　弱冠以永徽三年明經擢第，拜縣主簿（八、九品）。

「唐南陽郡臨湍縣尉王志悌墓誌銘」（登記號01553，05962）：

　　判入甲科，授相州成安縣尉（九品）。

「唐右翊衞淸廟臺齋郎天官常選王豫墓誌銘」(登記號13392，14419；16992)：

　　年二十一門調宿衞，州舉孝廉，補淸廟臺齋郎（九品）。

「唐行京兆府涇陽主簿王郊墓誌銘」（登記號07761，07762，07769）：

　　自弘文館明經，授弘農尉（八品）。

「唐吏部常選王元墓誌銘」（登記號12964，13578，16598）：

　　　始以門蔭備宿衛，續以戶選奏銓衡（即吏部常選，九品）。

「唐朝散大夫譙郡司馬王秦客墓誌銘」（登記號13587，13789）：

　　　以門蔭補太廟齋郎，解褐授左清道率府冑曹參軍（九品）。

「唐衢州司馬王善通墓誌銘」（登記號13762）：

　　　敕授州參軍（九品）。

「唐王虔暢墓誌銘」（登記號08877，18086）：

　　　釋褐縣尉（九品）。

「唐彬州司士參軍王公度墓誌銘」（登記號13585，17732）：

　　　弱冠調補州參軍（九品）。

「唐襄州襄陽縣尉同州馮翊縣丞王鴻墓誌銘」（登記號13210，14174，19061）：

　　　初任縣尉。（九品）

「唐忠王府文學王固已墓誌銘」（登記號01539，16796，24205）：

　　　解褐滑州衛南尉（九品）。

　　　從上列十二個例子中，有幾點值得注意的。第一：除三例明經擢第以八品起家以外，皆以九品官起家，似乎像魏晉南北朝時期以六七品起家的現象，已不復存在，我們最低限度可以說唐朝王氏以九品起家爲常態。第二：沒有發現以流外官起家者，顯示在唐朝王氏仍然保持其士族地位。第三：十二個例子中有五個是經由「明經擢第」「判入甲科」「自弘文館明經」等方式入仕，這是一種以才華任官的途徑，這種途徑是允許任何階級競爭，也就是說唐朝王氏已不能全靠門資，亦須與他人平等求進了。這與整個魏晉南北朝時間只有三個王氏以舉孝廉出身相比較，其中變化甚鉅。第四：仍有以門資入仕者，但這種現象似乎並不普遍，且以門資入仕者皆需經過一段實習時期，如「門調宿衛」「以門蔭宿衛」「以門蔭補太廟齋郎，解褐授左清率府冑曹參軍」。這亦表示王氏在唐朝仍有相當的地位。無論如何，王氏起家官位，在唐朝遠不如魏晉南北朝時期。

（三）、升遷速度之研究

魏晉南北朝期間（卽第 1～13代），約有五分之一的王氏不見拜任何官職，對於研究王氏家族的政治地位而言，這些未拜任何官職者，其重要性一如拜官者，為何大部分的王氏皆任官而這小部分不居官？其原因何在？都是值得推敲的問題，但是這些未任官職的王氏，歷史書上的記載語焉不詳，不能完全地找出其客觀及主觀的因素，僅能就可得的記載分析之。王氏未任官職的原因，首推「早卒」，如王祥的三個兒子芬、烈、夏，皆夭折，若他們能够達到弱冠之齡，相信以王祥官居太保的身分，任官極其可能。其他如王裁之子卽王導之弟王穎、王羲之之子王玄之、王僧祐之孫卽王藉之子王碧、王羅雲之子王思玄等，皆因早卒而未仕。第二個原因是父兄謀逆。如〔南齊書〕卷四十九「王奐傳」云：王奐叛逆，奐第三息彪隨奐在州，凡事是非皆干豫扇搆，奐敗，彪被誅，彪弟爽亦卒，而奐弟佃雖得保留性命，但終身廢於家。第三原因是品德不良，如〔宋書〕卷六十三「王華傳」云：王定侯子王長，襲嗣，坐駡母奪爵，其後不見仕宦。第四原因是庶出，如〔晉書〕卷四十三「王戎傳」云：「有庶子興，戎所不齒，以從弟陽平太守愔子為嗣。〔晉書斠注〕引〔五禮通考〕一百四十六曰：「有子立嗣，似屬創見，然繼體祖宗事關重大，子出微賤而猥以承祧，是不敬其先人也。」一般而論，庶子不慧並不得乃父喜愛者才不仕。第五原因是襲爵承嗣，但未任職。如〔晉書〕卷七十六「王舒傳」云：王晞之承襲乃父王允之番禺縣侯，俟卒，王肇之又承襲乃父王晞之之爵。其他如〔宋書〕卷八十五「王景文傳」，王絢之子王婼；〔宋書〕卷四十二「王弘傳」，王錫之子王僧亮；〔宋書〕卷六十三「王華傳」，王定侯之子王終等，皆是。第六原因是自己拒絕徵詔不仕，如〔南史〕卷二十四「王素傳」云：「素少有志行，家貧，母老，隱居不仕。宋孝建大明泰始中，屢徵不就，聲譽甚高。山中有蚿聲清長，聽之使人不厭，而其形甚醜，素乃為蚿賦以自況，卒年五十四。」王素祖王泰之、曾祖王望之皆不仕。其他原因不詳者有：王會之子王邃、王虞之子王藉之、王虞之孫王承之、王允之之子王仲

之、王晏之之子王崏之、王崏之之子王陋之、王羅雲之子王思微、
王敬弘之孫王閱之、王倫之之子王昕、王峻之子王玩、王錫之子王泛
及王湜、王泰之子王廓及王祁、王翼之之子王法興、王曄之之子王昺
等。但依事實而論，王氏未宦之最大原因厥爲未能及既冠之年而早
卒。除早卒以外，襲嗣承爵而未任職者，亦有例子多起。其餘如父兄
謀逆、品德不良、庶出爲乃父不喜、拒徵不仕等原因，比較少見，似
乎是特例。

　　在魏晉南北朝時期，王氏未見拜命第九品官職，因王氏起家最低
者拜第八品，上節已有細論。

　　第八品、第七品、第六品，是王氏起家的官品，故將六、七、八
品合而論之。研究的主旨是：如何升達？升遷之速度如何？未能再上
升之原因何在？

　　止於第八品者共有五人，其中一人被害而亡，其他四人的年歲及
死因不清，但顯然這五人皆起家即拜第八品者。

　　止於第七品者共有九人，其中丞相祭酒王敞、元帝撫軍參軍王
協、平西長史王羅雲三人早卒，其餘六人的年壽及死因不詳。從資料
中顯示，似乎這些第七品者並非由第八品上升而來，可能皆起家即拜
第七品官。九人之中只有一人曾經平級轉遷，即王偉之曾由烏程令（
七品）遷爲本國郎中令（七品）。

　　止於第六品者共有十六人，其中三人因早卒，另三人被殺或賜
死，另一人卒年二十九歲，一人卒年六十三歲，其餘八人年歲及死因
不詳。十六人之中，十三人起家即拜第六品官，其餘五人由第七品升
至第六品：

　　　王孚　海鹽令（七品）→司徒記室參軍（六品）。

　　　王微　司徒祭酒（七品）→司徒主簿（七品）→始興王後軍功
　　　　　　曹記室參軍（七品）→太子中庶人（六品）→始興王友
　　　　　　（六品）。

　　　王弘之　瑯琊王中軍參軍（七品）→司徒主簿（七品）→烏程

令（七品）→衞軍參軍（七品）→南蠻長史（六品）→
右軍司馬（六品）。

王弘之轉遷最多，這是一個特例，因爲他是一位高士，很早就脫離宦
海，故最高品只達第六品，卒年六十三。研究六品以下而升至第六品
之速度問題，不但要注意到自第七品升至第六品而止於第六品的五個
例子，且要兼顧到升至第六品而又再上遷的人們、在其上升至第六品
時的速度。一般而論，王氏以七品起家者多於以八品起家，以六品起
家者又多於以七品起家（詳見上節之分析），起家六品而止於六品者
暫且勿論，七品八品起家者大多數經過二至三遷便升至第六品。上列
王微似乎是一個較爲典型的例子，他在第七品這一階級上經過三遷而
升至第六品，他卒年是二十九歲，死在始興王友任上，因此我們可以
推定王氏若從第八或第七品起家者，至遲在三十歲以前便可升達第六
品官。

在魏晉南北朝之際，王氏曾任第六、七、八品這些階官職者共有
二百零六人，能够跳過第六品而進入第五品者有一百七十六人，透過
這一階的比率達85％，只有15％滯留在六、七、八品。爲何這15％不
能上升至第五品呢？我們沒有積極的資料，在此只能作邏輯上的推
論。滯留未升的15％共有人數三十。已知被害而死者四人，另一人年
壽六十三，因此餘下二十五人，這二十五人占王氏總人數二百五十八
人的10％弱。我們若推定二十幾歲時死去王氏總人數的10％，亦甚合
理。因此這二十五個未能再上升的王氏們，我們假定其最大的原因是
年壽不永（事實上二十五人中已知七人記載是早卒）。

止於五品者共有五十九人。在九品中正制度之下，第五品已漸次
重要；中央官如給事黃門侍郎、中書侍郎、尚書吏部郎、尚書左右
丞、太子中庶子、散騎侍郎等，地方官如單車刺史、太守等皆屬第五
品。除宗室以外，一般士族沒有以第五品起家者，所以第五品皆由低
品升至。就王氏而言，第五品如何升達？其比不能升達第五品的其他
王氏有何特點？升遷路線與速度如何？再者，這些止於第五品者爲何

不能再向上爬一層，其原因安在？自第六品升至第五品早遲幅度較
大，一個起家卽拜六品的王氏，若一帆風順，可能不久便上遷第五
品，則其年歲可能只有二十左右，如王錫：年十二爲國子生，年十四
舉清茂除祕書郎（六品）→太子舍人（六品）→中書侍郎（五品）→
黃門侍郎（五品）→吏部郎（五品）。卒於吏部郎任內，年二十四，
則當其初升至第五品時，其年齡約僅二十歲左右。一般而論，王氏自
二十歲弱冠之年起家，由第八品（大多數由七品或六品）幾經升遷，
在三十歲以前，若無特殊事故，或年壽不永，皆能升至第五品官。另
一方面有一種現象，卽第五品官的最大年齡除王僉達四十五歲以外，
似乎皆未過四十，如第五品官的王錫卒於三十六、王融卒於二十七、
王悅先乃父王導而卒，亦必四十以內，王絢終於祕書丞，〔宋書〕稱
其早卒；王徽之居黃門侍郎，年壽短。五品官皆由六品升達，固無疑
問，一般而論，王氏在第六品上同級遷官者通常僅二三遷而已，卽王
氏自六品升五品的速度與自七品升六品的速度相似，五品以下同級累
遷而滯留不升的現象甚少，但一旦升至五品官時，就常出現在第五品
這一階級上屢次轉移職務。如：

　　　王琳　舉南徐州秀才，釋褐征虜將軍建安王府法曹參軍（七品）
　　　　　　→司徒東閣祭酒（七品）→南平王文學（六品）→中書
　　　　　　侍郎（五品）→衞將軍長史（五品）→明威將軍東陽太
　　　　　　守（五品）→司徒左長史（五品）。

　　　王錫　少以宰相子起家爲員外散騎侍郎（六品）→中書侍郎（
　　　　　　五品）→太子左衞率（五品）→江夏內史（五品）。

　　　王僉　補國子生，對策高第，除兼祕書郎中（六品）→尙書郎
　　　　　　（六品）→太子中庶人（五品）→建安太守（五品）→
　　　　　　武威將軍始興內史（五品）→黃門侍郎（五品）→戎昭將
　　　　　　軍尙書左丞（五品）→太子中庶子（五品）。

這種現象有兩種含義。其一：表示自五品升四品的速度比六品升五品
爲慢。其二：在第五品這一階內多遷，勢必增長其升四品的年歲，而

使年壽不够長者自然淘汰。

　　魏晉南北朝之際，王氏做過第五品官者共一百七十六人，其中一百一十七人更上一層樓，占66.6%，只有三分之一止於五品，年壽仍然是最大原因，因爲升至四品或三品需要更長的時間。另有一個理由支持這一種說法，卽當時司徒左長史、吏部郎、黃門侍郎、中書侍郎等皆是「淸要官」，不但升遷只是時間問題，而且常常可以超遷，卒於這幾種淸要官者若天假年壽，再升一二級當無問題，而卒於這些官的王氏甚多。如卒於黃門侍郎者有：王融、王僧祐、王茂璋、王粹、王彭之、王徽之、王祥（父筠）、王攸。卒於司徒左長史者有：王廞、王靜之。卒於中書侍郎者有：王耆之、王悅。卒於吏部郎者如王錫。

　　第四品的官職除御史中丞及都水使者以外，都是些四品將軍，這些將軍大多是將軍號的加官而已，其實際職多是第五品；如寧朔將軍晉安太守，太守屬第五品，爲了提高其品位，加以第四品將軍號寧朔將軍，於是乎這位太守便屬第四品了，而實際上仍然是做第五品太守之職。卽以御史中丞及都水使者而言，其品位雖屬第四品，但有時其政治地位還不如第五品的司徒左長史及吏部郎，御史中丞有發現上遷第五品司徒左長史，而司徒左長史亦有不經第四品的任何官職超遷第三品者。所以第四品的官職大都含有濃厚的過渡性，又因第四品的官職很少，卒於此階者魏晉南北朝時只得十二例，資料不全，然而以第五品官的分析適用於第四品，似乎不會與事實相差太遠。

　　第三品的官職已非常重要，包括中央政治的決策人物。如門下省的侍中；尙書省的尙書令、尙書僕射、列曹尙書；中書省的中書監令。武官如諸征鎮安平將軍、中領中護軍。瑯琊王氏在魏晉南北朝期間曾經居五品者共得一百七十六人，其中有一百零五人能够跳過第四五品而至第三品，占三分之二弱。大部分皆可升至第三品，據上段分析不能升達三品者的最大原因仍然是缺乏足够的年壽。然則升達第三品時需達幾歲呢？早晚隨各人不同，其平均年齡研究於下：卒於第三

品而有年歲記載者，凡三十二人，我們且從其卒年與在第三品這一階
平行遷官的次數而推論其初任第三品的年歲。

卒　時　年　歲	人　　　數	百　分　比	三品官平行遷職次　　　　　　數
30～39　歲	5　人	15.1％	1～2遷
40～49	10	30.3％	2～3
50～59	9	27.3％	3～4
60～69	7	2.12％	3～11
70～79	2	6.1％	3～8

40～49歲卒於第三品，且曾經過2～3遷者，我們推論其初任第三品
時在40歲以內。以此得王氏初拜三品的年歲得：

～　39　歲　拜　三　品　者　占	45％
40　～　49　歲　拜　三　品　者　占	45％
50　～　　歲　拜　三　品　者　占	10％

上列曾經說王氏能否升至第三品是年壽問題，卽王氏若有足够的年
壽，最後必可升達第三品之謂也，如果 30～40 歲沒有升達三品，
40～50很有希望爬上這級，如果在40～50仍然沒有升達三品，則除非
此人是高士或特殊事由，必可在50歲以後遷升至第三品。但是我們必
須注意一件事實，升達三品有的早在三十歲以前，有的在五十歲以
後，其時間早晚之幅度達二十幾年，關於升至三品孰早孰晚卻是依據
「才」「資」爲其條件。所謂「才」是當時人所認爲的才；所謂「資」
者，因王氏是大士族，分枝分房很多，房與房之間的資蔭亦有高低之
分。例如在三十歲以前升達三品者有王儉、王訓（儉之孫），這兩人
是各房之中最貴的一枝，其世系爲：

```
導———洽———珣———曇首———僧綽———儉———陳———訓
丞相　中書令　衞將軍　侍中　　侍中　　侍中　尚書左僕射　侍中
(一品)　(三品)　(二品)　(三品)　(三品)　(三品)　(三品)　(三品)
```

王訓在二十六歲以前卽拜三品，〔梁書〕卷二十一本傳對其才資的敍
述如下：

> 十六召見文德殿，應對爽徹，上目送久之，顧謂朱异曰：「可
> 謂相門有相矣！」補國子生，射策高第……俄遷侍中，旣拜入
> 見，高祖從容問何敬容曰：「褚彥回年幾為宰相。」敬容對
> 曰：「少過三十。」上曰：「今之王訓，無謝彥回。」訓美容
> 儀，善進止，文章之美，為後進領袖，在春宮特被恩禮，以疾
> 終於位，時年二十六。

　　第一品及第二品官職於其說有實質上的意義毋寧說是一種榮譽地
位。一品官是指列公及開府儀同三司驃騎車騎大將軍等，蓋自魏晉以
降，三公無權，實際權力在三省長官手中（皆三品官），列公只是德
高望重的大臣，開府儀同三司是文散，車騎驃騎大將軍大半是武散。
二品官是包括三品官冠以「特進」字銜，武官則驃騎車騎將軍、諸大
將軍及諸持節都督者。凡此只是階級增高，與三品比較並沒有實質上
的變更。一品二品這種榮譽，當時人似乎亦很重視，不輕易授與，例
如魏晉南北朝之際，王氏曾任三品官者達一百零五人，但是能够升至
一二品者（一品十人；二品十人），僅二十人，只占19％而已，絕大
部份沒有獲得這項榮譽。且將一品及二品官列舉於下：

> 王祥　司空、太尉、司徒。　年七十餘。
>
> 王敦　丞相、大將軍。　年五十六。
>
> 王導　丞相、司徒、太傅。　年六十餘。
>
> 王戎　司徒。　年七十二。
>
> 王衍　司空、司徒。　年五十六。
>
> 王謐　司徒。　年四十八。
>
> 王弘　司徒、太保。　年五十四。
>
> 王含　開府儀同三司驃騎大將軍。年五十餘。
>
> 王肅　（北魏）使持節都督車騎將軍刺史開府儀同三司。
>
> 　　　年三十八。

王敬弘　特進尚書令。　年八十。

王僧朗　特進侍中。

王僧虔　特進左光祿大夫。　年六十。

王份　特進左光祿大夫。　年七十九。

王沖　特進光祿大夫。　年七十六。

王通　特進光祿大夫。　年七十二。

王猛　鎮南大將軍。

王晏　驃騎將軍。

王珣　衞將軍。　年五十二。

王延之　使持節都督安南將軍江州刺史。　年六十四。

其中除王肅北奔被魏主特別寵愛，年三十餘即登一品官外；王謐初任司徒則係由桓玄稱帝時所命。除此二人以外，其餘一二品者皆年五六十歲以上。早期的人物如王敦、王導等以功業晉級外，似乎以德望才華升至一二品者爲多。總之，王氏升至一二品時才有若干選擇性。

上列各段提及年壽對王氏官宦升遷之重要性，且綜合列表如下：

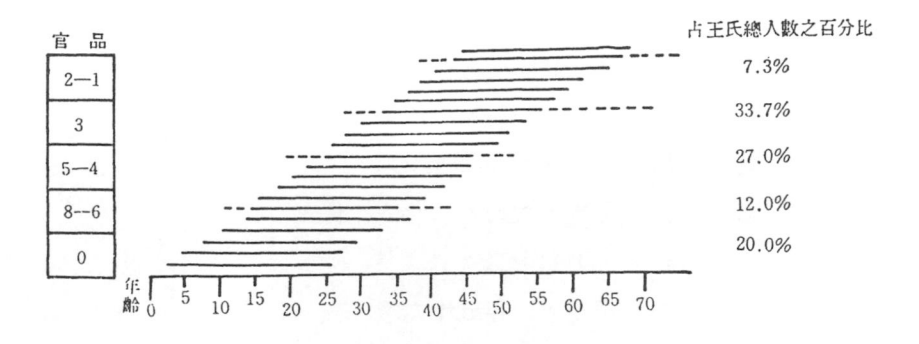

上述強調年壽與升遷之關係，並非完全不重視才華因素，王氏自始便是以學業承襲的家族，對家族成員的學業皆有某些標準，王氏的學業水準似乎很得當時人的信心（詳細討論見下節），再加以崇高的門資，於是乎就造成上述年壽與官品升遷有密切關係的現象。

　　隋唐時期的升遷資料極端缺乏，無法作系統研究。但是有一點可作肯定者，即依據「瑯琊王氏各代官品統計表」所示，王氏在隋唐的政治地位已遠不如前，詳細情形要待隋唐墓誌銘全面整理完成後，或可有進一步瞭解。因此上述魏晉南北朝時期升遷速度之研究，不適用於隋唐時期。

（四）、擔任官職之分析

　　魏晉南北朝時，王氏所擔任官職統計如下：

官職	數
司徒	5
侍中	58（包括加官）
尚書令	9
尚書僕射	14
中書監令	22
列曹尚書	35
光祿大夫	16
散騎常侍	16
列卿	25
秘書監	5
三品將軍	31
太子太師詹事	9
司徒左長史	19
黃門侍郎	34
中書侍郎	24
刺史	41
太守	81

三、王氏在政治社會中的動態

（一）、王氏政治行爲之分析

魏晉南北朝期間，王氏們的政治行爲大致可分爲三大類型：

第一類是無爲型。其代表人物有王戎、王衍。試以此二人爲例，從其對政治上各種觀點及作風諸方面看這一類型的具體行爲。

ａ、王戎

〔晉書〕卷四十三「王戎傳」記載：

> 尋轉司徒，以王政將圯，苟媚取容，屬愍懷太子之廢，竟無一言匡諫。

> 惠帝反宮，以戎爲尚書令。旣而河間王顒遣使就說成都王穎，將誅齊王冏。檄書至，冏謂戎曰：孫秀作逆，天子幽逼，孤糾合義兵，掃除元惡，臣子之節，信著神明。二王聽讒，造構大難，當賴忠謀，以和不協。卿其善爲我籌之。戎曰：公首舉義衆，匡定大業，開闢以來，未始有也，然論功報賞，不及有勞，朝野失望，人懷貳志。今二王帶甲百萬，其鋒不可當，若以王就第，不失故爵。委權崇讓，此求安之計也。冏謀臣葛旟怒曰：漢魏以來，王公就第，寧有得保妻子乎？議者可斬。於是百官震悚，戎僞藥發墮廁，得不及禍。

〔晉書〕給他的評論最能表現出其政治行爲，云：「（戎）無蹇諤之節，自經典選（爲吏部尚書），未嘗進寒素，退虛名，但與時浮沈，戶調門選而已。」

ｂ、王衍。王戎之從弟，其風格與戎極相似。

〔晉書〕卷四十三「王衍傳」記載：

> （王衍爲尚書令時）女爲愍懷太子妃，太子爲賈后所誣，衍懼禍自表離婚。賈后旣廢，有司奏衍曰：衍與司徒梁王肜書，寫呈皇太子手與妃及衍書，陳見誣之狀，肜等伏讀，辭旨懇惻，衍備位大臣，應以義責也。太子被誣得罪，衍不能守死善道，即求離婚，得太子手書，隱蔽不出。志在苟免，無忠蹇之操，宜加顯

責，以屬臣節，可禁錮終身。從之。

及（東海王）越薨，眾共推為元帥，行以賊寇鋒起，懼不敢當，辭曰：吾少無宦情，隨牒推移，遂至於此。今日之事，安可以非才處之。俄而舉軍為石勒所破，勒呼王公與之相見，問行以晉故。行為陳禍敗之由，云計不在己，勒甚悅之，與語移日。行自說少不豫事，欲求自免，因勸勒稱尊號。勒怒曰：君名蓋四海，身居重任，少壯登朝，至於白首，何得言不豫世事耶？破壞天下，正是君罪。……填殺之。行將死，顧而言曰：嗚呼！吾曹雖不如古人，向若不祖尚浮虛，戮力以匡天下，猶可不至今日。

第二類是積極型。有抱負有才能的人物，對現實政局採取積極的態度，有的失敗，有的成功，我們且不論其成功與失敗，其積極則一也，當西晉末葉，王氏有兩個積極型的代表人物，即王導與王敦。

ａ、王導。

王導處理當時局面，頗有開創的氣魄。〔晉書〕卷六十五「王導傳」云：

導知天下已亂，遂傾心推奉（晉元帝），潛有興復之志，帝亦雅相器重，契同友執。帝之在洛陽也，導每勸令之國，會帝出鎮下邳，請導為安東司馬，軍謀密策，知無不為。

陳寅恪「論東晉王導之功業」一文曾予肯定。

建立東晉之初，王導有一連串的新猷，他樹立了南朝規模，他的政策一直被南朝遵循著，今簡述其重要作風如下：

(1)收攬土著民心，任用吳郡賢才，使新政府能在南方生根，採取恩威並用的手段。〔晉書〕卷六十五「王導傳」云（下同）：

及徙鎮建康，吳人不附，居月餘，士庶莫有至者，導患之。會敦來朝，導謂之曰：琅邪王仁德雖厚，而名論猶輕，兄威風已振，宜有以匡濟者。會三月上巳，帝親觀禊，乘肩輿，具威儀，敦、導及諸名勝皆騎從，吳人紀瞻、顧榮皆江南之望，竊覘之，見其如此，咸驚懼，乃相率拜於道左。導因進

計曰：古之王者，莫不賓禮故老，存問風俗，虛己傾心，以
招俊乂。況天下喪亂，九州分裂，大業草創，急於得人者
乎？顧榮、賀循此土之望，未若引之以結人心，二子既至，
則無不來矣！帝乃使導躬造循、榮，二人皆應命而至，由是
吳會風靡，百姓歸心焉。

(2)安慰流亡人士，並選用其賢才。「王導傳」云：

俄而洛京傾覆，中州士女，避亂江左者十六七，導勸帝收其
賢人君子，與之圖事。時荊揚晏安，戶口殷實，導為政務在
清靜。

(3)規勸君主。

每勸帝克己勵節，匡主寧邦，於是尤見委杖，情好日隆，朝
野傾心，號為「仲父」。

(4)勉勵士大夫積極為國。

過江人士，每至暇日，相要出新亭飲宴，周顗中坐而歎曰：
風景不殊，舉目有江河之異。皆相視流涕。惟導愀然變色
曰：當共勠力王室，克復神州，何至作楚囚相對泣耶？眾收
淚而謝之。

(5)提倡教育。

于時軍旅不息，學校未修，導上書曰：夫風化之本，在於正
人倫，人倫之正，存乎設庠序，庠序設，五教明，德福洽
通，彝倫攸敍，而有恥且格，父子兄弟夫婦長幼之序順，而
君臣之義固矣！〔易〕所謂「正家而天下定」者也。故聖王
蒙以養正，少而教之，使化霑肌骨，習以成性，遷善遠罪而
不自知，行成德立，然後裁之以位……。

(6)安定王儲。

初，帝愛琅邪王裒，將有奪嫡之議，以問導，導曰：夫立子
以長，且紹又賢，不宜改革。帝猶疑之。導日夕陳諫，故太
子卒定。

(7)協調大臣。

于時庾亮以望重地逼，出鎮於外，南蠻校尉陶稱間說亮當舉
兵內向，或勸導密爲之防。導曰：「吾與元規（亮字）休戚
是同，悠悠之談，宜絕智者之口。則如君言，元規若來，吾
便角巾還第，復何懼哉？」又與稱書，以爲庾公帝之元舅，
宜善事之。於是讒間遂息。

又：（大司馬）庾亮將徵蘇峻，訪之於導。導曰：峻猜險，
必不奉詔。且山藪藏疾，宜包容之。固爭不從，亮遂召峻，
旣而難作。

上列若干項王導的政治措施，與古今任何宰輔相較毫無遜色。更值得
注意者，這種種措施，皆基於儒家的政治理論。王導的作風被南朝士
族子弟們所效法，雖然模仿他的人只學到一部分，且在實行時遠不如
王導積極，但王導似乎已替士族子弟們樹立了一種政治行爲的典範。

b、王敦。

對於州郡的控制，地方勢力的鏟平，王敦的貢獻不亞於從弟王
導。例如元帝初鎮江東之時，悉賴王敦武力支持。王敦是另一種的積
極行爲代表人物。

第三類是因循型。這類人的政治行爲是兢兢業業，不求有功，但
求無過，隨波逐流，憂讒畏譏，但並非完全不做一點事情，有時做一
點，大部分時間皆蕭規曹隨，因循不變。如〔晉書〕卷三十三「王祥
傳」中的王祥是代表人物之一。

徐州刺史呂虔檄爲別駕……委以州事。于時寇盜充斥，祥率勵
兵士，頻討破之，州界清靜，政化大行。時人歌之曰：海沂之
康，實賴王祥，邦國不空，別駕之功。

王祥比王戎輩無爲作風而言，要積極些，但其積極程度亦達此而已。
「王祥傳」又云：

累遷大司農。高貴鄉公即位，與定策功。……轉司隸校尉，從
討毋丘儉。……祥爲三老，……高貴鄉公之弒也，朝臣舉哀，
祥號哭曰：老臣無狀。涕淚交流，眾有愧色。項之拜（祥）司
空，轉太尉。

王祥臨卒時對其子孫的一段話，可作爲最佳的自我描述：

> 吾生值季末，登庸歷試，無毗佐之勳，沒無以報。氣絕但洗手
> 足，不須沐浴……。

因循人物在南朝末期被王氏們發揮至極，形成一種爲人處事的典型，
試舉數例。

〔陳書〕卷十七「王沖傳」：

> 性和順，事上謹肅，習於法令，政在平理，佐藩莅人，鮮有失
> 德，雖無赫赫之譽，久而見思。

〔陳書〕卷十七「王勱傳」：

> 爲政清簡，吏民便安之。

〔陳書〕卷二十一「王固傳」：

> 世祖以固清靜，且欲申以婚姻。

〔陳書〕卷二十三「王瑒傳」：

> 除吏部尚書，……居選職，務在清靜，謹守文案，無所抑揚。

政治行爲的分類，是一件不容易之事，因循型與無爲型之間之明
確標準爲何？積極型與因循型是否毫無重疊之處？這種種問題都無法
得到完整的答案。同時政治行爲是否只能分爲這三類，亦頗值得商
榷。本文這種分類是將就資料的分法。且將魏晉南北朝王氏在政壇上
主要人物依上列三種類型歸類列表於下：

王氏政治行爲分類表（魏晉南北朝時期，即自第一代至第十三代）

世 系	積 極 型	因　　　　循　　　　型	無 爲 型
第1代			
第2代			
第3代		祥、覽	
第4代			
第5代	敦、導、含、廙	舒、彬	戎、衍、澄
第6代	恬、允之、彪之	洽、劭、薈、瑜、羲之、胡之、翹之	
第7代		混、珣、珉、謐、恢、獻之	徽之、凝之

第 8 代	弘、虞、柳、孺、曇首、朗、練、球、惠
	、智、僧朗、華、琨、敬弘、鎮之、
	訥之
第 9 代	僧達、猷、遠、僧綽、僧虔、景文、
	翼之、普曜、淮之、韶之
第10代	懋、僧衍、嶠、儉、慈、志、絢、績
	之、蘊、份、瓚之、昇之、晏、逡、
	思遠、奐、陳、泰
第11代	瑩、亮、騫、筠、融、延之、秀之
第12代	沖、衷、銓、通、劢、質、固、峻、
	訓、錫、承
第13代	瑒、瑜、寬

表中有二點值得注意。其一：前三代因記載不詳，第五代及第六代時三種類型皆有著名人物出現。其二：因循型者逐代增加。討論於下：

上列粗分的三種政治行為類型，也可視為王氏對現實社會的三種反應，作風雖有不同，其基本心理則一，即保持家族的生存與地位。當永嘉亂起，正值王氏第五及第六代出現於歷史舞臺，面臨如此複雜巨大的變局，很容易產生各種不同的應變方法。有人認為採取消極態度做人處事可免許多爭執，不做不錯，少做少錯的心理產生，於是乎老莊思想最吻合於這些人的思想，他們認為「無為」是保家保身的萬靈丹。例如，「鍾會伐蜀，過與（王）戎別，問計將安出？戎曰：道家有言，為而不恃。非成功難，保之難也。」又「東安公繇專斷刑賞，威震外內。（王）戎誡繇曰：大事之後，宜深遠之。」及戎主持選舉時，「與時沉浮，戶調門選而已」。很容易看出他的無為保家思想。又王戎雖知族弟王敦有高才，但反對他的積極作風，認為是招禍之因，故「敦有高名，戎惡之，敦每候戎，輒託疾不見。」另一位主張無為的王衍，曾有狡兔三窟的設計，由此可見這類無為型的人物，

其政治行爲是無爲，其心理乃是因爲保家。另一類型者認爲國家危難之秋，得積極匡正才能保國保家，若說王導完全出於愛護司馬睿之心，毋寧說王導欲保家而以瑯琊王司馬睿做個招牌，這不但是王導一個人的想法，且是當時大部分僑姓及吳姓士族們的一般想法。而王敦的政治行爲積極之至，但是他的心理基礎可由他病倒時的一段話中得到若干啟示。「錢鳳謂敦曰：脫其不諱，便當以後事付應。敦曰：非常之事，豈常人所能。且應年少，安可當大事。我死之後，莫若解眾放兵，歸身朝廷，保全門戶，此計之上也。」（〔晉書〕卷九十八「王敦傳」）第三種人介於無爲型與積極型之間，採取中庸之道，因循故事，不急不緩，如王祥、王覽。這三種類型的人，在永嘉之亂以後皆得到充分的實驗，其結果是主張無爲作風者因爲完全失去政府設官治事之基本原則，這種人居位是敗事有餘而成事不足，王衍之死便表示無爲型的政治行爲的完全失敗，而時人亦漸以「浮華」稱之，遭人唾棄，故自戎、衍以後眞正在政治上採取無爲者漸少。積極型的人物對國家有創造性的貢獻，但是在權力鬥爭之下，一旦走上了「螺旋進程」之途[3]，可能會騎虎難下，如王敦是也，王敦給王氏家族之打擊至深且鉅，王氏幾乎滅族。卽以王導而論，亦曾遭元帝及他人之忌，故王導在其晚年亦以「清靜」聞。經過這些實驗，因循型的政治行爲似乎最能保持家族的生存及政治社會地位的繼續，自東晉以後，王氏皆服膺這種作風。然而，因循作風的盛行是否因爲該家族活力之衰微，非現存資料所能證明。

（二）、王氏與軍旅

這是從另一個角度看王氏之行爲風格。依與軍旅接近之深淺，且分爲三類，卽「活躍」「不活躍」「未涉」。將魏晉南北朝主要的王氏歸類於表中：

---

[3]　參見朱堅章著〔歷代篡弒之研究〕第五章「篡弒的動機──權力與自保」。嘉新，1964。

王氏參與軍旅分類表（魏晉南北朝時期）

世系	活躍	不活躍	未涉
第1代			
第2代			融
第3代			祥、覽
第4代	叉	彥、裁、渾	肇、馥、基、正、琛、悟
第5代	敦、含、舒、廙	導、彬、澄、衍	戎、俊、曠、梭、侃
第6代	恬、應、允之	洽、薈、晏之、萬、徽	退、悅、劭、羲之、玄、頤之、耆之、彭之、彪之、翹之、胡之、會
第7代		珣、肅之、羨之、越之	混、珉、謐、穆、默、恢、廞、凝之、徽之、獻之、操、茂、隨之、臨之
第8代		瑕、曇首、華、楨之、琨	誕、弘、虞、柳、朗、練、球、智、僧朗、惠、敬弘、偉之、鎮之、弘之、納之
第9代		恢、欽、宣侯、淮之、僧達、僧虔	偃、錫、深、猷、遠、微、僧謙、僧綽、景文、楷、粹、翼之、恢之、韶之、普曜
第10代		僧祐、珪之、蘊、鎮之、奐	藻、懋、脩、僧亮、僧衍、道琰、瞻、儉、慈、志、楫絢、績、思遠、份、瓚之、昇之、曄之、晏、翊、逢
第11代		延之、籍、德元	瑩、亮、茂璋、長玄、騫、陳、泰、筠、融、深、琳、秀之、晃
第12代			沖、實、規、訓、承、稺、祥、詡、銓、錫、僉、通、勸、質、固、
第13代			峻、裒、寬、琮、瑒、瑜

上表所示，王氏參與軍事活動逐代減少。前幾代因記載不詳，且王氏
並未至極盛時期 。 第五代是王氏軍事方面最活躍時期 ， 王敦更爲突
出，王含、王舒、王虞皆有積極的表現。第六代的王恬、王應、王允
之雖不如王敦輩，但亦甚愛軍旅。自第六代以後，軍事方面活躍分子
不復出現，至多只是些軍事參謀及一些不甚重要的軍職而已，且未涉
軍者的數目遠過「不活躍」類。自第十一代以後，甚至「不活躍」者
亦不見，王氏似乎已完全退出了軍旅。涉及軍旅與否或有時勢因素，
永嘉亂後誠然是用兵之時，但南朝政局變化奇大，且侯景之亂所造成
的混亂局面不亞於西晉末年，而王氏第十二代第十三代（正值梁陳之
際）卻完全脫離了軍旅。因此應當著重於內在因素的分析。瑯琊王氏
自西漢始便是一個以經業傳家的家族，本質上傾向於文才方面，此乃
基本的心理傾向，但是當時文武之途並沒有截然分開，許多儒生都曾
經將兵，王敦是一位文質彬彬的貴公子，同時也是一位傑出的將才，
謝安的淝水之戰，證明其軍事才華。王氏之所以逐代遠離軍旅，最重
要的原因是軍功雖能帶來功績，但不能給家族幸福，自王敦反後，幸
賴王導忠誠，王氏才免去族滅之禍，這個打擊對兢兢業業的王導教訓
很大，從一個例子中可以看出王導的心理。〔晉書〕「王導傳」：

　　（王導長子）悅字長豫，弱冠有高名，事親色養，導甚愛之。（次

　　子恬）少好武，不為公門所重。導見悅輒喜，見恬便有怒色。

王氏一族居高官者三分之二皆王導之後裔，這種重文輕武的作風，可
能已成爲王導的家訓矣！

（三）、王氏與社會價值觀念

　　在政治行爲方面王氏逐漸走因循路線，在軍事活動方面王氏又逐
漸遠離軍旅，然則王氏如何能維持其政治地位呢？其所憑爲何物？最
重要的原因是士族能適應當時的社會價值，甚或士族能掌握當時的社
會價值觀念。

　　社會價值觀念的差異，會影響到取士的標準，這是歷代皆有的現

象[4]，魏晉南北朝時期也不例外。但是魏晉南北朝取士標準受社會價
值觀念影響之大，非以往任何朝代所能及，這是因爲當時選舉制度伸
縮性過大所致。自曹魏文帝時吏部尙書陳羣創立了九品官人法以後，
一直延用於南北朝。九品中正制度在各州郡設立大小中正，評定管轄
地區內人才爲九等。如〔文獻通考〕卷二十八「選舉」一云：

> 州郡縣俱置大小中正，各取本處人在諸府公卿及臺省郎吏有德
> 充才盛者爲之，區別所管人物，定爲九等。其有言行修著，則
> 升進之，或以五升四，以六升五；倘或道義虧缺，則降下之，
> 或自五退六，自六退七。

評定人物之權歸於中正官，而最重要之點厥爲評定人物無具體固定的
標準。雖然在晉武帝時曾詔令諸郡中正舉淹滯，其詔令中定下了六個
標準。卽一曰：忠恪匪躬。二曰：孝敬盡禮。三曰：友于兄弟。四曰：
潔身勞謙。五曰：信義可復。六曰：學以爲己。很顯然地這六個標準
都以品德爲主，且模稜非常，毫不具體。所以後世中正官所採用的選
士標準，全與社會價值的觀念相吻合，社會上認爲某一行爲是好的，
中正官便引爲取士的好條件，故一般做人的社會價值標準亦被認爲取
士標準。社會價值觀念與取士標準成廣泛的結合，誰能掌握或適應社
會價值觀念，誰便能合於任官標準。且看當時的社會價值觀念如何：

　①品德重於一切

　　重視品德本是任何社會之常態，但當時人對品德重視之程度，遠
在一般社會之上。士族皆崇尙儒家學說，儒家對於品德方面的主張是
仁義孝弟，而魏晉南北朝的士族們把「孝」「弟」實踐得極爲澈底，
也唯有孝弟才被時人視爲品德的最高境界。魏晉南北朝正史裏這種記
載多極了，　因爲孝弟實行得不澈底而被中正官降品的例子亦屢見不
鮮。卽以瑯琊王氏而論，孝弟之例在當時社會中極爲稱著。如〔晉
書〕卷三十三「王祥傳」：

4　參見拙文「中國中古賢能觀念之研究──任官標準之商榷」刊於〔歷史語言研究所
　　集刊〕第48本第3分，1977。

祥性至孝，早喪親，繼母朱氏不慈，數譖之，由是失愛於父，
每使掃除牛下，祥愈恭謹。父母有疾，衣不解帶，湯藥必親
嘗。母常欲生魚，時天寒冰凍，祥解衣將剖冰求之，冰忽自
解，雙鯉躍出，持之而歸。母又思黃雀炙，復有黃雀數十飛入
其幔，復以供母，鄉里驚嘆，以為孝感所致焉。有丹柰結實，
母命守之，每風雨，祥輒抱樹而泣。……母終居喪毀瘁，杖而
後起。徐州刺史呂虔檄為別駕。

王祥之弟王覽則以「弟」聞名：

母朱遇祥無道，覽年數歲，見祥被楚撻輒涕泣抱持。至于成
童，每諫其母，其母少止凶虐。朱屢以非理使祥，覽輒與祥
俱。又虐使祥妻，覽妻亦趨而共之，朱患之，乃止。祥喪父之
後，漸有時譽，朱深疾之，密使酖祥，覽知之，逕起取酒，祥
疑其有毒，爭而不與，朱遽奪反之。自後朱賜祥饌，覽輒先
嘗，朱懼覽致斃，遂止。覽孝友恭恪，名亞於祥。及祥仕進，
覽亦應本郡之召。……咸寧初詔曰：覽少篤至行，服仁履義，
貞素之操，長而彌固，其以覽為宗正卿。

而王獻之王徽之兄弟求代死之一幕，亦非常感人。甚至如王氏中崇尚
老莊最洒脫不羈的王戎，〔晉書〕卷四十三本傳中亦云：

以母憂去職，性至孝不拘禮制，飲酒食肉，或觀弈棊，而容貌
毀悴，杖然後起。裴頠往弔之，謂人曰：若使一慟能傷人，濬
沖（戎字）不免滅性之譏也。時和嶠亦居父喪，以禮法自持，
量米而食，哀毀不踰於戎。帝謂劉毅曰：和嶠毀頓過禮，使人
憂之。毅曰：嶠雖寢苫食粥，乃生孝耳；至於王戎，所謂死
孝；陛下當先憂之。

孝弟被當時人視為品德之最上品，「容貌毀悴」「杖而後起」已成為
士族居喪的基本禮貌，而王氏之孝弟行為似乎在當時扮演偶像角色。

　②文才的重視。

　　這也是歷代共同重視的社會價值觀念。文才被認為仕進的條件之

一，如〔陳書〕卷三「世祖紀」天嘉元年七月詔：

> 梁前征西從事中郎蕭策，梁前尚書中兵郎王運，並世冑清華，羽儀著族，或文史足用，或孝德可稱，並宜登之朝序，擢以不次。

宋臨川王劉義慶表薦庾寔有云：

> 伏見前臨沮令新野庾寔，秉真履約，愛敬淳深。昔在母憂，毀瘠過禮。今罹父疚，泣血有聞。行成閨庭，孝著鄰黨，足以敦化率民，齊教軌俗。前徵奉朝請武陵龔祈，恬和平簡，貞潔純素，潛居研志，耽情墳籍，亦足鎮息頹競，獎勸浮動。處士南郡師覺，才學明敏，操介清修，業均井渫，志固冰霜。（〔宋書〕卷五十一「臨川王劉義慶傳」）

除孝弟以外，文才是被重視的。瑯琊王氏在這方面的造詣，可見諸〔梁書〕卷三十三「王筠傳」，僧虔孫筠與諸兒書論家世集，曰

> 史傳稱安平崔氏及汝南應氏，並累世有文才，所以范蔚宗云崔氏世擅雕龍，然不過父子兩三世耳。非有七葉之中，名德重光，爵位相繼，人人有集，如吾門世者也。沈少傅約語人云：「吾少好百家之言，身為四代之史，自開闢以來，未有爵位蟬聯，文才相繼，如王氏之盛者也」。汝等仰觀堂構，思各努力。

　⑧重視禮法。

　　禮法是規範人與人之間行為的準則，一個士族家庭之所以見重於世，原因固多，但有優良的禮法是其重要條件之一。錢穆先生甚至說：禮法實與門第相始終，惟有禮法乃始有門第，若禮法破敗，則門第亦終難保。如陸機服膺儒術，非禮不動。庾亮善談論，性好老莊，風格峻整，動由禮節。而王弘的禮法舉止，更成為模倣的典型人物。〔宋書〕卷四十二「王弘傳」云：

> （王）弘明敏有思致，既以民望所宗，造次必存禮法，凡動止施為及書翰儀體，後人皆依倣之，謂為王太保家法。

除了個人及家庭間的禮法以外，能通曉朝廷禮法者亦見重於世。〔南

齊書〕卷二十三「王儉傳」云:

> 時大典(宋禪位於南齊)將行,儉為佐命,禮儀詔策,皆出於
> 儉。……朝廷初基,制度草創,儉識舊事,問無不答,上歎
> 曰:「詩云:『維嶽降神,生甫及申』,今亦天為我生儉也。」

又〔宋書〕卷六十「王准之傳」云:

> 彪之博聞多識,練悉朝儀,自是家世相傳,並諳江左舊事,緘
> 之青箱,世人謂之王氏青箱學。

④重視外貌與儀態。

這是一項較為奇特的社會價值觀念,起源於漢末的品題人物,而
一直沿襲至魏晉南北朝。如〔世說新語〕中卷「賞譽篇」對李膺的評
價:

> 世目李元禮,謖謖如勁松下風。(劉孝標注引〔李氏家傳〕,
> 謂膺嶽峙淵清,峻貌貴重。)

據錢穆的理論,認為這是時人對品德的另一標準[5]。

> 當時人喜把外面一切人事全擺開,專從其人所表現在其本身者
> 作品目,因之事功德業有非所重,而其人之儀容舉止,言辭音
> 吐,反多為人注意。當時人觀念,似乎認為一人之德性,可
> 在其人之日常生活與其聲音儀容中表出,而一切外面之遭遇與
> 作為,則可存而不論。此種德性之表出,而成為一固定之格
> 調,時人謂是其人之標致,亦稱標格,或風標,或風格,或標
> 度。猶之此後宋儒之愛言氣象,要之總是就其人之表現在自身
> 者言。此種氣象與標致之表現在其人之自身者,亦即是其人之
> 品格與德性。而此種品格與德性,則實具一種動的潛力,使他
> 人與之相接而引起一種仰欽欣美之心,受其感染,羣相慕效,
> 此乃其人人格一種內在影響力,此種潛力之發為影響,在魏晉
> 人則稱之為風流。論語有云:君子之德風,小人之德草,草上
> 之風必偃。孟子云:其故家遺俗,流風善政,猶有存者。風流

5　錢穆:「略論魏晉南北朝學術文化與當時門第之關係」〔新亞學報〕5卷2期,
　　1963。

二字，大意本此。故知當時人之所謂人物風流，即指其人之品
格德性之修養可以形成為一時風氣，為人慕效。故風流即是至
德，至德始成風流。

「風流即是至德」，不在本文討論範圍之內。然而貌美風儀是當時社
會所崇尚者，這點可有許許多多例子證實之。例如〔陳書〕卷二十三
「王瑒傳」：

（王瑒）沈靜有器局，美風儀，舉止醞藉……授散騎常侍領太
子庶子侍東宮，遷領左驍騎將軍、太子中庶子，常侍、侍中如
故。瑒為侍中六載，父沖嘗為瑒辭領中庶子，世祖顧謂沖曰：
所以久留瑒於承華，政欲使太子微有瑒風法耳。

〔梁書〕卷二十一「王峻傳」：

峻少美風姿，善舉止。……高祖甚悅其風采。……出為宣城太
守。

王氏貌美風儀者不乏其人。而知名者有三十二人之多。

　⑤清談及應對。

　　自魏晉崇尚老莊之風起，清談成為上流社會重要的生活面之一，
是社交的重要節目，同時亦為表現才情的機會及較量學識（當時人喜
談玄學）的場所。如〔世說新語〕卷上「文學」載：

裴散騎娶王太尉女，婚後三日，諸壻大會。當時名士，王裴子
弟悉集。郭子玄在坐，挑與裴談，子玄才甚豐贍，始數交，未
快，郭陳張甚盛，裴徐理前語，理致甚微，四座咨嗟稱快。王
亦以為奇，謂諸人曰：君輩勿為爾，將受困寡人女婿。

又如：（同上）

羊孚弟娶王永言女，及王家見婿，孚送弟俱往，時永言父東陽
尚在，殷仲堪是東陽女婿，亦在坐。孚雅善理義，乃與仲堪道
「齊物」，殷難之。羊云：君四番後當得見同。殷笑曰：乃可
得盡，何必相同。乃至四番後一通。殷咨嗟曰：僕便無以相
異。歎為新拔者久之。

〔梁書〕卷二十一「王暕傳」中記載明帝詔求異士，始安王遙光表薦
暕及東海王僧孺曰：

> 勢門上品，猶當格以清談；英俊下僚，不可限以位貌。

可見清談受上流社會之重視。王衍善於清談，其受人景仰之程度可由
〔晉書〕本傳中見之：

> 衍既有盛才美貌，明悟若神，常自比子貢，兼聲名藉甚，傾動
> 當世，妙善玄言，唯談老莊為事。每捉玉柄麈尾，與手同色。
> 義理有所不安，隨即改更，世號口中雌黃。朝野翕然，謂之一
> 世龍門矣！累居顯職，後進之士，莫不景慕放效，選舉登朝，
> 皆以為稱首。矜高浮誕，遂成風俗焉。

善於應對亦甚受重視。如〔梁書〕卷二十一「王訓傳」：

> （年）十六召見文德殿，應對爽徹，上目送久之，顧謂朱异
> 曰：可謂相門有相矣！

⑥重視藝術。

〔顏氏家訓〕「雜藝篇」記載分藝術為九類：一書法；二繪畫；三
弓矢射藝；四卜筮；五算術；六醫方；七音樂琴瑟；八博戲與圍棋；
九投壺與彈棋。其中以書法最受社會重視，而瑯琊王氏善書者計有二
十九人，據王僧虔謂，王氏善書者居古今之半[6]。

　　以上是當時社會上比較重視的社會價值。有時一人兼具上列數種
的才情，如美貌風儀及善清談，或工書善屬文等，則在相互標榜的風
氣之下而成為「名士」。王氏子弟有名於當時者極多，計有五十七人。

　　被社會價值認為好的，不但是好行為好事物，並且被採用為取士
的積極條件。王氏能歷久不衰，與王氏家族的特性（其他士族亦有此
特性，但王氏較為典型）最與這些社會價值觀念接近。但是這種現象
是因為士族掌握了社會價值觀念？抑或是士族適應社會價值觀念？則
是一個極難分辨的問題。

6　〔南齊書〕卷三十三「王僧虔傳」。

四、王氏盛衰之研究

　　西晉之際，時人把裴王二氏並稱，瑯琊王氏雖不是第一大族，但已是前數位的士族了。自東晉開始，垂南朝四期，王氏顯然是聲勢赫赫的第一號大族。這個士族綿延及盛貴之久，罕有其例，但是它畢竟有盛有衰，其間變化之痕跡，則是本節討論之主旨。一個家族之盛衰，可由二方面研究之：其一是政治地位的盛衰；其二是社會地位的盛衰。雖然政治與社會地位的盛衰有著密切的關連，但如果能分開討論則更易收相輔相成之效。

王氏政治暨社會地位盛衰統計表

項目 世系	上品	中品	下品	合計	不仕	總計	娶	嫁
1		1		1		1		
2					1	1		
3	2	1		3		3	薛（高平）、朱（廬江）	
4	2	9	1	12	3	15	羊、任（樂安）	衛
5	8	5		13	4	17	○、裴、郭、曹（彭城）、郤（夏侯 濟陰）	
6	9	8	5	22	4	26	謝、謝、周、周、荀、裴、夏侯 、郤	○、裴
7	8	9	3	20	6	26	謝、謝、謝、何、郤、樂（南陽 ）、○	
8	19	10		29	4	33	○、桓、桓、袁	○、桓、殷
9	15	8	4	27	3	30	○、○、○、○、○、○、羊、 何	○、○、○、何
10	17	11	2	30	10	40	○、○、○、○、○、謝、殷	○、謝、蔡
11	11	12	1	24	9	33	○、○、○、○、○、○、○	○、○、○、○、 ○、殷
12	18	12		30	6	36	○、○、○、袁	○、○
13		8	15	7	30	4	34	○、○	○、○
14		3	12	13	28	4	32		褚、張（南陽）

代							官品	通婚
15	3	16	28	47	7	54	杜（京兆）、李（高平）	許（高陽）
16		14	25	39	25	64	○、蕭、段（雁門）	盧（范陽）
17	1	11	12	24	32	56	○、楊（弘農）、薛、薛（河東）	崔（清河）
18	3	14	19	36	30	66	○、○、李（隴西）	張（清河）
19	1	3	16	20	33	53	○	
20		7	5	12	19	31		
21		2	5	7	4	11		湯華
22			1	1	6	7	韋（京兆）	崔（博陵）、韋（京兆）
23		1	3	4	3	7	范（順陽）	范（順陽）

附記：（一）上品指第一至第三品。中品指第四至第六品。下品指第七至第
　　　　　九品。
　　　（二）「○」符號表示與皇室通婚。

　　政治地位之盛衰可以官宦爲其座標。任官者多與官品高是二項主
要的標準，而官品高似乎又比較具重要性。從「瑯琊王氏各代官品統
計表」中，將第一至第三品歸成一類，稱爲上品；將四至六品稱爲中
品；七至九品稱爲下品。便很容易看出政治地位盛衰現象。第一代第
二代沒有什麼特出；第三、四代已逐漸「起飛」；第五、六、七代每
代皆有八至九人官居上品，另有八九名官拜中品，而入仕人數每代已
超過二十人，這時正當西晉末年及東晉。第八、九、十、十一、十二
代達到最盛狀況，每代皆有十五名居官上品，十名以上居官中品，而
尤其第八代拜上品者竟至十九人之多，每代入仕人數亦晉至三十人左
右，這正是東晉末期及宋齊梁陳時代。第十三代開始下降，第十三代
的現象與第五、六、七代相似。第十四、第十五代每代有上品三人，
中品十幾人，與第三第四代相似，這正值唐初之際。第十六、十七、
十八、十九代雖然上品人數僅只一至三人，但中品人數仍有每代十餘
人，而每代入仕人數則有三十人左右，這正值中唐時期。第二十、二
十一代已不見居上品者，而中品亦僅數人而已。第二十二、第二十三
代幾乎只有幾人居下品而已，而入仕人數亦不過四人。顯然地，王氏

政治地位的盛衰如拋物線一般，東晉南朝爲其頂峯，但其衰勢是緩慢的，這條拋物線的末端延長至唐亡。

　　社會地位的盛衰包含著當時人對王氏共同的看法，其盛衰是由許許多多心理因素決定，因此無法如同政治地位盛衰能有較明確的起伏線，而只能以相對的比較以判別之。本文用以比較的座標則是當時王氏的婚嫁關係。本文的基本假設是：如果二族互相通婚，則該二族的族望及社會地位相差不大。從婚嫁關係中發現；第三代王氏與高平薛氏及盧江朱氏爲婚，該二族在當時並非大士族。第四代王氏與泰山羊氏，樂安任氏及衞氏爲婚，除泰山羊氏爲士族外，其他二族並不聞名於當時。顯然地第四代的社會地位比第三代有加焉。第五代有與皇室、裴氏、夏侯氏通婚，這皆是當時名族；又有與郭氏爲婚，郭氏乃賈后之親戚，而曹氏與郤氏則未知其社會地位之高低，總而言之，從王氏第五代的婚嫁關係看，視第四代有加焉，另一點值得注意者，卽自第五代始，往後每代皆有與皇室通婚者。第六代時，王氏之婚嫁皆屬當時大族，如與皇室通婚者一，與謝氏者二，與裴氏者二，與周氏者二，荀氏、夏侯氏、郤氏各一。第七代與第六代相似。第八代的婚嫁更爲盛美，計皇室二，桓氏三，袁氏、殷氏各一。第九代至第十三代有大批的王氏與皇室爲婚，計有三十七起，除皇室以外有謝氏、何氏、殷氏、袁氏、蔡氏，社會地位之隆，已至頂峯，這正值南朝時期。第十三代以下，資料更是殘缺，但仍可作某些程度的推論。以第十四代至第十九代而言，與王氏通婚者仍以大族爲多，如皇室有五起（第 16, 17, 18, 19 代每代皆有）、褚氏、南陽張氏、京兆杜氏、蕭氏、范陽盧氏、弘農楊氏、河東薛氏、清河崔氏、清河張氏、隴西李氏、高陽許氏等，皆當時大族，但值得注意者這些皆北方大士族，屬於南朝者僅蕭氏而已。第二十二及第二十三代王氏與京兆韋氏、博陵崔氏及順陽范氏通婚，且已不見與皇室通婚者。一般而論，唐朝時王氏社會地位雖不及南朝時期，但仍然有很高的地位，這種社會地位至唐末而不衰。

　　依上列分析，王氏政治地位的盛衰大致與社會地位盛衰相吻合，皆以南朝爲其盛極時期，兩晉爲其「起飛」時期，隋唐則其「下降」時期，而其衰微的時期較緩，延綿時期較長，尤見社會地位的衰微，沒有政治地位那樣敏感。

　　　　　　—— 本篇原刊於〔中央研究院歷史語言研究所集刊〕第三十七本

第十一篇　隋唐政權中的蘭陵蕭氏

一、前言

　　蘭陵蕭氏是南朝重要僑姓之一，齊梁房是帝室，即梁武帝之後裔[1]。梁武帝在位有四十八年之久（天監元年至太清三年，公元 502 至549），長子統，即昭明太子，中大通三年（公元531）卒，僅三十一歲，據〔梁書〕卷八「昭明太子傳」載（〔南史〕卷五十三同）：

> 太子自加元服，高祖便使省萬機，內外百司奏事者填塞於前。太子明於庶事，纖毫必曉，每所奏有謬誤及巧妄，皆即就辯析，示其可否，徐令改正，未嘗彈糾一人。平斷法獄，多所全宥，天下皆稱仁。性寬和容眾，喜慍不形於色。引納才學之士，賞愛無倦。恒自討論篇籍，或與學士商榷古今；閒則繼以文章著述，率以為常。于時東宮有書幾三萬卷，名才並集，文學之盛，晉宋以來未之有也。

武帝卒後，第三子綱繼位，是為簡文帝，昭明太子之子未能入繼大統，此事對於梁朝政局之發展，以及蘭陵蕭氏在隋唐政權中之地位有深遠影響。

二、西魏北周集團與後梁政權

1　〔新唐書〕卷七十一下蘭陵蕭氏齊梁房條：「衍，梁高祖武皇帝也，號齊梁房。」

　　昭明太子有五子：歡、譽、詧、譬、鑒。〔南史〕卷五十三「梁武帝諸子傳」：

　　（昭明太子）薨後，長子東中郎將南徐州刺史華容公歡封豫章郡王，次子枝江公譽封河東郡王，曲江公詧封岳陽郡王，譬封武昌郡王，鑒封義陽郡王，各二千戶。女悉同正主。蔡妃供侍一同常儀，唯別立金華宮爲異。帝旣廢嫡立庶，海內囂嗜，故各封諸子大郡以慰其心。岳陽王詧流涕受拜，累日不食。……歡字孟孫，位雲麾將軍、江州刺史。薨，謚安王。子棟嗣。棟字元吉。及簡文見廢，侯景奉以爲主……棟驚不知所爲，泣而升輦……景敗走……（元）帝別敕……沈于水。

次子譽改封河東郡王，出爲南中郎將、湘州刺史，在荊湘一帶與梁世祖元帝爭奪勢力，元帝命領軍將軍王僧辯圍殺譽，事見〔梁書〕卷五十五「河東王譽傳」（〔南史〕卷五十三「梁武帝諸子傳」略同）。

　　三子詧當時在襄陽，爲拯救乃兄譽而與梁元帝衝突，昭明太子子孫遂與梁中央政府產生裂痕，〔周書〕卷四十八「蕭詧列傳」有詳細記載：

　　（詧）知石頭戍事，瑯琊、彭城二郡太守，東揚州刺史。初，昭明卒，梁武帝舍詧兄弟而立簡文，內常愧之，寵亞諸子，以會稽人物殷阜，一都之會，故有此授，以慰其心。詧旣以其昆弟不得爲嗣，常懷不平……遂蓄聚貨財，交通賓客，招募輕俠，折節下之。其勇敢者多歸附，左右遂至數千人，皆厚加資給。中大同元年，除持節都督雍梁東益南北秦五州、郢州之竟陵、司州之隨郡諸軍事，西中郎將，領寧蠻校尉，雍州刺史，詧以襄陽形勝之地，又是梁武創基之所，時平足以樹根本，世亂可以圖霸功，遂克己勵節，樹恩於百姓，務修刑政，志存綏養……於是境內稱治。……梁元帝時鎮江陵，與（張）纘有舊，纘將因之以斃詧兄弟。……詧時以譽危急，乃留諮議參軍蔡大寶守襄陽，率眾二萬，騎千匹伐江陵以救之。……元帝大

懼，乃遣參軍庾奐謂詧曰：「正德肆亂，天下崩離。汝復效
尤，將欲何謂？吾蒙先宮愛顧，以汝兄弟見屬。今以姪伐叔，
逆順安在？」詧謂奐曰：「家兄無罪，累被攻圍。同氣之情，
豈可坐觀成敗。七父若顧先恩，豈應若是。如能退兵湘水，吾
便旋旆襄陽。」詧既攻柵不尅，退而築城。

詧面臨梁中央強大壓力，因地接西魏，不得不稱藩北朝，時西魏宇文
泰當政。從此蕭詧一系與關中人物發生關係，前引書同卷繼載：

> 詧既與江陵搆隙，恐不能自固，大統十五年（公元 549），
> 乃遣使稱藩，請為附庸。太祖（宇文泰）令丞相府東閤祭酒榮
> 權使焉。詧大悅。是歲，梁元帝令柳仲禮率眾進圖襄陽。詧
> 懼，乃遣其妻王氏及世子嶚為質以請救。太祖又令榮權報命，
> 仍遣開府楊忠率兵援之。十六年，楊忠擒仲禮，平漢東，詧乃
> 獲安。……太祖遂令假節散騎常侍鄭穆及榮權持節策命詧為梁
> 王。詧乃於襄陽置百官，承制封拜。……魏恭帝元年（公元
> 554），太祖令柱國于謹伐江陵，詧以兵會之。及江陵平，太
> 祖立詧為梁主，居江陵東城，資以江陵一州之地。其襄陽所
> 統，盡歸於我。詧乃稱皇帝於其國，年號大定。追尊其父統為
> 昭明皇帝。

由上文觀之，蕭詧之能倖存，完全得力於宇文泰之庇護，宇文泰先後
派遣楊忠、于謹領兵，實皆西魏北周集團之主力，可見對於此役非常
重視，宇文泰之所以順利南侵，固然是該集團兵力強盛，蕭詧也提供
重要助力，才得飲馬長江，詧除了聯軍作戰以外，長兄歡、次兄譽卒
後，詧儼然是昭明太子之嫡系，不僅在襄陽、荊州一帶有影響力，在
梁政權軍民心中也有某些程度的影響，其尊蕭統為昭明皇帝一事是滿
足部分人心之反映。詧將尹德毅曾建議襲殺于謹，收攬人心，建立獨
立的梁國，此議極不實際，詧當然不會同意，然亦反映詧是一塊值得
利用的金字招牌，對梁中央而言，這是奪嫡事件的後遺症。宇文泰移
蕭詧於江陵，收襄陽之地，詧更無力反抗，這個附庸國被併吞是時間

問題。宇文氏從蕭詧獲得重大利益，關中集團人物對這一系亦相當禮遇。詧卒，周高祖命其太子巋嗣位，年號天保，〔周書〕卷四十八「蕭詧傳」附巋傳載：

> 及隋文帝執政，尉遲迥、王謙、司馬消難等各起兵。時巋將帥皆密請興師，與迥等為連衡之勢，進可以盡節於周氏，退可以席卷山南。巋固以為不可。俄而消難奔陳，迥等相次破滅。隋文帝既踐極，恩禮彌厚。遣使賜金三百兩、銀一千兩、布帛萬段、馬五百匹。開皇二年，隋文帝備禮納巋女為晉王妃。又欲以其子瑒尚蘭陵公主。由是罷江陵總管，巋專制其國。四年，巋來朝長安，隋文帝甚敬待之。詔巋位在王公之上……。

巋卒後，子琮繼位，琮之二年，隋文帝又徵琮入朝，琮率其臣下二百餘人朝於長安，於是廢梁國，曲赦江陵死罪，給復十年，梁二主各給守墓十戶，尋拜琮為柱國，封莒國公，自詧卽位至此凡三十三年。

三、楊隋政權中的蕭氏

按蕭詧一系與楊隋頗有淵源，詧受梁元帝攻擊時，宇文泰派楊忠解救，而隋文帝納蕭巋女為晉王妃關係尤大，晉王後為隋煬帝，蕭氏成為蕭皇后，[2]〔隋書〕卷七十九「外戚列傳·蕭巋傳」附子琮傳載：

> 煬帝嗣位，以皇后之故，（琮）甚見親重。拜內史令，改封梁公。琮之宗族，緦麻以上，並隨才擢用，於是諸蕭昆弟布列朝廷。

自永嘉亂後，中國實際上出現南北兩大政治系統，北朝日益強大，蠶食南域，最後統一中國，但數百年之分裂，雖可憑藉武力平伏，若要順利安穩統治，自應結合人心，陳霸先乘侯景之亂而得建國，但並非豪門大族，遠不及蘭陵蕭氏既是僑姓大族，又兼兩朝帝室，陳氏最後歸降，又不及荊州後梁與西魏北周密切，如果關中集團想拉攏南方人心，後梁蕭詧一系最為恰當。蕭氏在南方一直具有潛在

2　〔隋書〕卷三十六「后妃列傳·煬帝蕭皇后傳」。

影響力，例如〔周書〕卷四十八「蕭詧傳」附巖傳載（〔北史〕卷九十三略同）：

> 巖字義遠，詧第五子也。性仁厚，善於撫接。歷侍中、荊州刺史、尚書令、太尉、太傅。入陳，授平東將軍、東揚州刺史。及陳亡，百姓推巖為主，以禦隋師。為總管宇文述所破，伏法於長安。

〔北史〕卷九十三「梁帝蕭詧傳」附瓛傳載（〔周書〕卷四十八、〔隋書〕卷七十九略同）：

> 瓛字欽文，巋第三子也。幼有令譽，能屬文。位荊州刺史，頗有能名。崔弘度兵至郢州，瓛懼，與其叔父巖奔陳。陳主以為侍中、吳州刺史，甚得物情。三吳父老皆曰：「吾君之子。」陳亡，吳人推之為主……宇文述討之……被執，述送長安斬之。

〔舊唐書〕卷五十六「蕭銑傳」：

> 蕭銑，後梁宣帝曾孫也。祖巖，隋開皇初叛隋降於陳，陳亡，為文帝所誅。銑少孤貧，傭書自給，事母以孝聞。煬帝時以外戚擢授羅川令。大業十三年，岳州校尉董景珍、雷世猛，旅帥鄭文秀、許玄徹、萬瓚、徐德基、郭華，沔州人張繡等同謀叛隋。郡縣官屬眾欲推景珍為主，景珍曰：「吾素寒賤，雖假名號，眾必不從。今若推主，當從眾望。羅川令蕭銑，梁氏之後，寬仁大度，有武皇之風。吾又聞帝王膺籙，必有符命，而隋氏冠帶，盡號『起梁』，斯乃蕭家中興之兆。今請以為主，不亦應天順人乎？」眾乃遣人諭意，銑大悅，報景珍書曰：「我之本國，昔在有隋，以小事大，朝貢無闕。乃貪我土宇，滅我宗祊……吾當糾率士庶，敬從來請。」即日集得數千人，揚言討賊而實欲相應。遇潁川賊帥沈柳生來寇羅川縣，銑擊之，不利，因謂其眾曰：「岳州豪傑首謀起義，請我為主。今隋政不行，天下皆叛，吾雖欲獨守，力不自全。且吾先人昔都此

地，若從其請，必復梁祚，遣召柳生，亦當從我。」眾皆大
悅，即日自稱梁公，改隋服色，建梁旗幟。柳生以眾歸之，拜
為車騎大將軍，率眾往巴陵。自起軍五日，遠近投附者數萬
人。……義寧二年，僭稱皇帝，署置百官，一準梁故事。偽諡
其從父琮為孝靖帝，祖巖為河間忠烈王，父璿為文憲王……東
至三硤，南盡交阯，北拒漢川，皆附之，勝兵四十餘萬。武德
元年，遷都江陵，修復園廟，引岑文本為中書侍郎，令掌機密
……四年，高祖命趙郡王孝恭及李靖……以圖銑……率官屬緦
縗布幘而詣軍門……孝恭囚之，送于京師，銑降後數日，江南
救兵十餘萬一時大至，知銑降，皆送款於孝恭。……

昭明太子統之子孫在南方有相當程度的影響力，其子詧與關中集團有
密切關係，已如上文所述，但後梁詧之子孫有的頗想自立，力圖擺脫
關中集團之控制，恢復蕭梁當年獨霸南方的地位，如詧子巖、巋子
瓛、詧曾孫銑（璿之子）等，他們雖然被北朝軍力撲滅，但顯示出蕭
氏在南方的影響力甚大，尤其是蕭銑在短期間聚集四十萬眾，響應地
區甚廣，時已在隋唐之交，可見蕭氏比陳氏還得南方人心。後梁的大
多數蕭氏以及其主要人物如蕭詧、蕭巋、蕭琮等，皆有見於勢力懸
殊，與關中集團頗為合作，所以隋朝撤梁藩之時，蕭氏君臣充斥隋
廷。其中如巋之子瑀，〔舊唐書〕卷六十三本傳載：

蕭瑀字時文。高祖梁武帝，曾祖昭明太子；祖詧，後梁宣帝；
父巋，明帝。瑀年九歲，封新安郡王，幼以孝行聞。姊為隋晉
王妃，從入長安……煬帝為太子也，授太子右千牛。及踐祚，
遷尚衣奉御，檢校左翊衛鷹揚郎將……累加銀青光祿大夫、內
史侍郎。既以后弟之親，委之機務，……

查〔新唐書〕「宰相世系表」蕭氏條，入唐以後，以蕭巋之子瑀之子
孫及瑀兄珣之子孫最為興旺，瑀與珣之姊乃隋煬帝后，瑀妻獨孤氏，
瑀子尚唐太宗女襄城公主，獨孤氏與北周、楊隋、李唐諸族之間的婚
姻關係至為重要，按獨孤信乃關中集團肇創時期的八大柱國之一，官

衡爲「使持節、柱國大將軍、大都督、大司馬、河內郡開國公」，〔
周書〕卷十六「獨孤信傳」末載：

　　信長女，周明敬后；第四女，元貞皇后；第七女，隋文獻后。

　　周隋及皇家，三代皆爲外戚，自古以來，未之有也。

關中集團人物以種種方法結合在一起，婚姻當然是重要方法之一，而
獨孤信之女適巧是典型例子，茲列表於下，以便說明：

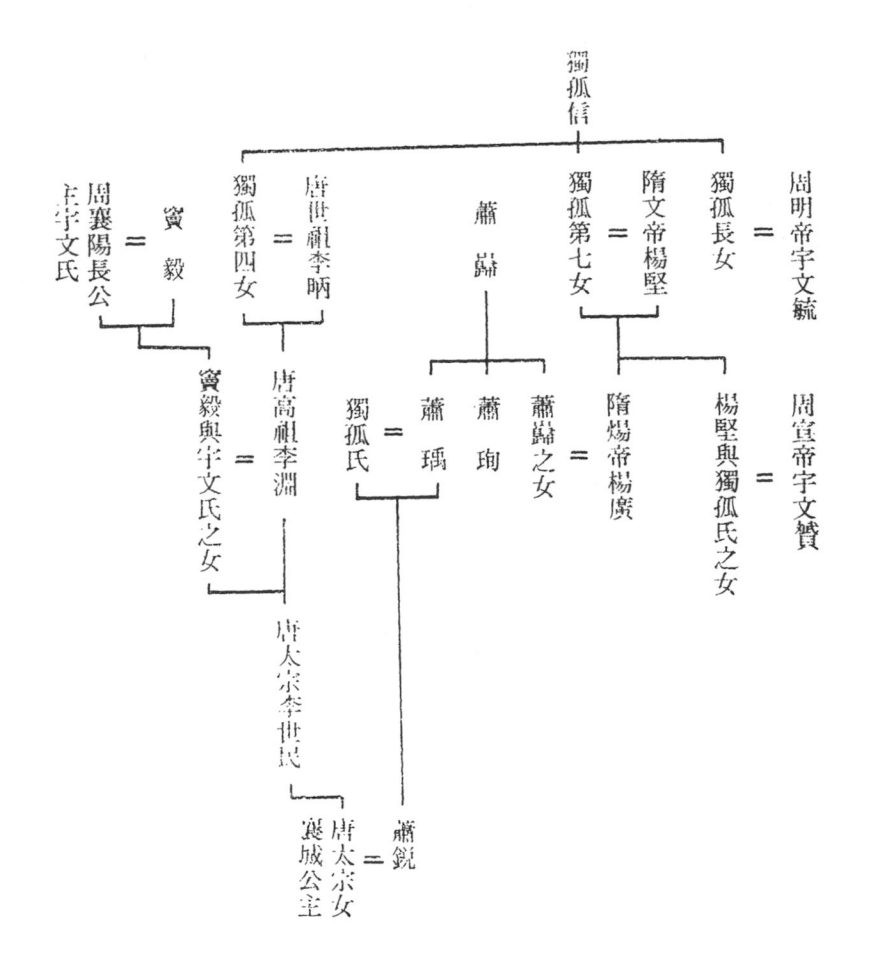

以表來看後梁蕭氏實已擠入關中集團婚姻圈之核心部分，蕭瑀妻獨孤
氏，不知其世系爲何，然〔舊唐書〕卷六十三本傳載：「高祖（李淵）
每臨軒聽政，必賜升御榻，瑀旣獨孤氏之婿，與語呼之爲蕭郎。」在
溫大雅〔大唐創業起居注〕中，李淵屢屢呼乃子李建成、李世民爲大
郎、二郎，按李淵母爲獨孤信第四女，李淵因蕭瑀爲獨孤氏之婿而呼
瑀爲蕭郎，當是親暱的稱呼，似乎蕭瑀妻獨孤氏應與獨孤信有所關
連。按後梁蕭氏一系歸附北朝以後，爲求與北朝人物結合，無法像南
朝士大夫那樣自我標榜，其廣結人緣有時做得過分，已經不像僑姓
大族的姿態，甚至連北朝弘農楊素亦深爲奇怪，〔北史〕卷九十三「
梁帝蕭詧傳」附琮傳載：

> 素時爲尚書令，見琮嫁從父妹於鉗耳氏，謂曰：「公帝王之
> 族，何乃適妹於鉗耳氏？」琮曰：「前已嫁妹於侯莫陳氏，此復
> 何疑？」素曰：「鉗耳，羌也；侯莫陳，虜也，何得相比？」
> 琮曰：「以羌異虜，未之前聞。」素慚而止。

後梁蕭氏一系投身關中集團雖頗有成效，然該集團內部亦有權力鬥
爭，稍一不愼，亦可能捲入，前引書同卷繼載：

> （蕭琮）常與賀若弼深友，弼旣誅，復有童謠曰：「蕭蕭亦復
> 起」，帝由是忌之，遂廢於家。

四、李唐政權中的蕭氏

　　蕭琮之弟瑀在隋末率先歸附李淵，是其奠定在唐政權中地位的另
一項重要因素，〔舊唐書〕卷六十三本傳載：

> 累加銀青光祿大夫、內史侍郎。旣以后弟之親，委之機務，後
> 數以言忤旨，漸見疎斥。……煬帝又將伐遼東，謂羣臣曰：「
> 突厥狂悖爲寇，勢何能爲。以其少時未散，蕭瑀遂相恐動，情
> 不可恕。」因出爲河池郡守，即日遣之。旣至郡，有山賊萬餘
> 人寇暴縱橫，瑀潛募勇敢之士，設奇而擊之，當陣而降其衆。

所獲財富，咸賞有功，由是人竭其力。薛舉遣衆數萬侵掠郡
境，瑀要擊之，自後諸賊莫敢進，郡中復安。高祖定京城，遣
書招之。瑀以郡歸國，授光祿大夫，封宋國公，拜民部尚書。
太宗為右元帥，攻洛陽，以瑀為府司馬。武德元年，遷內史
令。時軍國草創，方隅未寧，高祖乃委以心腹，凡諸政務，莫
不關掌。

蕭琮之另一弟珣（瑀之兄），當隋廢梁國之前受封爲南海王（〔北史〕
卷九十三、〔周書〕卷四十八、〔新唐書〕「宰相世系表」卷七十一下蕭
氏條，具載珣南海王），唯〔舊唐書〕卷六十三「蕭瑀傳」末有言：
「瑀兄子鉤，隋遷州刺史、梁國公珣之子也。」是則蕭珣在唐初應爲
梁國公。按隋廢梁國之時，蕭琮賜爵莒國公，煬帝時改封爲梁公，琮
卒，「復以琮弟子鉅爲梁公。鉅小名曰藏，煬帝甚昵之，以爲千牛。
與宇文晶出入宮掖，伺察內外，帝每有遊宴，鉅未嘗不從。遂於宮
中，多行淫穢。江都之變，爲宇文化及所殺」[3]。鉅父即珣，〔舊唐
書〕既載有梁國公珣字樣，唐朝可能以蕭珣作爲後梁蕭氏一系的嫡系
代表人。

蕭珣長子鉅，鉅子嗣德、嗣業。「世系表」載嗣德官銀州刺史。
〔新唐書〕卷一百一「蕭瑀傳」附嗣業傳（〔舊唐書〕卷六十三略同）：
「少從煬帝后入突厥，貞觀九年歸，以其知虜曲折，詔領突厥衆。擢
累鴻臚卿，兼單于都護府長史。調露中，突厥叛，嗣業與戰，敗績，
……乃流桂州。」「世系表」載嗣業孫希諒官至黔州都督，鉅房其後
不載人物。

蕭珣次子鉤人物最盛，〔舊唐書〕卷六十三「蕭瑀傳」附鉤傳載
（〔新唐書〕卷一百一略同）：「……博學有才望。貞觀中累除中書
舍人……歷遷諫議大夫、兼弘文館學士……尋爲太子率更令，兼崇賢

3　〔北史〕卷九十三「梁帝蕭詧傳」附鉅傳，〔隋書〕卷七十九「外戚列傳·蕭巋
　傳」末略同。

館學士，顯慶中卒。所撰〔韻旨〕二十卷，有集三十卷行於代。子瓘，官至渝州長史……」按「世系表」載瓘長子仲豫雖有人物，大都刺史官階。瓘次子嵩一系極為興盛。

蕭嵩載於〔舊唐書〕卷九十九本傳（〔新唐書〕卷一百一略同）：

貞觀初左僕射、宋國公瑀之曾姪孫。祖鈞，中書舍人，有名於時。嵩美鬚髯，儀形偉麗。初，娶會稽賀晦女，與吳郡陸象先為僚婿……神龍元年，嵩調補洺州參軍……景雲元年為醴泉尉。時陸象先已為中書侍郎，引為監察御史。及象先知政事，嵩又驟遷殿中侍御史。開元初，為中書舍人……歷宋州刺史，三遷為尚書左丞、兵部侍郎……乃以嵩為兵部尚書、河西節度使……（大破吐蕃）……露布至，玄宗大悅，乃加嵩同中書門下三品，恩顧莫比。……加嵩兼中書令……子衡尚新昌公主……。

蕭嵩及其子孫在唐代拜相者共有七人，如下表：

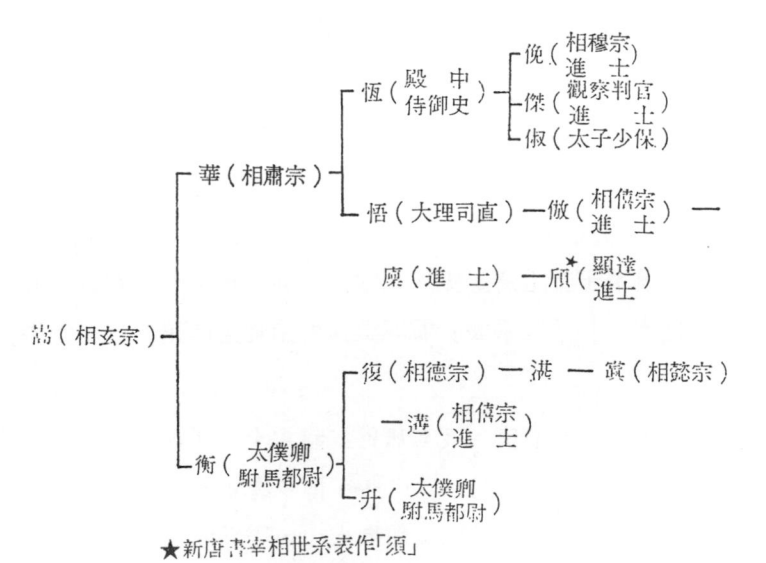

★新唐書宰相世系表作「須」

蕭嵩除了該支門望甚高以外，嵩對吐蕃之功績更加強了政治地位，乃子衡尚公主表示與李唐皇室更為密切，從蕭嵩娶會稽賀晦女，僚婿陸

象先等婚姻關係而言，他仍然與南朝士大夫有密切關係，仍然繼承後梁昭明太子後裔的人望。

蕭嵩子華，據載：「謹重方雅，有家法，嗣爵……上元初，以中書侍郎同中書門下平章事。」（〔新唐書〕卷一百一「蕭瑀傳」附華傳）是以門望居高官者。華二子恆、悟並不太特殊，但恆與悟各有一子拜相。恆子俛載於〔舊唐書〕卷一百七十二（〔新唐書〕卷一百一略同）：

俛，貞元七年進士擢第。元和初，復登賢良方正制科……穆宗
即位之月……拜中書侍郎平章事。

蕭俛是一位平流進取者，嘗要任命他為吏部尚書，這個職位乃六部尚書之首，地位甚為重要，但他「以選曹簿書煩雜，非攝生之道，乞換散秩，其年十月改兵部尚書。」但俛以進士及第，並登制科，頗有文學，這也是蘭陵蕭氏家學之一，俛弟傑亦以進士及第，但在鳳翔隴觀察判官任上被人所害，未達高官（同上書）。俛另弟俶以蔭授官，官至太子少保。

蕭悟之子倣「大和元年登進士第……咸通末，復為兵部尚書、判度支，尋以本官同平章事」（同上書）。他頗有吏幹，最後拜司空、弘文館大學士、封蘭陵郡開國侯。倣登進士第，乃子廩亦登進士第，乃孫頎亦登進士第，可見這一支文學傳統未衰。「廩貞退寡合，綷有家法，初從父南海，地多穀紙，倣敕子弟繕寫缺落文史，廩白曰：『家書缺者，誠宜補葺……』」（同上書）。廩曾官中書舍人、京兆尹。頎僅載官位顯達，不知何職，時已至晚唐，或已入五代。

蕭嵩次子衡尚公主，衡子復，〔舊唐書〕卷一百二十五「蕭復傳」載：

蕭復字履初，太子太師嵩之孫，新昌公主之子。父衡，太僕卿、駙馬都尉。少秉清操，其羣從兄弟，競飾輿馬，以侈靡相尚，復衣澣濯之衣，獨居一室，習學不倦，非詞人儒士不與之遊，伯華每歎異之。以主蔭，初為宮門郎……建中末……扈駕

奉天，拜吏部尚書、平章事……復門望高華，志礪名節，與流
俗不甚通狎。

〔新唐書〕卷一百一「蕭瑀傳」附復傳末載：

復子湛。湛子寘，咸通中位宰相，無顯功，史逸其傳。

〔舊唐書〕卷一百七十九「蕭遘傳」載：

蕭遘，蘭陵人，開元朝宰相太師徐國公嵩之五代孫。嵩生衡。
衡生復，德宗朝宰相。復生湛，湛生寘，咸通中宰相。寘生
遘，以咸通五年登進士第，釋褐祕書省校書郎……遘形神秀
偉，志操不羣……中和元年……以本官同平章事……僖宗再還
京，宰相孔緯與遘不協，以其受僞命，奏貶官，尋賜死於永
樂。…遘為大臣，士行無缺，逢時不幸，為僞熅（嗣襄王）所
汙，不以令終，人士惜之。弟遜，時為永樂令。

嵩次子衡子孫拜相者有復、寘、遘，才華不及華之子孫拜相者，衡以
駙馬身分，復等以門望平流進取，實無功績。衡次子升亦尚公主，升
早卒。

　　蘭陵蕭氏後梁一系，自唐初至唐末皆極貴盛，〔新唐書〕卷一百
一「蕭瑀傳」末贊曰：

梁蕭氏興江左，實有功在民，厥終無大惡，以寖微而亡，故餘
祉及其後裔。自瑀迄遘，凡八葉宰相，名德相望，與唐盛衰，
世家之盛，古未有也。

五、蕭統（昭明太子）世系補

　　昭明太子子孫仕隋唐政權者，除載於〔新唐書〕「宰相世系表」
及兩〔唐書〕列傳中以外，還可從墓誌銘中獲得一些資料，以補正史
之不足。如下：隋故祕書監左光祿大夫陶丘簡侯蕭君墓誌銘幷序（〔
芒洛冢墓遺文〕卷上）史語所拓片登記號第 01248, 05473 號，下同。

　　「君諱場，字同文，蘭陵蘭陵人。……高祖梁武皇帝；曾祖昭明

皇帝；王父宣皇帝；顯考孝明皇帝……。君……年九歲本朝封義
安郡王，食邑二千戶，開皇七年從梁主入朝京師，九年授開府儀
同三司，封陶丘郡開國公，邑二千戶，仁壽二年授太子洗馬，大
業元年授東京衞尉少卿，二年授上開府儀同三司，三年朝旨以近
代官號隨時變改，雖取舊名，不存事實，改上開府授銀青光祿大
夫，陶丘封爵從例除罷，四年守祕書監，五年即眞祕書監，六年
封陶丘俟，七年行幸幽燕有事遼碣，詔檢校左驍衞將軍，餘並如
故，以其年十二月十七日遘疾薨于涿都薊縣之燕夏鄉歸善里，春
秋三十有九，粵以八年太歲壬申八月戊申朔十三日庚申永窆于河
南郡河南縣千金鄉靈淵里之塋。」

大唐故滄州景城縣令蕭公及夫人杜氏墓誌（〔芒洛冢墓遺文四編〕卷
三）(05567, 17128)

「公諱瑤，字達文，東海蘭陵人……高祖梁武皇帝；曾祖太宗昭
明皇帝；祖中宗宣皇帝；父巖，梁尙書令、太尉、安平王。隋大
業十一年以后堂弟詔除公荊州曲江縣令，公以家國喪於隋季，荊
楚又是先王舊都，遂以疾辭，竟不就職。大唐武德元年特勅授吏
部宣德郎，六年授亳州城父縣令，貞觀七年加通直郎、授滄州景
城縣令，至十二□秩滿，未及還車，以其年遘疾，八月十四日卒
於□之私第，春秋五十，……以十三年權殯於洛陽之邙山。夫人
杜氏，京兆人也；祖慶，梁直閣將軍；父寵，隋同昌郡怙夷縣
長。以乾封元年八月一日卒於南服，春秋七十，以儀鳳元年歲次
景子十一月二十日葬於河南縣平樂鄉安善里杜郭村西南一里北邙
之原；又以永隆二年太歲辛巳二月辛丑朔二十日庚申遷公神柩合
葬於夫人之塋。」

大隋故榮陽郡新鄭縣令蕭明府墓誌銘幷序（〔芒洛冢墓遺文續補〕）
(01313, 05475, 05497, 05498, 18702)

「公諱瑾，字昞文，蘭陵郡蘭陵縣人也。……公則梁宣帝詧之孫；
吳郡王岑之第三子也。……（梁）孝明帝降猶子之愛，以公爲永修

縣侯……拜中書侍郎……遷大將軍……及來朝上國(隋)……今上
……以公近屬密親，乃加旌命，除滎陽郡新鄭縣令……春秋五十，
以大業九年十一月二十四日薨于東都溫柔里第……以其年十二月
庚午朔二十八日丁酉葬於河南縣靈淵鄉安川里北邙山之陽。」

隋故上黨郡司功書佐蕭君墓誌銘幷序　(01330)

「君諱汎，字德泉，蘭陵郡蘭陵縣人。……君……吳郡王岑之
孫；梁大將軍、永修侯、皇朝新鄭縣令瑾之第七子也。君以大業
八年授恒山郡主簿，九年改授上黨郡司功書佐，十一年七月十一
日卒於郡，春秋廿有九，其年十一月十四日遷葬於河南郡之北
芒。」

大隋金紫光祿大夫蕭岑孫內宮堂姪故蕭濱之銘　(01299)

「大業十一年歲次乙亥四月癸亥朔廿一日乙酉。君諱濱……蘭陵
郡蘭陵縣人也。曾祖梁宣皇帝，祖吳郡吳王；父故永縣開國侯瑾
之第十一子，亡於河南郡河南縣隆化里第，春秋廿有二，且以其
月廿三日墳於河南縣靈泉鄉龍淵里北邙山之陽。」

□故太原府太原縣丞蕭府君墓誌銘幷序　(〔芒洛冢墓遺文〕卷中)
(05862,05863)

「公諱令臣，字禎之，蘭陵人也。……曾祖岑，梁吳王；祖瑾，
永修侯，隋親衞大將軍；父凝，趙州司功，左授雅州廬山令。公
……解褐荊州當陽丞……改授汾州介休尉……以公判入第二等，
超授北都太原尉……累遷太原丞……久視元年正月九日遇疾，啟
足於太原之官舍，春秋五十六……。夫人南陽張氏，鄆州刺史偉
度之孫，洺州長史越石之女……以開元八年六月十三日終於河南
縣政俗里之私第，春秋六十四，以開元二十三年二月十日遷祔於
清風鄉安樂里之舊塋，禮也。」

隋深澤縣令蕭球墓志　(01327)

「君諱球，字文預，南蘭陵蘭陵人……高祖梁武皇帝；曾祖昭明
皇太子；祖梁孝宣皇帝；父梁太宰吳郡王，入朝授大將軍懷義

公。君……解褐給事中、仁化縣開國侯……入朝授博陵所部深澤
縣令……以大業八年七月十六日卒於縣舍，春秋四十矣，九年二
月十六日窆邙山之北原。君隋內官堂弟，准從三品贈束帛一百
段，粟麥三百碩，儀仗鼓吹車輅營墳夫六百人……。」

□□蕭公墓誌銘（13199, 14439, 16974）

「君姓蕭氏，蘭陵蘭陵人也。曾祖岑，梁吳王；祖球，隋祕書
監、□化侯……；父繕，銀青光祿大夫、衢州刺史、蘭陵縣開國
男……。君諱思一，則蘭陵公之第六子也……起家國子學士……
授珍州錄事參軍……以聖曆二年十月十六日發故而就大塋…。」

衢州蕭使君男墓誌幷序（13022, 14440）

「君姓蕭氏，蘭陵蘭陵人也。曾祖岑，梁吳王；祖球，隋祕書
監；父繕，皇朝衢州刺史……。君諱言思，則使君之第八子也。
……越聖曆二年十月十六日發故改葬於大塋，禮也。……」

大唐故上護軍朝議郎行邛州蒲江縣令蕭府君墓誌銘幷序（13729）

「君諱慎，……蘭陵郡蘭陵縣人也。……曾祖中宗宣皇帝；……
祖吳郡王、隋大將軍；……父武定侯、太子洗馬。……公……起
家濟陰郡主簿……秩滿轉□州錄事參軍……又轉鴻臚寺主簿……
又轉臨州豐都縣令……又轉隆州奉國縣令……轉紀王府錄事參軍
……又轉豫州裒信縣令……又轉邛州蒲江縣令……以顯慶五年歲
次庚申八月廿二日歸葬于洛州河南縣北邙山之陽。……」

以上諸墓誌銘中蕭瑒乃後梁孝明帝巋之子，在隋代官至祕書監，第三
品，瑒之兄弟琮、瓛、琢、珣、瑀等子孫在隋唐政權中甚多官居高品
者。而蕭瑤、銑乃巖之子孫，在隋僅為縣令，蕭巖、蕭銑先後敗亡，
這一支以後未見記載。蕭瑾、蕭球等子孫，乃蕭岑之後，最高官職為
刺史，以低品為常態，還有未仕者。參照前文蕭珣、蕭瑀子孫之分
析，很明顯地發現蘭陵蕭氏在隋唐政權中的盛支為：

齊梁房：梁武帝衍——昭明太子統——後梁宣帝詧——後梁明帝
巋——珣、瑀子孫

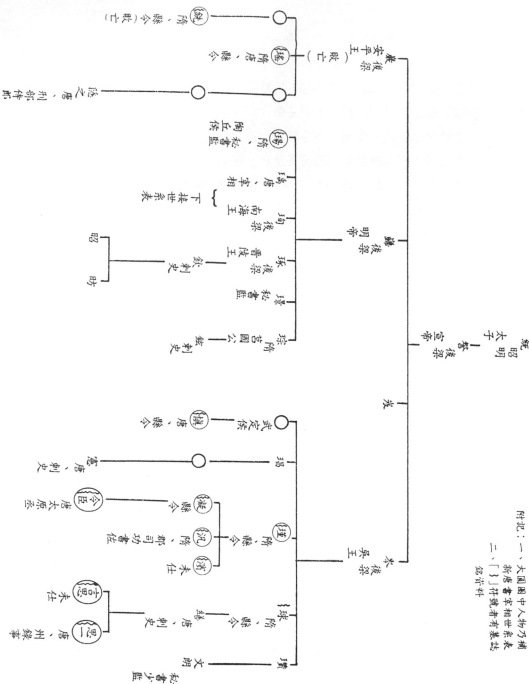
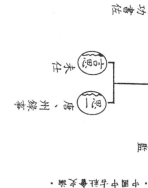

附記：一、大圓圈中人物乃補
新唐書宰相世系表
二、〔〕符號者有墓誌
銘資料

以上諸墓誌銘的共同特點爲：皆葬於洛陽附近。

六、蘭陵蕭氏其他房支之人物

　　蘭陵蕭氏齊梁房長沙宣武王懿（梁武帝衍之長兄）之子孫，在隋唐略有人物，大率居官四五品級，載於「宰相世系表」中，有傳者僅得隋之蕭吉，唐之蕭鄴，鄴且拜相。

〔隋書〕卷七十八「藝術列傳·蕭吉傳」載：

　　蕭吉字文休，梁武帝兄長沙宣武王懿之孫也。博學多通，尤精陰陽算術。江陵陷，遂歸于周，爲儀同……及隋受禪，進上儀同，以本官太常考定古今陰陽書……及煬帝嗣位，拜太府少卿，加位開府……卒官。著〔金海〕三十卷、〔相經要錄〕一卷、〔宅經〕八卷、〔葬經〕六卷、〔樂譜〕二十卷及〔帝王養生方〕二卷、〔相手版要決〕一卷、〔太一立成〕一卷，並行於世。……以陰陽術數知名。

〔新唐書〕卷一百八十二「蕭鄴傳」載：

　　蕭鄴字啓之，梁長沙宣王懿九世孫。及進士第……大中中……遷戶部侍郎，判本司，以工部尚書同中書門下平章事……。

　　又蘭陵蕭氏齊梁房鄱陽王恢（梁武帝衍之少弟）之子孫，在隋唐正史中有三傳。

〔隋書〕卷七十五「儒林列傳·蕭該傳」：

　　蘭陵蕭該者，梁鄱陽王恢之孫也。少封攸侯。梁荊州陷，與何妥同至長安。性篤學，〔詩〕、〔書〕、〔春秋〕、〔禮記〕並通大義，尤精〔漢書〕，甚爲貴遊所禮，開皇初，賜爵山陰縣公，拜國子博士。奉詔書與妥正定經史…該後撰〔漢書〕及〔文選音義〕，咸爲當時所貴。

〔新唐書〕卷二百二「文藝列傳」中「蕭穎士傳」（〔舊唐書〕卷一百九十下「文苑列傳」下略同）：

蕭穎士字茂挺，梁鄱陽王恢七世孫。祖晶，賢而有謀，任雅相
伐高麗，表為記室。……穎士四歲屬文，十歲補太學生。觀書
一覽即誦，通百家譜系、書籀學。開元二十三年舉進士，對策
第一。父旻，以莒丞抵罪……。天寶初，穎士補祕書正字……
揚州功曹參軍。……獨（李）華與齊名，世號「蕭、李」……
子存，字伯誠，亮直有父風。能文辭……作書數百篇。建中
初，由殿中侍御史四遷比部郎中……韓愈少為存所知，自袁州
還，過存廬山故居，而諸子前死，唯一女在，為經贍其家。

〔新唐書〕卷一百五十九「蕭昕傳」（〔舊唐書〕卷一百四十六互有
詳略）：

蕭昕字中明，梁鄱陽王恢七世孫，世居河南（〔舊書〕：少補
崇文進士，開元十九年，首舉博學宏辭，授陽武縣主簿，天寶
初），再中博學宏辭科……肅宗立，奉誥冊見行在。歷中書舍
人、禮部侍郎。代宗狩陝，昕由武關從帝，擢國子祭酒……德
宗出奉天……遷太子少傅，爵郡公，兼禮部尚書，知貢舉……
以太子少師致仕。

蘭陵蕭氏又有皇舅房，在隋唐政權中略有人物，載於「宰相世系表」
中，有傳者有德言、至忠。至忠且相中宗、睿宗。兩人事蹟如下：

〔舊唐書〕卷一百八十九上「儒學列傳」上「蕭德言傳」（〔新唐
書〕卷一百九十八「儒學列傳」上略同）：

蕭德言，雍州長安人，齊尚書左僕射思話玄孫也。本蘭陵人，
陳亡，徙關中。祖介，梁侍中、都官尚書；父引，陳吏部侍
郎，並有名於時。德言博涉經史，尤精〔春秋左氏傳〕，好屬
文。（〔新書〕：甫冠，以國子生為岳陽王賓客。陳亡，徙
關中。詭浮屠服亡歸江南，州縣部送京師。仁壽中，授校書
郎。）貞觀中除著作郎，兼弘文館學士……尋賜爵封陽縣侯。
十七年，拜祕書少監……文集三十卷。

〔舊唐書〕卷九十二「蕭至忠傳」（〔新唐書〕卷一百二十三互有詳

略）：

> 蕭至忠，祕書少監德言曾孫也。少仕為畿尉，以清謹稱。……
> 神龍初，武三思擅權，至忠附之，自吏部員外擢拜御史中丞。
> 遷吏部侍郎……遷中書侍郎，兼中書令……尋轉黃門侍郎、同
> 中書門下平章事。……睿宗即位，景雲初，出為晉州刺史，甚
> 有能名。時太平公主用事，至忠潛遣間使中意，求入為京職…
> …太平公主謀逆事洩，至忠遽遁入山寺，數日，捕而伏誅，籍
> 沒其家……。
>
> 弟元嘉，工部侍郎；廣微，工部員外。

「宰相世系表」皇舅房蕭氏自至忠以下，無人為官。

　　從上述蘭陵蕭氏齊梁房懿支、恢支，及皇舅房等人物而觀之，必
有特殊才能方可晉身隋唐政權，如蕭吉之通陰陽，蕭該精於文史，蕭
德言博涉經史文，蕭鄴、蕭穎士進士第出身，蕭昕再中博學宏辭科，
祇有蕭至忠以清謹稱，似乎沾了曾祖德言之光，其營鑽本事極大，官
位最高，但結局最慘。

七、結語

　　綜合而論，蘭陵蕭氏齊梁房昭明太子後梁一系在隋唐政權中人物
鼎盛，門望甚高。而其他房支子弟在隋唐政權中則需憑才華或特殊機
緣方得入仕，人物較少，世系不貫。

　　蘭陵蕭氏房支失載者，正史中有蕭祐，〔舊唐書〕卷一百六十八
「蕭祐傳」（〔新唐書〕卷一百六十九略同）：

> 蕭祐者，蘭陵人。少孤貧，耿介苦學，事親以孝聞。自處士徵
> 拜左拾遺……祐博雅好古，尤喜圖畫。前代鍾、王遺法，蕭、
> 張筆勢，編序真偽，為二十卷，元和末進御，優詔嘉之，授兵
> 部郎中……桂州刺史、御史中丞、桂管防禦觀察使。

又有墓誌銘如下：

大周故光祿大夫檢校司徒行右金吾衞將軍兼御史大夫上柱國蘭陵縣開
國男食邑三百戶贈漢州防禦使蕭公墓誌銘幷序從姪前鄉貢進士士明撰
（〔芒洛冢墓遺文三編〕）(01643, 08400, 19640)

> 「公諱處仁，字正己，蘭陵人也。…… 曾祖諱濬，唐饒州刺史，
> 祖諱元，蘇州別駕；父諱符，歷仕唐梁二朝，自河北道招討判官
> 累遷右威衞大將軍左藏庫使，因家於洛陽，終於所任……母瑯琊
> 王氏。……公……尤便弓馬，雅好詩書，十七蔭千牛備身，二十
> 授四門博士……以其年（周顯德三年）七月二十四日奉神柩歸葬
> 於洛京河南縣平樂鄉樂善里之原。」

大唐故游擊將軍上柱國蕭府君墓誌銘幷序（〔芒洛冢墓遺文續編〕卷
下）(17701, 23874, 24174)

> 「 公諱貞亮， 蘭陵郡人也。……玉葉金柯，分輝帝族，祖瑛，本
> 郡守，隋任將作監少匠；父善，唐任汾州司馬。……公……早見
> 兵書，竹林逢猨，徧知劍術，故得勇爵登朝，材官入選，起家授
> 尚藥奉御，轉遷左衞翊一府翊衞、游擊將軍……春秋五十有八，
> 以延和元年歲次壬子七月七日終於洛州河南縣福善坊之私第也。
> ……有子左衞翊一府翊衞安東道立殊功第一等、兵部別敕選上柱
> 國元珪等……。粵以延和元年歲次壬子七月戊辰朔十八日乙酉權
> 殯于河南縣都會鄉王趙村原之禮也。」

蘭陵蕭氏除皇舅房新貫長安外，似乎皆葬於洛陽附近。

　　　　　　　— 本篇原刊於〔勞貞一先生八秩榮慶論文集〕

第十二篇　敦煌唐代氏族譜殘卷之商榷

一、前言

　　在敦煌所遺存的唐代文獻裏，有二種氏族譜殘卷，其一是藏於北平圖書館的〔敦煌唐寫姓氏錄殘卷〕（本文簡稱〔北平藏譜〕）[1]；其二是藏於英國倫敦大英博物館的〔新集天下姓望氏族譜〕[2]（本文簡稱〔倫敦藏譜〕）。大家族在我國中古時期政治社會中所占的角色，已爲中外學者所公認，當時曾有許多官私編撰的氏族譜，惜乎時隔千載，除在後世書籍中爬梳出一鱗半爪外，還沒有較原始性的譜牒傳至今日，故當敦煌石窟出現唐代氏族譜時，學者非常重視，雖然發現的氏族譜仍屬殘缺不全，但其史料價值甚高。〔北平藏譜〕資料公布較早，所引起的討論較多，向達先生認爲是〔貞觀氏族志〕，而非顯慶四年的〔姓氏錄〕，其文刊於〔北平圖書館館刊〕第六卷第六號「敦煌叢抄」；牟潤孫先生於民國四十二年又作「敦煌唐寫姓氏錄殘卷考」，載於臺大〔文史哲學報〕第三期，謂斯卷固非〔顯慶姓氏錄〕，而亦非〔貞觀氏族志〕，乃僞託之氏族志云云，見解又深一步。民國四十七年，日人仁井田陞先生發表「敦煌發見之天下姓望氏族譜」[3]，比較〔北平

---

[1] 原譜藏於北平圖書館，轉刊於〔北平圖書館館刊〕第六卷第六號「敦煌叢抄」。

[2] 原譜藏於倫敦大英博物館，今有影印本流行於世，編號爲 Order No. O. P. B. & MSS, 11431/4200; Title: Stein Rolls, No. 2052.

[3] 原載於昭和三十三年十一月〔石濱先生古稀紀念東洋學論叢〕，復刊於昭和三十七年〔中國法制史研究——家族村落法〕第十章「敦煌發見之天下姓望氏族譜」。

藏譜〕、〔倫敦藏譜〕、〔氏族譜斷簡〕[4] 之異同，提出避諱[5]、道數、婚
姻等問題研究殘卷的時代與性質，貢獻甚大，然著者覺得除精確推敲
氏族譜時代外，氏族譜所反映出若干社會現象，值得進一步商榷。

二、氏族譜殘卷年代考

向達先生認爲〔北平藏譜〕非〔顯慶姓氏錄〕[6]，頗可信。向達先
生復比較〔北平藏譜〕與〔古今姓氏書辨證〕所引〔貞觀氏族志〕，指
出若干相同之點[7]，然以此推論兩譜相同，不合邏輯；牟潤孫先生亦
比較〔北平藏譜〕與〔辨證〕，得相異十五則，以此破向達先生之說。
兩譜相同點僅可證明有關聯性，兩譜相異點適足以證明並非一譜，其
理甚明。今需進一步討論者，〔北平藏譜〕與〔倫敦藏譜〕和〔辨證〕
的相關性如何？緣因〔氏族志〕〔姓氏錄〕等業已亡佚，今存典籍中僅
宋鄧名世〔古今姓氏書辨證〕引錄十餘條〔氏族志〕輯文，除向達、
牟潤孫已作比較外，內中有二例值得注意。

例一：三譜廣陵郡望的記載爲：

　　　鄧氏〔辨證〕謂隋代廣陵四姓，其次序爲：戴商盛游

　　　〔北平藏譜〕廣陵三姓，其次序爲：　　　　戴商盛

　　　〔倫敦藏譜〕廣陵十姓，其次序爲：　　　　高錢盛慶於立戴

　　　　　　　　　　　　　　　　　　　　　　　游貢莉（高疑商字）

　　　〔辨證〕比〔北平藏譜〕多一「游」姓，其他三姓次序亦完全相

4　Stein Rolls, No. 5861.
5　同註三仁井田陞第一個提出大曆十四年亦即八世紀末是〔北平藏譜〕與〔倫敦藏
　譜〕之間重要的時代劃分線。
6　向達語「依李義府許敬宗諸人奏改之〔姓氏錄〕，卷末必不煩重敍高士廉之名及貞
　觀時詔勅」，甚合理。見〔北平圖書館館刊〕第五卷第六號。
7　向達指出〔北平藏譜〕有，〔氏族志〕亦有之例：「按貞觀所定姓氏，太原郡間氏見
　〔姓氏書辨證〕卷二十；平原郡東方氏見〔辨證〕卷二；河內郡司馬氏見〔辨證〕
　卷四，淳于氏見〔辨證〕卷六；河南郡賀蘭氏見〔辨證〕卷三十三；東平郡畢氏見
　〔辨證〕卷三十六；濮陽郡黃氏、束陽郡黃氏、松陽郡黃氏、南安郡黃氏見〔辨證〕
　卷十五；豫章郡章氏見〔辨證〕卷十三。」又云：「此中除濮陽郡六姓，殘卷與
　〔辨證〕相合外，其他諸郡姓氏之數彼此互異」。出處見註六。

同，而〔倫敦藏譜〕多至十姓，雖包括四姓「戴、商、盛、游」，但其次序排列極不相同；此條〔辨證〕指隋代廣陵郡望，並不專指某譜，故僅能佐證〔北平藏譜〕較近隋譜，而〔倫敦藏譜〕與隋譜差距甚大，故亦可能去隋代甚遠。

例二：三譜清河郡望的記載爲：

〔辨證〕引〔貞觀氏族志〕清河六姓依次　　　　崔張房何傅斬

〔北平藏譜〕清河七姓依次　　　　　　　　　　崔張房向傅路勒
　　　　　　　　　　　　（向字疑何字，勒字疑斬字）

〔倫敦藏譜〕清河十九姓依次　　　　　　　張房崔戴**茄**聶孟傅蓋卓
　　　　　　　　　　　　　　　　　　　隋尙汲檀且貴革舒路

以〔氏族志〕與〔北平藏譜〕比較，除後者多一「路」姓外，其排列次序完全相同。以〔氏族志〕與〔倫敦藏譜〕比較，後者缺「何、斬」二姓，而多了其他十五姓，且排列次序亦不同。以〔北平藏譜〕與〔倫敦藏譜〕比較，後者亦缺「何、斬」二姓，而多了其他十四姓，且姓氏排列亦不一。

譜牒編撰時，依族望高下排列，姓氏次序先後極受重視，〔北平藏譜〕與隋代譜及〔貞觀氏族志〕就其排列次序、郡姓數目[8]，都是

8　〔鄧氏辨證〕、〔北平藏譜〕、〔倫敦藏譜〕，三譜同郡姓望數目之比較，如下：

郡名姓望數		鄧氏辨證	北平藏譜	倫敦藏譜	備註（辨證卷數）
河	內	7	9	17	辨證卷六
廣	陵	4	3	10	卷十三
平	原	8	3	7	卷二
清	河	6	7	19	卷五
松	陽	3	4	5	卷十五
南	安	6	5	4	卷十五
濃	陽	6	6	6	卷十五
東	陽	11	5	7	卷十五
榮	陽	4	4	6	卷十八
廣	平	4	4	8	卷十八
太	原	10	11	27	卷二十
河	南	14	7	23	卷三十三
齊	郡	4	3	26	卷三十四
東	平	4	3	6	卷三十六
山	陽	5	3	6	卷三十二
豫	章	6	5	8	卷十二

同郡姓望數目之比較，原不足以證明二譜間關連性，然上列〔倫敦藏譜〕中許多大郡姓望數目與〔鄧氏辨證〕、〔北平藏譜〕顯著不同，值得注意。

極爲類似的，雖不可以此推斷〔北平藏譜〕卽某譜，但至少可說〔北平藏譜〕、〔氏族志〕、隋譜編撰風格類似，且必是唐代前半期的作品。〔倫敦藏譜〕將清河崔氏排在張、房之後，且在郡望數目上亦不類似隋唐之際的譜系，可能是唐代後半期之物。

從避諱推測殘卷時代，可更爲準確，如下：

例一：〔倫敦藏譜〕江東道項下有「處州松陽郡」；〔北平藏譜〕亦有松陽郡，但屬「括州」。按〔元和郡縣圖志〕卷二十六江南道二處州條云：

> 隋開皇九年平陳，改永嘉爲處州，十二年又改爲括州。
> 大業三年復改爲永嘉郡。武德四年討平李子通，復立括州，仍置總管府，七年改爲都督府，貞觀元年廢。天寶元年爲縉雲郡，乾元元年復爲括州，大曆十四年以與德宗諱同音改處州[9]。

唐德宗名适，适與括同音，括州因避同音諱而改爲處州，時在代宗大曆十四年。〔新唐書〕「本紀」第七云：「大曆十四年五月辛酉代宗崩，癸亥（德宗）卽皇帝位」。自唐初至德宗卽位，無處州稱號；〔北平藏譜〕稱松陽郡屬括州，是表示其爲代宗大曆十四年五月以前所編撰；〔倫敦藏譜〕稱處州，是表示其爲避德宗諱以後所編撰，所以大曆十四年五月是兩譜年代的重要分界線。

例二：〔北平藏譜〕吳郡條云屬於「豫州」，而〔倫敦藏譜〕吳郡則屬於「蘇州」。唐代吳郡自始至終皆屬蘇州；觀乎〔晉書〕〔宋書〕〔隋書〕等「地理志」，吳郡亦從未隸屬豫州，是則〔北平藏譜〕言吳郡屬豫州恐有誤。按唐代宗名豫，曾因此將豫州改爲蔡州[10]，李豫卽皇帝位以後，極不可能將蘇州的「蘇」字錯寫成避諱的「豫」字，故其筆誤乃發生於代宗李豫卽位（代宗卽位於肅宗寶應元年四月己巳）以

9　本條仁井田陞最早提出，見註三。
10　〔舊唐書〕卷三十八「地理志」一蔡州：「隋汝南郡，武德四年四月……置豫州……。天寶元年改爲汝南郡，乾元元年復爲豫州，寶應元年改爲蔡州」。
　　又有豫章郡，以避代宗諱改爲洪州，參見〔舊唐書〕卷四十「地理志」三及〔舊唐書校勘記〕卷二十二。

前。

例三：〔北平藏譜〕有弘農郡（鄧州）條。按唐中宗神龍時，因避高宗太子弘諱，改弘農縣為恆農縣[11]；玄宗開元十六年後又復為弘農縣，假設縣名避諱更名，同一郡名亦可能避諱更名，果如此，則唐代稱「弘農郡」的時期有二：其一是貞觀八年至神龍元年（634～705）；其二是開元十六年至肅宗末年(728～762)。事實上唐代「弘農郡」從未改為「恆農郡」，原因是唐代以弘農為郡名在天寶元年(742)之後，亦即不在太子弘避諱時限之內（即705～728）。〔舊唐書〕卷三十八「地理志」一虢州條（〔元和郡縣圖志〕卷六「河南道」二虢州條、〔新唐書〕卷三十八「地理志」虢州條略同）：

> 虢州，望。漢弘農郡。隋廢郡為弘農縣，屬陝州，隋末復置
> 郡。義寧元年改為鳳林郡，仍於盧氏置虢郡。武德元年改為虢
> 州，改鳳林為鼎州，貞觀八年，廢鼎州，移虢州於今治，屬河
> 南道。開元初，以巡按所便屬河東道，天寶元年改為弘農郡，
> 乾元元年復為虢州。

例四：〔北平藏譜〕有中山郡（恒州）條，〔倫敦藏譜〕有冀州中山郡條。兩譜皆有大姓「甄」氏，顯係同地。其所以同是中山郡而州名不一，可能與避唐穆宗諱有關，〔新唐書〕卷三十九「地理志」三鎮州常山郡條（〔元和郡縣圖志〕卷十七河北道二恆州條、〔舊唐書〕卷三十九「地理志」二鎮州條略同）：

> 鎮州常山郡，大都督府。本恆州恆山郡，治石邑。義寧元年析
> 隋高陽郡置。武德四年徙治真定。天寶元年更郡名，十五載曰
> 平山，尋復為恆山。元和十五年避穆宗名更（鎮州）。

按〔元和郡縣圖志〕卷十七「河北道」二恆州條屬下有「靈壽縣，本中山國都也。」該地常常以古中山名之，尤以崇尚源流的氏族為

11　〔新唐書〕卷三十八「地理志」二虢州弘農郡弘農縣條：「緊，本隋弘農郡，義寧元年曰鳳林，領弘農閺鄉湖城。武德元年曰鼎州，因鼎湖為名，貞觀八年州廢，縣皆來屬，神龍初避孝敬皇帝諱曰恆農，開元十六年復故名」。

然 。 中山在元和十五年前屬恆州 ， 故〔倫敦藏譜〕可能撰於其後，
〔倫敦藏譜〕之所以不用「鎮州」，恐怕因爲士大夫在撰譜的時候，
喜用大區域名稱替代新的生疏名稱。

　　另有一條與避諱無關，但也與考證氏族譜年代有關的例子[12]：

例五：敦煌唐代屬沙州，肅宗時涼隴諸州皆陷於吐蕃，周鼎、閻朝固
守沙州，至代宗大曆末亦陷沒。涼隴介於敦煌與中原之間，肅宗時旣
陷於吐蕃，是則肅宗以後敦煌與中原交通必極不便，〔北平藏譜〕若
是唐代前半期之作品，殘卷原樣本必在涼隴尚未陷於吐蕃以前流入沙
州敦煌（卽肅宗以前）。又〔舊唐書〕卷十八下「宣宗本紀」（〔新
唐書〕卷八大中五年條略同）：

　　（宣宗大中五年八月）（851），沙州刺史張義潮遣兄義澤以瓜沙
　　伊肅等十一州戶口來獻，自河隴陷吐蕃百餘年，至是悉復隴右
　　故地，以義潮爲瓜沙伊等州節度使。

二十一年以後，懿宗咸通十三年八月（872），歸義節度使張義潮卒，
回鶻陷甘州。敦煌又與中原不通。〔倫敦藏譜〕是唐代後半期作品，
當撰成於懿宗咸通十三年八月（872）以前。

　　將上列五個例子刻畫在時間表上，虛線代表〔北平藏譜〕可能撰
成時代；實線表示〔倫敦藏譜〕可能撰成時代。所得結論是：

　　〔北平藏譜〕可能撰成於天寶元年至乾元元年（742～758）。

　　〔倫敦藏譜〕可能撰成於元和十五年至咸通十三年（820～872）。

12　下列例五有關敦煌地區之得失，係向達先生首先提出，參見〔北平圖書館館刊〕第
　　六卷第六號「敦煌叢抄」，1931。

廟號	名諱	建　　元	西元	例一	例二	例三	例四	例五	結論
高祖	淵	武德元年	618						
太宗	世民	貞觀八年	634						
高宗	治	顯慶四年	659						
武后	曌	光宅元年	684						
中宗	哲	神龍元年	705						
睿宗	旦	景雲元年	710						
玄宗	隆基	開元十六年	728						
		天寶元年	742						742
		天寶十四年	755						
肅宗	亨	至德元年	756						
		乾元元年	758						758
		寶應元年	762						
代宗	豫	廣德元年	763						
		大曆十四年	779		二				
德宗	适	建中元年	780						
順宗	誦	永貞元年	805						
憲宗	純	元和元年	806						
		元和十五年	820						820
敬宗	湛	寶曆元年	825						
文宗	昂	大和元年	827						
武宗	炎	會昌元年	841						
宣宗	忱	大中元年	847						
		大中五年	851						
懿宗	漼	咸通十三年	872						872
僖宗	儇	乾符元年	874						
昭宗	曄	天祐三年	906						

三、唐代氏族譜標準與雙線發展

　　從上文分析，〔北平藏譜〕是天寶元年至乾元元年間（742～758）
作品，與〔貞觀氏族志〕在內容上相關性較多，但並不能認定就是〔
貞觀氏族志〕。由於〔北平藏譜〕殘卷末書高士廉等撰，存心修改〔氏
族志〕的李義府許敬宗等自不會在〔顯慶姓氏錄〕卷末留此字樣。初唐
另一巨型氏族譜——柳沖〔大唐姓族系錄〕，撰成於神龍元年至先天二
年（705～713）[13]，不合上節避諱年代，故〔北平藏譜〕亦似非〔大唐姓
族系錄〕按唐代前半期中與〔北平藏譜〕最類似的厥為天寶八年李林
甫等撰〔天下郡望姓氏族譜〕[14]，其相同之點有：㈠二譜皆列三百九
十八姓[15]。㈡二譜皆為一卷[16]。㈢〔北平藏譜〕卷末云「自今已後，
明加禁約，前件郡姓出處，許其通婚媾，結婚之始，非舊委悉，必須
精加研究，知其囊譜，相承不虛，然可為疋」；而〔玉海〕引李林甫
撰譜亦云：「非譜裔相承者，不許昏姻」，二譜語氣內容甚似[17]。㈣
二譜卷末絨文皆以「太史因堯置九州」等語作為開始。㈤二譜卷末皆
提到「商賈之類」字樣。㈥二譜撰成時代相近，李林甫〔天下郡望姓
氏族譜〕撰成於天寶八年（749）；上節考證〔北平藏譜〕成於天寶元

13　〔玉海〕卷五十：「神龍元年五月十八日（705），柳沖上表願修氏族之譜，上從之，
　　令左僕射魏元忠等八人重修，至先天二年三月（712），柳沖奏所修〔姓族錄〕成，
　　上之，凡二百卷，又令刊定，至開元二年（714）七月二十二日畢，上之」。
14　今日所能見有關李林甫等撰〔天下郡望姓氏族譜〕的資料如下：
　　〔玉海〕卷五十「唐新定諸家譜錄」條引〔中興書目〕：「〔天下郡望姓氏族譜〕一卷，
　　李林甫等撰，記郡望出處，凡三百九十八姓，天寶中頒下，非譜裔相承者，不許昏
　　姻」。〔直齋書錄解題〕卷八，「唐李林甫等撰天寶八年所纂。並附五音於後」。〔
　　崇文總目〕卷二：「〔唐新定諸家譜錄〕一卷，李林甫撰」。
　　Stein Rolls, No. 5861 見附錄。
15　〔北平藏譜〕殘卷末云三百九十八姓凡三次。李林甫譜亦三百九十八姓，參見註十
　　四。Stein Rolls, No. 5861 卷末亦云三百九十八姓。姓數完全相同，不可以偶然
　　巧合視之。按〔貞觀氏族志〕二百九十三姓。〔顯慶姓氏錄〕二百四十五姓。
16　按〔貞觀氏族志〕一百卷，〔舊唐書〕卷三「太宗紀」下云一百三十卷，恐有誤。
　　〔顯慶姓族錄〕二百卷。〔大唐姓族系錄〕二百卷。
17　太宗命修〔貞觀氏族志〕本意之一，出於厭惡門第婚姻。〔顯慶姓族錄〕刊行以
　　後，崇七姓十家間通婚。

年至乾元元年(742～758)。二譜雖有以上許多相同之處，但亦有很重要的相異之處：㈠二譜撰者不同，〔北平藏譜〕卷末書高士廉等撰，〔天下郡望姓氏族譜〕是李林甫等撰[18]；㈡若干州郡，姓望數目不一，姓望略異[19]。

　　要解釋各譜之間同中有異，異中有同的現象，需要研究唐代氏族譜發展脈絡，譜與譜之間的關係方可明瞭。我國東漢以降，士族在政治社會地位甚爲重要，初則各大族編撰家乘譜牒[20]，　正昭穆，以此相

---

[18] Stein Rolls, No. 5861，斷簡卷末撰者位置有「甫」字，似應李林甫撰。又三百九十八姓數目與〔玉海〕所引〔天下郡望姓氏族譜〕李林甫等撰相同，故此斷簡極可能卽李林甫撰譜。

[19] Stein Rolls, No. 5861 斷簡（卽假定係李林甫撰譜，參見註十八）卷末殘缺尤甚，所能看清的（「太史因堯置九州」「月十日」「三百九十八姓」「戶商價之類」等字樣，與〔北平藏譜〕卷末相同。而斷簡記「上柱國」「甫等奏勅令」，則與〔北平藏譜〕所記「光祿大夫蔡吏部尚書許國公士廉等奉勅令」異。

所記郡望亦有參差，將二譜可比較的資料對照於下：

	Stein Rolls, No. 5861 斷簡	北平藏譜
河南郡宋氏	有	無
廣平郡宋氏	有	有
中山郡陽氏	有	無
滎陽郡陽氏	有	有
河內郡車氏	有	無
魯郡車氏	有	有
平陽賈氏	有	無
越州會稽郡	七姓	七姓
洪州豫章郡	五姓	五姓
潭州長沙郡	五姓	四姓
泉州安南郡	二姓（疑五字）	五姓
果州武都郡	二姓	一姓

[20] 參見〔新唐書〕卷五十八「藝文志」二、〔舊唐書〕卷四十六「經籍志」上、〔隋書〕卷三十三「經籍志」二及拙著〔兩晉南北朝士族政治之研究〕第七章第三節，1966。

高；兩晉南北朝時，因與九品官人法相結合[21]，選舉依據門望[22]，至
於各族門望之高下，雖亦有爭執，但那是社會士大夫爲其本族地位的
爭論[23]，皇帝與主持選舉的官吏（中正官及吏部官吏）對於評定族望
高下似無獨特的標準而與社會上士大夫所定標準相左[24]，兩晉南北朝
統治階級這樣廣泛地謀求與世家大族結合，固有其政治上的需要[25]，
亦因爲如此，在政治與社會上對氏族標準並未分立。唐代修氏族譜，
皇帝與士大夫對氏族高下標準不同，例如：

　　貞觀六年，太宗命修氏族志，〔貞觀政要〕卷七云：「貞觀六年，
太宗謂尙書左僕射房玄齡曰：比有山東崔、盧、李、鄭四姓，雖累葉
陵遲，猶恃其舊地，好自矜大，稱爲士大夫。每嫁女他族，必廣索聘
財，以多爲貴，論數定約，同於市賈，甚損風俗，有紊禮經，旣輕重
失宜，理須改革。乃詔吏部尙書高士廉……等刊正姓氏」。又〔新唐
書〕卷九十五「高儉傳」：「太宗嘗以山東士人尙閥閱，後雖衰，子
孫猶負世望，嫁娶必多取貲，故人謂之賣昏，由是詔士廉與韋挺、岑
文本、令狐德棻，責天下譜牒，參考史傳，檢正眞僞，進忠賢、退悖
惡、先宗室、後外戚、退新門、進舊望、右膏粱、左寒畯」。

　　高士廉等的初奏本〔氏族志〕現今已無從看到，從二點可以推測
其編撰氏族志的標準與立場。其一，初奏本〔氏族志〕分爲九等，「
崔幹仍居第一」；太宗詔中指「崔盧李鄭四姓，雖累葉陵遲，猶恃其
舊地，好自矜大」，意欲降之，今竟然崔幹仍列首位，可見修譜諸公
標準大異於太宗。其二，貞觀六年詔，太宗雖以賣買婚姻爲由，改革
風俗，實欲從婚嫁之改變，貶降舊門大族，藉此以提高皇室外戚及朝
廷官吏之社會地位，這一點亦與當時社會上（尤其是山東舊族們）士
大夫的標準大異，〔新唐書〕卷九十五「高儉傳」：「先是後魏太和

21　參見宮崎市定〔九品官人法の研究〕東洋史研究叢刊之一，1956。
22　參見拙著〔兩晉南北朝士族政治之研究〕第四章、第六章，1966。
23　如〔魏書〕卷六十三「宋弁傳」，廣平宋氏與太原郭氏之爭。〔北齊書〕卷四十三
　　「羊烈傳」，泰山羊氏與東平畢氏之爭。〔魏書〕卷六十四「郭祚傳」，太原郭氏與
　　王氏之爭。
24　北魏太和年間所訂評定族望辦法，似無反對的論調。
25　北朝努力於得到中原漢大族的支持。南朝則自始因大族得以偏安南方。

中定四海望族，以（李）寶等爲冠，其後矜尙門地，故〔氏族志〕一切降之，王妃主壻皆取當世勳貴名臣家，未嘗尙山東舊族，後房玄齡魏徵李勣復與昏，故望不減」。太宗的原意是「進忠賢，退悖惡，先宗室，後外戚」，改變「門第婚姻」等[26]，而當時士大夫在「退新門，進舊望，右膏粱，左寒畯」的標準上發揮。

初奏本〔氏族志〕這種濃厚的士大夫立場，必不合太宗意，太宗在詔令修正初奏本〔氏族志〕時，不得不坦率地說出自己的標準。〔舊唐書〕卷六十五「高士廉傳」：「太宗曰：我與山東崔盧李鄭舊旣無嫌，爲其世代衰微，全無冠蓋，猶自云士大夫，婚姻之間，則多邀錢幣，才識凡下，而偃仰自高，販鬻松檟，依託富貴，我不解人間何爲重之，祇緣齊家惟據河北，梁陳僻在江南，當時雖有人物，偏僻小國，不足可貴，至今猶以崔盧王謝爲重。我平定四海，天下一家，凡在朝士，皆功效顯著，或忠孝可稱，或學藝通博，所以擢用。見居三品以上，欲共衰代舊門爲親，縱多輸錢帛，猶被偃仰。我今特定族姓者，欲崇重今朝冠冕，何因崔幹猶爲第一等。昔漢高祖止是山東一匹夫，以其平定天下，主尊臣貴，卿等讀書見其行迹，至今以爲美談，心懷敬重，卿等不貴我官爵耶！不須論數世以前，止取今日官爵高下作等級。遂以崔幹爲第三等」。〔通鑑〕卷一百九十五，貞觀十二年：「上曰：……乃更命刊定，專以今朝品秩爲高下，於是以皇族爲首，外戚次之，降崔（民）幹爲第三。」[27]「不須論數世以前，止取今日官爵高下作等級」是太宗意想中最具體的標準；士大夫並非完全不重視官爵，而是一個門望的高下，必須累數世之功，北魏定三世冠冕作爲門望的標準[28]，似頗合社會上士大夫之意。設若太宗嚴格地實行「止取今日官爵高下作等級」，定本〔氏族志〕爲當時士大夫所接

---

[26] 唐皇室及若干主要的開國功臣源於西魏北周隋一脈，太宗有意壓抑山東舊族，提高關中功臣社會地位，參見陳寅恪先生〔唐代政治史述論稿〕，及日人布目潮渢「唐朝創業期の一考察」〔東洋史研究〕25-1(1966)。

[27] 〔新唐書〕卷九十五「高儉傳」、〔唐會要〕卷三十六、〔玉海〕卷五十「藝文」譜牒條、〔册府元龜〕卷五百六十「國史」部譜牒條等略同。

[28] 參見〔新唐書〕卷一百九十九「儒學傳」中「柳沖傳」。

受的程度，大爲可疑。

〔顯慶姓氏錄〕似乎貫徹官品主義的標準[29]。〔唐會要〕卷三十六氏族「顯慶四年九月五日，詔改〔氏族志〕爲〔姓錄〕，上親製序，仍自裁其類例，凡二百四十五姓，二百八十七家，以皇后四家鄖公、介公、贈臺司、太子三師、開府儀同三司、僕射，爲第一等；文武二品及知政事者三品，爲第二等；各以品位爲等第，凡爲九等，並取其身及後裔，若親兄弟，量計相從，自餘枝屬，一不得同譜」，當時士大夫必然無法接受〔姓氏錄〕，「以皇朝得五品者，書入族譜，入譜者，縉紳士大夫咸以爲恥，議者號其書爲勳格」[30]。

唐代前半期另一官修氏族譜是柳沖〔大唐姓族系錄〕，〔册府元龜〕卷五百六十「國史部」譜牒條：「依據氏族志重加修撰，仍令取其高名盛德，素業門風，國籍相傳，士林標準，次復勳庸克懋，榮絕當朝，中外相輝，譽彙時望者，各爲等列；其諸蕃酋長，曉襲冠帶者，亦別爲一品」。上述所引標準，非常概括，諸譜現已佚亡[31]，無法得知細節，大約以〔貞觀氏族志〕定本爲標準。

上列所引例子中，看出氏族譜的標準爭論甚烈，顯露出政治權力中心皇帝與社會勢力重心的士大夫之間立場之差距。貞觀六年太宗詔修〔氏族志〕，曾廣泛地徵求士大夫家譜[32]，高士廉等亦大都承襲兩晉南北朝以來一般士大夫的標準，已如上述，故〔氏族志〕初奏本無論從資料方面或精神方面看，最合當時士大夫之意。初奏本亦可能被許多士大夫收藏（〔北平藏譜〕卷末謂成於貞觀八年五月十日壬辰，正可能是初奏本修成時間）。緣因氏族譜是記載政治社會上世家大族的書籍，時間推移，氏族必有興衰，官方屢次修譜，以與實際政治社會相符合；士大夫私修譜，亦因在士大夫標準中，某些家族有了榮

29　池田溫「唐朝氏族志の一考察」〔北海道大學文學部紀要〕13-2(1965)。

30　引文出於〔唐會要〕卷三十六。以五品官作爲士族標準源自兩晉南北朝，參見宮崎市定〔九品官人法の研究〕及本書第六篇。

31　池田溫考證今存〔敦煌名族志〕殘卷與〔大唐姓族系錄〕有相關性，刊於〔北海道大學文學部紀要〕13-2(1965)。

32　參見竹田龍兒「貞觀氏族志の編纂に關する一考察」刊於〔史學〕25-4(1952)。

枯。明乎此，則知唐代氏族譜自太宗時便呈雙線發展，一是詔修譜，一是士大夫私修譜；前者如〔氏族志〕、〔姓氏錄〕、〔大唐姓族系錄〕；後者流行於民間，譜數甚多[33]，〔北平藏譜〕是當時士大夫私修譜之一（也許是較重要的一部私修氏族譜）。由於貞觀六年是第一次以唐代政治社會大族爲背景，整理譜系，其後詔修譜都以此爲圭臬，加以變動。這部〔氏族志〕初奏本最合士大夫意，故初奏本亦可能是若干士大夫私修譜的基準，〔北平藏譜〕卽其一也。今日所見〔北平藏譜〕保持〔氏族志〕初奏本的外殼，內容則略有變更，正表示私修譜在發展中有若干修改。（上節考證〔北平藏譜〕撰成於天寶元年至乾元元年(742～758)，距初奏本貞觀八年(634)已一百零八年以上）。

　　李林甫氏，正史列傳中未聞其善於譜學，亦未聞任何善於譜學者爲其助力，編撰一部全國性的譜系是一項大工程[34]，李林甫所修譜僅一卷，由此可見實未大規模編撰，僅從現存資料中綜合成爲一卷而已，比較李譜與〔北平藏譜〕之同異，李譜可能抄襲當時民間流行譜，冠以李林甫之名，作若干部分更動，此被抄襲的民間譜卽可能源自〔貞觀氏族志〕初奏本演變而來的〔氏族志〕，亦卽今日所見的〔北平藏譜〕是也。〔新·舊唐書〕「李林甫傳」中均未顯耀這項事蹟，可見唐代士大夫不重視李林甫的抄襲本，後世僅能在〔玉海〕引〔中興書目〕、〔崇文總目〕、〔新唐書〕「藝文志」、〔直齋書錄解題〕等書目中得知譜名而已。

　　〔倫敦藏譜〕（〔新集天下姓望氏族譜〕）撰成在元和十五年至咸通十三年間(820～872)[35]，似乎亦是士大夫私修，其承襲關係已難考證。

33　參見〔玉海〕卷五十。

34　〔貞觀氏族志〕初奏本一百卷。〔氏族志〕定本一百卷。〔顯慶姓氏錄〕二百卷。〔大唐姓族系錄〕二百卷。

35　唐代後半期官修〔元和姓纂〕，已佚其書，今本輯自他書，見岑仲勉〔元和姓纂四校記〕，〔史語所專刊〕第二十九，該書主旨在探求各姓淵流，體例有別，無法與〔倫敦藏譜〕作比較。

茲試繪各譜關係圖如下：

```
                                    ┌→〔顯慶姓氏錄〕
                  ┌〔貞觀氏族志〕定本 ──────→〔大唐姓族系錄〕
〔貞觀氏族志〕初奏本 ┤
                  └〔北平藏譜〕→〔天下姓望氏譜〕………〔新集天下姓望氏族譜〕
                      　　　　　　（李林甫等撰）　　　　　（倫敦藏譜）
```

　　若上述論說能成立，則今存二種殘卷係流行於士大夫間的氏族譜，比官修譜更可反映唐代社會實況（〔北平藏譜〕反映唐前半期，〔倫敦藏譜〕反映唐後半期），其史料價值甚高。

附錄：〔貞觀氏族志〕殘卷

陽郡三姓（并州）儀景魚

雁門郡三姓（岱州）續薄解　　　　　　太原郡十一姓（□□）□□□□□郝溫閻
　　　　　　　　　　　　　　　　　　　　　　　　　鮮于令狐尉□

中山郡一姓（恒州）甄　　　　　　　　上黨郡五姓（潞州）包鮑連赫連樊

康平郡四姓（冀州）宋焦唅游　　　　　渤海郡四姓（冀州）吳歐陽高刀

高陽郡四姓（冀州）紀公孫耿夏　　　　上谷郡四姓（燕州）寇榮侯麻

范陽郡三姓（幽州）盧鄒祖　　　　　　清河郡七姓（貝州）崔張房向傅路勒

河澗郡一姓（涓州）邢　　　　　　　　鉅鹿郡三姓（邢州）莫魏時

內黃郡一姓（相州）扈　　　　　　　　平原郡三姓（德州）師雍封

趙郡二姓（趙州）李睦　　　　　　　　河內郡九姓（懷州）宋司馬荀向浩淳于東尋

黎陽郡二姓（衞州）璩桑　　　　　　　河南郡七姓（潞州）賀蘭丘士穆祝

弘農郡四姓（鄍州）楊劉張賨　　　　　南陽郡十姓（□州）張樂趙滕井何白鄧姬

滎陽郡四姓（鄭州）鄭毛潘陽　　　　　潁川郡七姓（許州）陳荀韓鍾許庾庫

陳留郡四姓（汴州）元謝衞虞　　　　　東來郡三姓（□州）費盛上官

梁國郡三姓（宋州）宋喬張　　　　　　譙郡國八姓（亳州）戴夏侯裋規夔龐

齊陽郡三姓（曹州）蔡丁江　　　　　　汝南郡七姓（□州）殷昌表應和荊梅

濮陽郡六姓（濮州）吳徐表扶黃慶　　　濟陽郡五姓（濟州）董禾丁都苗

高平郡五姓（兗州）郗檀徐曹孫　　　　濟北郡一姓（洛州）氾

東平郡三姓（兗州）萬呂畢　　　　　　山陽郡三姓（兗州）玏革郡

魯國郡七姓（兗州）夏孔車唐曲粟齊　　平陽郡一姓（兗州）孟

太山郡四姓（兗州）胡周羊鮑　　　　　平呂郡一姓（兗州）管

樂安郡七姓（青州）孫任高元薛門蔣　　千乘郡一姓（青州）倪

臨淄郡三姓（青州）史寗左　　　　　　成陽郡二姓（□□）成蓋

彭城郡五姓（徐州）劉曹袁行受　　　　沛郡三姓（徐州）朱張周

瑯琊郡六姓（沂州）王顏諸葛惠符徐　　蘭陵郡一姓（徐州）蕭

下邳郡四姓（泗州）陳邵谷圀　　　　　東莞郡四姓（海州）臧關竹刁

廣陽郡三姓（楊州）戴高盛　　　　　　長城郡一姓（胡州）錢

會稽郡七姓（越州）虞孔賀榮盛鍾離　　吳郡四姓（豫州）朱張顧陸

吳興郡七姓（胡州）姚明丘紐閭施沈

餘康郡三姓（杭州）金褚花　　　　　　鹽官郡三姓（杭州）岑鄔臧

丹陽郡四姓（潤州）紀甘許左　　　　　東陽郡五姓（婺州）苪姚習黃留難

臨海郡四姓（台州）屈譚諸弋　　　　　松陽郡四姓（括州）黃瀨曲豆

尋陽郡二姓（江州）陶翟　　　　　　　豫章郡五姓（洪州）熊羅章雷澁

武陵郡二姓（□州）供作　　　　　　　長沙郡四姓（譚州）劉茹曾秦

武都郡一姓（果州）舟　　　　　　　　南安郡五姓（泉州）黃林單仇盛

　　以前太史，因堯置九州，今爲八千五郡，合三百九十八姓。今貞觀八年五月十日壬辰，自今已後，明加禁約。前件郡姓出處，許其通婚媾。結婚之始，非舊委悉，必須精加研究，知其囊譜，相承不虛，然可爲疋。其三百九十八姓之外，又二千一百雜姓，非史籍所載。雖預三百九十八姓之限，而或媾官混雜，或從賤入良，營門雜戶，慕容商賈之類，雖有譜，亦不通。如有犯者，剔除籍！光祿大夫衆吏部尚書許國公士廉等奉

勑，令臣等定天下氏族，若不別條舉，恐無所憑，准令詳事訖，件錄如前。敕旨依奏。

　　（大蕃歲次丙辰後三月庚午朔十六日乙酉魯國唐氏苾芻悟眞記勘定）

　　——本篇原刊於〔中央研究院歷史語言研究所集刊〕第四十三本第二分

敦煌發見天下姓望氏族譜 (一)

新集天下姓望氏族譜一卷并序

夫人có姓望……之言為士眾……師儒……望既要……姓望……證據……出州郡公為十道如右……

第一關內道……

雍州京兆郡 出四姓

岐州扶風郡 出二姓

羅州武功郡 出二姓

華州武功郡 出二姓

新平郡 出四姓

涇州安定郡 出八姓

同州馮翊郡 出四姓

邠州 新平郡

原州平凉郡

第二隴右道四郡

甘州……

涼州武威郡 出六姓

秦州隴西郡 出十三姓

秦州天水郡 出此姓

第三山南道五郡

襄州襄陽郡 出五姓

荊州江陵郡 出五姓

朗州武陵郡 出七姓

郢州江夏郡 出七姓

敦煌發見天下姓望氏族譜 (一)

饒州武陵郡 出五姓

郢州江夏郡 出七姓

第四河東道七郡

蒲州河東郡

汾州西河郡 出十五姓

晉州平陽郡 出五姓

澤州高平郡 出五姓

潞州上黨郡 出六姓

并州太原郡 出七姓

代州鴈門郡

嵐州……

第五河北道……郡

幽州范陽郡 出八姓

莫州勃海郡 出八姓

冀州……

貝州……

滄州……

瀛州河間郡 出八姓

定州博陵郡 出八姓

易州上谷郡 出六姓

幽州中山郡 出六姓

沼州廣平郡 出五姓

邢州……

衛州……

洺州清河郡 出……

貝州清河郡

邢州鉅鹿郡 出六姓

德州平原郡 出六姓

趙州趙郡 出六姓

魏州魏郡

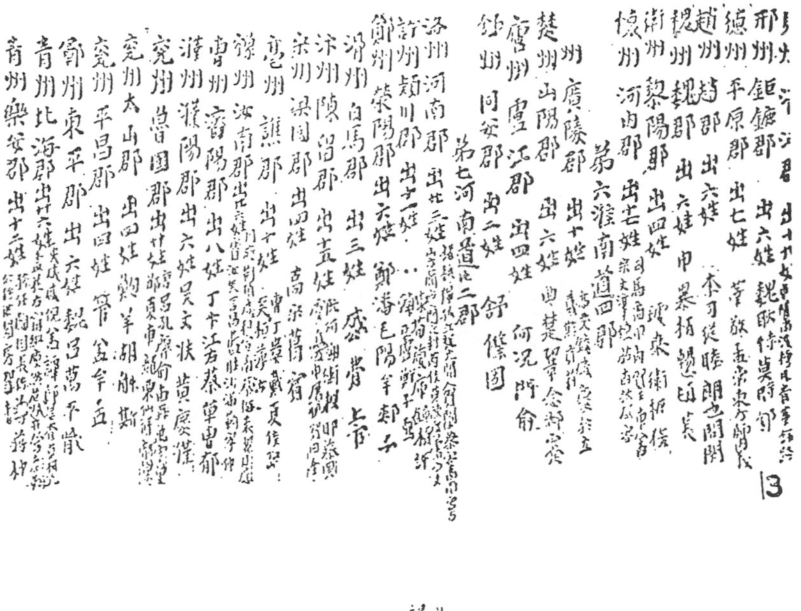
敦煌發見天下姓望氏族譜 (三)
13

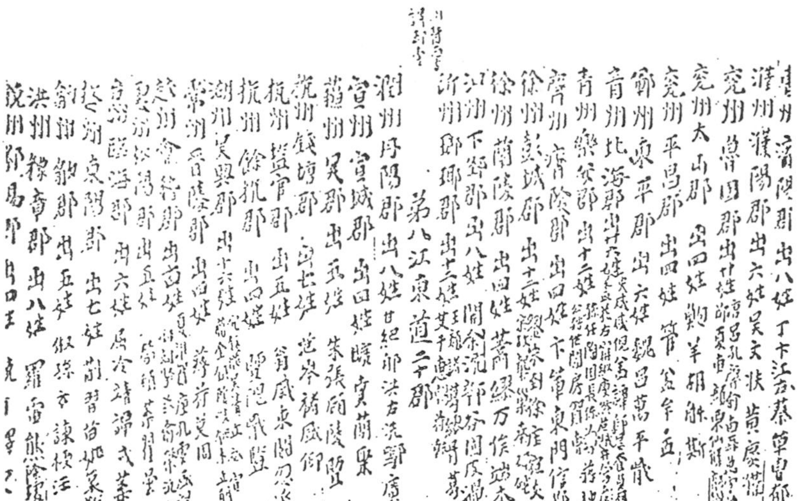
敦煌發見天下姓望氏族譜 (四)
4

敦煌殘見天下姓望氏族譜（4）

慶州松陽郡出五姓　勞賴苐冐堂

台州臨海郡再六姓屈谷靖譚戌菜

婺州東陽郡出七姓割冐苖戌雞

歙郡郗郡出五姓假珠方諫�陜汪

洪州豫章郡出八姓羅雷熊篨萁

饒州鄱陽郡再四姓饒有鍸衷

江州尋陽郡出六姓陶羅濩翟菴笞

素州宜春郡出四姓袁鼓易寧

潭州長沙郡出六姓曾吳羅鼓劭卷

慶州南康郡朝荼翁尋

泉州南安郡再四姓林紁伵牟草

　　　　第九翖南道出郡

益州蜀郡出五姓郀文苜任翖

梓州梓潼郡出四姓郀景文廬

第十鬲南道五府迢容迢慶迢南菶鄁官

古十六州並下出人雄望

洺州東海郡出十姓徐逹戚作臨
基沇廬萁苐

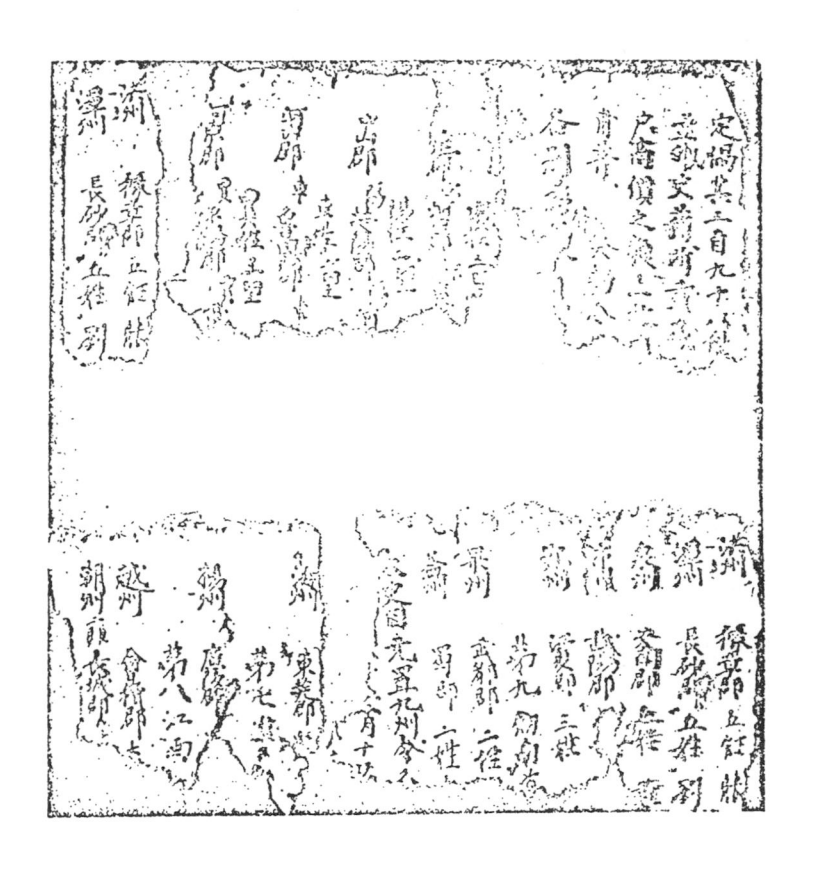

後記

　　誠如本書序言所說，社會史領域還有許多題目可以繼續研究，我的原意是在退休時再將所有已出版、未出版的論文彙編總結，效法古人千鍊百錘而後出書之精神，但由於客觀環境之改變，在二三年以前已有許多讀者、朋友建議我將各單篇彙集成冊，一則可免除零星尋找單篇之苦，二則希望明瞭我對社會史架構的安排。經過二三年考慮，我發覺本書各篇是以客觀方法撰寫歷史事實，其中或許尚有修正補充之處，但還不致於發生將整個歷史事實扭曲、而導致貽誤讀者的現象，因此決定大膽出版，所以本書祇能算作我這幾年來的研究工作報告，希望學界博雅之士直接來函指正。

　　本書各篇皆重新排版，何永成先生、耿慧玲女士幫助檢查引用資料，校正甚多。鄭嫣菱女士、袁淑真小姐、林麗花小姐、廖幼華女士、何永成先生、耿慧玲女士等，負責校對工作。聯經出版公司方清河先生將原各單篇之參考書目初步彙編成本書之參考書目，馮慈芳小姐製作本書索引。耿慧玲女士、林麗花小姐又複查參考書目之版本、出版年月、出版公司等工作。我近年來研究工作極忙，除了專任研究員每年需撰寫新論文以外，還負責唐代墓誌銘之彙編、考釋、出版等工作，又在臺大、文大兼任教席，如果沒有上述許多朋友們在出版過程中大力幫助，本書無法順利出版，我十分感謝。

民國七十六年十一月一日著者謹識於臺北市南港中央研究院歷史語言研究所

參考書目

一、正史與古籍類

〔史記〕〔漢書補注〕〔後漢書集解〕〔三國志集解〕〔晉書斠注〕〔宋書〕〔南齊書〕〔梁書〕〔陳書〕〔魏書〕〔北齊書〕〔周書〕〔南史〕〔北史〕〔隋書〕〔舊唐書〕〔新唐書〕〔舊五代史〕〔新五代史〕

（以上正史部分，本書各篇撰寫時使用藝文書局殿本，修正出版時使用鼎文標點本）

〔二十二史劄記〕（清）趙翼撰（鼎文書局，1975年）

〔十七史商榷〕（清）王鳴盛撰（洞涇草堂刊本，乾隆52年）

〔人物志〕（魏）劉邵撰、（西涼）劉昞注（臺灣商務印書館影印文淵閣四庫全書，1983年）

〔大唐創業起居注〕（唐）溫大雅撰（〔藕香零拾〕第3册，清光緒宣統間刊本）

〔文苑英華〕（宋）彭叔夏撰（華聯出版社，1965年5月）

〔文獻通考〕（元）馬端臨撰（浙江書局刊本，光緒22年）

〔王右軍集〕（晉）王羲之撰（〔漢魏六朝百三名家集〕第3函第6～7册，上海掃葉山房石印本，1925年）

〔元和郡縣圖志〕（唐）李吉甫撰（〔岱南閣叢書〕，蘭陵孫氏沇州刊本巾箱本，嘉慶3年）

〔太平御覽〕（宋）李昉等纂（〔中國法制史料〕第一輯第4册，臺灣商務印書館，1960年）

〔太平廣記〕（宋）李昉等撰（新興書局影印本，1958年）

〔太平寰宇記〕（宋）樂史撰（乾隆58年重刊本）

〔日知錄〕（清）顧炎武著（臺灣商務印書館，1956年）

〔中論〕（後漢）徐幹撰（世界書局影印本，1962年）

〔水經注疏〕（後魏）酈道元注、（清）楊守敬纂疏（北京科學出版社據熊
　　　　會貞手寫本影印，1957年）

〔玉海〕（宋）王應麟撰（浙江書局重刻本，光緒 9 年）

〔世說新語校箋〕楊勇著（香港大眾書局，1969年10月初版）

〔北堂書鈔〕（隋）虞世南撰（1958年藝文印書館據清光緒14年南海孔氏刊
　　　　本影印）

〔北夢瑣言〕（宋）孫光憲撰（臺灣商務印書館影印文淵閣四庫全書，1983
　　　　年）

〔申鑒〕（漢）荀悅撰（〔四部叢刊初編〕第 336 冊，上海商務印書館影印
　　　　本，1929年）

〔四民月令〕（漢）崔寔撰（〔漢魏遺書鈔〕第11冊，1927年藝文印書館影
　　　　印清嘉慶 3 年金溪王氏刊本）

〔册府元龜〕（宋）王欽若等編（1972年中華書局據明崇禎15年李嗣京刊本
　　　　影印）

〔西魏書〕（清）謝啟昆撰（1962年世界書局據光緒 9 年樹涇堂本影印）

〔全上古三代秦漢三國六朝文〕（清）嚴可均校輯（京都中文出版社，1981
　　　　年 6 月三版）

〔全唐文〕（清）董誥等編（滙文書局據嘉慶19年刊本影印，1961年）

〔初學記〕（唐）徐堅撰（鼎文書局據民國排印本影印，1976年）

〔抱朴子〕（晉）葛洪撰（臺灣商務印書館影印文淵閣四庫全書，1983年）

〔長安志〕（宋）宋敏求撰、（清）畢沅校正（臺北成文出版社據1931年鉛
　　　　印本影印，1970年）

〔洛陽伽藍記〕（後魏）楊衒之撰（臺灣商務印書館影印文淵閣四庫全書，
　　　　1983年）

〔封氏聞見記〕（唐）封演撰（臺灣商務印書館影印文淵閣四庫全書，1983
　　　　年）

〔貞觀政要〕（唐）吳兢撰、（元）弋直集論（臺灣商務印書館影印文淵閣
　　　　四庫全書，1983年）

〔唐大詔令集〕（宋）宋敏求編（華文書局據舊刊本影印，1968年）

〔唐才子傳〕（元）辛文房撰（〔四庫全書珍本別輯〕第126、127冊，1975
　　　　年）

〔唐六典〕（唐）李林甫等注（〔四庫全書珍本六集〕第117～119冊，1976年）

〔唐文粹〕（宋）姚鉉編（世界書局據清光緒16年杭州許氏刊本文粹影印，
　　　　1962年）

〔唐律疏義〕（唐）長孫無忌等撰（弘文館出版社，1986年點校本）

〔唐書合鈔〕（清）沈炳震編（嘉慶18年）

〔唐書宰相世系表訂譌〕（清）沈炳震撰（鼎文書局，1972年）

〔唐語林〕（宋）王讜撰（世界書局，1962年）

〔唐摭言〕（五代）王定保撰（世界書局，1962年）

〔唐會要〕（宋）王溥撰（世界書局據武英殿聚珍版影印，1960年）

〔唐闕史〕（唐）高彥休撰（臺灣商務印書館影印文淵閣四庫全書，1983
　　　　年）

〔通志〕（宋）鄭樵撰（新興書局據清武英殿刊本影印，1963年）

〔通典〕（唐）杜佑撰（浙江書局刊本，光緒22年）

〔崇文總目〕（宋）王堯臣等撰（〔四庫全書珍本別輯〕第148、149冊，
　　　　1975年）

〔登科記考〕（清）徐松撰（〔南菁書院叢書〕第1集，光緒14年）

〔隋唐嘉話〕（唐）劉餗撰（〔歷代小史〕第5冊，1940年）

〔華陽國志〕（晉）常璩撰、劉琳校注（巴蜀書社出版，1984年）

〔新校資治通鑑注〕（元）胡三省注（世界書局，1980年）

〔資治通鑑〕（宋）司馬光撰（藝文印書館，1955年）

〔漢唐事箋〕（元）朱禮撰（山陰李氏覆刊琅嬛館影鈔元至正本，道光2
　　　　年）

〔論衡〕（漢）王充撰（〔四部叢刊初編〕433～440冊，1929年）

〔潛夫論〕（漢）王符撰（〔四書叢刊初編〕334～335冊，1929年）

〔樊川文集〕（唐）杜牧撰（〔四部叢刊初編〕，1929年）

〔翰林志〕（唐）李肇撰（臺灣商務印書館影印文淵閣四庫全書，1983年）

〔翰林院故事〕（唐）韋執誼撰（〔知不足齋叢書〕翰苑羣書第13集第2
　　　　冊，上海古書流通處影本，1921年）

〔歷代方鎮年表〕（清）吳廷燮撰集（遼海叢書社）

〔鄴侯家傳〕（唐）李繁撰（〔玉海〕卷138兵制3，光緒九年浙江書局重
　　　　鋟本）

〔顏氏家訓〕（北齊）顏之推撰（〔四部叢刊初編〕第430冊，1929年，上
　　　　海商務印書館影印本）

〔鹽鐵論〕（漢）桓寬撰（世界書局，1962年）

二、碑銘類

中央研究院歷史語言研究所藏墓誌拓片

〔欽定全唐文〕（嘉慶19年，匯文書局版）

〔漢魏南北朝墓誌集釋〕趙萬里（民國42年初版，民國61年臺灣初版）

〔石刻史料新編〕（民國66年編，新文豐出版公司）（〔石刻史料叢書〕
略同）：（以下按筆劃排列）

〔八瓊室金石札記〕〔八瓊室金石補正〕〔山左金石志〕〔山左冢墓遺文〕〔山右石刻叢編〕〔山右冢墓遺文〕〔中州金石考〕〔中州金石記〕〔平津讀碑記續記〕〔古刻叢鈔〕〔古誌石華〕〔石墨鐫華〕〔安陽縣金石錄〕〔扶風縣石刻記〕〔芒洛冢墓遺文〕〔芒洛冢墓遺文三編〕〔芒洛冢墓遺文四編〕〔芒洛冢墓遺文續編〕〔希古樓金石萃編〕〔京畿冢墓遺文〕〔東都冢墓遺文〕〔金石萃編〕〔金石萃編未刻稿〕〔金石萃編補正〕〔金石萃編補略〕〔金石錄〕〔金石錄補〕〔金石續編〕〔金石續錄〕〔汧陽述古編〕〔海東金石苑〕〔陝西金石志〕〔陶齋藏石記〕〔陶齋藏甎記〕〔偃師金石記〕〔集古錄目〕〔集古錄跋尾〕〔雍州金石記〕〔滿洲金石志〕〔滿洲金石志補遺〕〔寰宇訪碑錄〕〔襄陽冢墓遺文〕〔隴右金石錄〕〔關中石刻文字新編〕〔關中金石文字存逸考〕〔寶刻叢編〕〔寶刻類編〕

三、譜牒類

〔元和姓纂四校記〕（唐）林寶撰、岑仲勉校，（史語所專刊之29，1948）。

〔古今姓氏書辨證〕（附校勘記）（宋）鄧名世撰（商務叢書集成初編，1936）。

〔名賢氏族言行類稿〕（宋）章定撰（〔欽定四庫全書〕，商務影印文淵閣本，1983）。

〔姓氏考略〕（清）陳廷煒著（〔學海類編〕，民國9年上海涵芬樓影印本）。

〔姓氏急就篇〕（宋）王應麟撰（〔玉海〕，光緒9年浙江書局重刻本）。

〔姓氏尋源〕（清）張澍著（清道光間棗華書屋藏版）。

〔南北史世系表〕（清）周嘉猷撰（民國9年徐紹棨彙編重印本）。

〔風俗通〕「姓氏篇」（漢）應劭纂、（清）張澍輯補注（〔知服齋叢書〕，清光緒間龍氏刊本）。

〔通志〕「氏族略」（新興書局影印殿本）。

〔新唐書〕「宰相世系表」（鼎文書局標點本）

〔萬姓統譜〕（清）凌廸知輯（民國60年，新興書局影印汲古閣本）。

大英博物館藏敦煌遺書照像本

　　　Order No. O.P.B. & M.S.S. 11431/4200

　　　Title Stein Rolls

　　　No. 2052.　No. 5861.　No. 3191

四、中日文論著

上田早苗

　　　1967　「巴蜀の豪族と國家權力」，〔東洋史研究〕25-4

川勝義雄

1950 「シナ中世貴族の成立について」，〔史林〕33-4

1954 「曹操軍團の構成について」，〔創立廿五周年紀念論文集〕

1970 「貴族制社會と孫吳政權下の江南」，〔中國中世史研究〕6

1973 「孫吳政權の崩壞から江南貴族制へ」，〔東方學報〕44

五井直弘

1956 「曹操政權の性格について」，〔歷史學研究〕195

井上晃

1936 「後魏姓族分定考」，〔史觀〕第9期

仁井田陞

1933 〔唐令拾遺〕（東方文化學院東京研究所）

1943 〔支那身分法史〕（東方文化學院刊）

1962 〔中國法制史研究〕（東京大學東洋文化研究所）

今堀誠二

1940 「唐代士族の性格素描」㈠，〔歷史學研究〕第9卷第11號

1941 「唐代士族の性格素描」㈡，〔歷史學研究〕第10卷第2號

毛漢光

1966 〔兩晉南北朝士族政治之研究〕（中國學術著作獎助出版委員會）

1966A 「兩晉南北朝主要文官士族成分的統計分析與比較」，〔歷史語言研究所集刊〕第36本下

1967 「我國中古大士族之個案研究——瑯琊王氏」，〔歷史語言研究所集刊〕第37本

1969 〔唐代統治階層社會變動〕（影印博士論文）

1970 「五朝軍權轉移及其對政局之影響」，〔清華學報〕第8卷1、2合期

1971 「敦煌唐代氏族譜殘卷之商榷」，〔歷史語言研究所集刊〕第43本第2分

1974 「三國政權的社會基礎」，〔歷史語言研究所集刊〕第46本第1分

1975 「從中正評品與官職之關係論魏晉南北朝之社會架構」，〔歷史語言研究所集刊〕第46本第4分

1976 「中國中古社會史略論稿」，〔歷史語言研究所集刊〕第47本第3分

1977 「中國中古賢能觀念之研究——任官標準之觀察」，〔歷史語言研究所集刊〕第48本第3分

1978 「唐代大士族的進士第」，〔中央研究院成立五十周年紀念論文

集〕第 2 輯

1980　「五代之政治延續與政權轉移」，〔歷史語言研究所集刊〕第 51
　　　　本第 2 分

1980A「科舉前後（公元 600 年干 300）清要官型態之比較研究」，（國
　　　　際漢學會議宣讀）

1981　「從士族籍貫遷移看唐代士族之中央化」，〔歷史語言研究所集
　　　　刊〕第 52 本第 3 分

王伊同

1943　〔五朝門第〕（金陵大學中國文化研究所叢刊乙種）

1957　「崔浩國書獄釋疑」，〔清華學報〕新 1 卷 2 期

王壽南

1969　〔唐代藩鎮與中央關係之研究〕（嘉新研究論文）

王夢鷗

1971　〔唐人小說研究〕（藝文印書館）

布目潮渢

1948　「唐初の貴族」，〔東洋史研究〕第 10 卷第 3 號

1966　「唐朝創業期の一考察」，〔東洋史研究〕第 25 卷第 1 號

1968　〔隋唐史研究──唐朝政權の形成〕（東洋史研究叢刊之 20）

田昌五

1978　「讀曹操宗族墓磚刻辭」，〔文物〕1978-8

矢野主稅

1952　「門閥貴族の系譜試論」，〔古代學〕1-7

1958　「鄭氏研究」，〔社會科學論叢〕8

1960　〔魏晉百官世系表〕（長崎大學史學會）

1961　「魏晉中正制についての一考察」，〔史學研究〕第 82 期

1962　「韋氏研究」㊀〔長崎大學學藝學部研究報告〔臨時增刊號〕

1963　「魏晉中正制の性格について一考察──鄉品と起家官品の對應
　　　　を手掛りとして」，〔史學雜誌〕72-2

1965　「裴氏研究」，〔社會科學論叢〕14

1976　〔門閥社會成立史〕（國書刊行會）

全漢昇

1944　〔唐宋帝國與運河〕（歷史語言研究所專刊之 24）

吉田虎雄

1943.　〔魏晉南北朝租稅の研究〕（中國學術研究叢書 3）

向達

1931　「敦煌叢抄」，〔北平圖書館館刊〕第 5 卷 6 期

多田狷介
　　1964　「後漢豪族の農業經營」，〔歷史學研究〕286
好並隆司
　　1957　「曹操の時代」，〔歷史學研究〕207
宇都宮清吉
　　1934　「唐代貴人に就ての一考察」，〔史林〕第19卷第3號
　　1936　「評岡崎博士著〔南北朝における社會經濟〕」，〔東洋史研
　　　　　究〕1-3
守屋美都雄
　　1951　「六朝門閥の一研究——太原王氏系譜考」，〔法制史研究〕4
安田二郎
　　1970　「南朝の皇帝と貴族と豪族、土豪屑——梁武帝の革命を手がか
　　　　　りに」，〔中國中世史研究〕
池田溫
　　1959　「唐代の郡望表」（上），〔東洋學報〕第42卷第3號
　　1960　「唐代の郡望表」（下），〔東洋學報〕第42卷第4號
　　1965　「唐朝氏族志の一考察」，〔北海道大學文學部紀要〕13-2
　　1965A「八世紀初における敦煌の氏族」，〔東洋史研究〕24-3
牟潤孫
　　1951　「敦煌唐寫姓氏錄殘卷考」，〔臺灣大學文史哲學報〕第3期
　　1966　〔論魏晉以來之崇尚辯談及其影響〕（香港中文大學）
竹田龍兒
　　1951　「唐代士人の郡望について」，〔史學〕24-4
　　1952　「貞觀氏族志の編纂に關する一考察」，〔史學〕25-4
　　1958　「門閥としての弘農楊についての一考察」，〔史學〕31-1～4
西川正夫
　　1963　「華北五代王期の文臣官僚」，〔東洋文化研究所紀要〕27
西村元佑
　　1970　〔中國經濟史研究——均田制篇〕（東洋史研究叢刊之17）
何啟民
　　1972　「永嘉前後吳姓與僑姓關係之轉變」，〔政治大學學報〕第26期
　　1973　「中古南方門第——吳郡朱張顧陸四姓之比較研究」，〔政治大
　　　　　學學報〕第27期
　　1977　「唐朝山東士族的社會地位之考察」，〔簡牘學報·勞貞一先生
　　　　　七秩榮慶論文集〕
　　1981　「柳芳氏族論中的一些問題」，〔國際漢學會議論文集〕歷史考

　　　　　古組中册

　　1982　「中古門第本質的探討」，〔第一屆歷史與中國社會變遷〕

何炳棣

　　1966　〔中國會館史論〕（臺灣學生書局）

余　遜

　　1943　「南朝之北士地位」，〔輔仁學誌〕12卷 1 ～ 2 期

余英時

　　1956　「東漢政權之建立與世家大姓之關係」，〔新亞學報〕 1 卷 2 期

　　1959　「漢晉之際士之新自覺與新思潮」，〔新亞學報〕 4 卷 1 期

谷川道雄

　　1962　「北魏末期の鄉兵について」，〔東洋史研究〕20-4

谷霽光

　　1936　「安史亂前之河北道」，〔燕京學報〕第19期

　　1936A「六朝門閥」，〔武漢大學文哲季刊〕 5 卷 4 期

　　1962　〔府兵制度考釋〕（上海：人民出版社）

岑仲勉

　　1936　「校貞觀氏族志殘卷」，〔史學專刊〕第 1 期

　　1939　「貞石證史」，〔歷史語言研究所集刊〕第 8 本第 4 分

　　1947　「唐集質疑」，〔歷史語言研究所集刊〕第 9 本第 1 分

　　1948　〔四校林寶元和姓纂〕（歷史語言研究所專刊之29）

　　1957　〔隋唐史〕（高等教育出版社）

　　1960　〔唐史餘瀋〕（上海：中華書局）

志田不動麿

　　1939　〔東洋中世史〕（平凡社）

李樹桐

　　1965　〔唐史考辨〕（中華書局）

周一良

　　1938　「南朝境內之各種人及政府對待之政策」，〔歷史語言研究所集
　　　　　刊〕第 7 本第 4 分

　　1948　「領民酋長與六州都督」，〔歷史語言研究所集刊〕第20本上册

　　1950　「北朝民族問題與民族政策」，〔燕京學報〕第39期

周藤吉之

　　1965　〔唐宋社會經濟史研究〕（東京大學出版會）

岡崎文夫

　　1932　〔魏晉南北朝通史〕（弘文堂書房）

　　1935　〔南北朝に於ける社會經濟制度〕（東京：弘文堂書房）

武仙卿
　　1934　「魏晉時期社會經濟的轉變」，〔食貨半月刊〕1 卷 2 期
芮逸夫
　　1961　「遞變的中國家族結構」，〔臺灣大學考古人類學刊〕17、18期
　　　　　合刊
邱漢生
　　1959　「從四民月令看東漢大地主的田莊」，〔歷史教學〕1959-11
金發根
　　1963　「東漢黨錮人物的分析」，〔歷史語言研究所集刊〕第 34 本下
　　　　　冊
　　1964　〔永嘉亂後北方的豪族〕（中國學術著作獎助出版委員會）
　　1967　「塢堡溯源與兩漢的塢堡」，〔歷史語言研究所集刊〕第37本上
　　　　　冊
姚薇元
　　1962　〔北朝胡姓考〕（北平：中華書局）
狩野直禎
　　1957　「後漢末の世相と巴蜀の動向」，〔東洋史研究〕15-3
　　1959　「蜀漢政治の構造」，〔史林〕42-4
唐長孺
　　1955　〔魏晉南北朝史論叢〕（北平：三聯書店）
　　1957　〔三至六世紀江南大土地所有制的發展〕（上海：人民出版社）
　　　　　「門閥的形成及其衰落」
　　1959　〔魏晉南北朝史論叢續編〕（生活讀書新知三聯書店）
孫同勛
　　1962　〔拓拔氏的漢化〕（臺灣大學文史叢刊）
　　1964　「北魏初期政治的衝突與崔浩之獄」，〔幼獅學誌〕3 卷 1 期
孫國棟
　　1959　「唐宋之際社會門第之消融」，〔新亞學報〕4 卷 1 期
　　1965　「唐貞觀永徽間黨爭試釋」，〔新亞書院學術年刊〕7
宮川尚志
　　　　　「魏晉及南朝の寒門、寒人」，〔東亞人文學報〕3 卷 2 號
　　1955　「三國吳の政治と制度」，〔史林〕38-1
　　1956　〔六朝史研究〕政治、社會篇（日本學術振興會刊）
宮崎市定
　　1956　〔九品官人法の研究〕（京都大學東洋史研究叢刊之 1 ）
徐高阮

　　1969　「山濤論」，〔歷史語言研究所集刊〕第41本第 1 分
高亞偉
　　1953　「孫吳開闢蠻越考」，〔大陸雜誌〕7 卷 7 、 8 期
祝秀俠
　　1957　〔唐代傳奇研究〕（現代國民基本知識叢書第 4 輯）
章　羣
　　1956　「論唐開元前的政治集團」，〔新亞學報〕1 卷 2 期
　　1968　〔唐史〕（現代國民基本知識叢書第 1 輯）
許倬雲
　　1964　「西漢政權與社會勢力的交互作用」，〔歷史語言研究所集刊〕
　　　　　第35本
　　1967　「漢代家庭的大小」，〔清華學報·慶祝李濟先生七十歲論文集〕
　　　　　下冊
　　1967A「三國吳地的地方勢力」，〔歷史語言研究所集刊〕第37本上冊
許國霖
　　1932　「敦煌石室寫經題記與敦煌叢抄」，〔北平圖書館館刊〕6 卷 6
　　　　　期
陳　垣
　　1928　「史諱舉例」，〔燕京學報〕第 4 期
　　1931　〔敦煌劫餘錄〕（歷史語言研究所專刊之 4 ）
陳　槃
　　1951　「漫談地券」，〔大陸雜誌〕2 卷 6 期
陳寅恪
　　1931　「李唐氏族之推測」，〔歷史語言研究所集刊〕第 3 本第 1 分
　　1933　「李唐氏族之推測後記」，〔歷史語言研究所集刊〕第 3 本第 4
　　　　　分
　　1935　「三論李唐氏族問題」，〔歷史語言研究所集刊〕第 5 本第 2 分
　　1935A「李德裕貶死年月及歸葬傳說辨證」，〔歷史語言研究所集刊〕
　　　　　第 5 本第 2 分
　　1944　〔唐代政治史述論稿〕（歷史語言研究所專刊之20）
　　1944A〔隋唐制度淵源略論稿〕（歷史語言研究 所專刊之22）
　　1950　〔元白詩箋證稿〕（嶺南大學中國文化研究室）
　　1950A「崔浩與寇謙之」，〔嶺南學報〕第11卷第 1 期
　　1951　「論隋末唐初所謂『山東豪傑』」，〔嶺南學報〕第12卷第 1 期
　　1954　「記唐代之李、武、韋、楊婚姻集團」，〔歷史研究〕1954-1
　　1956　「述東晉王導之功業」，〔陳寅恪先生論文集補編〕，原刊〔中

山大學學報〕

1957　「論李栖筠自趙徙衛事」，在〔陳寅恪先生論文集補編〕，原刊
　　　　〔中山大學學報〕

陶元珍

1933　「三國吳兵考」，〔燕京學報〕第13期

陶希聖

1929　〔中國社會之史的分析〕（新生命書局）

1944　〔中國政治制度史〕（初版。臺一版1974，啟業書局）

陶希聖、鞠清遠

1935　〔唐代經濟史〕（上海：商務印書館）

陶希聖、武仙卿

1937　〔南北朝經濟史〕（上海：商務印書館）

傅樂成

1952　「荊州與六朝政局」，〔臺灣大學文史哲學報〕第4期

勞　榦

1948　「漢代察舉制度考」，〔歷史語言研究所集刊〕第17本

1950　「論漢代的游俠」，〔臺灣大學文史哲學報〕第1期

1951　「論東漢時代的世族」，〔學原〕第3卷第3、4期

1960　「關東與關西的李姓與趙姓」，〔歷史語言研究所集刊〕第31本

1967　「論漢代的豪彊及其政治上的關係」，〔清華學報・慶祝李濟先
　　　　生七十歲論文集〕上冊

湯用彤

1957　〔魏晉玄學論稿〕（北京：人民出版社）

賀次君

1935　「西晉以下北方宦族地望表」，〔禹貢〕3卷4期

賀昌羣

1964　〔漢唐間封建土地所有制形式研究〕（上海：人民出版社）

越智重明

1956　「南朝の貴族と豪族」，〔史淵〕第69期

1958　「東晉の豪族」，〔史淵〕第76期

1965　「州大中正の制に關する諸問題」，〔史淵〕第94期

1965A「魏晉南朝の最下級官僚層について」，〔史學雜誌〕74-7

1966　「南朝の清官と濁官」，〔史淵〕第96期

1966A「梁陳時代の甲族層起家の官をめぐつて」，〔史淵〕第97期

1966B「梁の天監の改革と次門層」，〔史學研究〕第97期

1967　「清議與鄉論」，〔東洋學報〕48-1

逯耀東
    1965   「拓拔氏與中原士族的婚姻關係」，〔新亞學報〕7 卷 1 期
    1966   「從北魏前期的文化與政治形態論崔浩之死」，〔新亞學報〕7
            卷 2 期
楊中一
    1935   「部曲沿革略考」，〔食貨半月刊〕1 卷 3 期
楊筠如
    1930   〔九品中正與六朝門閥〕（上海：商務印書館）
楊樹藩
    1967   〔唐代政制史〕（正中書局）
楊聯陞
    1936   「東漢的豪族」，〔清華學報〕11卷 4 期
    1937   「中唐以後稅制與南朝稅制之關係」，〔清華學報〕12卷 3 期
    1970   「傳統中國政府對城市商人之統制」，〔清華學報〕8 卷 1 、2
            合期
萬繩楠
    1964   「曹魏政治派別的分野及其升降」，〔歷史教學〕1964-1
鄒文海
    1967   〔鄒文海先生政治科學文集〕（鄒文海先生六十華誕受業學生慶
            祝會印行）
趙鐵寒
    1956   「記袁安碑」，〔大陸雜誌〕12卷 5 、6 期
劉 復
    1931   〔敦煌掇瑣〕（歷史語言研究所專刊之 2 ）
增村宏
    1937   「黃白籍の新研究」，〔東洋史研究〕2 卷 4 期
鄧嗣禹
    1967   〔中國考試制度史〕（臺灣學生書局）
鄭欽仁
    1976   〔北魏官僚機構研究〕（牧童文史叢書10）
築山治三郎
    1967．   〔唐代政治制度の研究〕（大阪：創元社）
錢 穆
    1963   「略論魏晉南北朝學術文化與當時門第之關係」，〔新亞學報〕
            5 卷 2 期
濱口重國

　　1966　〔唐王朝の賤人制度〕（東洋史研究叢刊之15）

　　1966A〔秦漢隋唐史の研究〕（東京大學出版會）

繆啟愉

　　1960　「吳越錢氏在太湖地區的圩田制度和水利系統」，〔農史研究集
　　　　　刊〕第2冊

鞠清遠

　　1935　「兩晉南北朝的客、門生、故吏、義附、部曲」，〔食貨半月
　　　　　刊〕2卷12期

　　1940　〔唐代財政史〕（商務印書館）

韓復智

　　1969　〔兩漢的經濟思想〕（中國學術著作獎助出版委員會）

瞿同祖

　　1947　〔中國法律與中國社會〕（社會學叢刊甲集第五種）

薩孟武

　　1966　〔中國社會政治史〕第一、二、三冊（臺北：三民書局）

龐聖偉

　　1964　「論三國時代之大族」，〔新亞學報〕6卷1期

譚其驤

　　1934　「晉永嘉喪亂後之民族遷徙」，〔燕京學報〕15期

嚴耕望

　　1950　「漢代地方官吏之籍貫限制」，〔歷史語言研究所集刊〕第22本

　　1950-52〔中國地方行政制度史〕（歷史語言研究所專刊之45）

　　1951　「秦漢郎吏制度考」，〔歷史語言研究所集刊〕第23本上冊

　　1953　「略論唐六典之性質與施行問題」，〔歷史語言研究所集刊〕第
　　　　　24本

　　1954　〔中國歷史地理〕（現代國民基本知識叢書第2輯）

　　1956　〔唐僕尚丞郎表〕（歷史語言研究所專刊第36）

　　1969　「唐藍田武關道驛程考」，〔歷史語言研究所集刊〕第39本下冊

　　1969A〔唐史研究叢稿」（香港新亞研究所出版）

　　1981　〔治史經驗談〕（臺北：臺灣商務印書館）

蘇慶彬

　　1964　「元魏北齊北周政權下漢人勢力之推移」，〔新亞學報〕6卷2
　　　　　期

　　1967　〔兩漢迄五代入居中國之蕃人氏族研究——兩漢至五代蕃姓錄〕
　　　　　（新亞研究所專刊）

五、西文論著

Andreski, Stanislav

    1968 *Military Organization and Society* (University of California Press).

Aron, Raymond

    1950 "Social Structure and the Ruling Class", *British Journal of Sociology* I.

Balazs, Etienne

    1964 *Chinese Civilization and Bureaucracy*, Trans, by H. M. Wright, ed. by Auther F. Wright (New Haven: Yale University Press).

Bendix, Reinhard and Lipset, Seymour Martin

    1966 *Class, Status, and Power——Social Stratification in Comparative Perspective* (Free Press, 2nd ed).

Block, Marc

    Feudal Society, Trans. by L. A. Manyon (London: Routledge & Kegan Paul L. T. D).

Bottomore, T. B.

    1964 *Elites and Society* (Penguin Books L. T. D).

Burnham, James

    1972 *The Managerial Revolution* (Westport, Conn.: Greenwood Press, C. 1941)

Chang, Chung-Li

    1955 *The Chinese Gentry: Studies on their Role in Nineteenth-Century Chinese Society* (Seattle: University of Washington Press).

Ch'en, Ch'i-yün

    1964 "The Rise and Decline of the Hsun Family (ca 100–300 A. D.): A Case Study of One of the Aristocratic Families in the Six Dynasties", *International Conference on Asian History* (University of Hongkong).

Ch'ü, T'ung-tsu

    1957 "Chinese Class Structure and its Ideology", in Fairbank, J. K. (ed.), *Chinese Thought and Institutions* (University of Chicago Press).

1961 *Law and Society in Traditional China* (Paris and The Hague).

1962 *Local Government in China under the Ch'ing* (Harvard University Press).

1972 *Han Social Structure* (*Han Dynasty China*, Volume I. University of Washington Press).

Creel, H. C.

1949 *Confucius, the man and the myth* (New York).

Dahl, Robert A.

1967 *Who Governs* (Yale University Press, 11th Printing, First Published 1961).

Dien, Albert E.

1974 "The Use of the Yeh-hou chia-chuan as a Historical Source", *Harvard Journal of Asiatic Studies*, Vol. 34.

1976 "Elite Lineages and the T'o-Pa Accommodation: A Study of the Edict of 495", *Journal of the Economic and Social History of the Orient*, Vol. XIX, Part I.

1977 "The Bestowal of Surnames under the Western Wei-Northern Chou", *T'oung Pao*, Vol. LXIII.

Domholf, G. William

1967 *Who Rules America* (Prentice-Hall).

Domhoff, G. William and Ballard, Hoyt, B.

1969 *C. Wright Mills, and the Power Elite* (Beacon Press, First Published 1968).

Eberhard, Wolfram

1946 *Das Toba-Reich Nordchinas* (Leiden).

1952 *Conquerors and Rulers: Social Forces in Medieval China* (Leiden, Secoud Edition, 1965).

1955 "Additional Notes on Chinese *gentry society*", (*Bulletin of the School of Oriental and African Studies*, vol. 7, No. 2.

1959 "Research on the Chinese Family", *Sociologus*, Vol. 9.

1962 *Social Mobility in Traditional China* (Leiden: E. J. Brill).

Ebrey, Patricia Buckley

1978 *The Aristocratic Families of Early Imperial China—A*

Case Study of the Po-ling Ts'ui Family (Cambridge University Press).

Eisenstadt, S. N.

    1964 "Sociological Analysis of Historical Societies", *Comparative Studies in Society and History*, Vol. VI, No. 4 (July).

    1969 *The Political System of Empires-The Rise and Fall of the Historical Bureaucratic Societies* (Fress Press Paperback, First Published 1963).

Fairbank, John K.

    1957 *Chinese Thought and Institutions* (University of Chicago Press).

Fairbank, John K. and Reischauer, Edwin O.

    1960 *East Asia: The Great Tradition* (Boston: Houghton Mifflin Company).

Fei, Hsiao-t'ung

    1939 *Peasant Life in China* (London: Routledge & Kegan Paul).

    1946 "Peasantry and Gentry: An Interpretation of Chinese Social Structure and Its Changes", *American Journal of Sociology*, LII.

    1953 *China's Gentry* (University of Chicago Press).

Feng, Han-Yi

    1937 "The Chinese Kinship System", *Harvard Journal of Asiatic Studies*, II, 2 (July).

Frankel, Hans H.

    1961 "The K'ung Family of Shan-yin", 〔清華學報〕新 2 卷 2 期

Ho, Ping-ti

    1962 *The Ladder of Success in Imperial China-Aspect of Social Mobility 1368-1911* (Columbia University Press).

Hsiao, Kung-Chuan

    1960 *Rural China: Imperial Control in the Nineteenth-century* (University of Washington Press).

Hsu, Cho-yun

    1965 *Ancient China in Transition-An Analysis of Social Mo-*

bility, 722-222B.C. (Stanford University Press).

1965A "The Changing Relationship between Local Society and the Central Political Power in former Han", *Comparative Studies in Society and History,* VII.

Hsü, Francis L. K.

1963 "Social Mobility in China" (1949) Reprinted as "Patterns of Downward Mobility", in *The Chinese Civil Service: Career Open to Talent?* Edited by Johannan M. Menzel, Problems in Asian Civilizations Series (Boston: D. C. Health and Co.), pp. 41-48.

Johnson, David G.

1970 "The Medieval Oligarchy: A Study of Great Families in their Social, Political & Institutional Setting" (PH. D. Disertation, University of California, Berkeley).

1977 "The Last Years of A Great Clan: The Li Family of Chao Chün in Late T'ang and Early Sung", *Harvard Journal of Asiatic Studies,* Vol 37.

Kracke, Jr. E. A.

1947 "Family vs. Merit in Chinese Civil Service Examination under the Empire", *Harvard Journal of Asiatic Studies,* X, No. 2 (Sept).

1953 *Civil Service in Early Sung China, 960-1059* (Cambridge: Harvard-Yenching Institute Monograph Series, Volume XIII).

1957 "Region, Family, and Individual in the Chinese Examination System", *Chinese Thought and Institutions.*

Lasswell, Harold D.

1952 *The Comparative Study of Elites-An Introduction and Bibliography* (Stanford University Press).

1968 *Politics-Who Gets, What, When, How,* (World Publishing Company, 11th Printing, First Published 1958).

Li, Chi

1928 *The Formation of the Chinese People* (Harvard University Press).

Liu, Hui-Chen (Wang)

1959 *The Traditional Chinese Clan Ruler* (N. Y.).

Lundberg, Ferdinand

　　1969　*The Rich and Superrich* (Bantam Book, Ice. 4th Printing, First Published 1968).

Mannheim, Karl

　　1936　*Ideology and Utopia*, Trans. from the German by Louis Wirth the Edward Shils (N. Y.).

Marsh, Robert. M.

　　1959　*Mardarin and Executive: Elite Mobility in Chinese and American Societies* (Columbia University).

Menzel, Johanna M.

　　1963　*The Chinese Civil Serivce-Career Open to Talent* (D. C. Heath and Company).

Meskill, John

　　1965　*The Pattern of Chinese History-Cycles, Development or Stagnation* (D. C. Heath and Company).

Mills, C. Wright

　　1959　*The Power Elite* (Oxford University Press Paperback, First Published 1956).

　　1964　*White Collar* (Oxford University Press, 13th Printing Paperback, First Published 1951).

Mosca, Gaetano

　　1939　*The Ruling Class.* Trans. by Hannah D. Kahn (N. Y. and London: McGraw-Hill Book Campany).

Nivison, David S. and Wright, Arthur

　　1959　*Confucianism in Action,* (Stanford University Press).

Pareto, Vilfredo

　　1942　*The Mind and Society* (Brace and Company).

Pulleyblank, Edwin G.

　　1953　"Gentry Society: Some remarks on recent work by W. Eberhard", *Bulletin of the School of Oriental and African Studies*, Vol. 5.

　　1955　*The Background of the Rebellion of An Lu-Shan* (Oxford University Press).

Reischauer, Edwin O.

　　1955　*Ennin's Diary, and Ennin's Travels in T'ang China*

Ruey, Yih-Fu （芮逸夫）

    1961 "Changing Structure of the Chinese Family", 〔臺大考古人類學刊〕第17、18期.

Russell, Bertrand

    1938 *Power: A New Social Analysis* (London: George Allen & Unwin Ltd., 王鳳喈譯本).

Schumpeter, Joseph

    1971 *Imperialism-Social Classes* (World Publishing Company, 11th Printing, First Published 1955).

Shils, Edward

    1958 "The Intellectuals and the Powers: Some Perspectives for Comparative Analysis", *Comparative Studies in Society and History*, Vol. 1.

Skinner, G. W.

    1957 *Chinese Society in Thailand* (Ithaca: Cornell University).

Sorokin, Pitirin A.

    1964 *Social and Cultural Mobility* (Glencoe: Free Press).

Thrupp, Sylvia L.

    1959 "Hierarchy, Illusion and Social Mobility: A Component on Ping-Ti Ho, *Aspect of Social Moblitiy, in China 1368-1911*", *Comparative Studies in Society and History*, II, No. 1 (Oct.).

Twitchett, D. C.

    1957 "The Monasteries and China's Economic in Medieval Times", *Bulletin of School of Oriental African Studies*, Vol. XIX, Part 3.

    1963 *Financial Administration under the T'ang Dynasty* (Cambridge University Press).

Veblen, Thostein

    1948 *The Theory of the Leisure Class* (Viking Press Paperback, First Published 1899).

Wang, Gungwu

    1963 *The Structure of Power in North China During the Five Dynasties* (Kuala Vumpur: University of Malaya Press).

Wang, Yi-t'ung

    1953 "Slaves and other Compararable Social Groups During
         the Northern Dynasties", *Harvard Journal of Asiatic
         Studies*, XVI, Nos. 3-4. (Dec).

Wittfogel, Karl A.

    1947 "Public Office in the Liao Dynasty and the Chinese
         Examination System", *Harvard Journal of Asiatic
         Studies*, Vol. X.

    1957 *Oriental Despotism: A Comparative Study of Total
         Power* (New Haven: Yale University Press).

Wright, Arthur F.

    1957 "The Formation of Sui Ideology", *Chinese Thought and
         Institution.*

    1960 *The Confucian Persuasion* (Stanford).

Wright, Arthur F. and Twitchett, Denis

    1973 *Perspectives on the T'ang* (Rainbow--Bridge Book Co.).

Yang, Lien-sheng

    1950 *Topics in Chinese History* (Harvard University Press).

    1961 *Studies in Chinese Institutional History*, (Harvard Uni-
         versity Press).

Yang, Martin C.

    1947 *A Chinese Village* (N. Y.: Columbia University Press).

索　引

十 三 劃

十 七 劃

中國中古社會史論

2021年7月二版　　　　　　　　　　　　　　　定價：新臺幣780元
2022年7月二版二刷
有著作權‧翻印必究
Printed in Taiwan.

著　者　毛　漢　光

出　版　者　聯經出版事業股份有限公司　　副總編輯　陳　逸　華
地　　　址　新北市汐止區大同路一段369號1樓　總　編　輯　涂　豐　恩
叢書主編電話　(02)86925588轉5305　　總　經　理　陳　芝　宇
台北聯經書房　台北市新生南路三段94號　　社　　長　羅　國　俊
電　　　話　(02)23620308　　　　　發行人　林　載　爵
台中辦事處電話　(04)22312023
台中電子信箱　e-mail:linking2@ms42.hinet.net
郵政劃撥帳戶第0100559-3號
郵撥電話　(02)23620308
印　刷　者　世和印製企業有限公司
總　經　銷　聯合發行股份有限公司
發　行　所　新北市新店區寶橋路235巷6弄6號
電　　　話　(02)29178022

行政院新聞局出版事業登記證局版臺業字第0130號

本書如有缺頁，破損，倒裝請寄回台北聯經書房更換。　ISBN　978-957-08-5926-3 (精裝)
聯經網址 http://www.linkingbooks.com.tw
電子信箱 e-mail:linking@udngroup.com

國家圖書館出版品預行編目資料

中國中古社會史論 / 毛漢光著 . 二版 . 新北市 .
聯經 . 2021.07 . 278面 . 14.8×21公分 .
ISBN　978-957-08-5926-3（精裝）
［2022年7月二版二刷］

1.社會史 2.中古史 3.中國

540.9202　　　　　　　　　　110010376